Schwerpunkte Beulke · Klausurenkurs im Strafrecht I

Klausurenkurs im Strafrecht I

Ein Fall- und Repetitionsbuch für Anfänger

von

Dr. Werner Beulke

em. Professor an der Universität Passau

6., neu bearbeitete Auflage

C.F. Müller

Zitiervorschlag: Beulke, Klausurenkurs I, Rn

Bibliografische Informationen der Deutschen Nationalbibliothek
Die Deutsche Nationalbibliothek verzeichnet diese Publikation in der Deutschen Nationalbibliografie; detaillierte bibliografische Daten sind im Internet über <http://dnb.d-nb.de> abrufbar.

Bei der Herstellung des Werkes haben wir uns zukunftsbewusst für umweltverträgliche und wiederverwertbare Materialien entschieden. Der Inhalt ist auf elementar chlorfreies Papier gedruckt.

ISBN 978-3-8114-9317-9

E-Mail: kundenservice@hjr-verlag.de
Telefon: +49 6221/489-555
Telefax: +49 6221/489-410

www.cfmueller-campus.de
www.hjr-verlag.de

Satz: Gottemeyer, Rot
Druck: Kessler Druck + Medien, Bobingen

Vorwort

Der Klausurenkurs im Strafrecht ist gedacht als eine Ergänzung zu den drei Bänden des Lehrbuchs von *Wessels* (*Wessels/Beulke*, Strafrecht AT, 42. Aufl 2012; *Wessels/Hettinger*, Strafrecht BT1, 36. Aufl 2012; *Wessels/Hillenkamp*, Strafrecht BT2, 35. Aufl 2012) sowie zu meinem StPO-Lehrbuch (*Beulke*, Strafprozessrecht, 12. Aufl 2012). Es werden typische Musterklausuren exemplarisch gelöst. Dabei wird die für Studium und Examen lebensnotwendige Falllösungstechnik kombiniert mit der nicht minder wichtigen Repetitionsmöglichkeit. In den einzelnen Fällen werden zu diesem Zweck die jeweiligen Hauptprobleme gesondert hervorgehoben, so dass man sie notfalls auch separat abrufen kann.

Der vorliegende Band beinhaltet zehn Klausuren und eine Hausarbeit aus der Anfängerübung. Für die Fortgeschrittenenübung ist der Klausurenkurs im Strafrecht II (derzeit 2. Aufl 2010) konzipiert worden und für die Examensvorbereitung empfiehlt sich der Klausurenkurs im Strafrecht III (derzeit 4. Aufl 2013). Alle Fälle sind in den letzten 32 Jahren in meinen eigenen Lehrveranstaltungen getestet worden. Der Schwierigkeitsgrad der vorliegenden Anfängerfälle, die sich schwerpunktmäßig um Probleme des Allgemeinen Teils ranken, ist als relativ hoch einzustufen. Der Student sollte aber die hier angesprochenen Probleme wirklich lückenlos beherrschen. Dabei ist es ratsam, die nach jeder Klausur abgedruckten, besonders wichtigen Definitionen auswendig zu lernen. Wer dieses Fallbuch in Kombination mit den „*Wessels*-Büchern" benutzt, kann mE beruhigt den „Scheinen" bzw Prüfungen entgegensehen.

Die vorliegende sechste Auflage ist vor allem durch viele weitere Aufbauhinweise und durch die Einarbeitung neuer Musterklausuren aus Zeitschriften und Anleitungsbüchern ergänzt worden.

Für die ausgezeichnete und sehr engagierte Mithilfe an diesem Werk bedanke ich mich vor allem bei meinen studentischen Hilfskräften *Annika Kunesch* sowie *Frauke Hansper* und *Christoph Riess*. Mitgewirkt haben ferner meine Mitarbeiterinnen *Hannah Stoffer* und *Olga Kuhls* und mein Mitarbeiter *Dr. Tobias Witzigmann* sowie meine studentische Hilfskraft *Lilly Beutler* und meine Sekretärin *Melanie Bindorfer*.

Eine große Hilfe waren mir auch viele aufmerksame Leser der fünften Auflage, die mir eine Fülle von Anregungen und Verbesserungsvorschlägen unterbreitet haben. Dafür möchte ich mich an dieser Stelle ganz herzlich bedanken und hoffe auf eine Fortsetzung des Dialogs (e-mail: beulke@strafrecht-beulke.de).

Passau, im März 2013 *Werner Beulke*

Aus dem Vorwort zur ersten Auflage

Eine große Hilfe bei der Anfertigung des Manuskripts der ersten Auflage waren neun Hörerinnen und Hörer meines Grundkurses im Strafrecht des Sommersemesters 1999 und des Wintersemesters 1999/2000, die dieses Buch probegelesen haben. Ihre vielfältigen Anregungen und Verbesserungsvorschläge sind von mir in großem Umfang aufgegriffen worden. Dank sei deshalb gesagt den Studentinnen und Studenten *Isabel Bayer*, *Philipp Breuer*, *Sebastian Harter*, *Arndt Kaubisch*, *Susanne Schneider*, *Ruth Stedtfeld*, *Stefan Tillmann*, *Johannes Tränkle* und *Markus Ziesche*.

Für die Mitarbeit an diesem Buch, das über Jahre entstanden ist, danke ich ferner dem jeweils wechselnden Lehrstuhlteam. Besondere Hilfe habe ich erfahren durch meinen ehemaligen wissenschaftlichen Assistenten *Prof. Dr. Helmut Satzger* und meinen wissenschaftlichen Assistenten *Dr. Christian Fahl*, die wissenschaftlichen Mitarbeiterinnen und Mitarbeiter *Dr. Jens Jokisch*, *Dr. Jutta Keßler*, *Dr. Eike Schröer, Nicole Dittrich, Agnes Fegeler, Peter Kettner, Laurent Lafleur, Sabine Swoboda, ThomasWahl* und *Klaus Winkler* sowie die studentischen Hilfskräfte *Veronika Angerer*, *Moira Gebhard, Kai Höltkemeier*, *Stephanie Nusser*, *Nathalie Rau, Marc Sartory, Michael Schulte, Eva Steinberger, Niklas Wielandt* und *Nina Winkler*.

Passau, den 1. 3. 2001 *Werner Beulke*

Wichtige Hinweise für die Arbeit mit dem Fallbuch

Die Kombination von Fall- und Repetitionsbuch setzt beim Leser ein erhöhtes Mitdenken voraus:

- Allgemeine Lösungsanweisungen zu strafrechtlichen Fällen finden sich zunächst bei *Wessels/Beulke*, AT Rn 853 ff. Hierauf bauen die folgenden Erörterungen auf.
- Die in den Klausuren (zT abweichend bei der Hausarbeit, Rn 350 ff) eingefügten umrandeten, grau schraffierten Problemkästen sind stets abstrakt gehalten, so dass sie sich auch für eine losgelöste, schnelle Stoffwiederholung eignen. Im Rahmen der Falllösung kann man sie auch überspringen und es verbleibt sodann noch immer eine mustergültige, auf den konkreten Fall bezogene Klausurlösung. Im „Ernstfall“ sind die Problemkästen wegzulassen und von ihrem Inhalt ist nur so viel wiederzugeben, wie der Student an abstraktem Wissen parat hat.
- Auf Literatur- und Rechtsprechungsangaben wird fast vollständig verzichtet. Trotz der damit verbundenen Nachteile (*Hermanns*, Jura 2002, 359) konnte ich mich im Interesse der leichteren Lesbarkeit des Buches auch in der vorliegenden Auflage nicht zur Preisgabe dieses Prinzips durchringen. Zur Vertiefung soll also weiterhin jeweils der Hinweis auf die entsprechenden Passagen in den „Schwerpunkt-Büchern“ genügen. Besonders sinnvoll kann das Fallrepetitorium somit in Kombination mit den „*Wessels*-Bänden“ genutzt werden, erfahrungsgemäß sind die Streitfragen aber auch in den anderen Standardlehrbüchern leicht aufzufinden.
- Alle kursiv gedruckten weiterführenden Hinweise bzw Verweisungen sind für eine Klausurlösung im „Ernstfall“ wegzulassen. Im Text finden sich insbes viele kursiv gedruckte Aufbauhinweise, die niemals in eine abgegebene Lösung aufgenommen werden dürfen, denn der richtige Aufbau muss sich von selbst ergeben.
- In Hausarbeiten stellen die abstrakten Problemdarstellungen nur das Minimum dessen dar, was geboten werden muss. Der Bearbeiter einer gut bewerteten Arbeit müsste jeweils tiefer in die Materie einsteigen.
- Die Problemschwerpunkte können selbstverständlich auch nicht alle Bereiche abdecken, die bei den jeweiligen Studienleistungen (hier: Anfängerübung/Zwischenprüfung) beherrscht werden müssen. Wegen der Begrenzung auf das absolut Notwendige enthalten diese Klausuren also nur einen Bruchteil der in den „*Wessels*- Bänden“ angesprochenen Probleme. Es handelt sich aber um den Kernbestand des Wissens, der nach meiner Einschätzung etwa 60–80 % aller einschlägigen Klausuren abdeckt. Demjenigen, der eine noch höhere Trefferquote anstrebt, sei vor allem Folgendes geraten:
  - Er arbeite alle Musterklausuren durch, die in Rn 435 (S 282 ff) aufgelistet werden. Dort werden auch viele BT-Probleme abgehandelt, die eher nicht zum Standardwissen eines Anfängers zählen. Die „Trefferquote“ dürfte damit auf 90 % ansteigen.
  - Vor allem aber verpasse er keine Minute der Lehrveranstaltung des späteren Aufgabenstellers, denn dort wird üblicherweise angedeutet, welche AT- und BT-Probleme

als Klausurthema in Frage kommen. Meiner Erfahrung nach erhöht sich dadurch die „Trefferquote" auf 95 %.
– Er lese alle drei „*Wessels*-Bände und lerne deren Inhalt auswendig. Die „Trefferquote" liegt dann bei 100%.

- Innerhalb der Problemkästen werden wiederum nur die wichtigsten Lösungsangebote erörtert. Für umfassendere Informationen, speziell über die Hauptprobleme, stehen die „*Wessels*-Bände" sowie die Problemübersichten von *Hillenkamp* (32 Probleme aus dem Strafrecht AT, 14. Aufl 2012 und 40 Probleme aus dem Strafrecht BT, 11. Aufl 2009) zur Verfügung, im Übrigen die anderen bekannten Lehrbücher und Kommentare. Die in diesem Buch nochmals vorgenommene Vereinfachung rechtfertigt sich deshalb, weil der Student meiner Erfahrung nach bereits dann die Chance einer zweistelligen Benotung hat, wenn er die Lösung der herrschenden Ansicht inklusive einer knappen Begründung wiedergeben kann und sich vielleicht noch mit einer Alternativlösung auseinanderzusetzen vermag.
- Wer Anregungen für weitere Klausuren sucht, findet im Anschluss an jeden Fall Hinweise auf andere Musterklausuren (nicht nur Anfängerklausuren), in denen die Hauptprobleme ebenfalls fallbezogen abgehandelt werden. Es handelt sich nur um eine Auswahl besonders gelungener Arbeiten.
- Zwecks leichterer Repetitionsmöglichkeit werden im 4. Kapitel nochmals zusammengestellt:
  – die behandelten Problemschwerpunkte (Rn 427)
  – die wichtigsten Definitionen (Rn 428)
  – verkürzte Aufbauschemata (Rn 429–433)
- Im 4. Kapitel findet sich schließlich ein Überblick über die derzeit aktuellen Fallanleitungsbücher (Rn 434) sowie über die in den letzten Jahren in Fachzeitschriften abgedruckten Klausuren – bezogen auf die Zielgruppe der Anfänger (Rn 435).
- Das vorliegende Buch wendet sich an Anfänger. Das bedeutet aber nicht, dass es für Teilnehmer der Fortgeschrittenenübung oder Examenskandidaten nichts zu bieten hätte. Im Gegenteil: Für jene Gruppen enthält es das unverzichtbare Basiswissen, das auch in den dortigen Prüfungsabschnitten mit nachtwandlerischer Sicherheit beherrscht werden muss.

Inhaltsverzeichnis

4. Kapitel
Zur Wiederholung und Vertiefung

Abkürzungsverzeichnis

aA	anderer Ansicht
Abs	Absatz
Abschn	Abschnitt
aE	am Ende
aF	alte Fassung
alic	actio libera in causa
Alt	Alternative
Anm	Anmerkung
Art	Artikel
AT	Allgemeiner Teil
Aufl	Auflage
BAK	Blutalkoholkonzentration
BayObLG	Bayerisches Oberstes Landesgericht
Bd	Band
BGB	Bürgerliches Gesetzbuch
BGBl	Bundesgesetzblatt
BGH	Bundesgerichtshof
BGHSt	Entscheidungen des Bundesgerichtshofes in Strafsachen
BK	Beck Kommentar
BT	Besonderer Teil
ders	derselbe
dies	dieselbe
dto	dito (dasselbe)
EMRK	Europäische Konvention zum Schutz der Menschenrechte und Grundfreiheiten vom 4. 11. 1950 (BGBl 1952 II S 686)
f	folgende(r)
ff	folgende (Plural)
Fn	Fußnote
FS	Festschrift
GA	Goltdammer's Archiv für Strafrecht
gem	gemäß
GG	Grundgesetz für die Bundesrepublik Deutschland
GrS	Großer Senat für Strafsachen
hA	herrschende Ansicht
HK-GS	Dölling/Duttge/Rössner (Hrsg.), Kommentar (-*Bearbeiter*)
hL	herrschende Lehre
hM	herrschende Meinung
Hrsg	Herausgeber
idR	in der Regel
iE	im Ergebnis
ieS	im engeren Sinn

iF	im Folgenden
iRd	im Rahmen des
iRv	im Rahmen von
iS	im Sinne
iSd	im Sinne der/des
iSe	im Sinne eine/einer
iSv	im Sinne von
iVm	in Verbindung mit
iwS	im weiteren Sinn
JA	Juristische Arbeitsblätter
JR	Juristische Rundschau
Jura	Juristische Ausbildung
JuS	Juristische Schulung
JZ	Juristenzeitung
L	Lernbogen der Juristischen Schulung (JuS)
LK	Leipziger Kommentar zum Strafgesetzbuch (-*Bearbeiter*)
LPK	Lehr- und Praxiskommentar (-*Bearbeiter*)
m	mit
MDR	Monatsschrift für Deutsches Recht
mE	meines Erachtens
MK	Münchener Kommentar (-*Bearbeiter*)
MM	Mordmerkmal
mwN	mit weiteren Nachweisen
NJW	Neue Juristische Wochenschrift
NK	Nomos-Kommentar zum Strafgesetzbuch (-*Bearbeiter*)
NStZ	Neue Zeitschrift für Strafrecht
NStZ-RR	NStZ-Rechtsprechungs-Report
OLG	Oberlandesgericht
PdW	Prüfe dein Wissen
Prot	Protokoll
RG	Reichsgericht
RGSt	Entscheidungen des Reichsgerichts in Strafsachen
Rn	Randnummer
Rspr	Rechtsprechung
Rw	Rechtswidrigkeit
S	Satz, Seite
SK	Systematischer Kommentar zum Strafgesetzbuch (-*Bearbeiter*)
S/S	Schönke/Schröder, Strafgesetzbuch (-*Bearbeiter*)
S/S/W	Satzger/Schmitt/Widmaier, StGB-Strafgesetzbuch (-*Bearbeiter*)
StGB	Strafgesetzbuch
St-K	Studienkommentar (*Joecks*)
StPO	Strafprozessordnung
str	strittig
StraFo	Strafverteidiger Forum (Zeitschrift)

StrRG	Gesetz zur Reform des Strafrechts
StudZR	Studentische Zeitschrift für Rechtswissenschaft
StV	Strafverteidiger
StVG	Straßenverkehrsgesetz
StVO	Straßenverkehrsordnung
TB	Tatbestand
TK	Tatkomplex
ua	unter anderem, und andere
uä	und ähnliche(s)
uU	unter Umständen
va	vor allem
vert	vertiefend
Vor	Vorbemerkung
zit	zitiert
ZJS	Zeitschrift für das Juristische Studium – www.zjs-online.com
ZStW	Zeitschrift für die gesamte Strafrechtswissenschaft
zT	zum Teil

Literaturverzeichnis

Arzt	Die Strafrechtsklausur, 7. Aufl 2006 (zitiert: *Arzt*, Strafrechtsklausur S)
Arzt/Weber/Heinrich/ Hilgendorf	Strafrecht, Besonderer Teil, 2. Aufl 2009 (zitiert: *Arzt/Weber/ Heinrich/Hilgendorf*, BT § Rn)
Barton/Jost (Hrsg)	Anwaltsorientierung im rechtswissenschaftlichen Studium, Fälle und Lösungen in Ausbildung und Prüfung, 2002 (zitiert: *Barton ua*, Fälle S)
Baumann/Arzt/Weber	Strafrechtsfälle und Lösungen, 6. Aufl 1986 (zitiert: *Baumann/Arzt/Weber*, Strafrechtsfälle [Fall Nr] S)
Baumann/Weber/Mitsch	Strafrecht, Allgemeiner Teil, 11. Aufl 2003 (zitiert: *Baumann/Weber/Mitsch*, AT § Rn)
Beck'scher Online-Kommentar	StGB, von Heintschel-Heinegg (Hrsg), Edition 11 Stand: 13.1.2013 (zitiert: Beck OK-*Bearbeiter*)
Beck Kommentar	Strafgesetzbuch, Kommentar *von Heintschel-Heinegg* (Hrsg). 2012 (zitiert: BK-*Bearbeiter*)
Beulke	Klausurenkurs im Strafrecht II, Ein Fall- und Repetitionsbuch für Fortgeschrittene, 2. Aufl 2010 (zitiert: *Beulke*, Klausurenkurs II [Fall Nr] Rn)
Beulke	Klausurenkurs im Strafrecht III, Ein Fall- und Repetitionsbuch für Examenskandidaten, 4. Aufl 2013 (zitiert: *Beulke*, Klausurenkurs III [Fall Nr] Rn)
Beulke	Strafprozessrecht, 12. Aufl 2012 (zitiert: *Beulke*, StPO Rn)
Blank	Strafrecht AT I, 2001 (zitiert: *Blank* AT1, Rn)
Blank	Strafrecht AT II, 2001 (*Blank* AT2, Rn)
Bockelmann/Volk	Strafrecht, Allgemeiner Teil, 4. Aufl 1987 (zitiert: *Bockelmann/Volk*, S)
Braun	Einführung in die Rechtswissenschaft, 4. Aufl 2011 (zitiert: *Braun*, S)
Bringewat	Methodik der juristischen Fallbearbeitung – Mit Aufbau- und Prüfungsschemata aus dem Zivil-, Strafrecht und öffentlichen Recht, 2006 (zit: *Bringewat*, Rn)
Bringewat	Grundbegriffe des Strafrechts, 2. Aufl 2008 (zitiert: *Bringewat*, Grundbegriffe, Rn)
Chowdhury/Meier/Schröder	Standardfälle Strafrecht für Fortgeschrittene, 2. Aufl 2010 (zit: *Chowdhury/Meier/Schröder*, Fortgeschrittene [Fall Nr] S)
Coester-Waltjen ua (Hrsg)	Examensklausurenkurs, 1. Aufl. 2000, (zitiert: *Bearbeiter*, in: *Coester-Waltjen* ua (Hrsg), Examensklausurenkurs I, S)
Coester-Waltjen ua (Hrsg)	Examensklausurenkurs, 2. Aufl 2004 (zitiert: *Bearbeiter*, in: *Coester-Waltjen* ua (Hrsg), Examensklausurenkurs II, S)
Coester-Waltjen ua (Hrsg)	Examensklausurenkurs 4. Aufl 2011 (zitiert: *Bearbeiter*, in: *Coester-Waltjen* ua (Hrsg), Examensklausurenkurs IV, S)
Coester-Waltjen ua (Hrsg)	Zwischenprüfung, 2004 (zitiert: *Bearbeiter*, in: *Coester-Waltjen* ua (Hrsg), Zwischenprüfung, S)
Dencker	30 Klausuren aus dem Strafrecht, 3. Aufl 1994 (zitiert: *Dencker*, Klausuren [Fall Nr] S)

Dölling/Duttke/ Rössner (Hrsg)	Gesamtes Strafrecht, StGB/StPO/Nebengesetze, Handkommentar, 2. Aufl 2011 (zitiert: HK-GS-*Bearbeiter*)
Ebert	Strafrecht, Allgemeiner Teil, 3. Aufl 2001 (zitiert: *Ebert*, S)
Ebert (Hrsg.)	Strafrecht, Allgemeiner Teil, 16 Fälle mit Lösungen, 2. Aufl 2008 (zitiert: Ebert-*Bearbeiter*, Fälle, [Fall Nr] S)
Eisele	Strafrecht – Besonderer Teil I, 2. Aufl 2012 (zitiert: *Eisele*, BT I Rn)
Eser/Burkhardt	Juristischer Studienkurs, Strafrecht I, Schwerpunkt Allgemeine Verbrechenslehre, 4. Aufl 1992 (zitiert: *Eser/Burkhardt*, AT [Fall Nr] S)
Fahl/Winkler	Definitionen und Schemata Strafrecht, 5. Aufl 2013 (zitiert: *Fahl/Winkler*, Definitionen, S)
Fahl/Winkler	Meinungsstreite Strafrecht AT und BT/1, 2. Aufl 2013 (zitiert: *Fahl/Winkler*, Meinungsstreite, S)
Fahse/Hansen	Übungen für Anfänger im Zivil- und Strafrecht, 9. Aufl 2000 (zitiert: *Fahse/Hansen*, Anfängerübung S)
Fischer	Strafgesetzbuch, 60. Aufl. 2013 (zitiert: *Fischer*, § Rn)
Frister (Hrsg.)	Die strafrechtliche Klausur, 1998 (zitiert: *Frister-Bearbeiter*, Klausur [Fall Nr] S)
Frister	Strafrecht, Allgemeiner Teil, 5. Aufl 2011 (zitiert: *Frister*, AT Kap Rn)
Gössel	Strafrecht, Besonderer Teil 2, 1996 (zitiert: *Gössel*, BT2 § Rn)
Gössel	Strafrecht mit Anleitung zur Fallbearbeitung und zur Subsumtion, 8. Aufl 2001 (zitiert: *Gössel*, Strafrecht [Fall Nr] S)
Gössel/Dölling	Strafrecht, Besonderer Teil 1, 2. Aufl 2004 (zitiert: *Gössel/Dölling*, BT1 § Rn)
Gropp	Strafrecht, Allgemeiner Teil, 3. Aufl 2005 (zitiert: *Gropp*, AT § Rn)
Gropp/Küpper/Mitsch	Fallsammlung zum Strafrecht, Juristische Examensklausuren, 2. Aufl 2012 (zitiert: *Gropp/Küpper/Mitsch*, Fallsammlung [Fall Nr] S)
Haft	Einführung in das juristische Lernen, 6. Aufl 1997 (zitiert: *Haft*, Juristisches Lernen S)
Haft	Strafrecht, Allgemeiner Teil, 9. Aufl 2004 (zitiert: *Haft*, AT S)
Haft	Strafrecht, Fallrepetitorium zum Allgemeinen und Besonderen Teil, 5. Aufl 2004
Haft/Hilgendorf	Strafrecht, Besonderer Teil, 9. Aufl 2009 (zitiert: *Haft/Hilgendorf*, BT1 S)
Hauf	Strafrecht, Allgemeiner Teil, 2. Aufl 2001 (zitiert: *Hauf*, AT S)
Heinrich, B.	Strafrecht, Allgemeiner Teil, 3. Aufl 2012 (zitiert: *Heinrich*, AT S)
v. Heintschel-Heinegg	Prüfungstraining Strafrecht, Band 1, 1992
v. Heintschel-Heinegg	Prüfungstraining Strafrecht, Band 2, 1992 (zitiert: *v. Heintschel-Heinegg*, Prüfungstraining 1/2 [Fall Nr] Rn oder S)
Hilgendorf	Fälle zum Strafrecht für Anfänger, Klausurenkurs I, 2. Aufl 2013 (zitiert: *Hilgendorf*, Klausurenkurs I, [Fall Nr] Rn)
Hilgendorf	Fälle zum Strafrecht für Fortgeschrittene, Klausurenkurs II, 2010 (zitiert: *Hilgendorf*, Klausurenkurs II, [Fall Nr] Rn)

Hilgendorf	Fälle zum Strafrecht für Examenskandidaten, Klausurenkurs III, 2010 (zitiert: *Hilgendorf*, Klausurenkurs III, [Fall Nr] Rn)
Hillenkamp	32 Probleme aus dem Strafrecht AT, 14. Aufl 2012 (zitiert: *Hillenkamp*, AT Problem S)
Hillenkamp	40 Probleme aus dem Strafrecht BT, 11. Aufl 2009 (zitiert: *Hillenkamp*, BT Problem S)
Hohmann/Sander	Strafrecht, Besonderer Teil I, 3. Aufl 2011 (zitiert: *Hohmann/Sander*, BT1 § Rn)
Hoffmann-Holland	Strafrecht Allgemeiner Teil, 2. Aufl 2011 (zitiert: *Hoffmann-Holland*, AT Rn)
Hoyer	Strafrecht, Allgemeiner Teil I, 1996 (zitiert: *Hoyer*, S)
Jäger	Examens-Repetitorium, Strafrecht, Allgemeiner Teil, 5. Aufl 2011 (zitiert: *Jäger*, AT § Rn)
Jäger	Examens-Repetitorium, Strafrecht, Besonderer Teil, 4. Aufl 2011 (zitiert: *Jäger*, BT § Rn)
Jakobs	Strafrecht, Allgemeiner Teil, 3. Aufl 1993 (zitiert: *Jakobs*, AT Abschn Rn)
Jescheck	Fälle und Lösungen, 3. Aufl 1996 (zitiert: *Jescheck*, Fälle [Fall Nr] S)
Jescheck/Weigend	Lehrbuch des Strafrechts, Allgemeiner Teil, 5. Aufl 1996 (zitiert: *Jescheck/Weigend*, AT § Abschnitt)
Joecks	Studienkommentar StGB, 10. Aufl 2012 (zitiert: *Joecks*, St-K, § Rn)
Jung/Müller-Dietz	Anleitung zur Bearbeitung von Strafrechtsfällen, 1983
Kargl	Strafrecht, 1987 (zitiert: *Kargl*, Strafrecht S)
Kern/Langer	Anleitung zur Bearbeitung von Strafrechtsfällen, 8. Aufl 1985 (zitiert: *Kern/Langer*, Strafrechtsfälle S)
Kienapfel	Strafrechtsfälle, 9. Aufl 1989 (zitiert: *Kienapfel*, [Fall Nr] S)
Kindhäuser	Strafgesetzbuch, Lehr- und Praxiskommentar, 5. Aufl 2013 (zitiert: *Kindhäuser*, LPK § Rn)
Kindhäuser	Strafrecht, Allgemeiner Teil, 5. Aufl 2011 (zitiert: *Kindhäuser*, AT § Rn)
Kindhäuser	Strafrecht, Besonderer Teil II, 6. Aufl 2011 (zitiert: *Kindhäuser*, BT2 § Rn)
Kindhäuser	Strafrechts-Repetitorium, Besonderer Teil I, 2. Aufl 2003 (zitiert: *Kindhäuser*, Rep S)
Kindhäuser/Schumann/Lubig	Klausurtraining Strafrecht, 2. Aufl 2012 (zitiert: Kindhäuser/Schumann/Lubig, § S)
Kleinbauer/Schröder/Voigt	Standardfälle Strafrecht für Anfänger, Band 1, 2. Aufl 2009 (zitiert: *Kleinbauer/Schröder/Voigt*, Anfänger [Fall Nr] S)
Klesczewski	Strafrecht, Besonderer Teil, 2002 (zitiert: *Klesczewski* BT S)
Köhler	Strafrecht Allgemeiner Teil, 1997 (zitiert: *Köhler*, S)
Kosman	Wie schreibe ich juristische Hausarbeiten?, 3. Aufl 2003
Krey/Esser	Strafrecht, Allgemeiner Teil, 5. Aufl 2012 (zitiert: *Krey/Esser*, AT Rn)
Krey/Hellmann/Heinrich	Strafrecht, Besonderer Teil, Band 1, 15. Aufl 2012 (zitiert: *Krey/Hellmann/Heinrich*, BT1 Rn)
Krey/Hellmann/Heinrich	Strafrecht, Besonderer Teil, Band 2, 16. Aufl 2012 (zitiert: *Krey/Hellmann/Heinrich*, BT2 Rn)

Kudlich	Fälle mit Lösungen im Strafrecht, Allgemeiner Teil, 2011 (zitiert: *Kudlich*, Fälle AT [Fall Nr] S)
Kudlich	Prüfe Dein Wissen, Rechtsfälle in Frage und Antwort, Strafrecht, Allgemeiner Teil, 3. Aufl 2009 (zitiert: *Kudlich*, PdW AT [Nr der Frage] S)
Kudlich	Prüfe Dein Wissen, Rechtsfälle in Frage und Antwort, Strafrecht, Besonderer Teil I, Vermögensdelikte, 2. Aufl 2007 (zitiert: *Kudlich*, PdW BT1 [Nr der Frage] S)
Kudlich	Prüfe Dein Wissen, Rechtsfälle in Frage und Antwort, Strafrecht, Besonderer Teil II, Delikte gegen die Person und die Allgemeinheit, 2. Aufl 2009 (zitiert: *Kudlich*, PdW BT2 [Nr der Frage] S)
Kühl	Strafrecht, Allgemeiner Teil, 7. Aufl 2012 (zitiert: *Kühl*, AT § Rn)
Küper	Strafrecht, Besonderer Teil, Definitionen und Erläuterungen, 8. Aufl 2012 (zitiert: *Küper*, BT S)
Küpper	Strafrecht, Besonderer Teil 1, 3. Aufl 2006 (zitiert: *Küpper*, BT 1 § Rn)
Lackner/Kühl	Strafgesetzbuch mit Erläuterungen, 27. Aufl 2011 (zitiert: *Lackner/Kühl*, § Rn)
Leipziger Kommentar	Strafgesetzbuch, 12. Aufl 2010 ff (zitiert: LK-*Bearbeiter*, § Rn)
Marxen	Kompaktkurs Strafrecht, Allgemeiner Teil, 2003 (zitiert: *Marxen* AT [Fall Nr] S)
Marxen	Kompaktkurs Strafrecht, Besonderer Teil, 2004 (zitiert: *Marxen* BT [Fall Nr] S)
Matt	Strafrecht, Allgemeiner Teil I, 1996 (zitiert: *Matt*, S)
Matt/Renzikowski (Hrsg)	Strafgesetzbuch, Kommentar, 2013 (zitiert: Matt/Renzikowski-*Bearbeiter*, § Rn)
Maurach/Gössel/Zipf	Strafrecht, Allgemeiner Teil, Teilband 2, 7. Aufl 1989 (zitiert: *Maurach/Gössel/Zipf*, AT2 § Rn)
Maurach/Schroeder/Maiwald	Strafrecht, Besonderer Teil, Teilband 1, 10. Aufl 2009 (zitiert: *Maurach/Schroeder/Maiwald*, BT1 § Rn)
Maurach/Schroeder/Maiwald	Strafrecht, Besonderer Teil, Teilband 2, 10. Aufl 2012 (zitiert: *Maurach/Schroeder/Maiwald*, BT2 § Rn)
Meurer	Grundkurs Strafrecht II, Allgemeiner Teil, 4. Aufl 1999 (zitiert: *Meurer*, S)
Meurer/Kahle/Dietmeier	Übungskriminalität für Einsteiger, 2000 (zitiert: *Meurer/Kahle/Dietmeier*, [Fall Nr] S)
Mitsch	Strafrecht, Besonderer Teil 2, Teilband 1, 2. Aufl 2002 (zitiert: *Mitsch*, BT2/1 § Rn)
Münchener Kommentar	Strafgesetzbuch, Band 1, 2. Aufl 2011, Band 2, 2. Aufl 2012, Band 3, 2. Aufl 2012 (zitiert: MK-*Bearbeiter*, § Rn)
Naucke	Strafrecht, 10. Aufl 2002 (zitiert: *Naucke*, § Rn)
Niederle	20 Standardfälle Strafrecht: Zur gezielten Vorbereitung auf die Übung für Anfänger, 2. Aufl 2009 (zitiert: *Niederle*, Anfängerübung [Fall Nr] S)
Nomos-Kommentar	Strafgesetzbuch, herausgegeben von *Kindhäuser/Neumann/Paeffgen*, Band 1, 3. Aufl 2010, Band 2, 3. Aufl 2010 (zitiert: NK-*Bearbeiter*, § Rn)

Oelmüller/Peters	Die erste Strafrechtshausarbeit, 6. Aufl 2009
Otto	Grundkurs Strafrecht, Allgemeine Strafrechtslehre, 7. Aufl 2004 (zitiert: *Otto*, AT § Rn)
Otto	Grundkurs Strafrecht, Die einzelnen Delikte, 7. Aufl 2005 (zitiert: *Otto*, BT § Rn)
Otto/Bosch	Übungen im Strafrecht, 7. Aufl 2010 (zitiert: *Otto/Bosch*, Übungen [Fall Nr] S)
Palandt	Bürgerliches Gesetzbuch, 72. Aufl 2013 (zitiert: Palandt-*Bearbeiter*, § Rn)
Prütting/Stern/Wiedemann	Die Examensklausur, 3. Aufl 2008 (zitiert: *Prütting/Stern/Wiedemann*, Examensklausur [Klausur Nr])
Puppe	Strafrecht, Allgemeiner Teil im Spiegel der Rechtsprechung, 2. Aufl 2011 (zitiert: *Puppe*, AT § Rn)
Putzke	Juristische Arbeiten erfolgreich schreiben, 4. Aufl 2012 (zitiert: *Putzke*, Arbeiten)
Rauda/Zenthöfer	Strafrecht, Allgemeiner Teil, Klausurentraining mit Lösungen im Gutachtenstil, 2. Aufl 2010 (zitiert: *Rauda/Zenthöfer*, [Fall Nr] S)
Rengier	Strafrecht Allgemeiner Teil, 4. Aufl 2012 (zitiert: *Rengier*, AT § Rn)
Rengier	Strafrecht, Besonderer Teil I, Vermögensdelikte, 14. Aufl 2012 (zitiert: *Rengier*, BT1 § Rn)
Rengier	Strafrecht, Besonderer Teil II, Delikte gegen die Person und die Allgemeinheit, 13. Aufl 2012 (zitiert: *Rengier*, BT2 § Rn)
Rotsch/Nolte/Peifer/Weitemeyer	Die Klausur im Ersten Staatsexamen, 2003 (zitiert: *Rotsch/Nolte/Peifer/Weitemeyer*, Klausur [Fall Nr] S)
Roxin	Strafrecht, Allgemeiner Teil, Band 1, Grundlagen, Aufbau der Verbrechenslehre, 4. Aufl 2006 (zitiert: *Roxin*, AT1 § Rn)
Roxin	Strafrecht, Allgemeiner Teil, Band 2, Besondere Erscheinungsformen der Straftat, 2003 (zitiert: *Roxin*, AT2 § Rn)
Roxin	Täterschaft und Tatherrschaft, 8. Aufl 2006
Roxin/Schünemann/Haffke	Strafrechtliche Klausurenlehre, 4. Aufl 1982 (zitiert: *Roxin/Schünemann/Haffke*, Klausurenlehre [Fall Nr] S)
Rudolphi	Fälle zum Strafrecht, Allgemeiner Teil, 5. Aufl 2000 (zitiert: *Rudolphi*, Fälle AT [Fall Nr] S)
Samson	Strafrecht I, 7. Aufl 1988 (zitiert: *Samson*, St1 [Fall Nr] S)
Satzger/Schmitt/Widmaier (Hrsg)	StGB-Strafgesetzbuch, 2009 (zitiert: S/S/W-StGB-*Bearbeiter*, § Rn)
Schimmel	Juristische Klausuren und Hausarbeiten richtig formulieren, 10. Aufl 2012 (zitiert: *Schimmel*, richtig formulieren Rn)
Schimmel/Weinert/Basak	Juristische Themenarbeiten, 2. Aufl 2011 (zitiert: *Schimmel/Weinert/Basak*, Themenarbeiten Rn)
Schlüter/Niehaus/Schröder (Hrsg)	Examensklausurenkurs im Zivil-, Straf- und Öffentlichen Recht, 2009 (zitiert: *Bearbeiter,* in: Schlüter ua (Hrsg), Examensklausurenkurs, S)
Schmidhäuser	Strafrecht, Allgemeiner Teil, 2. Aufl 1984 (zitiert: *Schmidhäuser*, AT Kapitel Rn)
Schmidt	Strafrecht Allgemeiner Teil, Grundlagen der Strafbarkeit, Methodik der Fallbearbeitung, 11. Aufl. 2012 (zitiert: *Schmidt*, AT Rn)

Schmidt/Priebe	Fälle zum Strafrecht I, Allgemeiner Teil, Technik der Fallbearbeitung, 4. Aufl 2012 (zitiert: *Schmidt/Priebe*, Fälle I [Fall Nr] Rn)
Schmidt/Priebe	Fälle zum Strafrecht II, Besonderer Teil mit prozessualen Zusatzaufgaben, 5. Aufl 2012 (zitiert: *Schmidt/Priebe*, Fälle II [Fall Nr] Rn)
Schönke/Schröder	Strafgesetzbuch, 28. Aufl 2010, fortgeführt von *Lenckner, Cramer, Stree, Eser, Heine, Perron, Sternberg-Lieben, Eisele, Bosch, Hecker* und *Kinzig* (zitiert: S/S-*Bearbeiter*, § Rn)
Scholz/Wohlers	Klausuren und Hausarbeiten im Strafrecht, 3. Aufl 2003 (zitiert: *Scholz/Wohlers*, Klausuren und Hausarbeiten S)
Schröder/Bergmann/Sturm	Richtiges Zitieren, 2010 (zitiert: *Schröder/Bergmann/Sturm*, Rn)
Schroth	Strafrecht, Besonderer Teil, 5. Aufl 2010 (zitiert: *Schroth*, BT S)
Schwabe	Lernen mit Fällen, Strafrecht Allgemeiner Teil, 3. Aufl 2011 (zitiert: *Schwabe*, AT [Fall Nr] S)
Schwind/Franke/Winter	Übungen im Strafrecht für Anfänger, 5. Aufl 2000 (zitiert: *Schwind/Franke/Winter*, Übungen [Fall Nr] S)
Seier	Die Anfängerklausur im Strafrecht, Zentrale Probleme des Allgemeinen Teils in der Fallbearbeitung, 2010 (zitiert: *Bearbeiter*, in: Seier, Die Anfängerklausur, [Fall Nr] S)
Steinberg	Angewandte juristische Methodenlehre für Anfänger, 2006 (zitiert: *Steinberg*, Methodenlehre, Rn)
Stratenwerth/Kuhlen	Strafrecht, Allgemeiner Teil, 6. Aufl 2011 (zitiert: *Stratenwerth/Kuhlen*, AT § Rn)
Strauß	Strafrecht, Fälle und Lösungen, 3. Aufl 1998 (zitiert: *Strauß*, [Fall Nr] S)
SK-StGB	Systematischer Kommentar Strafgesetzbuch, Band 1, Allgemeiner Teil, 8. Aufl 2000, von *Rudolphi, Horn, Samson, Günther, Hoyer, Wolters, Rogall, Stein, Schall* und *Wolter* (Stand: Juni 2010) (zitiert: SK-*Bearbeiter*, § Rn)
Tiedemann	Die Anfängerübung im Strafrecht, 4. Aufl 1999 (zitiert: *Tiedemann*, Anfängerübung [Fall Nr] S)
Valerius	Einführung in den Gutachtenstil, 3. Aufl 2009
Wagner	Fälle zum Strafrecht, Besonderer Teil, 4. Aufl 1998 (zitiert: *Wagner*, Fälle [Fall Nr] S)
Walter	Kleine Stilkunde für Juristen, 2. Aufl 2009 (zitiert: *Walter*, S)
Welzel	Das deutsche Strafrecht, 11. Aufl 1969 (zitiert: *Welzel*, § Abschnitt)
Wessels/Beulke	Strafrecht, Allgemeiner Teil, Die Straftat und ihr Aufbau, 42. Aufl 2012 (zitiert: *Wessels/Beulke*, AT Rn)
Wessels/Hettinger	Strafrecht, Besonderer Teil/1, Straftaten gegen Persönlichkeits- und Gemeinschaftswerte, 36. Aufl 2012 (zitiert: *Wessels/Hettinger*, BT1 Rn)
Wessels/Hillenkamp	Strafrecht, Besonderer Teil/2, Straftaten gegen Vermögenswerte, 35. Aufl 2012 (zitiert: *Wessels/Hillenkamp*, BT2 Rn)
Wittig	Wirtschaftsstrafrecht, 2. Aufl 2011 (zitiert: Wittig, S)
Wolters	Fälle mit Lösungen für Fortgeschrittene im Strafrecht, 2. Auflage 2006 (zitiert: *Wolters*, Fälle [Fall Nr] S)
Zieschang	Strafrecht, Allgemeiner Teil, 3. Aufl 2012 (zitiert: *Zieschang*, AT S)

1. Kapitel

Methodik der Fallbearbeitung

Erfolg im Rechtsstudium – und damit auch im Strafrecht – lässt sich stark verkürzt und vereinfacht auf die Formel bringen: 1

Erfolg = Wissen und Verständnis um das materielle Recht + Beherrschen der Falllösungstechnik.

Daraus lässt sich folgender Schluss für die ideale Lernmethode eines Studenten ziehen: Zunächst einmal soll er sich theoretisch mit der Materie auseinandersetzen, wozu in erster Linie die Vorlesungen sowie die Lektüre von Lehrbüchern und Kommentaren dienen. *Mindestens ebenso viel Zeit* ist aber auf das konkrete Lösen von Fällen zu verwenden. Damit soll allerdings nicht ausschließlich der Besuch von Übungen und Begleitkolloquien angesprochen werden, denn erfahrungsgemäß „konsumieren" viele Studenten auch hier die Fälle, statt sie aktiv zu durchdenken. Vielmehr ist dem Studenten zu raten, im Wege der Eigeninitiative möglichst viele weitere Fälle zu lösen, denn nur wer ein Problem selbst formuliert, erkennt, ob er es wirklich verstanden hat. Es existiert hierfür eine Fülle einschlägiger Ausbildungsliteratur in Form von Fallbüchern (s Literaturverzeichnis S XV, S 220 und S 279) oder Ausbildungszeitschriften (s die Liste von Anfängerklausuren in Zeitschriften S 282). Das vorliegende Fallbuch ergänzt dieses Angebot und ist so konzipiert, dass der Student die einzelnen Lösungsschritte jeweils nachvollziehen kann (Aufgabe – Kurzlösung – Ausformulierung). Für die Eigenbearbeitung eines solchen Falles einschließlich einer ausformulierten Lösung sollte man sich etwa zwei Stunden Zeit nehmen. Dadurch lernt der Student auch, sich die Zeit genau einzuteilen. Besonders wichtig ist, während der Bearbeitung nicht die Lösung zu konsultieren, sondern sich nur mit der Aufgabenstellung zu beschäftigen.

Wie der Student an die Bearbeitung eines Falles herangehen soll, wird im Folgenden anhand der verschiedenen Arbeitsschritte dargestellt, die der Bearbeiter (im Idealfall) während der Falllösung durchläuft.

I. Die Falllösungstechnik – dargestellt anhand der Bearbeitungsschritte

1. Die Arbeit am Sachverhalt

a) Erfassen des Sachverhalts

Jede Falllösung beginnt notwendigerweise damit, dass der Bearbeiter den Sachverhalt exakt erfasst. Dies ist die Grundlage dafür, dass alle juristischen Probleme erkannt und einer korrekten Subsumtion zugeführt werden. In der Regel reicht ein einmaliges Lesen nicht aus, insbes wenn der Sachverhalt aufgrund der Anzahl von Beteiligten und Handlungssträngen einen hohen Grad an Komplexität aufweist. **Arbeit am Sachverhalt** bedeutet gerade in diesen Fällen nicht nur Lesen, sondern umfasst bereits erste Aktivitäten 2 und reges Mitdenken. Es bietet sich beispielsweise an, die Sachverhaltspassagen, die auf verschiedene Beteiligte zutreffen, mit verschiedenen Farben zu unterstreichen.

3 Aus Erfahrung rate ich meinen Studenten, möglichst immer eine **Sachverhaltsskizze** anzufertigen, die man während der Ausarbeitung der Lösung ständig zu Rate zieht. Dadurch verinnerlicht der Bearbeiter das tatsächliche Geschehen besonders gut. Ein Schaubild gibt auch häufig erste Hinweise auf eine denkbare Gliederung des Falles, ferner wird auf diese Weise kein Beteiligter übersehen und last but not least werden die Namen seltener durcheinandergebracht (vgl auch *Kühl/Lange*, JuS 2010, 42). Auch sollte sich der Bearbeiter bereits erste **Randnotizen** zu juristischen Problemen vermerken, die ihm beim Lesen spontan einfallen. Wer besonders systematisch arbeiten möchte, kann die wichtigsten Sachverhaltsinformationen auf einem gesonderten Blatt übersichtlich geordnet auflisten (dafür plädiert *Kampf,* JuS 2012, 309, 311). Bei Hausarbeiten ist es besonders empfehlenswert, als erstes die ausgeteilte Aufgabenstellung für die spätere Reinschrift abzuschreiben, da dies die beste Garantie für die Kenntnis des Sachverhalts ist.

4 In diesem Arbeitsstadium können sich vor allem folgende **Probleme** ergeben:
aa) Zum einen besteht gerade zu Beginn der Ausbildung die Gefahr, dass die Aufgabenstellung verändert oder eine gekünstelte Deutung vorgenommen wird. Dies ist insbes dann zu beobachten, wenn der Student ein ihm aus den Lehrbüchern bekanntes juristisches Problem unbedingt abhandeln möchte, obwohl es im Sachverhalt bei „objektiver" Betrachtung keinerlei Entsprechung findet. Der Sachverhalt ist für gegeben zu nehmen und nicht zu bezweifeln bzw abzuwandeln. Die „Suche nach dem bekannten Fall" führt häufig in die Irre.

Dabei gilt: Im Zweifel muss die **Sachverhaltsauslegung wirklichkeitsnah** sein und der allgemeinen Lebenserfahrung sowie dem regelmäßigen Lauf der Dinge entsprechen. Fehlen beispielsweise Angaben über das Alter oder den Geisteszustand eines Beteiligten, so ist der Falllösung ein erwachsener, schuldfähiger Beteiligter zu Grunde zu legen. Solche Selbstverständlichkeiten bedürfen in der Regel keiner ausdrücklichen Klarstellung.

5 bb) Andererseits taucht sehr häufig das Problem auf, dass die Informationen in der **Aufgabenstellung lückenhaft** sind. Ob dem tatsächlich so ist, muss bei der nachfolgenden rechtlichen Prüfung geklärt werden. Wenn Angaben auf den ersten Blick zu fehlen scheinen, werden sie zumeist für die rechtliche Prüfung keine Relevanz haben. Der Schwerpunkt der Prüfung liegt dann regelmäßig an anderer Stelle. Sollten nach Ansicht des Bearbeiters dennoch Fragen offen bleiben, so muss er die vermeintliche Lücke durch eine lebensnahe Sachverhaltsauslegung schließen: Mut zur Entscheidung statt Mut zur Lücke!

6 Die Studenten pflegen insoweit ängstlicher zu sein als erforderlich. Wenn der Bearbeiter nämlich auf einen Korrektor stoßen sollte, der seinerseits eine andere Sachverhaltsauslegung für lebensnäher hält, so hat diese unterschiedliche Einschätzung für die Bewertung keine Konsequenzen. Die Noten werden für eine gute juristische Argumentation vergeben und nicht dafür, dass die Lebenserfahrung des Bearbeiters mit der des Lesers übereinstimmt. Der Student sollte sich also in Zweifelsfällen mit knappen Worten **für eine**

der denkbaren Sachverhaltsvarianten entscheiden und nur auf dieser Basis sein Gutachten fortsetzen. Man schreibt dann selbstsicher: „Bei lebensnaher Betrachtung ist davon auszugehen, dass …“ (ebenso *Klaas/Scheinfeld*, Jura 2010, 542; Beispiel: *Kudlich/Schuhr*, JA 2007, 353). Der Bearbeiter kann darauf vertrauen, dass der Korrektor auch im Falle des Abweichens vom Schema der Musterlösung die Arbeit nach innerer Folgerichtigkeit bewertet (*s auch Rn 81, 293 u 407*).

Immer wieder wird von Studenten bei Zweifeln bzgl der Sachverhaltsauslegung der Grundsatz **„in dubio pro reo“** bemüht. In den wenigsten Fällen ist aber dessen Anwendung vom Aufgabensteller tatsächlich gewollt. Dieser Grundsatz entstammt dem Strafprozessrecht (Art. 6 II EMRK) und gilt nur im Rahmen einer unsicheren Beweislage und nicht etwa bei der Auslegung eines Sachverhalts. Nur wenn im Sachverhalt Zweifel ausdrücklich umschrieben werden (zB: A gab B mit Tötungsvorsatz die Giftinjektion, ohne dass sich aufklären lässt, ob B in diesem Zeitpunkt noch lebte oder bereits tot war) kommt die Anwendung des Grundsatzes „in dubio pro reo“ in Betracht (ebenso *Steinberg*, Methodenlehre, Rn 61 f). In allen anderen Fällen erscheint es dagegen vorzugswürdig, den Sachverhalt auszulegen und sich für die eine oder andere Geschehensvariante zu entscheiden. 6a

Alternativgutachten sind unbedingt zu vermeiden. Sie bleiben mE dem extrem seltenen Fall vorbehalten – den ich in 32 Universitätsjahren im Rahmen der Examensprüfungen kein einziges Mal erlebt habe –, dass der Aufgabensteller die Arbeit erkennbar um ein bis zwei Hauptprobleme herum gruppiert hat, zu denen der Bearbeiter meint, im Hauptgutachten nicht vordringen zu können, weil eine dahinführende problemfreundliche Auslegung des Sachverhalts von ihm (auch nach reiflicher Überlegung!) für absolut unvertretbar gehalten wird. Dem Grundsatz nach ist aber eine Alternativlösung überflüssig! Der erfahrene Student favorisiert die Sachverhaltsauslegung, bei der die vom Prüfer offensichtlich angesteuerten Hauptprobleme zum Tragen kommen, sog **problemfreundliche Auslegung des Sachverhalts** (s auch *Kindhäuser/Schumann/Lubig,* S 27). 7

cc) Ein drittes Problem kann sich ergeben bei der Auslegung der **subjektiven Komponente** des Sachverhalts, also bei der Vorstellungswelt des Täters. Dies wird insbes relevant bei der Frage, ob der Täter vorsätzlich gehandelt hat. Sollten Angaben fehlen, insbes zum Wollensaspekt (Vorsatz = Wissen + Wollen), so muss von objektiven Umständen auf die Einstellung des Täters geschlossen werden. Dabei ist die Grundregel zu beachten, dass nach der sog Hemmschwellentheorie an das Wollenselement des Vorsatzes um so höhere Anforderungen zu stellen sind, je schwerer das Delikt einzustufen ist (relevant zB bei Tötungsdelikten; gute Beispielsfälle bei *Hilgendorf,* Klausurenkurs II [5] Rn 61, [7] Rn 51). 8

Normalerweise wird der Sachverhalt in einer Anfängerklausur aber so ausführlich sein, dass man mit den herkömmlichen Abgrenzungstheorien zu einem vertretbaren Ergebnis gelangen kann. Der Vorsatz ist insbes nicht in Frage zu stellen, wenn er mit relativ deutlichen Formulierungen umschrieben wird. Beispiel für eine häufig übliche Formulierung zur Umschreibung des Vorsatzes: „A erkannte, dass der Schlag mit dem Hammer tödlich enden konnte und führte den Schlag dennoch aus.“ (vgl *Kühl/Hinderer*, JuS 2009, 920; auch *Rengier/Jesse*, JuS 2008, 43) bzw „A rechnete damit, den T zu verletzen; dies war ihm auch recht“ (*Bakowitz/Bülte*, StudZR 2009, 149, 157) bzw „A rechnete damit, dass diese Schüsse auch treffen und die Person tödlich verletzen können. Das ist ihm aber egal, solange er nur unerkannt fliehen kann“ (*Heghmanns/Kusnik,* Ad Legendum

2010, 275, 282) oder „B rammte dem S das Messer in den Oberbauch; den Tod des S nimmt er billigend in Kauf" (*Walter/Schneider*, JA 2008, 262; entspr. *Kudlich/Litau*, JA 2012, 755).

Besagt der Sachverhalt weder ausdrücklich noch **schlüssig** (zB: A schießt nach einem Raubüberfall auf den ihn verfolgenden Polizisten [vgl *Kühl/Schramm*, JuS 2003, 683]) irgendetwas über die Motivation des Täters, so darf jedoch nicht einmal dolus eventualis unterstellt werden (vgl *Trüg*, JA 2002, 214, 218).

9 Allen Problemen ist folglich die wichtige **Grundregel** gemeinsam: Der Bearbeiter muss aufgrund seiner Auslegung immer **klare Antworten über den Sachverhalt** geben; niemals darf er eine Entscheidung offen lassen. Eine rechtliche Bewertung des Falles ist nur dann möglich, wenn eine gesicherte Tatsachenbasis vorliegt. Im Regelfall kann davon ausgegangen werden, dass die Handelnden wissen, was sie tun – und zwar in tatsächlicher und rechtlicher Hinsicht. Der besorgte Klausurenschreiber kann dies ausdrücklich feststellen (*Kudlich,* Fälle AT [1] S 8).

b) Beachten der Fragestellung

10 Nicht minder bedeutend ist die sorgfältige Beachtung der **Fragestellung**. Hier können sich **Einschränkungen** auf einzelne Straftatbestände ergeben, die Streitfragen entfallen lassen. Eine solche Vorgehensweise ist insbesondere in Anfängerklausuren beliebt, sei es aus Zeitgründen, sei es wegen der geringen Kenntnisse der Bearbeiter im Bereich des BT (vgl *Esser/Scharnberg,* JuS 2012, 809; *Kudlich,* Fälle AT [2] S 16; *Kudlich/Litau,* JA 2012, 755, 756; *Rengier/Braun,* JuS 2012, 999). Die Fragestellung – häufig auch als „Bearbeitervermerk" gekennzeichnet – ist also das „A und O" der Fallbearbeitung. Im Falle einer Klausur, in der üblicherweise große Zeitnot herrscht, kann es sogar ratsam sein, den Bearbeitervermerk vor dem Sachverhalt zu lesen (*Wörner,* ZJS 2012, 630). Auch kann es vorkommen, dass der Aufgabensteller nur nach der Strafbarkeit einzelner Beteiligter fragt, so dass unter Umständen eine Inzidentprüfung erforderlich wird, so zB bei der Frage, ob ein rechtswidriger Angriff iSv § 32 II vorliegt (vgl *Rengier/Braun,* JuS 2012, 999, 1002).

Es besteht allgemeiner Konsens darüber, dass **die Strafbarkeit von Toten nicht geprüft** wird, solange nicht explizit danach gefragt wird, weil eine Strafverfolgung bei Toten nicht mehr möglich ist (vgl *Kett-Straub/Linke*, JA 2010, 25, 28; *Sternberg-Lieben/Sternberg-Lieben*, JuS 2005, 48 Fn 1).

2. Die rechtliche Prüfung des Falles

a) Ziel der Schwerpunktbildung

11 Hat der Bearbeiter Sachverhalt und Fragestellung verinnerlicht, so schließt sich die rechtliche Beurteilung der tatsächlichen Sachlage an. Ziel hierbei ist nicht nur die korrekte Lösung juristischer Probleme, sondern auch die richtige **Schwerpunktbildung**. Darunter ist zweierlei zu verstehen: Einerseits sollen nur die Aspekte ausführlich erörtert werden, die bei der Subsumtion Probleme bereiten; alles andere ist kurz abzuhandeln. Andererseits versteht man im Strafrecht darunter die Technik, denjenigen Straftatbeständen den Vorrang in der Prüfungsreihenfolge einzuräumen, die für die Sachentscheidung von Relevanz sind, Straftatbestände hingegen, die letztendlich im

Wege der Gesetzeskonkurrenzen zurücktreten, nur an späterer Stelle kurz zu prüfen (dazu näher *Rn 52* bei den Aufbaufragen).

b) Arbeitsschritte im Einzelnen

aa) Die rechtliche Analyse beginnt mit dem **Brainstorming**, dh der Bearbeiter notiert sich alle Gedanken, die er spontan mit dem Sachverhalt verbindet. Dabei kann er auf die Notizen zurückgreifen, die er sich beim Lesen des Sachverhalts gemacht hat. 12

bb) Eine Struktur erhalten diese Gedanken in der **Gliederung bzw Lösungsskizze**. In dieser Phase entscheidet sich, in welche Prüfungseinheiten das Gutachten aufzugliedern ist, welche Straftatbestände und Beteiligungsformen in welcher Reihenfolge in Betracht kommen und ob die Straftatbestände jeweils als Tätigkeits-, Unterlassungs-, Vorsatz-, Fahrlässigkeits-, Vollendungs- oder Versuchsdelikt verwirklicht werden. Zur Kontrolle, ob er alle denkbaren Straftatbestände erfasst hat, sollte der Bearbeiter sich nicht scheuen, auch die Inhaltsübersicht des StGB zu Hilfe zu nehmen. Bei der Lösungsskizze muss der Bearbeiter vor allem darauf achten, dass er **Inzidentprüfungen vermeidet** (sofern nicht durch die Aufgabenstellung zwingend erforderlich) und eine Reihenfolge der Prüfung wählt, die Verweisungen nach unten ausschließt. 13

Generell ist also zu beachten: **Verweisungen** nach oben sind zulässig – Verweisungen nach unten sind streng verboten. Diese Grundregel muss unbedingt bereits bei der Erstellung der ersten Gliederung berücksichtigt werden. 14

Die Bedeutung der Konzipierung einer ersten Lösungsskizze darf nicht unterschätzt werden. Sie bildet die Grundlage für eine logisch strukturierte Arbeit; Fehler im Fundament zeugen von mangelndem Verständnis der Systematik und können häufig durch die späteren juristischen Ausführungen nicht kompensiert werden. Deshalb wird von der immer wieder zu beobachtenden Praxis abgeraten, dass der Student sich erst im Verlauf der Ausformulierung der Klausurlösung über die rechtliche Beurteilung im Klaren wird, nämlich dann, wenn er Schritt für Schritt auf die einzelnen Probleme stößt.

Gedanklich erfolgt bei der Gliederung schon die Subsumtion, dh der Bearbeiter prüft, ob der Sachverhalt unter den gesetzlichen Tatbestand passt. Zweckmäßig und zeitsparend ist hier ein **(–) / (+) – Schema**, dem auch die Kurzlösungen folgen, die den Falllösungen in diesem Buch vorangestellt sind. Nach diesem Schritt muss der Bearbeiter zu einer rechtlichen Lösung des Falles gelangt sein.

cc) An dieser Stelle soll die **Zeiteinteilung** in der Klausur Erwähnung finden: In der Regel kann man davon ausgehen, dass der Bearbeiter maximal 1/3 der Zeit für die Arbeit mit dem Sachverhalt, das brainstorming und die Lösungsskizze zur Verfügung hat. Länger darf er auf keinen Fall benötigen, um seiner Argumentation in der Reinschrift noch genügend Raum geben zu können. 15

Zusammenfassend gilt: Die Lösungsskizze ist das unerlässliche Fundament der guten Arbeit. Nur auf sie kann eine erfolgreiche Klausur aufgebaut werden.

3. Die Reinschrift

a) Die Verwendung des Gutachten- bzw Urteilsstils

16 aa) Hat der Bearbeiter seine rechtliche Lösung skizziert, so muss er nunmehr ein ausformuliertes Rechtsgutachten erstellen, in dem er dem Leser den zuvor gedanklich vorgenommenen Subsumtionsvorgang (Suchen der Norm, Auslegung, Erfülltsein) ausführlich mitteilt. Hierbei ist bis zum Referendarexamen im Grundsatz der sogenannte **Gutachtenstil** zu wählen. Dies bedeutet, dass der Bearbeiter beim Auftreten eines rechtlichen Problems die relevante Frage aufwirft, dann die verschiedenen Lösungsmöglichkeiten darstellt und abwägt, bevor er sich schließlich für eine Lösung entscheidet und die Konsequenzen für den jeweiligen Fall aufzeigt. Der Gutachtenstil ist deshalb durch die Verwendung von Konjunktiv („möglicherweise", „könnte", „dafür müsste" etc) und Adverbien wie „folglich", „daher", „deshalb" gekennzeichnet.

Beispiel: Indem sich B mit dem Finger an die Stirn tippte, als er des A ansichtig wurde, könnte er sich gem § 185 strafbar gemacht haben. Beleidigung ist die Kundgabe von Missachtung oder Nichtachtung. Durch das Zeigen eines „Vogels" hat der B den Achtungsanspruch des A verletzt. Folglich hat B den objektiven Tatbestand des § 185 erfüllt.

17 bb) Das Gegenstück zum Gutachtenstil bildet der **Urteilsstil**. Hier wird das Ergebnis des Problems, das rechtliche „Urteil", an den Beginn der Ausführungen gestellt, während die Begründung erst nachfolgt. Erkennbar ist dies an den kausalen Verknüpfungen wie „da" oder „weil".

Beispiel: B hat den objektiven Tatbestand des § 185 erfüllt, weil er A den „Vogel" zeigte und damit dessen Achtungsanspruch verletzt hat.

Der Urteilsstil ist anzuwenden, wenn unproblematische Punkte nur konstatiert werden müssen und keiner ausführlichen Erörterung bedürfen (so zB die Eigenschaft eines Autos als Sache). Gute Klausurlösungen arbeiten häufig mit dem Urteilsstil, weil gerade im Strafrecht unproblematische Randfragen relativ häufig auftauchen und entsprechend knapp zu beantworten sind (wie hier: *Herrmann/Heyer,* JA 2012, 190; *Krell,* Jura 2012, 150, 154 [Fn 72]; *Hilgendorf,* Klausurenkurs I Rn 11 ff; *Kretschmer,* Jura 2010, 468, 469; *Kudlich,* Fälle AT [5] S 61; *Rengier/Braun,* JuS 2012, 999, 1001 [A II 1 b]; *Stiebig,* JA 2009, 601; *Wörner,* ZJS 2012, 630, 632). Der Student muss allerdings wissen, dass einige Korrektoren aus didaktischen Gründen dem Anfänger den Gebrauch der Worte „da" oder „weil" verbieten, um Druck zu Gunsten des richtigen Gebrauchs des Gutachtenstils auszuüben. Der Urteilsstil soll dann also – was ich für zu eng halte – nur Vorgerückten vorbehalten bleiben (*Stiebig*, Jura 2007, 910). Insgesamt kommt es gerade bzgl dieser Stilfrage in ganz besonderem Maße auf die örtlichen Usancen an (*s auch Rn 156*).

18 cc) Ein Gutachten zu schreiben bedeutet aber auch, zu den relevanten Rechtsproblemen **umfassend Stellung zu nehmen**, selbst wenn der betreffende Tatbestand iE verneint wird. Dies gilt auch bei der Prüfung **mehrerer Tatbestandsalternativen** oder Rechtfertigungsgründe, wo alle angesprochen werden müssen, die nicht von vorne herein abwegig erscheinen (*s auch Rn 133*). Andererseits bedarf nicht alles der gleichen Ausführlichkeit. Vielmehr ist wieder die Schwerpunktbildung zu berücksichtigen: je komplexer ein Problem, desto ausführlicher die Darstellung (*s auch Rn 156*).

Auch **Theorienstreite** bedürfen im Regelfall nur dann einer Erörterung, wenn sie **entscheidungserheblich** sind. Wenn der Verfasser die Entscheidungserheblichkeit eines Theorienstreits bejaht, sollte er einleitend das Problem kurz benennen und darstellen, welche Rechtsfolgen theoretisch denkbar sind (zB Wegfall der objektiven Zurechnung und damit Verneinung der Tatbestandsmäßigkeit wegen der vom Opfer gewollten Selbstgefährdung). Sodann muss der Verfasser auf das aufgeworfene Rechtsproblem ausführlich eingehen – unter Einbeziehung der von ihm für wichtig gehaltenen Lösungsvorschläge aus Rechtsprechung und Schrifttum. Bei der Darstellung ist der Begriff „Theorie" möglichst zu vermeiden. Es handelt sich bei den sog. Theorien fast immer nur um „Lösungsaspekte" bzw „tragende Gesichtspunkte". Besser ist es deshalb, die einzelnen Meinungen mit dem jeweiligen Hauptargument inhaltlich zu präsentieren. Meiner Erfahrung nach gibt es allerdings keinen Punktabzug, wenn die Formulierungen „Meinung 1/ Meinung 2 …" bzw „Theorie …/Theorie …" gewählt werden (*s auch Rn 27*). Im vorliegenden Buch kann man den Unterschied zwischen diesen beiden Darstellungsweisen gut erkennen. Innerhalb der grauen Kästen, die zum Auswendiglernen und Repetieren dienen, werden die Lösungsansätze eher formal dargestellt. Unterhalb der grauen Kästen finden sich die Vorschläge für die Klausurbearbeitung, die sich – wie gefordert – von den „sekundären dogmatischen Begriffen" (*Kampf,* JuS 2012, 309, 313) lösen. Wer so argumentiert, wird vom Korrektor als Kenner eingestuft. 19

Die gesamte Darstellung muss die Entscheidungserheblichkeit klar erkennen lassen. Kommen im konkreten Fall alle Lösungsmodelle (Theorien) zu demselben Ergebnis, so wird der Streit nicht entschieden (*s auch Rn 108, 160, 161, 228 und 360*; weitere Beispiele bei *Bakowitz/Bülte*, StudZR 2009, 149, 154 ff; *Bott/Pfister*, Jura 2010, 228; *Ebert-Seher*, Fälle [14] S 208; *Ernst,* ZJS 2012, 654, 657; *Freund/Telöken,* ZJS 2012, 796, 799 f; *Heghmanns/Kusnik,* Ad legendum 2010, 275; *Herrmann/Heyer,* JA 2012, 190, 192; *Kudlich,* Fälle AT [11] S 150, 165; *Lotz,* JuS 2010, 982, 985; *Norouzi*, JuS 2006, 531; *Sternberg-Lieben/von Ardenne*, Jura 2007, 152; *Rotsch/Nolte/Peifer/Weitemeyer,* Klausur [20] S 291).

Der Verfasser sollte sich bei einem entscheidungserheblichen Streit **zu einer Lösung bekennen**. Die bei Studenten beliebte Formulierung, dass diese oder jene Ansicht „wohl" vorzugswürdig sei, ist unzulässig. Mutig stehe man zu seiner Meinung, selbst gegen die größten Autoritäten. Auch in der Ausbildung sollte das im späteren Leben unerlässliche „juristische Rückgrat" bewiesen werden. Selbst die Ansicht des BGH darf abgelehnt werden – allerdings mit Bedacht und höchstem Respekt sowie wirklich nur mit guten Argumenten. 20

Bedenkenswert erscheint mir folgender Vorschlag: In Klausuren sollte sich der Bearbeiter zunächst an der Rechtsprechung orientieren (*Kühl/Hinderer*, JuS 2010, 920). Das gilt aber wirklich nur für Klausuren und nicht für Hausarbeiten und auch nur für den Regelfall (eine Ausnahme würde ich zB beim Erlaubnistatbestandsirrtum machen, *vgl Rn 256*) und auch nur „zunächst" – dh wer auf diesen Sockel noch weitere Argumente pro und contra aufbauen kann, darf sich selbst in einer Klausur gegen die BGH-Lösung entscheiden. Ideenreichtum bringt gute Noten. Mit dem BGH ist man aber immer auf der „sicheren Seite".

21 **Hilfsgutachten** auf der Basis einer zunächst abgelehnten Gesetzesauslegung sind generell unzulässig (bis ins Examen hinein beliebt: „... Täterschaft ist also abzulehnen. Wenn sie jedoch zu bejahen gewesen wäre, dann ...“). Der Student verfolgt bei den vielen, denkbaren Verästelungen der Falllösung nur seinen eigenen Weg!

b) Das Gutachten: Aufbauschritte und Subsumtion

22 aa) Zunächst sollte der Bearbeiter einer juristischen Klausur dem Korrektor bereits in der Überschrift zu erkennen geben, welchen Straftatbestand und ggf auch welche von mehreren Tatbestandsalternativen er in der Folge prüfen wird. Dadurch wird der Korrektor auf die nun folgende rechtliche Prüfung vorbereitet.

bb) Im Rahmen der Prüfung der einzelnen Straftatbestände muss der Bearbeiter das **Problem aufwerfen**, das sich bei der rechtlichen Analyse stellt. Eine der Hauptaufgaben des Bearbeiters ist es, den Bezug zum Sachverhalt herzustellen. Gefragt sind keine abstrakt-juristischen Erörterungen im Lehrbuchstil, sondern eine Darstellung der rechtlichen Fragen, die gerade in dieser konkreten Fallvariante relevant werden.

Einleitend erscheint es daher bei jedem neuen Straftatbestand ratsam, genau darzulegen, welches Tatgeschehen im Hinblick auf welchen Straftatbestand geprüft wird (sog **Subsumtionsfrage**). Der Einleitungssatz dieser Subsumtionsfrage wird immer im Gutachtenstil geschrieben.

Beispiel für §§ 212, 25 I Alt 2: Indem A der Krankenschwester K, welche die Zusammenhänge nicht durchschaute, die Spritze übergab und sie veranlasste, X das tödliche Gift zu injizieren, könnte A einen Totschlag zulasten des X in mittelbarer Täterschaft begangen haben.

Manche Kollegen möchten diesen **Einleitungssatz** generell gestrichen wissen, weil sich der Prüfungsgegenstand aus der Überschrift (im Beispiel: §§ 212, 25 I Alt 2) ergebe (Beispiele für diese Lösungstechnik bei *Ambos/Rackow*, JuS 2008, 810; *Hardtung*, JuS 2008, 623; *Kalkofen/Sievert,* Jura 2011, 229; *Kudlich/Litau,* JA 2012, 755; *Kudlich/ Schuhr*, JA 2007, 349; *Laue*, JuS 2002, 359; *Sengbusch*, Jura 2007, 623; *Sievert/ Kalkofen,* JA 2012, 107; s auch *Klaas/Scheinfeld*, Jura 2010, 546). Das ist selbstverständlich gut vertretbar (kritischer *Kreuzner/Zetzmann,* ZJS 2011, 268, die Hinweise anmahnen). Andererseits ist es meiner Ansicht nach aber doch sinnvoll, den herausgegriffenen Handlungsabschnitt ausdrücklich zu umschreiben, weil zumindest bei komplizierten Sachverhalten mit mehraktigem Tatgeschehen und wechselnden subjektiven Tatvorstellungen dem Leser nur so klar wird, welcher Sachverhaltssplitter gerade untersucht wird (Beispiele für diese Technik bei *Bott/Kühn*, Jura 2009, 72; *Brüning*, JuS 2007, 255; *Eisele*, Jura 2002, 59; *Ernst,* ZJS 2012, 654; *Freund/Telöken,* ZJS 2012, 796; *Gierhake*, Jura 2010, 313; *Haas,* Ad Legendum 2012, 119; *Herzberg/Putzke*, JuS 2008, 884; *Hellmann/Beckemper*, ZJS 2008, 60; *Heinrich/Reinbacher*, JA 2007, 265; *Hillenkamp*, JuS 2003, 157; *Hoffmann-Holland*, JuS 2008, 430; *Jahn/Ebner*, JuS 2008, 1086; *Kubiciel/Wachter*, JA 2013, 112; *Kühl*, JuS 2007, 743; *Müller/Raschke,* Jura 2011, 305; *Putzke,* ZJS 2011, 522, 523; *Rengier/Braun,* JuS 2012, 999; *Reinbacher* in: *Coester-Waltjen* ua (Hrsg), Zwischenprüfung, S 26 und *Zöller*, Jura 2007, 306). Besonders wichtig ist dies bei der Prüfung eines **Betruges** gem § 263 (Durch wen? Gegenüber wem? Zu Lasten von wem? Zu Gunsten von wem?). Selbst bei einfachen Sachverhalten und einer guten Gliederung, die durch entsprechende Überschriften im Text deutlich wird, ist diese Vorgehensweise zumindest beim ersten Prüfungspunkt eines neuen Tatkomplexes für die Selbstkontrolle des Bearbeiters von Vorteil. In Examensklausuren begnügt man sich zumeist schon aus Zeitgründen mit der klärenden Überschrift. Sowie aber Zweifel hinsichtlich des Prüfungsumfangs auftauchen, sollte auch dort trotz aller Zeitnot auf die Umschreibung im Text nicht verzichtet werden. Auch jenseits der Prüfung eines Betruges kann die einleitende Klarstellung, zu wessen Lasten (zu wessen Nachteil) der Täter tätig geworden sein könnte, sinnvoll sein, so zB wenn gleichartige Rechtsgüter mehrerer Personen verletzt werden (zB Sachbeschädigung „zu Lasten des B" / Sachbeschädigung „zu Lasten des C", vgl *Hertel,* Jura 2011, 391; Körperverletzung „zum Nachteil des P" / Körperverletzung „zum Nachteil des U", vgl *Kalkhofen/Sievert,* Jura 2011, 229).

cc) Im Anschluss sind die einschlägigen gesetzlichen Merkmale der Norm zu **definieren**. Dabei kann sich der Bearbeiter der gängigen Auslegungsmethoden bedienen (vert *Braun*, S 363 f; *Christensen/Pölters,* JA 2010, 566; *Herzberg*, JuS 2005, 1; *Kudlich/Christensen*, JuS 2002, 144; *Petersen*, Jura 2002, 105; *Rüthers/Höpfner*, JZ 2005, 21; *Schuster*, Jura 2008, 228). **23**

- Die **grammatische Auslegung** orientiert sich am Wortlaut der Norm. Sie ist im Strafrecht von besonderer Bedeutung wegen des Bestimmtheitsgebots in Art 103 II GG (nulla poena sine lege) und des damit verbundenen Analogieverbots zu Lasten des Beschuldigten. Dabei kann man die Bedeutung des fraglichen Begriffes, wie sie im allgemeinen Sprachgebrauch üblich ist, heranziehen. Sollte dies wenig ergiebig sein, weil der Begriff auch in der Alltagssprache mehrdeutig verwendet wird, so kann man zumindest darauf abstellen, welche Deutung die gebräuchlichere ist. Umgekehrt besteht auch die Möglichkeit, eine in der Alltagssprache übliche Bedeutung abzulehnen mit dem Hinweis darauf, dass sich juristische Begriffe nicht immer mit den umgangssprachlichen Begriffen decken. Nachdem der Wortlaut stets die Grenze der Auslegung sein soll, ist darauf zu achten, immer mit diesem Aspekt zu beginnen.
- Auch die **systematische Auslegung** ist möglich; das heißt der Bearbeiter orientiert sich an der Stellung eines Paragraphen im Normengefüge. Dabei kann man einen Vergleich zu einer anderen Norm ziehen, die einen ähnlichen Fall regelt. Häufig kann man aber auch aus der Gestaltung der einzelnen Absätze eines Paragraphen Schlussfolgerungen ziehen. Schließlich können sich auch aus den Titeln und Überschriften der Normen oder der jeweiligen Abschnitte wertvolle Hinweise ergeben.
- Ferner steht dem Rechtsanwender die **historische Interpretation** zur Verfügung, die auf den Willen des historischen Gesetzgebers zurückgreift. Für den Studenten wird dies in erster Linie bei der Hausarbeit relevant, weil er hier Zugriff auf die Gesetzesbegründungen hat.
- Für eine Interpretation besonders ergiebig ist die **teleologische Auslegung**, die auf den Sinn und Zweck einer Norm abstellt. Die Auslegung erfolgt im Strafrecht rechtsgutbezogen; im Vordergrund eines Problems steht grds die Frage, welches Rechtsgut von einer Norm geschützt werden soll. Vielfach gilt es herauszuarbeiten, ob das Verhalten des Täters rechtlich zu missbilligen ist oder nicht. Auch kriminalpolitische Aspekte können weiterhelfen. So findet man in der Literatur häufig die Begründung, hinsichtlich eines bestimmten Verhaltens bestehe ein Strafbarkeitsbedürfnis oder ein bestimmtes Ergebnis sei kriminalpolitisch nicht wünschenswert, weil unerträgliche Strafbarkeitslücken entstünden, oder umgekehrt: Ein Strafbarkeitsbedürfnis sei nicht

erkennbar. Insoweit kann auch aus der Opferperspektive heraus argumentiert und gefragt werden, ob ein bestimmtes Verhalten eine bestimmte Gefährlichkeit in sich birgt oder zumindest diesen Eindruck erweckt (zB zur Auslegung der Frage, ob es sich um ein gefährliches Werkzeug iSd § 250 I Nr 1 a handelt). Wie in allen Rechtsgebieten besteht auch die Möglichkeit, eine Parallele zu bereits bekannten Konstruktionen zu ziehen. So wird zB vertreten, die actio libera in causa sei der mittelbaren Täterschaft vergleichbar *(s Problem Nr 50, Rn 409)*. Die Kunst besteht darin, die Voraussetzungen der bekannten Konstruktion aufzuführen und zu zeigen, dass bei der vorliegenden Fallvariante eine der Voraussetzungen nicht gegeben ist und es daher an der gemeinsamen Basis für eine Vergleichbarkeit fehlt (oder dass ein Vergleich möglich ist).

24 Sofern in Literatur und Rechtsprechung über die Definition eines Merkmals keine Einigkeit besteht und dieser **Streit für den konkreten Fall relevant** wird, ist darauf einzugehen. Der Bearbeiter muss die verschiedenen Lösungsmöglichkeiten darstellen, Gründe dafür und dagegen darlegen und sich für die seiner Ansicht nach überzeugendste Lösung entscheiden. Dabei ist darauf zu achten, dass ein Merkmal des gesetzlichen Tatbestandes nur insoweit definiert werden darf, als später auch darunter subsumiert wird. Tatbestandsmerkmale, die im konkreten Fall unproblematisch erfüllt sind, werden nicht gesondert definiert. Ansonsten würde beim Korrektor der Eindruck erweckt, der Bearbeiter wiederhole nur auswendig gelerntes Wissen, ohne flexibel auf die im Sachverhalt angelegten Probleme zu reagieren.

25 Ist ein gesetzliches Merkmal definiert worden, wird diese Definition an späterer Stelle auch dann **nicht wiederholt**, wenn sie erneut von Bedeutung ist. Vielmehr wird deren Kenntnis nunmehr vorausgesetzt und beim Subsumtionsvorgang ohne Weiteres an die Definition angeknüpft (Beispielsfall: *Stiebig*, JA 2009, 604). Erforderlichenfalls kann nach oben verwiesen werden.

26 dd) Die eigentliche **Subsumtion** besteht schließlich darin, dass der Bearbeiter prüft, ob der Sachverhalt unter das vorher abstrakt ausgelegte Tatbestandsmerkmal passt. Auf diese Weise werden nacheinander alle problematischen Tatbestandsmerkmale geprüft, bis schließlich feststeht, ob ein Straftatbestand erfüllt ist oder nicht. Es genügt dabei nicht, nach der Definition des Merkmals und der Nennung der relevanten Sachverhaltspassage pauschal darauf hinzuweisen, dass iE das Merkmal erfüllt ist. Es bedarf der sachverhaltsbezogenen Argumentation, warum der konkrete Sachverhalt unter das vorher definierte Merkmal passt. Dabei dürfen Argumente nicht durch **Sachverhaltswiederholungen** ersetzt werden (bei unsicheren Bearbeitern sehr beliebt!; zutreffend *Bergmann,* ZJS 2011, 260, 262). Der Sachverhalt ist als bekannt vorauszusetzen. Jede erneute Schilderung dahingehend, wer was gemacht hat, gilt als Fehler. Lediglich klarstellend darf in komplizierten Fällen nochmals erläutert werden, wie der Sachverhalt im Tatsächlichen zu verstehen ist. Gute Noten werden allein für eine überzeugende rechtliche Würdigung erteilt.

Auch der Gesetzestext ist bekannt und darf nicht wiederholt werden. Wer es dennoch tut, versucht damit meist zu verdecken, dass ihm für die Begründung eines gewollten Ergebnisses keine überzeugenden juristischen Argumente einfallen.

27 Der Bearbeiter (und zwar gerade der Anfänger) sollte auch darauf achten, immer unter das **Gesetz** zu subsumieren und nicht unter eine Theorie. Probeweise sollte der Student

einmal versuchen, in einer Klausur ohne die Schlagworte „error in persona", „überholende Kausalität" etc. auszukommen, um sich zu einer sauberen Subsumtion zu zwingen (dazu *Petersen*, Jura 2002, 105; *s auch o Rn 9*).

ee) Bei komplizierten Prüfungen sollte der Bearbeiter am Ende eines Gedankengangs sein **(Zwischen-)Ergebnis** schriftlich festhalten. Dies dient dann der eigenen Orientierung beim Schreiben. 28

Beispiel: „Indem B Luft aus dem (starren) Fahrradreifen des C abgelassen hat, könnte er eine Sachbeschädigung gem § 303 I Alt 1 verwirklicht haben *(Aufwerfen des Problems).* Dazu müsste er das Fahrrad des C beschädigt haben. Eine Sache ist beschädigt, wenn der Täter so auf sie körperlich eingewirkt hat, dass ihre bestimmungsgemäße Brauchbarkeit mehr als nur unerheblich beeinträchtigt ist *(Definition).* Die bestimmungsgemäße Brauchbarkeit eines Fahrrads liegt in seiner Verwendung als Fortbewegungsmittel. Mit einem luftleeren Reifen ist dies nicht mehr möglich, so dass die Brauchbarkeit herabgesetzt ist. Problematisch erscheint aber, ob die Beeinträchtigung erheblich ist. Das hängt davon ab, ob sich eine Fahrradpumpe am Rad befindet, weil sich danach entscheidet, wie schnell und mit wieviel Aufwand die Beeinträchtigung beseitigt werden kann. Im vorliegenden Fall befindet sich eine Fahrradpumpe am Rad; die Beeinträchtigung ist somit unerheblich (*Subsumtion*). Somit fehlt es am Merkmal der Beschädigung einer Sache *(Zwischenergebnis).* Das Ablassen der Luft ist daher nicht als eine Beschädigung einer Sache iSv § 303 I Alt 1 einzustufen *(Ergebnis)."*

In einer Klausur müsste sich nunmehr eine kurze, letztlich negative Prüfung des § 303 I Alt 2 und des § 303 II anschließen. Sodann wäre festzustellen, dass der Tatbestand der Sachbeschädigung insgesamt nicht erfüllt ist.

c) Der Stil

Dass die Darstellung präzise und folgerichtig sein muss, bedarf keiner näheren Erläuterung. Insbes ist auf eine **exakte juristische Terminologie** zu achten: So besteht ein Unterschied, ob ein Delikt „vollendet" oder „beendet" ist und ob der Täter in „rechtswidriger Zueignungsabsicht" handelt, obwohl bei § 242 I nur die beabsichtigte Zueignung rechtswidrig sein muss. Die Präzision bezieht sich dabei auch auf das genaue Zitieren von Paragraphen. 29

Bei der Formulierung sollte der Bearbeiter ferner darauf achten, dass er unnötige **Füllwörter und Übertreibungen** vermeidet, wie „sowieso", „völlig klar" etc. Diese ersetzen nicht die Argumentation, sondern deuten im Gegenteil eher darauf hin, dass der Bearbeiter keine überzeugenden Argumente zur Hand hat. Der Student sollte das Wohlwollen des Korrektors vorsichtshalber auch lieber nicht durch süffisante Bemerkungen und launigen Humor überstrapazieren.

Üblicherweise werden juristische Klausuren und Hausarbeiten auch nicht im **„Ich-Stil"** gelöst. Der Bearbeiter schreibt also statt „Ich meine" besser: „Dagegen spricht".

Der Student tut sich selbst einen Gefallen damit, wenn er eine einfache und verständliche Sprache wählt. Erst dann ist er in der Lage, komplexe Fragestellungen gedanklich zu durchdringen und zu ordnen (ausführlich zum Schreibstil *Möllers*, JuS-Lernbogen 2001, L 81; *Walter*, Kleine Stilkunde für Juristen; *Wieduwilt*, JuS 2010, 288).

Dasselbe gilt für die **Formalia** der Darstellung. Kein Korrektor wird es dem Bearbeiter ankreiden, wenn er Überschriften nicht unterstreicht oder Ähnliches. Solche Kleinigkeiten dienen aber wiederum dem Bearbeiter selbst, weil der „äußeren Ordnung" der Arbeit 30 eine „innere Strukturierung“ der Gedanken vorangeht. Deshalb ist es sinnvoll, möglichst klar gegliederte Abschnitte und Unterabschnitte zu bilden, die jeweils mit einer Überschrift versehen sind, aus der sich ergibt, was der Verfasser im Einzelfall prüft.

Der Bearbeiter hat zudem Grundregeln der Zeichensetzung und Rechtschreibung zu beachten. Viele Korrektoren ziehen bei einschlägigen Fehlern offen oder verdeckt Punkte ab.

II. Aufbaufragen

1. Einführung: Die Verbindlichkeit von Aufbauvorschlägen

31 Vielleicht haben Sie als Student zu Beginn Ihrer Ausbildung im Strafrecht die Erfahrung gemacht, mit Aufbauschemata überhäuft zu werden. Dies liegt daran, dass nicht nur das materielle Strafrecht in sehr vielen Punkten umstritten ist, sondern auch bei Aufbaufragen eine Vielzahl verschiedener Ansichten vertreten wird. Dabei sind die meisten Aufbauregeln nur relativ. „Falsch“ kann ein Aufbau immer nur sein, wenn der Bearbeiter **zwingend logische Regeln** missachtet. Eine zwingende Regel ist, den **Täter immer vor dem Teilnehmer** zu prüfen, was sich bereits aus den §§ 26 und 27 ergibt, die eine rechtswidrige Haupttat voraussetzen. Bei der Subsumtion einer Teilnahme wird der Bearbeiter deshalb automatisch auf das Problem stoßen, dass er eine Haupttat (begangen von einem anderen Täter) bejaht haben muss – und zwar vorher. Nur in Ausnahmefällen – zB wenn die Prüfung der Strafbarkeit des Täters in der Aufgabenstellung ausdrücklich ausgeschlossen wird – darf die Strafbarkeit des Täters im Rahmen der Teilnahme inzident geprüft werden (beim Prüfungspunkt: Vorliegen einer Haupttat, *vert Rn 41 ff*). Zwingend ist es auch, beim Versuch die Prüfung des subjektiven Tatbestandes vor dem objektiven Tatbestand vorzunehmen. Im Übrigen finden sich an vielen Stellen dieses Buches Hinweise, welcher Aufbau in der konkreten Fallgestaltung am empfehlenswertesten erscheint.

32 Die meisten Aufbauvorschläge dienen aber nur der **Zweckmäßigkeit** der Falllösung und sollen dem Bearbeiter lediglich helfen, sachgerecht und schnell ans Ziel zu kommen. Im Zweifelsfall darf der Student seine eigenen Wege gehen, wenn eine besondere Problemstellung dies erfordert oder wenn er weiß, dass der Aufgabensteller dezidiert eine andere, von der hier vorgeschlagenen abweichende Aufbauweise verlangt. Die folgenden Aufbauregeln sollen dem Studenten somit zumeist nur eine der denkbaren Möglichkeiten näher bringen, an der er sich orientieren kann, und ihm die Sicherheit vermitteln, sich im Bereich des allgemein Akzeptierten zu bewegen.

33 In den Falllösungen des folgenden Klausurenkurses wird häufig zuerst unter einer gesonderten Überschrift die stärkere **Beteiligungsform** (Täterschaft) angeprüft und verneint, bevor unter einer erneuten Überschrift die schwächere Form der Teilnahme bejaht wird. Ich empfehle also ein stufenweises Vorgehen, angefangen von § 25 I Alt 1 bis zu § 27. Fortgeschrittene prüfen hingegen in eindeutigen Fällen häufig nur die Teilnahme und gehen auf die Formen der Täterschaft nicht mehr ein, wenn diese im konkreten Fall schon nach flüchtiger Durchsicht nicht in Betracht kommt (Beispiel ua bei *Koch/Exner*,

JuS 2007, 42; *Schuster*, Jura 2008, 228 f; *Walter/Schneider*, JA 2008, 268). Das hier (zumindest für Anfänger) propagierte schrittweise Vorgehen hat jedoch den Vorzug, dass kein Problem übersehen wird. Auch in anderen Fragen habe ich mich von der Maxime leiten lassen, ausführliche und anfängergerechte Lösungen anzubieten, zB bei der Erörterung von Tatbeständen, die später im Wege der **Gesetzeskonkurrenz** (*Wessels/Beulke*, AT Rn 787; *s auch Rn 52 und 117*) entfallen. Gerade für einen Studenten am Beginn seiner Ausbildung ist es hilfreich, wenn alle denkbaren Straftatbestände und Probleme eines Falles angesprochen werden; nur so kann er sich das Grundgerüst und Verständnis schaffen, auf welchem aufbauend er später einiges nur noch gedanklich abhakt.

Viele Studenten fürchten, der Korrektor könne ihren Aufbau nicht nachvollziehen und **34**
sie erklären ihn deshalb kurz (in einer Examensklausur aus dem Jahre 2004 habe ich zB gelesen: „Die Strafbarkeit wird in chronologischer Weise geprüft"). Derartige **Aufbauhinweise** sind überflüssig und deshalb **verboten** (vgl auch *Jäger*, AT § 3 Rn 87). Der Aufbau ist aus sich heraus verständlich (so erfasst der Prüfer zB auch ohne Belehrung die chronologische Reihenfolge).

Eine Begründung darf selbst dann nicht erfolgen, wenn der Aufbau durch einen Meinungsstreit beeinflusst werden könnte, wie das zT bei den § 211 und § 212 angenommen wird (Einzelheiten *Rn 55, 164 ff)*.

2. Der grundlegende Aufbau einer Falllösung nach Tatkomplexen

a) Bildung eines Tatkomplexes

Beim Aufbau nach **Tatkomplexen** gliedert der Bearbeiter den Fall in Sachverhaltsab- **35**
schnitte, die aufgrund ihrer rechtlich-sozialen Zusammengehörigkeit eine **Sinneinheit** bilden. Eine Orientierungshilfe bietet dabei die Selbstständigkeit der Tat gem § 53, wobei die Konkurrenzentscheidung hiervon nicht unbedingt präjudiziert wird (s auch *Wörner*, ZJS 2012, 630, 631). Hinweise aus dem Sachverhalt können sich häufig aus der formalen Untergliederung in Absätze ergeben, dies ist aber nicht zwingend. Grundsätzlich gilt, dass eine Handlung mit einem Erfolg einen Tatkomplex darstellt. Eine Ideallösung für die Anzahl an Tatkomplexen für einen Sachverhalt gibt es nicht; die Erfahrung zeigt aber, dass mehrere kleinere Tatkomplexe der Übersichtlichkeit und einer besseren Strukturierung dienen (*Fahl*, JuS 2012, 1104). Geht es auf Anhieb erkennbar um ein einheitliches Tatgeschehen, das nur künstlich in mehrere Teilakte aufgespalten werden könnte, so sollten keine Tatkomplexe gebildet werden (Beispiel bei *Esser/Scharnberg*, JuS 2012, 809, 810).

Bei den **Überschriften** der einzelnen Tatkomplexe werden griffige Angaben aus dem **36**
Sachverhalt entnommen. Rechtsbegriffe sind zu vermeiden (ebenso *Gropengießer/Kohler*, Jura 2003, 277).

Beispiel: „A und B treffen sich auf der Straße. Um B zu provozieren und in eine Schlägerei zu verwickeln, ruft A ihm hinterher: „Du bayerischer Hinterwäldler!" Davon provoziert schlägt B dem A ins Gesicht. A hat darauf nur gewartet und schlägt zurück." Hier besteht die Möglichkeit, mit einem einzigen Tatkomplex zu arbeiten unter der Überschrift „Auf der Straße". Vor allem im Hinblick auf die Rechtfertigungsgründe ist es aber übersichtlicher, drei Tatkomplexe zu bilden unter den Überschriften A. „Der Ausruf des A" – B. „Der Schlag des B" – C. „Der Schlag des A".

(Schöne Beispiele ua bei *Böß*, JA 2012, 348; *Bott/Kühn*, Jura 2009, 72; *Hilgendorf*, Klausurenkurs I [6] S 44 f; *Kett-Straub/Linke*, JA 2010, 25; *Kraatz*, Jura 2012, 994 [„In der Kneipe" – „Auf der Flucht"]; *Kubiciel/Wachter*, JA 2013, 112; *Kudlich*, JA 2008, 703; *Lindheim/Uhl*, JA 2009, 783; *Theile*, Ad Legendum 2011, 130; *Weißer/Ruppenthal*, Ad legendum 2012, 42).

37 **Zäsuren** sind in jedem Fall dort zu machen, wo ein ganz neuer Handlungsstrang beginnt, wohingegen eine Handlung im natürlichen Sinne (*Wessels/Beulke*, AT Rn 758) nicht in Teileinheiten gespalten werden darf. **Handlungen im juristischen Sinne** (*Wessels/Beulke*, AT Rn 759 ff) sollten ebenfalls möglichst in einem Tatkomplex bearbeitet werden. Eine Handlung im juristischen Sinne liegt vor bei einer tatbestandlichen Handlungseinheit (insbes mehraktige Delikte, Dauerdelikte, gleichartige Tätigkeitsdelikte) oder bei einer natürlichen Handlungseinheit (zB Tötung mehrerer Menschen mittels einer Maschinengewehrsalve, vgl *Wessels/Beulke*, AT Rn 764 f). Sollten diese Zusammenhänge allerdings erst im Rahmen der Konkurrenzentscheidung erkannt werden, wird eine Komplexbildung, die diese innere Verknüpfung missachtet, nicht allein dadurch falsch.

38 Auf keinen Fall sollte man durch Tatkomplexe die Einheit eines **schrittweise verwirklichten Delikts** zerstören. Gelangt eine Straftat vom Vorbereitungs- über das Versuchsstadium hin zur Vollendung und schließlich Beendigung, muss sofort das letzte Handlungsstadium betrachtet werden.

Beispiel: „Am Sonntag verabreden sich A und B, den O zu töten. Am Montag kaufen sich beide jeweils eine Pistole. O wird am Mittwoch von A und B gleichzeitig niedergeschossen und verstirbt am Donnerstag." Hier muss ein einziger Tatkomplex gebildet werden unter der Überschrift „Tötung des O". Es wäre sinnlos darzulegen, dass das Verhalten am Sonntag eine strafbare Verbrechensverabredung darstellt, der Kauf der Pistolen eine Vorbereitungshandlung ist, das Tötungsdelikt am Mittwoch nur versucht und am Donnerstag vollendet wurde.

Um sinnlose Aufspaltungen zu vermeiden, kann es insbesondere notwendig sein, Erfolge bereits in einem früheren Tatkomplex mit zu berücksichtigen, obwohl sie zeitlich gesehen zu einem Tatkomplex gehören, der erst später geprüft wird.

Beispiel: „A schlägt B in Tötungsabsicht mit einer Eisenstange nieder, hat ihn aber zunächst nur schwer verletzt (Tatkomplex A). Nunmehr tötet er den herbeieilenden H, um die Körperverletzung des B zu verdecken. Zeitgleich (oder noch später) verstirbt A an den Folgen des Schlages mit der Eisenstange (Tatkomplex B)." Hier muss bereits im Tatkomplex A der Todeserfolg einbezogen werden (zur Kombination von Begehungstäterschaft und späterem Unterlassen der Erfolgsverhinderung vgl *Brunhöber*, JuS 2011, 229).

Eine **Aufspaltung** des schrittweise verwirklichten Delikts sollte nur dann in Erwägung gezogen werden, wenn sich in dem jeweiligen Verwirklichungsstadium juristisch bedeutsame Veränderungen vollziehen, zB ein Vorsatzwechsel (Beispielsfall ua bei *Kühl/Hinderer*, JuS 2010, 919).

39 Weiterhin darf die Tatkomplexbildung nicht gegen die Regel verstoßen, dass **Täterschaft vor Teilnahme** zu prüfen ist. Die Tatkomplexe sind also so weit auszudehnen, dass das Täterverhalten mit einbezogen werden kann.

Ein besonderer **Vorteil** des Aufbaus nach Tatkomplexen ist darin zu sehen, dass in jedem Abschnitt sofort die **Konkurrenzprobleme** mit gelöst werden können. Dadurch gewinnt bei umfangreichen Arbeiten die Stellungnahme zu den Konkurrenzen an Übersichtlichkeit, weil in der Zusammenfassung am Schluss der Arbeit nur noch das Konkurrenzverhältnis der einzelnen Tatkomplexe zueinander der Klärung bedarf (schöner Beispielsfall bei *Jahn/Ebner*, JuS 2008, 1086; *vert dazu auch Rn 117*).

b) Reihenfolge der Tatkomplexe

Die Abfolge der Tatkomplexe erfolgt in der Regel **chronologisch** mit der bereits erwähnten (*Rn 38*) wichtigen Einschränkung, dass spätere Verwirklichungsstadien bzw Spätfolgen einer Handlung im Regelfall schon bei der ersten Prüfung des Delikts berücksichtigt werden. Der Grundsatz Täterschaft vor Teilnahme kann bedingen, dass zunächst das zeitlich gesehen sehr viel spätere Täterverhalten geprüft wird, ehe die früheren Mitwirkungsakte der Teilnehmer rechtlich gewürdigt werden. 40

Manchmal lassen sich zwar bzgl der Handlungen keine klar abgegrenzten Tatkomplexe bilden, wohl aber bzgl der unterschiedlichen Erfolge, die dann als Überschriften für die Tatkomplexe dienen können.

Beispiel: „A reißt zur Rettung seines eigenen Lebens, das durch einen Dritten gefährdet wird, das Steuer seines PKW herum und verletzt dabei den Radfahrer R. Gleichzeitig beschädigt er das Rad des F, auf dem R fuhr." Die Tatkomplexe können hier wie folgt gebildet werden: A. „Verletzung des R" – B. „Schaden am Rad des F".

Manchmal bietet sich auch eine Tatkomplexgliederung nach den verwendeten Tatmitteln an (Beispielsfall: *Edlbauer*, Jura 2007, 941).

c) Gliederung innerhalb der Tatkomplexe

aa) Innerhalb der Tatkomplexe ist **nach Beteiligten** zu gliedern, wobei stets mit demjenigen begonnen werden sollte, der dem **Taterfolg am nächsten steht**. 41

Es ist im Regelfall der Täter, mit dem zwingend begonnen werden muss. Es gilt die eiserne Regel: **„Täterschaft vor Teilnahme"**. Anstiftung und Beihilfe sind nämlich von der Begehung einer rechtswidrigen Haupttat abhängig; sie dürfen wegen dieser akzessorischen Natur nicht vor Erörterung der Haupttat geprüft werden. 42

Das Vorliegen einer tatbestandlichen, rechtswidrigen Haupttat sollte immer abschließend festgestellt werden, bevor in einem neuen Gliederungspunkt auf eine Teilnehmerstrafbarkeit eingegangen wird. Deshalb verbietet es sich auch, mit dem Teilnehmer zu beginnen und bei ihm im Rahmen des Gliederungspunktes „Objektiver Tatbestand – Vorliegen einer Haupttat" (*s Rn 93)* inzident die Strafbarkeit des Haupttäters zu erörtern (leider bis in Examensklausuren hinein sehr beliebt!). 43

Mehrere Beteiligte werden in der Regel **nicht gleichzeitig** geprüft, es sei denn, die Angaben über sie im Sachverhalt sind identisch (so auch *Kudlich*, JuS 2002, 27; Beispielsfälle für gemeinsame Prüfung bei gleichem Sachverhalt: *Barton ua*, Fälle, S 320; *Morgenstern*, Jura 2008, 625; *Noltenius*, JuS 2006, 988; *Rotsch/Nolte/Peifer/Weitemeyer*, Klausur [20] S 299; *Walter/Schneider*, JA 2008, 262, 265). 44

Teilweise wird jedoch geraten, bei miteinander verzahnten Tatbeteiligten selbst bei **unterschiedlichen Handlungen** mehrere Beteiligte gleichzeitig zu prüfen (*Hilgendorf*, Klausurenkurs III [7] Rn 1; *Kindhäuser/Schumann/Lubig* [4] S 113; *Safferling*, JuS 2005, 135, 136; *Haft*, AT S 205; *Bringewat*, Rn 559; *Roxin/Schünemann/Haffke*, Klausurenlehre S 22 halten dies sogar für zwingend). Der Anfänger versteht aber die Zurechnungsproblematik des § 25 besser, wenn er die Beteiligten einzeln prüft. Er merkt dann auch, an welcher Stelle des Verbrechensaufbaus die Abgrenzung von Täterschaft und Teilnahme vorgenommen werden muss (vgl *Gropp*, AT § 10 Rn 100).

45 Ist die Beteiligungsform einer Person auch innerhalb eines Tatkomplexes bei den einzelnen Delikten nicht gleichbleibend, muss aufgrund der Regel „Täterschaft vor Teilnahme" **zwischen den Beteiligten hin und her gesprungen** werden. Derartige Konstellationen kommen aber zumeist nur in Fortgeschrittenen- oder Examensfällen vor (Beispielsfall bei *Roxin/Schünemann/Haffke*, Klausurenlehre [22] S 379, 388, 396).

Beispiel: I. Strafbarkeit des A als Täter
1. § 242 (+)
2. § 266 (–)
3. Konkurrenzen
II. Strafbarkeit des B
1. §§ 242, 25 II (+)
2. § 266 (+)
3. Konkurrenzen
III. Strafbarkeit des A als Teilnehmer
§§ 266, 26 (+)
IV. Gesamtergebnis

46 bb) Zulässig ist es auch, innerhalb der Tatkomplexe nicht nach Beteiligten, **sondern nach den verschiedenen Delikten** zu differenzieren. Innerhalb der jeweiligen Straftatbestände wird dann mit dem Täter begonnen; anschließend wird die Teilnehmerstrafbarkeit angesprochen. Ich empfehle eine derartige Gliederung nicht, da sie den Anfänger überfordert und meiner Erfahrung nach selbst Examenskandidaten leicht ins Trudeln bringt.

3. Der grundlegende Aufbau nach Tatbeteiligten

47 Alternativ bietet es sich an, die Tatkomplexbildung völlig beiseite zu lassen und sogleich nach **Tatbeteiligten** zu differenzieren. Bei dieser Aufbaumethode prüft man die Strafbarkeit des Verhaltens durchgehend für jede Person gesondert, und zwar in jede erdenkliche Richtung. Hier wie auch sonst muss aber wieder die Regel berücksichtigt werden: „Täterschaft vor Teilnahme".

48 Dieser Aufbau macht keine Schwierigkeiten, wenn der Sachverhalt nicht zu verwickelt ist und die Beteiligungsform bei allen Personen durchgehend gleich bleibt. Er bietet vor allem einen **Vorteil** in Fällen, in denen eine frühere Handlung Auswirkungen in späteren Stadien des Sachverhalts hat. Wie bereits dargelegt, entstehen bei der Bildung von Tatkomplexen nämlich Schwierigkeiten, die eigentliche Handlung und deren Spätfolgen zu einer Einheit zusammenzufügen. Bei der Gliederung nach Tatbeteiligten kann im Einzelfall leichter zusammen geprüft werden, was zusammengehört (gutes Beispiel bei *Rengier/Braun,* JuS 2012, 999; teilweise gemeinsame Prüfung bei *Bülte,* StudZR 2012, 99; s a *Tetzlaff*, JuS 2013, 152).

49 Gleichwohl rate ich grds von der Gliederung nach Tatbeteiligten ab, da in Klausuren häufig verschachtelte Beteiligungsformen anzutreffen sind oder sich der Vorsatz im Laufe des Geschehens wandelt. Auch die Rechtsfigur der Garantenpflicht aus Ingerenz bekommt man zumeist nur bei Tatkomplexbildung in den Griff (vgl den Fall bei *Reinbacher*, in*: Coester-Waltjen* ua (Hrsg), Zwischenprüfung, S 26). Ferner bietet der Auf-

bau nach **Tatkomplexen** größere Sicherheit in der Hektik der Klausursituation. Bei Bildung von Tatkomplexen wird zudem die Prüfungsreihenfolge sehr viel übersichtlicher (ebenso *Krumdiek*, Jura 2009, 624). Mein Rat daher: Zunächst Tatkomplexe bilden und dann die Tatbeteiligten einzeln durchprüfen.

4. Überblick über den Aufbau nach Tatkomplexen und nach Tatbeteiligten

Aufbau nach Tatkomplexen	Aufbau nach Tatbeteiligten	50
A. Tatkomplex X	A. Strafbarkeit des A	
I. Strafbarkeit des A	1. Straftat 1	
1. Straftat 1	2. Straftat 2	
2. Straftat 2	3. Straftat 3	
3. Konkurrenzen	4. Straftat 4	
II. Strafbarkeit des B	5. Konkurrenzen	
1. Straftat 1	B. Strafbarkeit des B	
2. Straftat 2	1. Straftat 1	
3. Konkurrenzen	2. Straftat 2	
B. Tatkomplex Y	3. Konkurrenzen	
Strafbarkeit des A	C. Gesamtergebnis	
I. Straftat 3	1. Strafbarkeit des A	
II. Straftat 4	2. Strafbarkeit des B	
III. Konkurrenzen		
C. Gesamtkonkurrenzen		
I. Konkurrenzen im Rahmen der Strafbarkeit des A		
II. Konkurrenzen im Rahmen der Strafbarkeit des B		
D. Gesamtergebnis		

5. Die Reihenfolge der einzelnen Straftatbestände

Innerhalb der einzelnen Tatkomplexe wird die Prüfung der Strafbarkeit des jeweiligen 51
Beteiligten nach Straftatbeständen gegliedert. Generell soll sich der Bearbeiter bei der Reihenfolge der einzelnen Straftatbestände von dem Grundsatz der **Schwerpunktbildung** leiten lassen nach der Devise: **„Klotzen, nicht kleckern"** (*Roxin/Schünemann/Haffke*, Klausurenlehre S 14) bzw „Dickschiffe voraus" (*Hinderer*, JuS 2009, 625 – z.T. kritisch hierzu: *Klaas/Scheinfeld*, Jura 2010, 544). Delikte, die für die Sachentscheidung relevant sind und besondere rechtliche Probleme bergen, haben grundsätzlich Vorrang vor nur nebenher festzustellenden Delikten. Deshalb sind **Kapitalverbrechen** (zB Tötungsdelikte) vor leichteren Delikten (zB Hausfriedensbruch) zu prüfen. Aus demselben Grund ist es üblich, in der Prüfung Straftatbestände zurückzustellen, die wegen Spezialität, Subsidiarität oder Konsumtion hinter andere Tatbestände zurücktreten und somit sachlich zum Ergebnis nichts beitragen.

Bei diesen Fallgruppen sind die im Wege der **Gesetzeskonkurrenz** zurücktretenden 52
Delikte nur kurz anzuprüfen, ihr Erfülltsein ist festzustellen und ihr Wegfall auf der Konkurrenzebene zu konstatieren (ebenso *Dohmen*, Jura 2006, 144; *Heghmanns*, JuS 2003, 958; *Hilgendorf*, Klausurenkurs II [1] Rn 42; *Kraatz*, ZJS 2011, 149; *Zöller*, Jura 2007, 309). Die Forderung mancher Professoren, die verdrängten Straftatbestände gene-

rell überhaupt nicht zu prüfen, halte ich beim Anfänger für problematisch (*Kampf,* JuS 2012, 309, 311 „Wer diese Delikte sieht, sammelt allein damit Pluspunkte"; anders die Beispielsfälle bei *Ihring/Novak*, Jura 2007, 790; *Kindhäuser/Schumann/Lubig* [5] S 153). Für ein völliges Weglassen der Delikte, die später auf Konkurrenzebene ausscheiden, möchte ich mich nur aussprechen, wenn das speziellere Delikt bereits als Sonderdelikt ausgestaltet ist.

Beispiel: Nach Bejahung von § 249 (Raub) muss § 240 (Nötigung) und § 242 (Diebstahl) nicht mehr geprüft werden. Wer es dennoch tut, macht allerdings keinen Fehler, sondern verschenkt nur ohne Not Platz und Zeit.

53 Auch bei der Prüfungsreihenfolge von **Grundtatbestand und Qualifikation** sind die Meinungen gespalten. Zum einen erscheint es denkbar, den Grundtatbestand vollständig vor der Qualifikation zu prüfen. Andererseits besteht auch die Möglichkeit, die Prüfung des Grundtatbestandes in die Prüfung des Tatbestandes der Qualifikation zu integrieren (Beispiel bei *Gropp/Küpper/Mitsch*, Fallsammlung [1] S 9; *Grunewald*, in: *Coester-Waltjen* ua (Hrsg), Examensklausurenkurs II, S 51).

Beispiel: Als A seine Frau F mit seinem Freund B in einer verfänglichen Situation in der Küche überrascht, drückt er die Hand des B auf eine glühende Herdplatte. Strafbarkeit des A?

Modell 1 **Empfohlene Prüfungsreihenfolge**	**Modell 2** **Alternative Prüfungsreihenfolge**	**Modell 3** **Weitere alternative Prüfungsreihenfolge**
1. § 223 I (+) a) Tatbestand b) Rechtswidrigkeit c) Schuld	1. §§ 223 I, 224 I Nr 2 (+) a) Tatbestand aa) objektiver Tatbestand – § 223 I – § 224 I Nr 2	1. §§ 223 I, 224 I Nr 2 (+) a) Tatbestand aa) § 223 – obj. Tatbestand – subj. Tatbestand
2. § 224 I Nr 2 (+) objektiver Tatbestand: hier ist nur noch das qualifizierende Merkmal zu prüfen	bb) subjektiver Tatbestand – § 223 I – § 224 I Nr 2 b) Rechtswidrigkeit c) Schuld	bb) § 224 I Nr 2 – obj. Tatbestand – subj. Tatbestand b) Rechtswidrigkeit c) Schuld
3. Konkurrenzen: § 223 I wird verdrängt	2. Konkurrenzen: § 223 I wird verdrängt	2. Konkurrenzen: § 223 I wird verdrängt

54 Alle vorgeschlagenen Aufbaumöglichkeiten haben Argumente für sich (zutreffend *Langer*, Jura 2003, 135 [Fn 3]; *Bringewat*, Rn 466 ff). ME ist es übersichtlicher und für den Bearbeiter einfacher, wenn er (entsprechend dem Modell 1) zunächst den **Grundtatbestand vollständig durchprüft** (ebenso zB *Bergmann,* ZJS 2011, 260, 267; *Edlbauer*, Jura 2007, 942; *Fahl*, ZJS 2009, 63; *Freund/Telöken,* ZJS 2012, 796, 798; *Gössel*, Strafrecht S 14; *Hardtung*, JuS 2008, 625; *Kindhäuser/Schumann/Lubig,* S 36, 75; *Roxin/Schünemann/Haffke*, Klausurenlehre S 14; *Sölter/Laue,* StudZR 2011, 303, 308; Beispielsfälle für § 242 – § 244 bei *Dietmeier*, JuS 2007, 824; *Safferling/Menz*, Jura 2008, 382; *Zöller*, Jura 2007, 306). Dies hat auch den Vorteil, dass er sich überflüssige Ausführungen zu der Qualifikation erspart, wenn bereits die Strafbarkeit bzgl des Grundtatbestandes zu verneinen ist. Auch bei Eingreifen von Rechtfertigungs- und Ent-

schuldigungsgründen ist die Vorabprüfung des Grundtatbestandes möglich, weil dann die Qualifikationen entweder ganz weggelassen oder nur äußerst knapp abgehandelt werden können (anders gerade für diese Fallgruppe: *Engelmann*, JA 2010, 185; *Kühl/ Hinderer*, JuS 2009, 919; *Knauer*, JuS 2007, 1011; *vert Rn 135*). Die **integrierte Prüfung** von Grundtatbestand und Qualifikation ist nur anzuraten, wenn bei den einzelnen Qualifikationsmerkmalen keine größeren Probleme auftreten. An welcher Stelle bei der integrierten Prüfung (Modell 2 und 3) der subjektive Tatbestand erörtert wird, ist reine Geschmackssache. **Überwiegend** wird dann das **Aufbaumodell 2** gewählt (Beispiele: *Bock*, JuS 2006, 605; *Eisele*, BT I Rn 320; *Eiden/Köpferl*, Jura 2010, 780; *Ernst*, ZJS 2012, 654; *Geisler/Meyer*, Jura 2010, 389; *Gropp/Küpper/Mitsch* [1] S 2; *Haverkamp/ Kaspar*, JuS 2006, 898; *Heger*, JA 2008, 862; *Kett-Straub/Stief*, JuS 2008, 238; *Kleinbauer/Schröder/Voigt*, Anfänger S 63; *Kudlich*, Fälle AT [5] S 53, 59; *Kühl/Hinderer*, JuS 2009, 919; *Müller/Raschke*, Jura 2011, 305; *Pape*, Jura 2008, 148; *Rengier/Braun*, JuS 2012, 999; *Rengier/Jesse*, JuS 2008, 44; *Sievert/Kalkofen*, JA 2012, 107; *Weißer/ Ruppenthal*, Ad Legendum 2012, 42), aber auch **Aufbaumodell 3** ist durchaus populär (Beispiele: *Esser/Becker*, JA 2012, 590; *Esser/Krickl*, JA 2008, 791; *Esser/Röhling*, Jura 2009, 866; *Ihring/Noak*, Jura 2007, 787; *Krack/Schwarzer*, JuS 2008, 142; *Maier/Ebner*, JuS 2007, 655; *Neubacher/Bachmann*, Jura 2010, 157).

Die gemeinsame Prüfung (egal ob Modell 2 oder 3) bietet Vorteile, wenn die Qualifikation Modifikationen einzelner Tatbestandsmerkmale des Grundtatbestandes enthält, die erst den eigentlichen Charakter des Delikts bestimmen (zB „Gewalt" bzw „Gewalt gegen eine Person" §§ 253, 255; Beispielsfall: *B. Kretschmer*, Jura 2006, 220).

Oft werden zwar bei der ersten Prüfung Grund- und Qualifikationstatbestand (nacheinander) geordnet abgehandelt, im späteren Lösungsverlauf – zB bei der Strafbarkeit eines Mittäters – aber gemeinsam, weil aufgrund der früheren ausführlichen Darstellung nunmehr eine gestraffte Prüfung genügt (Beispielsfall bei *Lindheim/Uhl*, JA 2009, 783; *s Rn 114*).

Die gemeinsame Prüfung ist nur bei Qualifikationen (zB § 224 gegenüber § 223) sinnvoll. Handelt es sich hingegen um ein erfolgsqualifiziertes Delikt, bei dem sich der Vorsatz nur auf das Grunddelikt beziehen muss, während bezüglich des Eintritts der qualifizierten Folge Fahrlässigkeit genügt (§ 18, vgl *Wessels/Beulke*, AT Rn 24) ist eine gesonderte Prüfung sachgerecht (zB § 226 gegenüber § 223 oder § 227 gegenüber § 223, vgl *Müller/Raschke*, Jura 2011, 305, 311; *Sievert/Kalkofen*, JA 2012, 107, 113; *Stein/Schneider*, Ad Legendum 2011, 45, 48; *Steinberg*, ZJS 2010, 518, 521 – auch die §§ 226/227 würde ich nicht gemeinsam prüfen).

Schwierigkeiten ergeben sich insbes bei **§§ 212, 211**, deren Verhältnis zueinander umstritten ist. **55**
Dies dürfte ein wichtiger Grund dafür sein, dass viele Bearbeiter sogleich von einer Mordprüfung (§§ 211, 212) ausgehen (Beispielsfälle: *Dohmen*, Jura 2006, 144; *Engelmann*, JA 2010, 186; *Haas*, Ad Legendum 2012, 119; *Linke/Steinhilber*, JA 2010, 117; *Lotz*, JuS 2010, 982; *Steinberg*, ZJS 2010, 518; *Stiebig*, JA 2009, 601; *Perron/Bott/Gutfleisch*, Jura 2006, 710; *Sievert/Kalkofen*, JA 2012, 107). ME ist es jedoch auch hier empfehlenswert, mit § 212 zu beginnen (gute Beispielsfälle: *Hilgendorf*, Klausurenkurs I [5] Rn 1; *Kett-Straub*, JA 2012, 831; *Kühl/Hinderer*, JuS 2010, 697; *Reinbacher*, Jura 2007, 385; *Theile*, Jura 2007, 463; *Walter/Schneider*, JA 2008, 262). Unproblematisch ist dies, wenn man § 212 für den Grundtatbestand hält. Selbst die Befürworter der Sonderdeliktsqualität leugnen aber nicht, dass § 212 in § 211 enthalten ist. Diesen Aufbau kann

man somit auch auf der Basis der Gegenmeinung verwenden (aA *Steinberg/Blumenthal,* ZJS 2011, 81, 83; *Zöller*, Jura 2007, 308 Fn 20; Einzelheiten *s Rn 152 ff*). Zu betonen ist an dieser Stelle nochmals (*s Rn 34*), dass **abstrakte Erörterungen zum Aufbau generell verfehlt** sind, so dass zB die Diskussion des Verhältnisses von §§ 212, 211 unterbleiben muss, sofern der Streit nicht zu unterschiedlichen rechtlichen Konsequenzen führt, was nur bei der Teilnahme denkbar ist (*so zB in Fall 3 Rn 150 ff*). Aus demselben Grund verbietet sich strikt jeder Hinweis darauf, warum zuerst mit der Strafbarkeit des A oder des B begonnen oder weshalb eine bestimmte Komplexeinteilung gewählt wird.

56 Jeder Straftatbestand muss **einzeln** geprüft werden. Maximal dürfen Grundtatbestand und Qualifikation zusammengefasst werden (denkbar zB §§ 223, 224 oder §§ 250, 251 oder §§ 253, 255). Handelt es sich bei dem spezielleren Delikt nicht nur um einen qualifizierten Tatbestand, sondern um ein eigenständiges Delikt (zB § 249 im Verhältnis zu § 242, vgl *Wessels/Beulke* AT Rn 112), so ist eine gemeinsame Prüfung bereits wieder verboten. Dann sind die spezielleren Delikte vor den allgemeinen zu prüfen, sofern letztere überhaupt noch angesprochen werden sollten (*vgl Rn 52*).

56a Schließlich soll auch noch der Umstand Erwähnung finden, dass manche Tatbestände als „Bausteine“ für andere Tatbestände fungieren können. Dann sollte derjenige Tatbestand vorweg erörtert werden, der eine solche Wirkung entfaltet.

Beispiel: Um mit der besonders attraktiven Jurastudentin J alleine tanzen zu können, zwingt A den B durch einen Fausthieb, die Erstsemester-Party zu verlassen. Hier ist es ratsam, mit der Prüfung der Körperverletzung (§ 223) zu beginnen. Anschließend kann iRd Nötigung (§ 240) die Verwerflichkeit (Abs 2) unter Hinweis auf das rechtswidrige Mittel der Körperverletzung bejaht werden. Ausführungen zum (bei fortgeschrittenen Studenten heiß geliebten und extensiv geprüften) Problem der Zweck-Mittel-Relation (vgl dazu *Wessels/Hettinger*, BT 1 Rn 426) erübrigen sich.

6. Aufbau innerhalb eines Straftatbestandes

57 Die nächste Ebene in der Gliederung der Falllösung stellt der Straftatbestand selbst dar. Hier unterscheidet man mehrere **Typen von Straftatbeständen**, nämlich insbes das vorsätzliche vollendete Begehungsdelikt, das versuchte Begehungsdelikt, das unechte Unterlassungsdelikt, das versuchte unechte Unterlassungsdelikt, das fahrlässige Begehungsdelikt und das fahrlässige Unterlassungsdelikt. Der Aufbau dieser verschiedenen Verwirklichungsformen weicht zwar im Einzelnen stark voneinander ab, aber allen liegt ein gemeinsames Gerüst zugrunde. Dieses soll anhand des vorsätzlichen Begehungsdelikts aufgezeigt werden, so dass bei den anderen Verwirklichungsformen nur noch die Unterschiede hiervon dargestellt werden müssen. Verkürzte Prüfungsschemata, die man sich für die Klausur unbedingt einprägen muss, finden sich am Ende des Buches (*Rn 429 ff*).

a) Der Grundtypus: Das vollendete Begehungsdelikt

aa) Das Grobschema

58 Ist der Bearbeiter dazu aufgerufen, sich über die Strafbarkeit einer Person Gedanken zu machen, dann muss er – wie ein Richter – **folgende Fragen** beantworten:
- Ist die Handlung der fraglichen Person strafbar?
- Wenn ja: Ist die Tat (noch) verfolgbar?
- Wenn ja: Wie hoch ist die Strafe zu bemessen?

Im Studium nimmt die erste Frage den breitesten Raum ein; auf die Verfolgbarkeit ist nur bei den Antragsdelikten einzugehen oder wenn Angaben zur Verfahrensproblematik vorhanden sind. Die Strafzumessung im eigentlichen Sinne spielt nur bei den Regelbeispielen (erhöhter Strafrahmen, zB § 243) und bei vertypten Strafmilderungsgründen (zB § 213 Alt 1) eine Rolle.

Innerhalb der Strafbarkeit ist zu prüfen, ob die Handlung einen Unwert beinhaltet (Tatbestand und Rechtswidrigkeit) und ob die Tat dem Täter als solche persönlich vorwerfbar ist (Schuld). Diese Fragen werden nach hA auf der Basis des **dreigliedrigen Verbrechensaufbaus** (zum zweigliedrigen Verbrechensaufbau s *Wessels/Beulke*, AT Rn 128) abgehandelt unter den Prüfungspunkten a) Tatbestand, b) Rechtswidrigkeit und c) Schuld, die bei der Prüfung eines jeden Straftatbestands angeprüft werden müssen. Sind diese Punkte zu bejahen, so kann die Strafbarkeit in seltenen Fällen nur noch an der jenseits von Tatbestandsmäßigkeit, Rechtswidrigkeit und Schuld angesiedelten Strafwürdigkeit scheitern (zB Rücktritt vom Versuch, § 24).

Daraus ergibt sich grafisch dargestellt folgendes Grobraster für die Prüfung, das für alle Verwirklichungsformen von Straftatbeständen gilt: 59

	Beispiel: **§ 242 I**
Strafbarkeit	a) **Tatbestand** b) **Rechtswidrigkeit** c) **Schuld** d) Strafausschließungs-, Strafaufhebungsgründe, Absehen von Strafe
Strafzumessung	e) Regelbeispiele, § 243
Verfolgbarkeit der Tat	f) Strafantrag • Haus- und Familiendiebstahl, § 247 • Diebstahl geringwertiger Sachen, § 248a g) Verjährung, §§ 78 ff

bb) Die Prüfung des Tatbestandes

Der Tatbestand seinerseits wird unterteilt in den 60
- objektiven Tatbestand, der den Erfolgsunwert der Tat verkörpert,
- subjektiven Tatbestand, der den Handlungsunwert der Tat wiedergibt,
- und ggf die objektive Bedingung der Strafbarkeit (sog Tatbestandsannex).

Weiterführende Gliederungshinweise *Rn 137 und 352.*

Innerhalb des **objektiven Tatbestandes** werden alle Umstände geprüft, welche die Tat 61
umschreiben und in der jeweiligen Norm als Merkmale aufgeführt sind, also zB Wegnehmen als besondere Form der Tathandlung bei § 242 I. Gemeinhin werden diese Merkmale unterteilt in Merkmale der Tathandlung, der Täterqualität, des Tatobjekts etc. Dies hat für die Prüfung jedoch keine Bedeutung.

Der vielfach übliche Satz „A müsste den objektiven Tatbestand erfüllt haben“ kann weggelassen werden, weil es sich insoweit um eine nicht erklärungsbedürftige Selbstverständlichkeit handelt (ebenso *Krumdiek*, Jura 2009, 624). Zumindest im Fortgeschrittenen- und Examensklausurenkurs sollte man dafür nicht seine kostbare Zeit verschenken. Das gilt auch für eine sich häufig daran anschließende Übersicht über alle – noch zu prüfenden – Merkmale des objektiven Tatbestandes.

Es darf sogleich mit der Subsumtion unter die einzelnen Tatbestandsmerkmale begonnen werden. Da eine Wiederholung des Gesetzestextes verboten ist (*s Rn 26*), darf – sofern Zeitressourcen zur Verfügung stehen – allenfalls unter Einbeziehung des zu prüfenden Beteiligten dargestellt werden, was dieser zur Erfüllung des objektiven Tatbestandes getan haben müsste (Beispiel: Eine Strafbarkeit gem. § 242 I setzt voraus, dass es zur Wegnahme einer fremden, beweglichen Sache durch A gekommen ist. Wegnahme ist …).

Auf das Problem, ob eine **Handlung** vorliegt ist nur einzugehen, wenn insoweit konkrete Zweifel bestehen (zB Schlafwandeln), vgl *Kudlich,* Fälle AT [1] S 6.

62 Bei der **Prüfung der Kausalität** ist darauf zu achten, dass diese nur relevant wird, wenn es sich um ein **Erfolgsdelikt** handelt, weil nur dann ein Erfolg vorhanden ist, der zu der Handlung in eine Ursächlichkeitsbeziehung gesetzt werden kann. Bestehen an der Kausalität wirklich keinerlei Zweifel (Beispiel: A erschlägt seinen Rivalen R mit der Axt), so stellt man allenfalls in den ersten Anfängerarbeiten ihr Vorliegen gleichwohl noch ausdrücklich fest. Der Fortgeschrittene verzichtet hingegen insoweit auf detaillierte Ausführungen. Keinesfalls ist (bis zum Examen) bei jedem Straftatbestand die Kausalität ein eigener Prüfungspunkt.

63 Bzgl der **objektiven Zurechnung** ist es Ansichtssache, ob man diese als Unterfall der Kausalität prüft oder einen neuen Gliederungspunkt vorsieht. Letzteres Vorgehen ist anzuraten und heute allgemein üblich (vgl statt aller *Hecker*, JuS 2010, 454; *Hilgendorf,* Klausurenkurs I [13] Rn 5, [17] Rn 2; *Hinderer/Brutscher,* JA 2011, 907; *Kalkofen/Sievert,* Jura 2011, 229; *Kubiciel/Wachter*, JA 2013, 113; *Kudlich,* Fälle AT [13] S 185, 192; *Kühl/Hinderer,* JuS 2010, 697, 700; *Magnus*, Jura 2009, 390; *Putzke,* ZJS 2011, 522; *Rengier/Braun,* JuS 2012, 999, 1001; *Steinberg/Lachenmaier,* ZJS 2012, 649; *Stiebig*, Jura 2007, 911; *Wagner/Drachsler,* ZJS 2011, 531). Jedenfalls sollte die einmal gewählte Prüfungsreihenfolge (wie überhaupt immer) einheitlich beibehalten werden.

64 Auch die uU fehlende objektive Zurechnung des Erfolges wird üblicherweise nur thematisiert, wenn sich irgendwelche Anhaltspunkte dafür im Sachverhalt ergeben (Beispiel: A stiehlt einen Kaugummi im Supermarkt – bei der Untersuchung des Diebstahls, § 242, bedarf es keiner Ausführungen über die objektive Zurechnung der Wegnahme der fremden beweglichen Sache). Anders mag man vielleicht in Anfängerhausarbeiten verfahren (vgl *Freund/Telöken,* ZJS 2012, 796, 797, 799; *Herrmann/Heyer,* JA 2012, 190 – wie hier *Müller/Raschke,* Jura 2011, 305, 311 [Fn 49]).

Aufbauschwierigkeiten kann es auch in folgender Konstellation geben: Der Bearbeiter erkennt auf Anhieb, dass ein vorsätzliches Delikt (zB § 212) am fehlenden Vorsatz scheitert. Ferner gelangt er schon nach kurzem Überdenken der Lösung zu dem Ergebnis, dass die objektive Zurechnung abzulehnen sein wird. Wenn er jetzt nach dem Grundsatz „Klotzen nicht Kleckern" (*Rn 51*) mit dem vorsätzlichen Delikt beginnt (also zB § 212), dann finden alle relevanten Erörterungen beim Vorsatzdelikt statt (im objektiven Tatbestand, der im Ergebnis abgelehnt wird). Zum Fahrlässigkeitstatbestand (zB § 222) gelangt man dann überhaupt nicht mehr, obwohl der Leser der Klausur bei klar fehlendem Vorsatz eigentlich die Beschäftigung mit dem Fahrlässigkeitstatbestand erwartet. ZT wird wegen dieser „Kopflastigkeit" unter dem Hinweis darauf, dass Vorsatz offensichtlich nicht vorliegt, vorgeschlagen, sofort mit dem Fahrlässigkeitstatbestand (zB § 222) zu beginnen. Dann wird im Rahmen des Fahrlässigkeitstatbestands die objektive Zurechnung geprüft und verneint (dafür ua *von Heintschel-Heinegg*, Prüfungstraining 2 [2] S 15; *Fahl*, Jura 2009, 236). Diese (zulässige) Vorgehensweise hat sich aber noch nicht allgemein durchgesetzt. Im Zweifel würde ich deshalb die „gekünstelt" wirkende Prüfung im Rahmen des Vorsatzdelikts vorziehen (vgl zur Darstellung der objektiven Zurechnung auch *Seher*, Jura 2001, 814).

Bei der **Reihenfolge der Prüfung der Tatbestandsmerkmale** sollte man sich an derjenigen orientieren, die das Gesetz vorgibt, weil so die Gefahr am geringsten ist, ein Tatbestandsmerkmal auszulassen. Bei § 242 I müsste man also unter die folgenden Merkmale mehr oder minder ausführlich subsumieren: „Sache", „fremd", „beweglich", „wegnehmen".

In den Falllösungen des vorliegenden Buches werden auch im objektiven Tatbestand die einzelnen Gliederungspunkte durch Überschriften kenntlich gemacht. Dieses Vorgehen dient dem besseren Verständnis und ist im Rahmen von Hausarbeiten auch allgemein üblich. Bei Klausuren ist es allerdings zumeist allein schon aus Zeitgründen ratsam, innerhalb des objektiven Tatbestandes keine „Unterüberschriften" einzufügen. Die Argumentation muss für den Leser dann aus sich selbst heraus verständlich sein. In der Ausbildungsliteratur wird zT sogar empfohlen, aufgrund des Zeitdruckes sowie der besseren Übersichtlichkeit unterhalb der Ebene der zu prüfenden Delikte (zB § 212 durch Schlag auf den Hinterkopf des O) stets auf Zwischenüberschriften zu verzichten (vgl *Kudlich,* Fälle AT [1] S 6 – gerade entgegengesetzt der Rat von *Kindhäuser/Schumann/Lubig* [6] S 173: Unterüberschriften zeigen dem Leser, „dass Sie mit der Materie sicher umzugehen wissen").

Innerhalb des **subjektiven Tatbestandes** ist zu prüfen, **65**
- ob der Täter vorsätzlich handelte und
- ob besondere Absichten oder Gesinnungen vorgelegen haben,

sofern dies der Straftatbestand verlangt.

Der **Vorsatz** muss sich auf alle Merkmale des objektiven Tatbestandes beziehen. Die verschiedenen Vorsatzformen spielen insoweit eine Rolle, als bestimmte Tatbestände eine bestimmte Vorsatzform verlangen: Wird „Wissentlichkeit" verlangt, ist damit immer dolus directus 2. Grades gemeint (zB § 258 I), während die Formulierung **„absichtlich"** im Regelfall nur dolus directus 1. Grades genügen lässt (so zB Bereicherungsabsicht bei § 263 [Ausnahme zB: § 164; str]; Einzelheiten zu den Vorsatzgraden *Wessels/Beulke*, AT Rn 210 ff).

Herkömmlicherweise wird für die Bejahung des Vorsatzes „Wissen und Wollen" vorausgesetzt. Die korrekte Formulierung lautet: „Vorsatz ist der Wille zur Verwirklichung eines Straftatbestandes in Kenntnis aller seiner objektiven Tatumstände" (*Wessels/Beulke,* AT Rn 204; statt aller: *Herrmann/Heyer,* JA 2012, 190; *Hilgendorf,* Klausurenkurs I [9] Rn 9; III [11] Rn 6; *Kalkhofen/Sievert,* Jura 2011, 229, 230; *Liebig/Wiesen,* ZJS 2012, 531; *Müller/Raschke,* Jura 2011, 305, 307; ähnlich *Drenkhahn,* Jura 2011, 63, 64; *Esser/Scharnberg,* JuS 2012, 809, 812; *Sievert/Kalkhofen,* JA 2012, 107; *Singelnstein,*

ZJS 2012, 235; *Sölter/Laue,* StudZR 2011, 303, 305; *Weißer/Ruppenthal,* Ad Legendum 2012, 44). Verkürzt findet sich aber zumeist die Formulierung „Vorsatz ist das Wissen und Wollen der Tatbestandsverwirklichung" (statt aller: *Hilgendorf,* Klausurenkurs I [5] Rn 2, [17] Rn 6; *Kindhäuser/Schumann/Lubig,* [9] S 209; *Steinberg/Blumenthal,* ZJS 2011, 81, 82). Jedenfalls im Rahmen von Klausuranfertigungen, die mit dem üblichen Zeitdruck verbunden sind, sollte man die Kurzformel „Vorsatz = Wissen und Wollen der Tatbestandsverwirklichung" bevorzugen.

Im Schrifttum wird für die Bejahung des Vorsatzes teilweise das „Wissenselement" für ausreichend erachtet (s dazu *Wessels/Beulke*, AT Rn 204). Selbstverständlich ist es deshalb auch in einer Falllösung zulässig, sich mit der Prüfung des Wissenselements zu begnügen, zB in Form der Formulierung „A handelte in Kenntnis aller objektiven Tatumstände und mithin vorsätzlich" (*Brüning*, ZJS 2009, 283; *G. Merkel*, ZJS 2011, 376, 380). Der Student sollte aber bedenken, dass zumindest im Referendarexamen den Prüfern aus der Praxis (Richter/Staatsanwälte) ein großes Gewicht zukommt und dass diese Korrektoren erfahrungsgemäß den Vorsatz ganz selbstverständlich mit „Wissen und Wollen" gleichsetzen. Man kann auch einen „Mittelweg" beschreiten und folgende Formulierung wählen: „Vorsätzliches Handeln erfordert **jedenfalls**, dass der Handelnde die Umstände kennt, welche die Tatbetsandsverwirklichung ieS begründen" (so zB *Freund/Telöken*, ZJS 2012, 796; *Putzke*, ZJS 2011, 522, 527).

Siehe zur Darstellungsweise hinsichtlich des Vorsatzes auch die Beispielsklausuren von *Brüning,* ZJS 2010, 98, 102; *Bergmann,* ZJS 2011, 260, 262; *Heghmanns/Kusnik,* Ad Legendum 2010, 275, 282; *Kreuzner/Zetzmann,* ZJS 2011, 268, 269; *Kudlich/Litau,* JA 2012, 755, 758.

66 Eine **objektive Bedingung der Strafbarkeit**, die bei einigen wenigen Straftatbeständen zur Tathandlung hinzukommend gefordert wird, stellt insoweit eine Besonderheit dar, als sich der Vorsatz auf diesen objektiven Tatumstand (den sog Tatbestandsannex) nicht beziehen muss (zB Tod oder schwere Körperverletzung im Falle der Beteiligung an einer Schlägerei gem § 231 I). Deshalb ist es üblich, diese objektive Bedingung der Strafbarkeit erst nach dem subjektiven Tatbestand zu prüfen (Beispielsfall bei *Hilgendorf,* Klausurenkurs II [9] Rn 39).

cc) Die Prüfung der Rechtswidrigkeit

67 Ist der Tatbestand erfüllt, folgt daraus grundsätzlich, dass die Tat auch rechtswidrig ist (die Rechtswidrigkeit wird also indiziert). Das Unwerturteil über eine Tat entfällt nur, wenn die Handlung gerechtfertigt ist. Deshalb wird die **Rechtswidrigkeit** im Normalfall nur konstatiert. Um keinen relevanten Aspekt zu übersehen, rate ich dazu, zumindest bei jedem neuen Beteiligten im Rahmen des ersten Delikts festzustellen, dass „Rechtfertigungsgründe nicht ersichtlich" seien. Bei allen folgenden Delikten sollte man auf den stereotypen Satz hingegen verzichten.

Sind Rechtfertigungsgründe aber denkbar, so ist auch bei diesen eine Unterteilung der Prüfung in drei Schritte empfehlenswert, die auf alle Rechtfertigungsgründe, geschrieben oder ungeschrieben, anwendbar ist:
- Liegt die Rechtfertigungssituation objektiv vor (zB Notwehrlage)?
- Liegt die Rechtfertigungshandlung objektiv vor (zB Rettungshandlung)?
- Ist das subjektive Rechtfertigungselement gegeben (zB Verteidigungswille)?

Die Subsumtion unter die Merkmale, die vom Tatbestand eines Rechtfertigungsgrundes gefordert werden, entspricht dem Subsumierungsvorgang beim objektiven Tatbestand (gute Beispiele bei *Hilgendorf,* Klausurenkurs II [11] Rn 27; *Müller/Raschke,* Jura 2011, 705).

Bzgl der **Prüfungsreihenfolge der Rechtfertigungsgründe** gilt Folgendes: 68
Bei den einzelnen Typen von Rechtfertigungsgründen (zB Notwehr, Notstand) sind diejenigen voranzustellen, die an engere Voraussetzungen geknüpft sind (zB Notwehr vor Notstand; vgl *Kudlich,* Fälle AT [1] S 13). Erst wenn diese verneint worden sind, sollte man auf die Tatbestände mit großzügigeren Voraussetzungen eingehen. Schließlich schreibt man ein umfassendes Gutachten (*s Rn 18*), in dem alle denkbaren Aspekte auftauchen müssen und nicht sofort die einschlägige Norm angesteuert werden soll. Mehrere auf einen Sachverhalt zutreffende Rechtfertigungsgründe können unabhängig voneinander und ggf nebeneinander anwendbar sein (vgl *Wessels/Beulke*, AT Rn 287). Im Rahmen des zu verfassenden Gutachtens ist demzufolge auch nach Bejahung eines Rechtfertigungsgrundes auf weitere Rechtfertigungsgründe einzugehen, soweit nicht im Einzelfall ein spezieller Rechtfertigungsgrund den allgemeinen verdrängt.

Innerhalb der einzelnen **Typen von Rechtfertigungsgründen** (zB Notstand) hat die speziellere Norm Vorrang zB § 904 BGB vor § 34 StGB (Beispielsfall bei *Bergmann,* ZJS 2011, 260, 264) bzw § 32 StGB vor § 34 StGB (Beispielsfall bei *Hilgendorf,* Klausurenkurs III [5] Rn 52). Dies bedeutet de facto, dass auf besondere Rechtfertigungstatbestände anderer Gesetze (zB BGB, StPO) einzugehen ist, bevor die allgemeinen StGB-Normen zum Zuge kommen.

Somit ergibt sich bei den Rechtfertigungsgründen folgende Prüfungsreihenfolge:
- Einwilligung/mutmaßliche Einwilligung
- Notwehr/-hilfe, § 32
- erlaubte Selbsthilfe, §§ 229, 562b I, 859, 1029 BGB
- zivilrechtlicher Notstand, §§ 228, 904 BGB
- allgemeiner rechtfertigender Notstand, § 34, § 16 OWiG
- rechtfertigende Pflichtenkollision
- Wahrnehmung berechtigter Interessen, § 193
- Züchtigungsrecht/Erziehungsrecht
- Festnahmerecht, § 127 I StPO
- Amtsbefugnisse, Dienstrecht, besondere Rechtspflichten von Amtsträgern
- politisches Widerstandsrecht, Art 20 IV GG

Bei den **offenen Tatbeständen** (zB Nötigung § 240) besteht die Besonderheit, dass 69
– sofern keine Rechtfertigungsgründe (die deshalb vorweg zu prüfen sind) eingreifen – die Rechtswidrigkeit anschließend gesondert geprüft und (ausdrücklich) bejaht werden muss und nicht als vom Tatbestand indiziert angesehen werden kann.

dd) Die Prüfung der Schuld

Bei einer erwachsenen Person ist immer von einem schuldfähigen Beteiligten auszuge- 70
hen, wenn nicht Anzeichen für das Gegenteil vorliegen. Wie bei der Rechtswidrigkeit ist die **Schuld** somit im Normalfall zumindest beim ersten Delikt des jeweiligen Beteiligten nur zu konstatieren. Etwas anderes kann sich aber ergeben, wenn es fehlt an:
- der Schuldfähigkeit (§§ 19, 20)
- der Vorsatzschuld
- dem Unrechtsbewusstsein

- speziellen Schuldmerkmalen, die vom Tatbestand gefordert werden.
- Die Schuld entfällt zudem beim Eingreifen von Entschuldigungsgründen.

Die Prüfungsreihenfolge ist nicht festgelegt. Unterschiedliche Ansichten bestehen vor allem darüber, ob – wie hier vorgeschlagen – das Unrechtsbewusstsein (§ 17 StGB) vor den Entschuldigungsgründen geprüft werden sollte (so zB auch *Kindhäuser,* AT § 28 Rn 13; *Heinrich,* AT Rn 1476; *Wessels/Beulke,* AT Rn 872; Beispielsfall: *G. Merkel,* ZJS 2011, 376, 380) oder erst nach ihnen (hierfür *Rengier,* AT § 12 Rn 6, § 31, Rn 3; *Steinberg/Lachenmaier,* ZJS 2012, 649, 651 [Fn 14]).

ee) Strafausschließungs- und Strafaufhebungsgründe, Absehen von Strafe

71 Auch dieser Punkt findet nur Erwähnung, wenn sich im Sachverhalt Anhaltspunkte hierfür finden, so zB bei der Strafvereitelung zu eigenen Gunsten (§ 258 V) oder zu Gunsten von Angehörigen (§ 258 VI). Die Besonderheiten der Prüfung richten sich nach dem jeweiligen Ausschlussgrund.

ff) Strafzumessung

72 In der universitären Ausbildung wird die **Strafzumessung** nur in wenigen Fällen relevant, nämlich wenn ein vertypter Strafmilderungsgrund einschlägig ist (zB § 17 S 2 oder § 28 I) oder eine Strafschärfung infolge von **Regelbeispielen** (zB § 243 oder § 263 III) vorliegt. In diesen Fällen ist möglichst kurz die Strafschärfung bzw -milderung herauszuarbeiten und zwar im Anschluss an die Erörterung von Tatbestandsmäßigkeit, Rechtswidrigkeit und Schuld. Die Voraussetzungen der Regelbeispiele sind nicht als „Tatbestandsmerkmale“ zu bezeichnen, vielmehr handelt es sich um Umstände, die ein Indiz für das Vorliegen eines besonders schweren Falles beinhalten (*Weißer/Ruppenthal,* Ad Legendum 2012, 42, 44; weitere Beispielsfälle *u Rn 182* und *Fahl,* JA 2012, 906, 909; *Esser/Scharnberg,* JuS 2012, 809; *Haas,* Ad Legendum 2012, 119, 129; *Hinderer*, JA 2009, 27; *Kindhäuser/Schumann/Lubig* [5] S 143; *Koch/Exner*, JuS 2007, 41; *Kraatz,* ZJS 2011, 147; *Kühl/Lange*, JuS 2010, 46; *Poller/Härtl*, JuS 2004, 1079).

gg) Strafverfolgungsvoraussetzungen

73 Diese werden in den Fällen des Strafantrags und der Verjährung relevant. Die Notwendigkeit eines Strafantrags ist in den einschlägigen Fällen (zB § 230) mit nur einem Satz festzustellen, aber gerade deshalb wird das Strafantragserfordernis so gerne vergessen. Um dies zu vermeiden, sollte der Strafantrag immer beim jeweiligen Delikt kommentiert werden, sofern er erforderlich ist. Ist er laut Sachverhalt bisher noch nicht gestellt, so wird das Delikt gleichwohl durchgeprüft und lediglich abschließend auf die Erforderlichkeit des Strafantrags hingewiesen.

Zur Verjährung wird im Regelfall nicht Stellung genommen. Erörterungen sind insoweit nur erforderlich, wenn der Sachverhalt entsprechende Angaben enthält.

hh) Ergebnis

74 Wie immer ist am Ende der Prüfung eines jeden Straftatbestandes das Ergebnis festzuhalten, das auf strafbar oder nicht strafbar lautet.

Zur Prüfung des vorsätzlichen Begehungsdelikts ausführlich *Werle*, JuS-Lernbogen 2001, L 33, 41, 49, 57; *s auch Rn 48 und Rn 117.*

b) Das versuchte Begehungsdelikt

aa) Die Vorprüfung

Das versuchte Begehungsdelikt beginnt nach herrschender, allerdings umstrittener Aufbauregel mit einer **Vorprüfung** (wie hier zB *Bergmann,* ZJS 2011, 260, 261; *Bülte/Becker,* Jura 2012, 329; *Kudlich,* Fälle AT [1] S 4; s auch *Kühl/Hinderer,* JuS 2010, 697, 698; gegen eine solche Vorprüfung aber *Niehaus,* ZJS 2010, 396, 397). **75**

Die Vorprüfung umfasst zwei Prüfungspunkte:
- Es darf keine Tatvollendung vorliegen.
- Der Versuch muss mit Strafe bedroht sein.

Die Vorprüfung erhält zumeist keine eigene Nummerierung, was sich aus dem Charakter als Vorprüfung ergibt (Beispiele hierfür *Fahl,* JA 2012, 909, 910; *Putzke,* ZJS 2011, 522, 523; *Rengier/Braun,* JuS 2012, 998, 1001). Dies ist jedoch keine feste Regel und kann auch anders gehandhabt werden (Beispiele: *Haas,* Ad Legendum 2012, 119, 123; *Heghmanns/Kusnik,* Ad Legendum 2010, 275; *Kalkofen/Sievert,* Jura, 2011, 229; *Kudlich,* Fälle AT [6] S 79; *Paul,* ZJS 2013, 95; *Sternberg/Lachenmaier,* ZJS 2012, 650). Einige Aufgabensteller halten es sogar für „zwingend", der „Vorprüfung" einen echten (eigenen) Prüfungspunkt zuzuweisen (*Kreuzner/Zetzmann,* ZJS 2011, 268).

Das **Fehlen der Tatvollendung** ergibt sich oft zwingend aus der Prüfungsreihenfolge, wenn der Vollendungstatbestand vorher unter einem eigenen Gliederungspunkt „angeprüft" und abgelehnt worden ist. Eine vorangehende extra Prüfung der Vollendungsstrafbarkeit ist immer dann anzuraten, wenn nicht eindeutig ist, ob die Tat vollendet worden ist (Beispielsfälle bei *Dietmeier*, JuS 2007, 827; *Reinbacher*, Jura 2007, 385). In offensichtlichen Fällen (zB A schießt mit Tötungsabsicht auf B, B stirbt aber nicht; weitere Beispielsfälle bei *Kreuzner/Zetzmann,* ZJS 2011, 268 und *Rn 177*) kann dagegen auf die gesonderte Prüfung des Vollendungsdelikts verzichtet werden (*Kudlich,* Fälle AT [1] S 10). Dann ist das Fehlen der Tatvollendung in der Vorprüfung festzustellen (so zB auch *Gropengießer/Kohler*, Jura 2003, 278; *Frank*, Jura 2006, 788; *Jeßberger/Book*, JuS 2010, 321; *Kett-Straub/Linke*, JA 2010, 25; *Kudlich/Schuhr* JA 2007, 350; *Kühl/Hinderer*, JuS 2009, 922; *Rengier/Jesse*, JuS 2008, 43; *Schmidt*, AT Rn 642; *Schuster*, Jura 2008, 228; *Walter/Schneider*, JA 2008, 262; *s auch u Rn 177*). **76**

Ist ein vollendetes Delikt vorweg geprüft und sein Vorliegen verneint worden, so ist im Rahmen der sich anschließenden Versuchsprüfung der Hinweis, dass keine vollendete Tat vorliege, zwar nicht unbedingt erforderlich (er fehlt zB bei *Fahl,* JA 2012, 906, 910; *Sengbusch*, Jura 2009, 308), weitgehend aber doch üblich (Beispielsfälle bei *Dannecker/Gaul,* JuS 2008, 347; *Heghmanns/Kusnik,* Ad Legendum 2010, 275, 282; *Hinderer*, JuS 2009, 627; *Kalkofen/Sievert,* Jura 2011, 229, 231; *Putzke*, Jura 2009, 148 [Fn 19]; *ders*, ZJS 2011, 522, 523). Manche Korrektoren sprechen sich dann aber sogar strikt gegen eine solche erneute Feststellung aus (*Hardtung*, JA 1999, 292, 298; s auch *ders*, JuS 2006, 56).

Die Feststellung der **Versuchsstrafbarkeit** ergibt sich bei Verbrechen aus § 23 I Alt 1 und bei Vergehen aus § 23 I Alt 2 iVm dem jeweiligen Straftatbestand des Besonderen

Teils, zB die Versuchsstrafbarkeit bei der Sachbeschädigung aus § 303 III iVm § 23 I Alt 2. Die Feststellung der Versuchsstrafbarkeit ist für die Selbstkontrolle besonders wichtig, um nicht zeitraubend eine Strafbarkeit zu prüfen, die es nicht gibt (Für Überflüssigkeit insoweit, da sich die Strafbarkeit bereits aus dem Obersatz ergebe: *Stein*, Ad Legendum 2008, 243).

bb) Der Tatbestand

77 Der wichtigste Unterschied zum Vollendungsdelikt besteht in der umgekehrten Prüfungsreihenfolge von objektivem und subjektivem Tatbestand. Man prüft also

- subjektiver Tatbestand
- objektiver Tatbestand (unmittelbares Ansetzen)
- objektive Bedingung der Strafbarkeit.

78 Der **subjektive Tatbestand** wird beim Versuch auch als **Tatentschluss** bezeichnet. Die Verwendung dieses Begriffes ist durchaus nicht überholt (anders *Gropengießer/Kohler*, Jura 2003, 278 Fn 8; krit auch *Putzke*, Jura 2009, 148 [Fn 20]), sondern nach wie vor weit verbreitet (statt aller *Ambos*, Jura 2004, 493; *Bakowitz/Bülte*, StudZR 2009, 156; *Dietmeier*, JuS 2007, 827; *Fahl*, JA 2012, 906, 910; *Haas*, Ad Legendum 2012, 119, 123; *Hilgendorf*, Klausurenkurs I [2] Rn 6, II [4] Rn 24; *Hinderer*, JuS 2009, 625; *Hoffmann-Holland/Singelnstein/Simonis*, JA 2009, 515; *Jeßberger/Book*, JuS 2010, 321, 325; *Kett-Straub/Linke*, JA 2010, 25; *Krell*, Jura 2012, 150; *Kubiciel/Wachter*, JA 2013, 114; *Kudlich*, Fälle AT [1] S 5; *Kühl*, JuS 2007, 750; *Kühl/Hinderer*, JuS 2009, 922; *Kühl/Schramm*, JuS 2003, 683; *Noltensmeier/Henn*, JA 2007, 774; *Otto*, Jura 2008, 957; *Reinbacher*, Jura 2007, 386; *Rengier/Braun*, JuS 2012, 999; *Rengier/Jesse*, JuS 2008, 43; *Safferling*, JA 2007, 186; *Sievert/Kalkofen*, JA 2012, 107; *Sternberg-Lieben/von Ardenne*, Jura 2007, 149; *Stiebig*, JA 2009, 601; *Stief*, JuS 2009, 720; *Tetzlaff*, JuS 2013, 155; *Wolter*, JA 2008, 606).

Der subjektive Tatbestand umfasst alle Merkmale des objektiven Tatbestandes, wie sie beim Vollendungsdelikt vorliegen würden, sowie darüber hinaus Absichten (zB Zueignungsabsicht bei § 242) und Gesinnungen (zB Hinterlist bei § 224 I Nr 3), soweit erforderlich. Die Kunst des Bearbeiters besteht darin, alle objektiven Merkmale des Vollendungsdelikts aus der subjektiven Perspektive des Täters anzusprechen. Auf diese Weise werden also beim Versuch alle Merkmale des objektiven Tatbestands des Vollendungsdelikts im Rahmen des Entschlusses geprüft, weil sich der Vorsatz auf all diese Merkmale beziehen muss.

Beispiel: „A will den Schirm des B entwenden, erwischt aber versehentlich seinen eigenen Schirm." Im subjektiven Tatbestand des § 242 müssten geprüft werden: Vorsatz bzgl der objektiven Merkmale fremd, beweglich, Sache, Wegnahme und daneben die Zueignungsabsicht.

Zur Abgrenzung Täterschaft/Teilnahme *s Rn 88*, zur Garantenpflicht beim unechten Unterlassungsdelikt *s Rn 84*.

Im subjektiven Tatbestand müssen auch diejenigen Merkmale angesprochen werden, **die bereits objektiv verwirklicht worden sind**.

Beispiel: A scheitert bei der Begehung des Raubes nach vollendeter Gewaltanwendung, weil das Opfer kein Geld bei sich hat. Jetzt ist im subjektiven Tatbestand darzulegen, dass A Gewalt anwenden wollte, um eine fremde bewegliche Sache wegzunehmen, und dass er Zueignungsabsicht hatte.

Innerhalb des **objektiven Tatbestandes** stellt man fest, ob der Täter iSv § 22 **unmittelbar zur Tat angesetzt** hat. Es können hier denklogisch keine sonstigen objektiven Tatbestandsmerkmale geprüft werden, weil diese indirekt allumfassend bereits im subjektiven Tatbestand abgehandelt worden sind. Falsch wäre es beispielsweise, die objektiven Mordmerkmale (Heimtücke etc.) an dieser Stelle zu prüfen. Auch diese Merkmale sind ebenso wie alle anderen objektiven Merkmale im subjektiven Tatbestand aus der Perspektive des Vorsatzes anzusprechen (*Haas,* Ad Legendum 2012, 119, 122; *Hilgendorf,* Klausurenkurs II [6] Rn 3; *Krell,* Jura, 2012, 150, 151, 153; *Rengier/Braun,* JuS 2012, 999, 1000 [Fn 5]; *Sievert/Kalkofen,* JA 2012, 107, 111). Die beim Versuch geänderte Funktion des objektiven Tatbestandes wird am besten deutlich, wenn man als Überschrift dieses Gliederungspunktes „unmittelbares Ansetzen“ wählt – im Übrigen wird nämlich hier nichts geprüft (weitere Beispielsfälle bei *Lindheim/Uhl*, JA 2009, 785; *Stiebig*, JA 2009, 600). 79

cc) Sonstige Prüfungspunkte

Auch beim Versuch werden im Anschluss an den Tatbestand wie beim Vollendungsdelikt **Rechtswidrigkeit** und **Schuld** und ggf die weiteren Prüfungspunkte (wie zB die Strafzumessung bei Regelbeispielen, Beispielsfall bei *Steinberg/Müller,* ZJS 2012, 807) untersucht. Es ergeben sich also keine weiteren Besonderheiten; hinzuweisen ist nur darauf, dass es beim Versuch den speziellen persönlichen Strafaufhebungsgrund des **Rücktritts** gem § 24 gibt und die Möglichkeit des Absehens von Strafe gem § 23 III. Bei der Versuchsprüfung sollte man bei Erstellung der Lösungsskizze daher immer an einen strafbefreienden Rücktritt denken (nur beim Versuch – nicht beim vollendeten Delikt prüfen!). 80

Studenten verwechseln im Rahmen der Versuchsprüfung immer wieder die Begriffe „Vollendung“ und „Beendigung“. Die **„Vollendung“** bezieht sich nur auf das gesamte Delikt und hat zur Voraussetzung, das der Täter alle objektiven Tatbestandsmerkmale vorsätzlich verwirklicht hat und auch keine Rechtfertigungslage gegeben ist. Während der **Versuch „beendet“** ist, wenn der Täter alles getan zu haben glaubt, was nach seiner Vorstellung von der Tat zur Herbeiführung des tatbestandlichen Erfolges notwendig oder möglicherweise ausreichend ist (*Wessels/Beulke*, AT Rn 631). Die „Vollendung“ wird nur im Rahmen der Vorprüfung angesprochen (*o Rn 75*) – danach darf im Rahmen des Rücktritts nur noch von „unbeendetem“ oder „beendetem“ Versuch gesprochen werden. Aus der Existenz der Möglichkeit des Rücktritts vom beendeten Versuch ergibt sich logischerweise, dass ein Rücktritt auch dann in Betracht kommt, wenn der Täter oder Teilnehmer bereits alles getan hat, was seiner Meinung noch zur Tatbestandsverwirklichung erforderlich ist. Solange die Vollendung ausbleibt, kommt über § 24 I 2 ein Rücktritt sogar dann in Betracht, wenn die Vollendung nicht vom Beteiligten, sondern aus ganz anderen Gründen vereitelt wird.

Beispiel: A schickt eine Paketbombe an X, um ihn zu töten, bereut dies aber nach der Absendung und will das Opfer warnen. Wegen der weiten Entfernung beschließt er den X telefonisch zu benachrichtigen, verwechselt aber beim Wählen die Nummer des X mit der des Y. Der ahnungslose

X öffnet inzwischen das Paket. Die Bombe führt nur zu schweren Verletzungen, weil X sich zufällig plötzlich abgewandt hat.

Hier liegt bzgl der §§ 211, 22, 23 ein beendeter Versuch vor. Da es nicht A war, der den Erfolg verhindert hat, entfällt eine Straflosigkeit gem § 24 I 1 1. Alt. Die Rücktrittsbemühungen führen jedoch zu einer Straflosigkeit gem § 24 I 2, auch wenn es reiner Zufall war, dass der Erfolg nicht eingetreten ist. Es verbleibt die Strafbarkeit wegen der vollendeten gefährlichen Körperverletzungsdelikte, §§ 223 ff (s auch den instruktiven Beispielsfall von *Putzke,* ZJS 2011, 522, 524 f [Rücktritt trotz Erfolgseintritt bei mangelnder objektiver Zurechnung]).

dd) Überflüssige Versuchsprüfung

81 Da überflüssige Erörterungen als fehlerhaft gelten, hat eine Versuchsprüfung zu unterbleiben, wenn die Vollendungsstrafbarkeit vorab untersucht und mangels Erfüllung eines objektiven Tatbestandsmerkmals abgelehnt wird, und beim Täter insoweit überhaupt **keine Fehlvorstellungen** herrschen. Wenn der Täter den Tatablauf genauso erstrebt, wie er später stattfindet (Kongruenz zwischen objektivem und subjektivem Tatverlauf), so muss die Versuchsstrafbarkeit zwangsläufig genauso abgelehnt werden wie vorher die Vollendung des Delikts. Die Versuchsprüfung ist deshalb überflüssig (**Beispiel:** A erschlägt aus Wut seinen eigenen Hund – keine Sachbeschädigung, da die Sache nicht fremd ist. Nach Ablehnung des vollendeten § 303 darf kein Versuch des § 303 geprüft werden, wenn der Sachverhalt keinerlei Hinweis darauf gibt, dass A geglaubt hat, einen fremden Hund vor sich zu haben). Eine Versuchsstrafbarkeit kommt nur bei **Fehlvorstellungen über das Tatgeschehen** in Betracht (der Täter will mehr, als objektiv geschehen ist). Dieses „subjektive Plus" muss sich aus dem Sachverhalt ergeben (**Beispiel:** A erschlägt seinen Hund, glaubt aber in der Dunkelheit, es handele sich um den Hund des Nachbarn – jetzt darf versuchte Sachbeschädigung geprüft werden); *s auch Rn 109.*

c) Das unechte Unterlassungsdelikt §§ … (zB 212), 13

aa) Der Tatbestand

82 Auch hier gilt die obligatorische Dreiteilung in objektiven Tatbestand, subjektiven Tatbestand und objektive Bedingung der Strafbarkeit wie beim vorsätzlichen vollendeten Begehungsdelikt. Besonderheiten ergeben sich aber innerhalb des objektiven Tatbestandes, weil nicht nur unter die Merkmale eines Tatbestandes aus dem BT subsumiert werden, sondern zusätzlich die **Problematik des § 13** berücksichtigt werden muss.

Herkömmlich werden folgende Punkte bei der Prüfung relevant:
- Tatbestandlicher Erfolg
- Nichtvornahme der gebotenen Handlung trotz Erfolgsabwendungsmöglichkeit
- Quasikausalität hinsichtlich der Erfolgsabwendung und der gebotenen Handlung
- Garantenstellung (§ 13 „rechtlich dafür einzustehen hat")
- Entsprechungsklausel (§ 13 „das Unterlassen der Verwirklichung des gesetzlichen Tatbestandes durch ein Tun entspricht")
- Objektive Zurechnung

Eine evtl nötige **Abgrenzung zwischen Tun und Unterlassen** erfolgt entweder vorab in einer Vorprüfung (heute weniger üblich; Beispielsfall: *Murmann,* JA 2011, 593, 600) oder bei dem Prüfungspunkt „Nichtvornahme der gebotenen Handlung" (Beispiele ua bei *Eiden/Köpferl,* Jura 2010, 780; *Ernst,* ZJS 2012, 654; *Freund/Telöken,* ZJS 2012, 796; *Hilgendorf,* Klausurenkurs I [16] Rn 20; II [4] Rn 34, [10] Rn 45, 77, [11] Rn 55; III [14] Rn 42; *Kett-Straub,* JA 2012, 831, 837; *Kubiciel/Wachter*, JA 2013, 116; *Kudlich,* Fälle AT [7] S 89, 104, [9] S 121, 130; *Kudlich/Litau,* JA 2012, 755; *Lindheim/Uhl*, JA 2009, 783; *vert Rn 242, 314*). Wichtig ist, dass ein Unterlassen immer nur subsidiär gegenüber dem aktiven Tun ist. Es kann also nicht sein, dass die Prüfung mit dem Unterlassungsdelikt beginnt und mit dem Begehungsdelikt fortgesetzt wird. Wenn aktives Tun bejaht wurde, kommt man bzgl der Erfolgsherbeiführung durch dieses Verhalten überhaupt nicht mehr zur Prüfung des Unterlassens (*Kindhäuser/Schumann/Lubig* [3] S 100).

Der **Vorsatz** muss sich auf alle Merkmale des objektiven Tatbestandes beziehen, also auch auf die Garantenstellung.

bb) Sonstige Prüfungspunkte

Rechtswidrigkeit, Schuld, Strafausschließungs- und Strafaufhebungsgründe werden wie beim Begehungsdelikt geprüft. Es ergeben sich insoweit keine Besonderheiten. Zu beachten ist, dass beim Unterlassungsdelikt der Rechtfertigungsgrund der **rechtfertigenden Pflichtenkollision** relevant werden kann und dass anders als beim Begehungsdelikt der Entschuldigungsgrund der **Unzumutbarkeit normgemäßen Verhaltens** anerkannt ist. **83**

d) Der Versuch des unechten Unterlassungsdelikts §§ … (zB 212), 13, 22, 23 I

Aufbautechnisch stellt der **Versuch des unechten Unterlassungsdelikts** keine Besonderheit dar, aber aufgrund der Verquickung der beiden Verwirklichungsformen entsteht beim Studenten häufig die Unsicherheit, wie diese verschachtelte Prüfung in concreto zu erfolgen habe. Grundsätzlich muss man sich nur merken, dass die Verwirklichungsform, die dem Aufbau zu Grunde liegt, der **Versuch** ist, der ausgefüllt wird durch die Merkmale des Unterlassens (Beispielsfälle bei *Haas,* Ad Legendum 2012, 119, 122; *Haverkamp/Kaspar*, JuS 2006, 899; *Hertel,* Jura, 2011, 391, 393; *Kudlich/Schuhr* JA 2007, 352; *Kühl/Hinderer*, JuS 2009, 923; *Kett-Straub/Linke*, JA 2010, 25; *Kindhäuser/Schumann/Lubig* [3] S 100; *Kudlich,* Fälle AT [10] S 136, 147; *Lindheim/Uhl*, JA 2009, 783 f; *Mitsch*, JA 2006, 511; *Niehaus,* ZJS 2010, 396; *Putzke,* ZJS 2011, 522, 528; *Stein/Schneider,* Ad Legendum 2011, 45, 51; *Walter/Schneider*, JA 2008, 267). **84**

Die Tatbestandsprüfung sieht daher folgendermaßen aus:

a) Subjektiver Tatbestand
   aa) Vorsatz bzgl
   - Eintritt des tatbestandlichen Erfolgs
   - Nichtvornahme der gebotenen Handlung
   - Quasikausalität
   - Garantenstellung
   - Entsprechungsklausel

   } pflichtwidriges Unterlassen

   bb) Absichten, Tendenzen, Gesinnungen
b) Objektiver Tatbestand: unmittelbares Ansetzen

e) Das Fahrlässigkeitsdelikt

aa) Der Tatbestand

85 Das **Fahrlässigkeitsdelikt** weicht vom Grundtyp des vollendeten vorsätzlichen Begehungsdelikts besonders stark ab, weil die Fahrlässigkeit ein aliud im Vergleich zum Vorsatz darstellt und nicht etwa ein Minus, also wesensverschieden ist (sehr strittig). Im Überblick sieht die Prüfung des Tatbestands folgendermaßen aus:

aa) Erfolgseintritt (zB Todeserfolg bei fahrlässiger Tötung, § 222)
bb) Für den Erfolg kausales Verhalten (Tun oder Unterlassen)
cc) Garantenstellung (im Falle des Unterlassens)
dd) Objektive Sorgfaltspflichtverletzung
- Formulierung der Verhaltensnorm/Sorgfaltspflicht
- Feststellung der Verletzung dieser Sorgfaltspflicht
- Generelle Voraussehbarkeit des Erfolgs

ee) Objektive Zurechnung, insbes
- Pflichtwidrigkeitszusammenhang (Vermeidbarkeit des Erfolges?)
- Schutzzweck der Norm
- Eigenverantwortlichkeitsprinzip

Die eigentliche Fahrlässigkeit ieS wird also bei der **Sorgfaltspflichtverletzung** geprüft. Dabei ist es zweckmäßig, zuerst eine Sorgfaltspflicht zu definieren, dh darzustellen, wie eine Person in der konkreten Situation sich korrekt zu verhalten hat.

Beispiel für § 222 bei einem Verkehrsunfall: Die Sorgfaltspflicht besteht darin, nicht mit 100 km/h an einem Spielplatz vorbeizufahren, sondern mit langsamer Geschwindigkeit, die eine schnelle Reaktion auf verkehrswidriges Verhalten der Kinder ermöglicht (vgl § 3 II a StVO).

Dieser Prüfungspunkt ist zweckmäßig, weil der Bearbeiter für sich selbst zunächst den Prüfungsmaßstab definieren muss, an dem er die Sorgfaltspflichtverletzung des Beschuldigten messen kann. Verhaltensnormen finden sich oft in Rechtsvorschriften (zB StVO), in vielen Fällen muss man sie aber anhand allgemeiner Maßstäbe entwickeln. Wenn die gefundene Verhaltensnorm verletzt wurde, so ist zu fragen, ob der Erfolgseintritt bei der Verletzung für einen verständigen Durchschnittsmenschen voraussehbar und die Sorgfaltspflichtverletzung vermeidbar war. Nur dies begründet die Fahrlässigkeit.

Bei der **objektiven Zurechenbarkeit** handelt es sich um spezifisch am Fahrlässigkeitsdelikt entwickelte Fallgruppen, die sich der Student anhand der Lehrbücher erarbeiten sollte (zum Einstieg s *Wessels/Beulke*, AT Rn 176 ff, 673 ff).

bb) Rechtswidrigkeit

86 Auch Fahrlässigkeitsdelikte können **gerechtfertigt** sein. Die Anwendbarkeit der üblichen Rechtfertigungsgründe auf das Fahrlässigkeitsdelikt ergibt sich bereits aus der Überlegung, dass die fahrlässige Erfolgsherbeiführung erst recht zulässig sein muss, wenn der Täter den Erfolg sogar vorsätzlich herbeiführen dürfte.

Beispiel: Der schmächtige auf der Jagd befindliche J wird von einem Hünen angegriffen, der ihn krankenhausreif schlagen will. J zielt mit seinem Gewehr nach einem Warnruf auf die Füße des Gegners, will aber derzeit noch nicht schießen, als sich versehentlich ein Schuss löst, der den Angreifer am großen Zeh verletzt. Hier ist die fahrlässige Körperverletzung (§ 229) durch Notwehr

(§ 32) gerechtfertigt (weitere Beispielsfälle: *Fahl,* JA 2012, 906, 914; *Eiden/Köpferl,* Jura 2010, 780, 782; *Kreß/Mülfarth,* JA 2011, 268 [Einwilligung]).

cc) Schuld

Im Vergleich zum vorsätzlichen Begehungsdelikt finden sich im Bereich der **Schuld** folgende kursiv gedruckte Abweichungen: 87

- Schuldfähigkeit, §§ 19, 20
- *individuelle Sorgfaltspflichtverletzung (= spezielle Fahrlässigkeitsschuld) bei*
  - *individueller Vorhersehbarkeit und*
  - *individueller Vermeidbarkeit des Erfolges*
- Unrechtsbewusstsein, § 17 (*potenzielles Unrechtsbewusstsein*)
- Entschuldigungsgründe, §§ 33, 35, *Unzumutbarkeit normgemäßen Verhaltens*
- spezielle Schuldmerkmale

Die **Fahrlässigkeitsschuld** ist das Korrelat zur Vorsatzschuld. Nachdem es sich bei der Schuld um die Frage handelt, ob die Tat dem Beschuldigten persönlich vorwerfbar ist, muss geprüft werden, ob der Beschuldigte nach seinen individuellen Fähigkeiten im Stande war, den Erfolg vorherzusehen und die Sorgfaltspflichtverletzung zu vermeiden. Die individuellen Fähigkeiten des Täters können nämlich unter denen eines Durchschnittsmenschen liegen.

Die **individuelle Sorgfaltspflichtverletzung** ist in der Regel der einzige Punkt, zu dem Ausführungen gemacht werden müssen (Beispiel: *Herrmann/Heyer,* JA 2012, 190, 193). Auf die anderen Schuldvoraussetzungen ist wie beim Vorsatzdelikt nur einzugehen, wenn Anhaltspunkte im Sachverhalt ein Fehlen nahelegen (weitere Beispielsfälle: *Brüning*, JuS 2007, 258; *Esser/Röhling*, Jura 2009, 865, 868; *Hertel,* Jura, 2011, 391, 397; *Timpe*, Jura 2009, 467).

An dieser Stelle sei darauf verwiesen, dass in der neueren Lehre teilweise nicht nur die objektiven, sondern auch die subjektiven Merkmale des fahrlässigen Handelns auf der Tatbestandsebene geprüft werden, also auch die individuelle Fähigkeit des Täters zu sorgfaltsgemäßer Vorhersehbarkeit und Vermeidbarkeit des Erfolges. (Einzelheiten dazu bei *Wessels/Beulke* AT Rn 658).

Weitere Beispielsfälle für die Prüfung eines Fahrlässigkeitsdelikts: *Fahl,* JA 2012, 906, 914; *Eiden/Köpferl,* Jura 2010, 780; *Haas,* Ad Legendum 2012, 119, 121; *Hilgendorf,* Klausurenkurs I [17] Rn 10, II [5] Rn 37, [13] Rn 2; *Hinderer/Brutscher,* JA 2011, 907; *Kalkofen/Sievert,* Jura, 2011, 229; *Kaspar*, JA 2006, 856; *Kindhäuser/Schumann/Lubig* [2] S 86; *Krumdiek*, Jura 2009, 623, 625; *Magnus*, Jura 2009, 390; *Neubacher*, JuS 2005, 1104.

f) Besonderheiten bei der Mittäterschaft § 25 II

Mittäterschaft wird nach der hier vertretenen Ansicht anhand der **Tatherrschaft** festgestellt. Hierbei handelt es sich um ein Merkmal, das zum **objektiven Tatbestand** gehört. Bei jeglichen Beteiligungsformen sollte die Prüfung der Art und Weise der Beteiligung niemals isoliert vor der Tatbestandsmäßigkeit stattfinden, sondern sie ist konkret anhand des Tatbestandsmerkmals zu erörtern, das gerade in Frage steht. Daher sieht die Prüfung des objektiven Tatbestands folgendermaßen aus: 88

- Erfolgseintritt und besondere Tätermerkmale
- Tathandlung:
  Eigener Tatbeitrag gem Tatplan

Zurechnung der fehlenden Tatbeiträge gem § 25 II
- gemeinsamer Tatplan
- gemeinsame Tatausführung

89 Die hier vorgeschlagene Prüfung der Mittäterschaft bei den einzelnen Tatbestandsmerkmalen im objektiven Tatbestand (inklusive der Feststellung eines gemeinsamen Tatplans und inklusive der Ablehnung der subjektiven Theorie) ist mE heute die am weitesten verbreitete Vorgehensweise (statt aller: *Fahl/Winkler*, Definitionen, S 26 f; *Bakowitz/ Bülte*, StudZR 2009, 149, 169; *Bosch*, JA 2007, 421; *Bülte,* StudZR 2012, 109; *Cornelius*, JA 2009, 425; *Eisele/Freudenberg*, Jura 2005, 205 und 209; *Gropp/Küpper/Mitsch*, Fallsammlung [1] S 10, [14] S 258; *von Heintschel-Heinegg*, Prüfungstraining I Rn 976; *Hilgendorf,* Klausurenkurs II [10] Rn 73, [15] Rn 105, III [5] Rn 36, [7] Rn 8, [14] Rn 14; *Kubiciel/Wachter*, JA 2013, 117; *Liebig/Wiesen,* ZJS 2012, 534; *Noltenius*, JuS 2006, 988, 990; *Putzke,* ZJS 2011, 522; *Singelnstein,* JA 2011, 759; *Stiebig*, Jura 2007, 911; *Sternberg-Lieben/von Ardenne*, Jura 2007, 151; *Zöller*, Jura 2007, 311).

Üblicherweise wird dabei zunächst der gemeinsame Tatplan und dann die gemeinsame Tatausführung geprüft (weitere gute Beispiele: *Safferling*, JuS 2005, 136; *Seibert*, JA 2008, 34). Dies kann aber auch umgekehrt gehandhabt werden (*Kindhäuser*, AT § 40 Rn 4; *Marlie*, JA 2006, 614).

Alternativ zu dem hier vorgeschlagene Weg, die Mittäterschaft umfassend im objektiven Tatbestand zu prüfen, wird von vielen ein anderes Vorgehen bevorzugt: Man kann im objektiven Tatbestand lediglich feststellen, dass der Beteiligte durch sein Verhalten (zB Planung der Tat) den Erfolg objektiv zurechenbar verwirklicht hat. Die Abgrenzung von (Mit-)Täterschaft und Teilnahme wird dann an späterer Stelle vorgenommen, so zB
- im subjektiven Tatbestand (denkbar zB, wenn gerade der subjektiven Theorie gefolgt wird)
- als Annex zum Tatbestand (Reihenfolge dann also: objektiver Tatbestand – subjektiver Tatbestand – Beteiligungsverhältnis – Rechtswidrigkeit – Schuld, so zB *Rotsch/Nolte/Peifer/Weitemeyer*, Klausur [20] S 286, 292, 304)
- nach Tatbestandsmäßigkeit, Rechtswidrigkeit und Schuld (hierfür zB *Baumann/Arzt/Weber*, Strafrechtsfälle [4] S 19; *s auch Rn 160*).

Von vornherein abraten möchte ich von dem Aufbauratschlag, die Mittäterschaftsfrage isoliert im Wege einer **„Vorabprüfung"** zu behandeln (dafür bei verschiedenen Tatbeiträgen *Gössel*, Strafrecht S 13), weil dann zu sehr aus dem Blickfeld geraten kann, dass die Mittäterschaft bei jedem einzelnen Straftatbestand anders ausfallen kann (zutreffend *Safferling*, JuS 2005, 136).

Auch dem Vorschlag, bei unterschiedlichen Tatbeiträgen die Mittäterschaft zu Beginn der einzelnen objektiven Tatbestände (vor den einzelnen Tatbestandsmerkmalen) anzusprechen (dafür *Roxin/Schünemann/Haffke*, Klausurenlehre S 22) würde ich nicht Folge leisten, da die Zurechnungsproblematik klarer wird, wenn sie direkt bei den Tatbestandsmerkmalen behandelt wird, die von einzelnen Beteiligten nicht verwirklicht werden.

Für zu umständlich halte ich schließlich den Vorschlag, die **objektiven** und **subjektiven Komponenten** der Mittäterschaft **zu trennen** und Erstere im objektiven Tatbestand (zB die Tatherrschaft, überraschenderweise nach manchen Autoren auch den gemeinsamen Tatplan) und Letztere (zB den Willen zur Tatherrschaft) im subjektiven Tatbestand zu prüfen (so aber ua *Joecks*, St-K, § 25 Rn 83 ff, 92 f; *Kindhäuser/Schumann/Lubig,* [4] S 116 f (anders aber [5] S 146); *Schwind/Franke/ Winter*, Übungen [3] S 156 *Safferling*, JuS 2005, 136). Um das Problem der Kombination objektiver und subjektiver Kriterien zu umgehen, wird auch vorgeschlagen, von der sonst üblichen Trennung zwischen objektivem und subjektivem Tatbestand hier ausnahmsweise Abstand zu nehmen (*Buchholz,* Ad Legendum 2012, 54; *Rengier*, AT § 44 Rn 10; *Seher*, JuS 2009, 1, 7).

All die verschiedenen Vorschläge zeigen vor allem eines: Es gibt keine feste Regel, wo die Mittäterschaft angesprochen werden muss – **jeder sucht sich seinen Weg allein**, und zwar ohne dies irgendwie zu begründen (*s Rn 34*). Am besten ist es natürlich, Sie übernehmen meinen Ratschlag, weil er der einfachste ist und prüfen die gesamte Mittäterschaftsproblematik im **objektiven Tatbestand**!

Da schon im objektiven Tatbestand bei der Frage, ob eine Tathandlung durch einen Mittäter dem anderen zugerechnet werden kann, die Frage zu erörtern ist, ob die Beteiligungsform der Mittäterschaft vorliegt, muss beim **Versuch** dementsprechend bereits im **subjektiven Tatbestand** die Frage beantwortet werden, ob dem Täter Handlungen zugerechnet werden können, die er zwar nicht selbst vornehmen will, die aber von anderen erfüllt werden sollen (*s auch Rn 183 u 373*; Fallbeispiele bei *Dannecker/Gaul*, JuS 2008, 345; *Gropp/Küpper/Mitsch*, Fallsammlung [1] S 14, [4] S 88; *Christmann*, in: *Coester-Waltjen* ua (Hrsg), Zwischenprüfung, S 37; *Haas,* Ad Legendum 2012, 119, 128; *Hilgendorf,* Klausurenkurs II [6] Rn 17, [15] Rn 109; III [10] Rn 37; *Jäger*, AT § 6 Rn 227 und 284; *Karitzky*, Jura 2000, 368, 371; *Kindhäuser/Schumann/Lubig* [5] S 155; *Krack/Schwarzer*, JuS 2008, 140; *Laue/Dehne-Niemann*, Jura 2010, 73; *Wolter*, JA 2008, 607). 90

Beim **Unterlassungsdelikt** ist wiederum im objektiven Tatbestand, und zwar am besten im Anschluss an die Nichtvornahme der gebotenen Handlung und an die Garantenstellung, zu prüfen, ob der Unterlassende als Täter oder Teilnehmer einzustufen ist (ebenso *Bosch*, JA 2007, 421; *Ernst,* ZJS 2012, 654, 658; *Sennwitz/Haas,* StudZR 2012, 289, 308; s auch *Kühl/Hinderer*, JuS 2009, 921, 924; zur Beteiligung am Unterlassen/durch Unterlassen vgl *Wessels/Beulke*, AT Rn 733).

Bei **Fahrlässigkeitsdelikten** stellt sich die Frage zumeist nicht, weil hier in der Regel kein gemeinsamer Tatplan vorliegt. Bei Vorliegen eines gemeinsamen Tatplans ist aber auch hier uU zu diskutieren, ob sich der Täter das Verhalten eines Dritten im Wege der **fahrlässigen Mittäterschaft** zurechnen lassen muss (s *Wessels/Beulke*, AT Rn 659; Beispielsfall bei *Böß,* JA 2012, 350).

Der **Vorsatz** muss sich auf alle objektiven Tatbestandsmerkmale beziehen, insbes auch auf die Tatherrschaft. **Besondere Absichten** müssen bei jedem Mittäter selbst vorliegen, denn subjektive Merkmale können im Rahmen der Mittäterschaft nicht zugerechnet werden (dies gilt zB für die Absicht beim räuberischen Diebstahl gem § 252, sich im Besitz des gestohlenen Gutes zu erhalten).

Zur Frage der gemeinsamen Prüfung mehrerer Mittäter *s Rn 44.*

Die Mittäterschaftsprüfung muss sich auf **jedes Delikt einzeln** beziehen. Das ergibt sich schon daraus, dass der gemeinsame Tatplan bezüglich der unterschiedlichen Delikte differieren kann. Wenn sich allerdings bei weiteren Delikten keine Besonderheiten ergeben, genügt bzgl der Mittäterschaft ein kurzer Verweis nach oben.

g) Besonderheiten bei der mittelbaren Täterschaft § 25 I Alt 2

Ähnlich wie bei der Mittäterschaft müssen auch im Fall der **mittelbaren Täterschaft** 91 alle objektiven Merkmale im **objektiven Tatbestand** geprüft werden. Fehlt es an einer eigenen Tathandlung, so stellt sich auch hier parallel die Frage, ob die Handlung des unmittelbar Handelnden dem Hintermann zugerechnet werden kann. Dies ist gem § 25 I

Alt 2 der Fall, wenn der Hintermann, dessen Täterschaft jetzt gerade geprüft wird, als mittelbarer Täter und der unmittelbar Handelnde als Werkzeug fungiert. Auch hier ist die mittelbare Täterschaft also nur in Zusammenhang mit der Zurechnung einer Tathandlung zu prüfen und zu diskutieren (Beispielsfälle: *Bülte/Becker,* Jura, 2012, 321; *Frank*, Jura 2006, 786; *Hilgendorf,* Klausurenkurs I [17] Rn 14; II [5] Rn 29; *Kett-Straub,* JA 2012, 831, 837; *Kubiciel/Wachter*, JA 2013, 115; *Kudlich,* Fälle AT [4] S 41; *Kudlich/Litau,* JA 2012, 755; *Kühl*, JuS 2007, 747; *Reschke,* JuS 2011, 51). Deshalb sollte die Strafbarkeit des Werkzeugs möglichst vorab gesondert geprüft werden, weil es „näher" an der Tat ist als der Hintermann (zurückhaltender insoweit *Kindhäuser/Schumann/Lubig* [5] S 137, 152).

92 Die Prüfung des objektiven Tatbestandes im Rahmen der Strafbarkeit des Hintermanns sieht auf der Grundlage der hier vertretenen Tatherrschaftslehre folgendermaßen aus:

- Eintritt des tatbestandlichen Erfolges und besondere Tätermerkmale
- Zurechnung der fehlenden eigenhändigen Tatbestandsverwirklichung:
  - kausaler Tatbeitrag des Hintermanns (regelmäßig nicht zu problematisieren)
  - Strafbarkeitsmangel des Werkzeugs (sog „Defekt"; Ausnahme: Täter hinter dem Täter)
  - Tatherrschaft des Hintermanns (kraft überlegenen Wissens, kraft planvoll lenkenden Willens, Organisationsherrschaft)

Auch hier muss sich der **Vorsatz** auf alle objektiven Tatbestandsmerkmale beziehen, insbes auf die eigene Tatherrschaft. Besondere **Absichten** müssen beim Täter selbst vorliegen.

Wenn zu prüfen ist, ob ein **Deliktsversuch** in mittelbarer Täterschaft begangen wurde, gehört – ebenso wie bei der Mittäterschaft, *s Rn 90* – die Erörterung der Beteiligungsform in den **Tatentschluss** (Beispiel bei *Ernst,* ZJS 2011, 382, 386; *Stein/Schneider,* Ad Legendum 2011, 45).

h) Besonderheiten bei der Teilnahme § 26 oder § 27

93 Der Aufbau bei den Teilnahmeformen ist relativ einfach, denn er ergibt sich wörtlich aus dem Gesetz. Der Tatbestand umfasst daher die Prüfung

a) objektiver Tatbestand
   aa) einer „rechtswidrigen, vorsätzlichen Haupttat" (§§ 26, 27), wobei die Haupttat auch eine versuchte Tat sein kann
   bb) und der Teilnahmehandlung „anstiften" (§ 26) bzw „Hilfeleisten" (§ 27)
b) subjektiver Tatbestand
   aa) Vorsatz bzgl der Haupttat
   bb) Vorsatz bzgl der Teilnahmehandlung

Im Rahmen des subjektiven Tatbestandes ist die Bezeichnung „**doppelter Teilnahmevorsatz**" üblich (*Hilgendorf,* Klausurenkurs I [15] Rn 33). Dies ist aber keine Besonderheit, sondern soll nur zum Ausdruck bringen, dass sich der Vorsatz auf die Haupttat (aa) und auf die Teilnahmehandlung (bb) beziehen muss (s auch *Kudlich,* Fälle AT [12] S 179).

Beispielsfälle statt aller: *Haas,* Ad Legendum 2012, 119, 128; *Sievert/Kalkofen,* JA 2012, 107, 109.

Wenn mit der stärkeren Beteiligungsform der Täterschaft begonnen wurde und dort schon im Rahmen der Prüfung des objektiven Tatbestandes die Abgrenzung von Täterschaft und Teilnahme vorgenommen worden ist (zu alternativen Prüfungsvorschlägen *s Rn 89 und Rn 160*), so braucht nunmehr im Rahmen der Untersuchung der Teilnahmestrafbarkeit nicht erneut auf den Abgrenzungsstreit eingegangen zu werden. Unter Verweis auf die frühere Prüfung der Beteiligungsproblematik wird schlicht festgestellt, dass objektiv eine Anstiftungs- oder Beihilfehandlung vorliegt. **94**

Da überflüssige Erörterungen, die nur Selbstverständlichkeiten hervorheben, stets zu unterlassen sind, bedarf es auch **keines Hinweises** darauf, dass wegen des Grundsatzes der (limitierten) **Akzessorietät** eine Bestrafung des Teilnehmers nur zulässig ist, wenn ihr eine rechtswidrige Haupttat zugrunde liegt. Dies wird von niemandem bezweifelt und ergibt sich bereits aus dem Gesetz. Dem liegt auch das oben vorgeschlagene Prüfungsschema der Teilnahme zugrunde, das in der Falllösung keiner weiteren Erklärung bedarf. Wenn der Bearbeiter diesen Aufbau beherzigt, ist er in ausreichendem Maße als Kenner der Materie ausgewiesen! **95**

Aus der Akzessorietät der Teilnahme ergibt sich, dass die Haupttat immer vor der Teilnahme zu prüfen ist (ausführlich *Rn 42*). Daraus folgt, dass bei der **Anstiftung zur Beihilfe** erst die täterschaftlich begangene Haupttat und sodann die Beihilfe dazu erörtert werden muss (die ihrerseits für die Anstiftung zur Beihilfe die Haupttat darstellt) und dass schließlich erst nach der Beihilfe auf die Anstiftung zur Beihilfe eingegangen werden darf.

Nur ausnahmsweise darf die Haupttat inzident im Rahmen der Teilnahme (beim Prüfungspunkt „Vorliegen einer rechtswidrigen vorsätzlichen Haupttat") geprüft werden, zB wenn der Haupttäter verstorben ist oder wenn in der Aufgabenstellung die Prüfung der Strafbarkeit des Hintermannes nicht verlangt wird (Beispielsfall: *Käßner/Seibert*, JuS 2006, 815, *s auch Rn 161*).

Bei **Beihilfe durch Unterlassen** (Anstiftung durch Unterlassen wird nach hiesiger Lösung nicht für möglich gehalten, vgl *Wessels/Beulke*, AT Rn 568) an einem von einem anderen begangenen Begehungs- oder Unterlassungsdelikt wird die für die Strafbarkeit erforderliche Garantenstellung im objektiven Tatbestand geprüft, und zwar beim Merkmal „Hilfeleisten" (*s Rn 93 a) bb*; Beispielsfälle bei *Hilgendorf,* Klausurenkurs III [8] Rn 27; *Kühl/Hinderer*, JuS 2009, 924).

Häufig liegen **mehrere Beteiligungsformen** vor. So ist zB der Mörder, der einen Mittäter gesucht und gefunden hat, sowohl Täter als auch Anstifter. Es besteht nun keine Einigkeit, ob nach Bejahung der Strafbarkeit als Täter auch noch die Anstiftung gegenüber dem anderen Mittäter geprüft werden muss. Ich bevorzuge es, diese Prüfung gänzlich zu unterlassen, denn von vornherein steht fest, dass alle Teilnahmeformen (Anstiftung/Beihilfe) in der Täterschaft aufgehen (Gesetzeskonkurrenz in Form der Subsidiarität, *Wessels/Beulke,* AT Rn 790; ebenso *Kindhäuser/Schumann/Lubig* [5] S 150). Es gibt aber Prüfer, die auch nach bereits bejahter Täterschaft die Teilnahmeprüfung verlangen. Wer hier auf „Nummer Sicher" gehen möchte, mag so verfahren – vor allem wenn hier spezielle Probleme erkannt werden, deren Lösung weitere Pluspunkte verspricht (Beispielsfall: *Bosch*, JA 2007, 422) – beschränke aber die Teilnahmeprüfung **96** unbedingt auf wenige Sätze – sonst gelangt er unweigerlich in Zeit- (Klausur) oder Platznot (Hausarbeit)!

Sofern sofort mit der Prüfung der Teilnahme begonnen wird, findet die Abgrenzung zwischen Täterschaft und Teilnahme bei der Prüfung der „Teilnahmehandlung" (*oben a) bb), Rn 93*) statt

Zur **Teilnahme am Versuch** (es gilt der Teilnahmeprüfungsaufbau!) s Beispielsfall bei *Hilgendorf,* Klausurenkurs I [17] Rn 13; *Beulke*, KK III [11] Rn 531 sowie *u Rn 196 und 433* und **zur versuchten Teilnahme** (es gilt der Versuchsaufbau!) Beispielsfall bei *Hilgendorf,* Klausurenkurs III [11] Rn 50 sowie *u Rn 299, 433*.

97 Die **Teilnahmeprüfung** muss sich auf **jedes Delikt einzeln** beziehen. Wer pauschal Anstiftung oder Beihilfe zu „allen vom Täter begangenen Delikten" prüft, macht sehr schnell Fehler, denn die Abgrenzung Mittäterschaft/Teilnahme kann bei jedem Delikt unterschiedlich sein. UU existiert sogar im Rahmen ein und derselben Handlung für bestimmte Delikte eine Straflosigkeit der Teilnahme (denke zB an § 258 V), wohingegen bei anderen Straftatbeständen die Teilnahme strafbar bleibt (zB § 257 III 2). Zulässig ist eine zusammenfassende Prüfung der Teilnahme nur bei Grunddelikt und Qualifikation – aber insoweit auch nur bei ganz einfach gelagerten Fällen (zB §§ 223, 224; 26; Beispielsfall bei *Fahl*, ZJS 2009, 65; s auch *Hilgendorf,* Klausurenkurs I [5] Rn 10; s auch *u Rn 167*).

i) Das „Springen" im Rahmen der Fallbearbeitung

98 Das „Springen" im Rahmen der Lösung ist im Prinzip unzulässig. Deshalb darf zB nicht gesagt werden, dass es dahingestellt bleiben könne, ob der Tatbestand des zu prüfenden Delikts erfüllt sei, weil jedenfalls ein Rechtfertigungsgrund eingreife oder der Täter ohnehin strafbefreiend zurückgetreten sei. In meiner Studienzeit hat *Professor Blei* (FU Berlin) das strafrechtliche Verhalten von Max und Moritz im Rahmen einer Anfängerhausarbeit überprüfen lassen. Die Bearbeiter durften jetzt nicht nur auf die mangelnde Schuldfähigkeit (§ 19) der Jungen verweisen, die ohnehin jede Strafbarkeit ausschließe, ebenso wie der Tod der zwei Täter. Offensichtlich wurde trotz der Sicherheit dieses Ergebnisses eine Prüfung aller Streiche im Hinblick auf die einzelnen Straftatbestände (objektiver/subjektiver Tatbestand) gefordert.

Aber auch von der Regel, dass der Verbrechensaufbau (objektiver Tatbestand – subjektiver Tatbestand – Rechtswidrigkeit – Schuld – sonstige Bedingungen der Strafbarkeit) bei der Prüfungsreihenfolge zu beachten ist, gibt es Ausnahmen, so zB wenn ein Rechtfertigungsgrund bei einem Delikt bereits geprüft und bejaht wurde und dieser Rechtfertigungsgrund erkennbar auch für die anderen noch zu prüfenden Delikte gilt (Beispiel: eine Notwehr rechtfertigt im konkreten Fall nicht nur § 223, sondern auch die §§ 224, 226 [Vorsicht, das ist nicht selbstverständlich!]). Dann kann bei den Folgedelikten (zB §§ 224, 226) sogleich festgestellt werden, dass eine Strafbarkeit jedenfalls wegen § 32 entfällt (zur Kombination § 212–§ 224 s *Kudlich,* Fälle AT [8] S 111, 116). Auch in eindeutigen Fällen des Fehlens des Vorsatzes kann sogleich auf den Wegfall des subjektiven Tatbestands verwiesen werden, ohne dass zuvor der objektive Tatbestand langwierig geprüft würde. Das gilt aber nur in ganz eindeutigen Fällen (*Arzt*, Strafrechtsklausur,

S 175; Beispielsfall bei *Putzke,* ZJS 2011, 522, 527). Im Zweifel sollte gerade der Anfänger „Springen" vermeiden (s auch *Rn 64* sowie *Hardtung*, JuS 1996, 610 ff, 706 ff und 807 ff; *Klaas/Scheinfeld*, Jura 2010, 549; *Putzke*, Jura 2009, 149 [Fn 26]).

III. Abschließende Hinweise

Abschließend nochmals ein Hinweis auf das leidige Zeitproblem, das alle Bearbeiter von strafrechtlichen Klausuren zur Genüge kennen. Eine gute Klausurlösung zeichnet sich nicht zuletzt durch ein gekonntes Zeitmanagement aus (*Krell,* Jura 2012, 150, 154 Fn 72). Die Ressource „Zeit" ist so knapp, dass unbedingt beherzigt werden muss: 99

- keine **Wiederholungen des Sachverhalts**
- keine **Wiederholungen des Gesetzestextes**
- keine **überflüssigen Ausführungen zu dem, was noch zu prüfen ist** (sowohl im jetzt zu untersuchenden Straftatbestand als auch im Rahmen anderer Straftatbestände) und auf wessen Strafbarkeit später auch noch eingegangen werden wird. Was der Verfasser prüft, merkt der Leser von selbst! Sie dürfen einen (relativ) intelligenten Leser unterstellen!
- Begonnen wird mit den **schwersten Delikten** (Mord, Totschlag, Raub, Diebstahl, Betrug etc). Wer wie die Katze um den heißen Brei herumschleicht und sich zunächst den Nebenkriegsschauplätzen zuwendet (besonders beliebt: Nötigung, aber auch Hausfriedensbruch, Freiheitsberaubung, Beleidigung und Sachbeschädigung), hat nachher nicht mehr genug Zeit und Kraft, die Hauptprobleme sachgerecht abzuhandeln (anders natürlich, wenn nur solche Delikte wie Nötigung etc zur Debatte stehen).
- Stets noch **5 Restminuten** einplanen für die Konkurrenzen (ohne Konkurrenzen droht Punktabzug! vgl *Steinberg/Blumenthal* ZJS 2011, 81) und das „Gesamtergebnis" – das schaffen meiner Erfahrung nach nämlich nur die „Guten"!

Weitere Aufbauhinweise finden sich in den folgenden Fällen und Lösungen jeweils in Kursivschrift. Auch auf die Aufbauschemata in den *Rn 429 ff* sei nochmals hingewiesen. Im Übrigen werden die Besonderheiten einer Hausarbeit im Hinblick auf Formalien unter *Rn 351* angesprochen.

Für die weitere Lektüre der folgenden Musterfälle wird empfohlen, bei der Bearbeitung stets die vollständigen Gesetzestexte heranzuziehen. Nur dadurch wird der Anfänger mit dem Gesetzeswortlaut so vertraut, dass er ihn im Rahmen der Prüfungsarbeiten souverän anwenden kann. 100

2. Kapitel

Klausuren aus der Anfängerübung

Fall 1

Unglück auf dem Bauernhof

Die arme Magd A ist seit einigen Monaten unglücklich mit dem reichen Bauern B verheiratet, der ihr das Leben schwer macht. Eines Tages ist A mit der Säuberung des Käfigs des Kanarienvogels „Hansi" beschäftigt. „Hansi", den B vor zwei Jahren von seiner Mutter zu Weihnachten geschenkt bekommen hat und der seither im alleinigen Eigentum des B steht, ist das einzige Lebewesen im Hause, das B liebt und gut behandelt. Als B hinzukommt und A erneut in massivster Weise beschimpft, brennen bei A die Sicherungen durch. Sie öffnet das Fenster und lässt „Hansi" in den frostigen Abend entfliegen. Dabei erkennt sie durchaus das Unrecht ihres Tuns und die Gefahren, die vom deutschen Klima für „Hansi" ausgehen. Dennoch hofft sie, „Hansi" werde alsbald zurückkehren, weil auch sie den Piepmatz mag, und weil sie sonst eine höchst unangenehme weitere Steigerung der Schwierigkeiten mit B befürchtet. Sie meint nur, ihr bleibe kein anderer Ausweg, um B endlich durch ein Zeichen den „Ernst der Lage" zu signalisieren. Tatsächlich kehrt „Hansi" nicht zurück, sondern erfriert in der folgenden Nacht. 101

Als B daraufhin zu A gänzlich unerträglich wird, beschließt A aus Angst und Verzweiflung, B zu töten. Sie holt den Jagdrevolver des B und geht mit erhobener Waffe auf B zu. B sagt nur: „Du bist doch zu feige, um zu schießen". Daraufhin drückt A ab. B bricht schwer verletzt zusammen und liegt scheinbar leblos auf dem Boden. Im Glauben, B getötet zu haben, schleppt A – wie von vornherein geplant – die vermeintliche Leiche zum Getreidesilo und lässt sie dort hineingleiten. B verstirbt durch Ersticken.

Wie hat sich A strafbar gemacht?

Gegebenenfalls erforderliche Strafanträge sind gestellt.

Gedankliche Strukturierung des Falles (Kurzlösung)

102 **A. Entfliegenlassen des Vogels**

1. § 303 I StGB (+)

a) Tatbestand

aa) Objektiver Tatbestand (+)

Problem Nr 1: Tiere als Sachen iSd Strafrechts (Rn 104)

bb) Subjektiver Tatbestand (+)

Problem Nr 2: Abgrenzung dolus eventualis/ bewusste Fahrlässigkeit (Rn 107)

b) Rechtswidrigkeit (+)

c) Schuld (+)

d) Strafantrag, § 303c (+)/Ergebnis

2. § 303 II (–)

3. § 242 I (–)

a) Objektiver Tatbestand (–)

b) Ergebnis

4. §§ 242 I, II, 22, 23 I (–)

a) Nichtvollendung (+)/ Versuchsstrafbarkeit, §§ 242 II, 23 I Alt 2 (+)

b) Tatentschluss (–)

5. Ergebnis im TK A

§ 303 I

B. Der Tod des B

1. § 212 I (+)

a) Tatbestand (+)

aa) Objektiver Tatbestand (+)

Problem Nr 3: Objektive Zurechnung bei Erfolgsherbeiführung durch vorsatzlosen Zweitakt, während Täter glaubt, Erfolg durch Erstakt erreicht zu haben (Rn 111)

bb) Subjektiver Tatbestand (+)

Problem Nr 4: Dolus generalis? (Rn 112)

b) Rechtswidrigkeit und Schuld (+)

2. § 211 (–)

a) Objektive Mordmerkmale (–)

b) Subjektive Mordmerkmale (–)

3. §§ 223 I, 224 I Nr 2 (+) **und Nr 5** (+)

Problem Nr 5: Verhältnis Totschlag/Körperverletzung (Rn 116)

4. § 222 (–)

5. Ergebnis im TK B

§ 212 I

6. Konkurrenz zu TK A

C. Gesamtergebnis

§ 303 I – § 53 I – § 212 I

Hinweis zu Gliederungen:

Der Student ist gut beraten, sich eine Gliederung einzuprägen, die er möglichst bei allen Falllösungen verwendet. Dies erleichtert bei späteren Einschüben oder Korrekturen – die kurz vor Abgabe von Klausuren nicht selten erforderlich werden – das schnelle Auffinden. In diesem Buch wird folgende Strukturierung vorgeschlagen:

A, B, C etc:	*Kennzeichnung der Tatkomplexe*
I, II, III etc:	*Unterteilung nach Beteiligten*
1, 2, 3, 4 etc:	*Unterteilung nach Straftatbeständen*
a, b, c, d etc:	*Tatbestandsmäßigkeit, Rechtswidrigkeit, Schuld etc.*
aa, bb, cc, dd etc:	*Objektiver Tatbestand, subjektiver Tatbestand oder andere Unterpunkte*

Von weiteren Untergliederungen ist eher abzuraten, da der Bearbeiter leicht den Überblick verliert. Nur in Ausnahmefällen wird deshalb iF weiter differenziert.

Ausführliche Lösung von Fall 1

A. Entfliegenlassen des Vogels

Generell zur Bildung von Tatkomplexen s Rn 35 ff sowie Wessels/Beulke, AT Rn 867 ff. 103

1. § 303 I

Zum Aufbau des vollendeten vorsätzlichen Begehungsdelikts s Wessels/Beulke, AT Rn 872 und u Rn 404. Gefolgt wird einem dreigliedrigen Verbrechensaufbau (Wessels/Beulke, AT Rn 115 ff, 814, 890 ff). Grundsätzlich ist jedoch im Rahmen der Lösung der Verbrechensaufbau nicht zu erörtern. Jede Diskussion, warum dieser Aufbau gewählt wird, erübrigt sich also (Arzt, Strafrechtsklausur S 178; Kindhäuser, AT § 6 Rn 12; s auch Rn 34).

Indem A den Vogel hat entfliegen lassen, der in der folgenden Nacht draußen erfroren ist, könnte sie eine Sachbeschädigung begangen haben.

a) Tatbestand

aa) Objektiver Tatbestand

A müsste eine fremde Sache beschädigt oder zerstört haben. Sachen sind alle körperlichen Gegenstände ohne Rücksicht auf ihren wirtschaftlichen Wert. Ob auch Tiere als derartige körperliche „Gegenstände" eingestuft werden können, ist fraglich.

Problem Nr 1: Tiere als Sachen iSd Strafrechts 104

Im BGB ist ausdrücklich festgelegt, dass es sich bei Tieren nicht um Sachen handelt (§ 90a BGB). Im Strafrecht ist hingegen die Frage nicht geregelt. Richtigerweise orientiert sich jedoch der strafrechtliche Begriff nicht streng an dem des Zivilrechts. Die Zielsetzung des Strafrechts ist eine andere als die des Zivilrechts. Dem § 303 geht es nicht um den Schutz des Tieres, sondern vielmehr um den Schutz des Eigentümers. Es erscheint folglich unbedenklich, auch Tiere unter den strafrechtlichen Sachenbegriff zu subsumieren.

Zur Vertiefung: Graul, JuS 2000, 215; Wessels/Hillenkamp, BT 2 Rn 18.

Der Kanarienvogel „Hansi" war trotz der andersartigen Regelung in § 90a BGB eine Sache im Sinne des § 303 I. Fremd ist eine Sache, wenn sie im (Allein-, Mit- oder Gesamthands-) Eigentum eines anderen steht. „Hansi" stand im Eigentum des B. Es handelte sich bei ihm also um eine für A fremde Sache. 105

Diese fremde Sache müsste A beschädigt oder zerstört haben. Eine Beschädigung iSd § 303 I liegt vor, wenn der Täter auf die Sache als solche in der Weise körperlich eingewirkt hat, dass ihre Unversehrtheit oder bestimmungsgemäße Brauchbarkeit mehr als nur unerheblich beeinträchtigt und die Sache im Vergleich zu ihrer bisherigen Beschaffenheit nachteilig verändert worden ist. Zerstört ist eine Sache, wenn sie aufgrund der erfolgten Einwirkung in ihrer Existenz vernichtet oder so wesentlich beschädigt ist, dass sie ihre bestimmungsgemäße Brauchbarkeit völlig verloren hat. Die Zerstörung der Sache ist also die weiterreichende Alternative. Ein toter Kanarienvogel kann jedenfalls seinen Zweck als Haustier und auch als Singvogel nicht mehr erfüllen. Selbst wenn man angesichts der weiteren Existenz des Körpers des erfrorenen Vogels eine sofortige vollständige Substanzvernichtung verneinen sollte, läge also gleichwohl eine Zerstörung der Sache vor. Indem A „Hansi" entfliegen ließ, hat A auch eine äquivalent kausale Ursache für dessen Tod gesetzt. Der Eintritt des tatbestandlichen Erfolges lag hierbei durchaus im Rahmen des generell Vorstellbaren und ist A folglich auch objektiv zurechenbar.

Die vorangegangenen Ausführungen zeigen nochmals den Subsumtionsvorgang:

- *Unproblematisch erfüllte Tatbestandsmerkmale werden nur kurz erwähnt und ihr Vorliegen ohne weitere Erörterungen festgestellt (zB Kausalität).*
- *Entstehen Zweifel hinsichtlich der Verwirklichung eines Tatbestandsmerkmales, wird dieses zunächst abstrakt ausgelegt (zB fremd ist eine Sache, wenn .../zerstören iSv § 303 I bedeutet ...).*
- *Sodann wird der konkrete Fall unter diese abstrakte Auslegung subsumiert (zB „Hansi" stand im Eigentum des B, er ist also fremd/ein toter Kanarienvogel kann seinen Zweck nicht mehr erfüllen, deshalb liegt [. . .] eine Zerstörung der Sache vor).*

Weiterführend zum Subsumtionsvorgang: o Rn 22 ff sowie Arzt, Strafrechtsklausur S 23 ff; Hilgendorf, Klausurenkurs I, S 1 ff, [1] Rn 2 f; Kindhäuser/Schumann/Lubig, S 39 ff; Schimmel, Rn 150 ff, 211 ff, 277 ff; Schmidt, JuS 2003, 549; Steinberg, Methodenlehre Rn 5 ff.

Der objektive Tatbestand der Sachbeschädigung ist mithin erfüllt.

bb) Subjektiver Tatbestand

106 Fraglich ist, ob A auch vorsätzlich gehandelt hat. Üblicherweise wird Vorsatz mit Wissen und Wollen um die Tatbestandsverwirklichung umschrieben, wobei Existenz und Ausprägung des Wollenselements im Schrifttum umstritten sind. Man unterscheidet zunächst Absicht (volle Ausprägung des Wollenselements: Dem Täter kommt es gerade auf die Erfolgsherbeiführung an) sowie direkten Vorsatz (volle Ausprägung des Wissenselements: Der Täter sieht den Erfolgseintritt als sicher an). A wollte den Erfolg eigentlich nicht. Sie hoffte vielmehr auf sein Ausbleiben. Absicht als Vorsatzform scheidet daher aus. Zwar erkannte sie die Gefahr ihres Tuns. Dies kann aber nicht problemlos mit einem Wissen um den Erfolgseintritt gleichgesetzt werden. A hat mithin auch nicht mit direktem Vorsatz gehandelt. Möglicherweise kann ihr jedoch zumindest Eventualvorsatz vorgeworfen werden. Bei dieser Vorsatzform sind weder Wissens- noch Wollenselement (kognitives/voluntatives Element) voll ausgeprägt. Sie nähert sich deshalb stark dem Bereich der bewussten Fahrlässigkeit. Eine exakte Abgrenzung ist folglich unerlässlich. Die hierfür maßgeblichen Kriterien sind jedoch äußerst umstritten.

107 **Problem Nr 2: Abgrenzung dolus eventualis/bewusste Fahrlässigkeit**

(1) Möglichkeitstheorie:

Für den Eventualvorsatz genügt, dass der Täter die konkrete Möglichkeit des Erfolgseintritts erkannt und gleichwohl gehandelt hat.

Argument: Es ist logisch zwingend, dass derjenige, der die konkrete Möglichkeit des Erfolgseintritts erkennt und gleichwohl handelt, den Erfolgseintritt akzeptiert.

Gegenargument: Die Auffassung nähert sich zu sehr der bewussten Fahrlässigkeit, da sie neben dem kognitiven Element das voluntative außer Acht lässt. Der bewusst fahrlässig Handelnde hält den Erfolgseintritt ebenfalls für möglich. Bei der Abgrenzung zur Fahrlässigkeit müssen vielmehr die Erwägungen, welche den Täter zum Durchhalten seines Entschlusses motivieren, eine wesentliche Rolle spielen.

(2) Wahrscheinlichkeitstheorie:
Hat der Täter den Erfolgseintritt für wahrscheinlich gehalten, so hat er mit Eventualvorsatz gehandelt.

Argument: „Wahrscheinlich" ist mehr als nur „möglich". Ab der Bewusstseinsstufe des Für-Wahrscheinlich-Befindens kann das Wissenselement die willentliche Inkaufnahme klar indizieren.

Gegenargument: Eine klare Grenzziehung zwischen Möglichkeit und Wahrscheinlichkeit ist nicht erkennbar. Wie bei der Möglichkeitstheorie kommt auch hier das voluntative Element zu kurz.

(3) Gleichgültigkeitstheorie:
Eventualvorsatz liegt vor, wenn der Täter einer Verletzung des geschützten Rechtsguts gleichgültig gegenübergestanden hat.

Argument: Vorsatz ist gegenüber der Fahrlässigkeit die schwerere Schuldform. Es bedarf folglich eines zusätzlichen Gesinnungsunwerts. Dieser findet in der Gleichgültigkeit gegenüber der Rechtsgutsverletzung seinen Ausdruck.

Gegenargument: Eine Beschränkung auf die Wollenskomponente wird der Komplexität des Vorgangs nicht gerecht.

(4) Ernstnahmetheorie/Billigungstheorie: Rspr und hL verlangen für dolus eventualis neben dem Erfordernis, dass der Täter die konkret drohende Gefahr einer Rechtsgutsverletzung erkannt hat, ferner, dass er diese Gefahr auch „ernstgenommen" und sich schließlich mit dem Risiko der Tatbestandsverwirklichung „abgefunden" hat. Wer dagegen auf das Ausbleiben der Rechtsgutsverletzung fest „vertraut", handelt nur bewusst fahrlässig (**„Ernstnahmetheorie"**). Viele Urteile des BGH verwenden auch die **sog Billigungstheorie**, die sozusagen eine Spielart dieser „Ernstnahmetheorie" darstellt und die dolus eventualis bei dem Täter bejaht, der den für möglich gehaltenen Erfolg „billigend in Kauf genommen" hat, wobei auch unerwünschte Erfolge billigend in Kauf genommen werden können, wenn sich der Täter mit ihnen „abgefunden" hat.

Argument: Der Unterschied zwischen Vorsatz und Fahrlässigkeit liegt in der bewussten Entscheidung für eine mögliche Tatbestandserfüllung. Während Möglichkeits- und Wahrscheinlichkeitstheorie einseitig auf die Wissenskomponente abstellen und sich die Gleichgültigkeitstheorie einzig am Wollen des Täters orientiert, findet man hier eine ausgewogene Berücksichtigung beider Aspekte, welche der Vielschichtigkeit des Vorgangs am ehesten gerecht wird. Diese Lösung ist deshalb vorzugswürdig.

Zur Vertiefung: Wessels/Beulke, AT Rn 214 ff; Hillenkamp, AT 1. Problem S 1 ff; Jäger, AT § 3 Rn 75 ff; Joecks, St-K, § 15 Rn 12 ff; Reinbacher, in: Coester-Waltjen ua (Hrsg), Zwischenprüfung, S 26, 28.

Im vorliegenden Fall hat A den Erfolgseintritt für möglich, ja sogar für wahrscheinlich **108**
gehalten. Zugleich stand sie diesem aber nicht gleichgültig gegenüber, sie hoffte vielmehr auf dessen Ausbleiben. Während also vorliegend nach der Möglichkeits- und Wahrscheinlichkeitstheorie Eventualvorsatz bejaht werden müsste, käme die Gleichgültigkeitstheorie zum entgegengesetzten Ergebnis. Nach hA wäre Eventualvorsatz wieder-

um zu bejahen. A hat die Gefahren und damit die Möglichkeit des Erfolgseintritts erkannt und ernst genommen, sich im Folgenden hiermit aber gleichwohl abgefunden. In diesem Fall würde also einzig die Gleichgültigkeitstheorie zu einem anderen Ergebnis führen. Sie stellt jedoch allein auf den Gesinnungsunwert der Handlung ab und behandelt somit nur einen Teilaspekt des Problems. Deshalb ist sie abzulehnen. A handelte also mit Eventualvorsatz. Der subjektive Tatbestand der Sachbeschädigung ist folglich erfüllt.

Die hier gewählte Begründung, nur die eine im Ergebnis abweichende Lösung zu verwerfen und im Übrigen dahingestellt sein zu lassen, auf welchem Wege (also über welchen der anderen erörterten Lösungsansätze) man zu dem für richtig befundenen Ergebnis gelangt, stellt eine häufig anzutreffende und zulässige Argumentationsweise dar (Beispiele: Bakowitz/Bülte, StudZR 2009, 149, 170; Böse/Nehring, JA 2008, 111; Haas, Ad Legendum 2012, 119, 123 f; Kindhäuser/Schumann/Lubig, [1] S 73; Kudlich/Litau, JA 2012, 755, 761; Rengier/Braun, JuS 2012, 999, 1003; Seibert, JA 2008, 34; Weißer, JuS 2009, 137). Allerdings ist diese Vorgehensweise kein „Muss". Man kann auch zu Gunsten einer Lösung Stellung beziehen – möglichst aber nur, wenn wegen der Stichhaltigkeit der Argumente die Begründung ganz knapp ausfallen kann (s auch Hinderer, JuS 2009, 625, 629).

Kommen sogar alle Lösungsansätze zu demselben Ergebnis, so erübrigt sich erst recht eine Parteinahme zu Gunsten einer bestimmten „Theorie" (s Rn 19; gute Beispiele bei Böß, JA 2012, 350 f; Hilgendorf, Klausurenkurs I [12] Rn 5; Momsen/Sydow, JuS 2001, 1196; Putzke, ZJS 2011, 522, 523 („eine optimale Lösung entscheidet den Theorienstreit [auf den es nicht ankommt] nicht"); Wolter, JA 2008, 607); allerdings weisen manche Autoren auch darauf hin, dass Entscheidungsfreudigkeit durchaus positiv gewürdigt werden kann (vgl. Kudlich/Schuhr, JA 2007, 352; Kudlich, Fälle AT [9] S 132).

Zu den Aufbaufragen bei mehreren Lösungsansätzen s auch Jahn, JA 2000, 852, 857 u unten Rn 360.

b) Rechtswidrigkeit

Rechtfertigungsgründe sind nicht ersichtlich.

c) Schuld

A handelte auch schuldhaft.

d) Strafantrag/Ergebnis

Der gem § 303c grundsätzlich erforderliche Strafantrag ist gestellt.

A hat sich gem § 303 I strafbar gemacht.

Bei dieser abschließenden Feststellung empfiehlt es sich stets, den gerade geprüften Straftatbestand nochmals zu wiederholen (so beispielsweise Bott/Pfister, Jura 2010, 226; Bülte, StudZR 2012, 104; Ensenbach, Jura 2011, 787; Fahl, JA 2011, 836, 839; Gierhake, Jura 2010, 313; Goeckenjan, JuS 2008, 192; Hoffmann-Holland/Singelnstein/Simonis, JA 2009, 515; Koch/Exner, JuS 2007, 40; Kubiciel/Wachter, JA 2013, 116;

Müller/Raschke, Jura, 2011, 305; Reinbacher, Jura 2007, 384; Rengier/Braun, JuS 2012, 999, 1003; Steinberg/Lachenmaier, ZJS 2012, 649, 653; Vogt/Brand, Jura 2008, 305; Walter/Schwabenbauer, JA 2012, 504, 506, 509; Zieschang, JA 2008, 192). Wer im redlichen Bestreben, alles Überflüssige wegzulassen, nur schreibt: „A hat sich also strafbar gemacht", hat zwar die Logik auf seiner Seite, da sich aus der Gesamtüberschrift (1. § 303 I) ergibt, welchen Straftatbestand er prüft (deshalb für diese Strategie auch Haft, Juristisches Lernen S 393), riskiert aber erfahrungsgemäß gleichwohl die Bemerkung des Korrektors: „Nach welcher Vorschrift?", weil der Prüfer die Strafbarkeitsfeststellung deutlich gerade auf diesen Straftatbestand beschränkt wissen möchte.

2. § 303 II

Möglicherweise könnte auch eine Sachbeschädigung nach § 303 II vorliegen. Verändern des Erscheinungsbildes einer Sache bedeutet, dass der Täter durch sein Verhalten die optisch wahrnehmbare Oberfläche der Sache in einen vom ursprünglichen abweichenden Zustand versetzt. „Hansi" ist zwar erfroren, allerdings hat sich sein Äußeres dadurch nicht verändert. Mangels Hinweisen im Sachverhalt über das spätere Schicksal des toten Vogels kann von keiner optisch erkennbaren Veränderung ausgegangen werden.

3. § 242 I

Mit dem „Fliegenlassen" des Vogels könnte sich A zudem wegen Diebstahls strafbar gemacht haben. 109

a) Objektiver Tatbestand

§ 242 I setzt die Wegnahme einer fremden beweglichen Sache voraus. „Hansi" stand, wie schon festgestellt wurde, im Alleineigentum des B und war als fremde bewegliche Sache daher taugliches Tatobjekt.

Tathandlung ist die Wegnahme der Sache. Darunter wird der Bruch fremden Allein- oder Mitgewahrsams und die Begründung neuen, nicht notwendig, aber regelmäßig eigenen Gewahrsams verstanden. Fraglich ist, ob das Öffnen der Käfigtür und des Fensters, mit der Folge, dass der Vogel wegfliegen konnte, diesen Voraussetzungen genügt.

Unter Gewahrsam versteht die ganz hA die tatsächliche Sachherrschaft eines Menschen über eine Sache, die von einem natürlichen Herrschaftswillen getragen und deren Reichweite von der Verkehrsauffassung bestimmt wird. Der Gewahrsamsinhaber muss nicht Eigentümer der Sache sein. Insofern könnte auch A Alleingewahrsam an dem von ihr versorgten Vogel gehabt haben, so dass es ihr unmöglich gewesen wäre, fremden Gewahrsam zu brechen. Als „Hausherr" hatte B jedoch zumindest ebenso viel Einwirkungsmöglichkeiten auf „Hansi" wie A. Er war also Mitgewahrsamsinhaber.

Indem A den Vogel freiließ, hat sie die Sachherrschaft des B gegen seinen Willen aufgehoben und somit fremden Mitgewahrsam an der Sache gebrochen.

Weder A noch ein Dritter haben jedoch neuen Gewahrsam an „Hansi" begründet. Das Freilassen des Vogels ist mithin nur straflose Sachentziehung.

b) Ergebnis

A ist nicht aus § 242 I strafbar.

Prüfungsschema zum Diebstahl: Wessels/Hillenkamp, BT2, Rn 204; Jahn, JuS 2010, 363.

4. §§ 242 I, II, 22, 23 I

A könnte zumindest einen versuchten Diebstahl begangen haben.

Wird die Vollendungsstrafbarkeit vorweg geprüft und abgelehnt, darf dem Grundsatz nach eine versuchte Tatbegehung nur geprüft werden, wenn die subjektive Vorstellung von dem abweicht, was objektiv passiert ist (s Rn 81), denn bei Kongruenz von objektivem Tatverlauf und Täterwillen muss die Ablehnung der Strafbarkeit wegen des vollendeten Delikts logischerweise auch zur Verneinung des Versuchs führen (Tatentschluss ist dann nicht auf Erfüllung der Merkmale des objektiven Tatbestandes gerichtet). Im vorliegenden Fall kann deshalb die Versuchsprüfung ganz entfallen. Andererseits ist sie aber hier mE zulässig, denn Vorsatz und tatsächliches Geschehen weichen voneinander ab (A hofft, dass „Hansi" zurückkommt, was tatsächlich nicht geschieht) und der Anfänger erkennt erfahrungsgemäß doch nicht immer sogleich, dass diese Abweichung vom vorgestellten Kausalverlauf völlig bedeutungslos ist. Der Vollständigkeit halber wird deshalb hier ebenfalls die Versuchsstrafbarkeit angesprochen.

Generell zum Aufbau des versuchten vorsätzlichen Begehungsdelikts s Rn 75 ff und 429 sowie Wessels/Beulke, AT Rn 874. Zur Gefahr, die von Aufbauschemata ausgeht, s Arzt, Strafrechtsklausur S 196.

a) Nichtvollendung/Versuchsstrafbarkeit

Ein vollendeter Diebstahl liegt nicht vor. Versuchter Diebstahl ist gem §§ 242 II, 23 I Alt 2 strafbar.

b) Tatentschluss

110 Gem § 22 muss A Tatentschluss zur Vollendung des Diebstahlstatbestandes gefasst haben. A war sich bewusst, dass es sich bei „Hansi" um eine fremde bewegliche Sache handelte, an der B zumindest Mitgewahrsam hatte, und dass sie den Vogel gegen den Willen des B entkommen ließ. Dass A hoffte, „Hansi" werde bald zurückkehren, schließt den Vorsatz noch nicht aus. A hat die Möglichkeit, dass der Vogel den Herrschaftsbereich von A und B verlässt, erkannt und sich gleichwohl mit dieser unerwünschten Folge abgefunden. Sie handelte mit Eventualvorsatz. (Zu einem anderen Ergebnis käme nur die abzulehnende Gleichgültigkeitstheorie – *Problem Nr 2 Rn 107*). Ihr Vorsatz richtete sich somit darauf, den Mitgewahrsam des B zu brechen. Allerdings ist Vorsatz bezüglich der Begründung neuen eigenen oder fremden Gewahrsams zu verneinen. Wenn A hoffte, der Vogel würde zurückkehren, dann nicht in ihren ausschließlichen eigenen Gewahrsam, sondern in den gemeinsamen von A und B. Außerdem wollte sie den Vogel weder sich noch einem Dritten zueignen. Der subjektive Tatbestand des § 242 I liegt nicht vor.

A ist nicht wegen versuchten Diebstahls strafbar.

5. Ergebnis im TK A

A hat sich im TK A gem § 303 I strafbar gemacht.

B. Der Tod des B

1. § 212 I

Indem A auf B schoss, könnte sie sich wegen Totschlags gem § 212 I strafbar gemacht haben. **111**

a) Tatbestand

aa) Objektiver Tatbestand

Ohne den Schuss der A wäre B nicht scheinbar leblos zu Boden gesackt und von A in den Getreidesilo geworfen worden, in dem er sodann erstickt ist. Der Schuss ist eine conditio sine qua non und damit kausal für den späteren Todeserfolg.

Fraglich ist, ob A der spätere Erfolg, nämlich der Erstickungstod des B im Getreidesilo, objektiv zugerechnet werden kann.

Problem Nr 3: Objektive Zurechnung bei Erfolgsherbeiführung durch vorsatzlosen Zweitakt, während Täter glaubt, Erfolg durch Erstakt erreicht zu haben

Objektiv zurechenbar ist ein Erfolg, wenn der Täter eine rechtlich relevante Gefahr geschaffen hat, die sich im tatbestandsmäßigen Erfolg realisiert (sog Grundformel; *Wessels/Beulke*, AT Rn 179).

(1) Im Schrifttum wird bei zweiaktigem Geschehensablauf, bei dem der Täter irrtümlich davon ausgeht, das Ziel sei bereits durch den ersten Akt erreicht, zT die objektive Zurechnung des durch den Zweitakt herbeigeführten Erfolges verneint. Der Ersthandlung hafte dann nicht das spezifische Risiko des Erfolgseintritts durch die Zweithandlung an. Zum Teil wird die Realisierung des durch die Ersttat gesetzten Erfolgsrisikos nur dann bejaht, wenn der Täter von vornherein vorhat, die Leiche später zu beseitigen. Denkbar erscheint es auch, auf eine völlige Atypizität des Kausalverlaufs zu verweisen.

(2) Zutreffend bejaht hingegen die **hA** die objektive Zurechnung. Nach allgemeiner Lebenserfahrung sind verspätete Erfolgseintritte durch Zweithandlungen immer einzukalkulieren, so dass sich die durch den Erstakt geschaffene rechtlich relevante Gefahr in dem durch den Zweitakt herbeigeführten tatbestandsmäßigen Erfolg realisiert hat.

Zur Vertiefung: Wessels/Beulke, AT Rn 262; Joecks, St-K, § 15 Rn 35 ff.

Grundlage der objektiven Zurechnung ist die Einsicht, dass das ausschließliche Abstellen auf die Kausalität einer Handlung nicht allein geeignet ist, Handlungen auszuscheiden, die letztlich nicht „das Werk" des Täters sind. In der Fallbearbeitung ist immer zuerst die Kausalität mittels der Bedingungstheorie zu klären. Erst dann ist im Zweifelsfall zu prüfen, ob der Erfolg objektiv zurechenbar ist. Zur Vertiefung: Wessels/Beulke, AT Rn 176 ff; zur Darstellung im Gutachten s Rn 62 ff sowie eingehend Seher, Jura 2001, 814.

Auch wenn A den Tod, den sie durch den Schuss herbeigeführt zu haben glaubte, erst durch den Wurf in den Getreidesilo bewirkt hat, kann das hinsichtlich der Ersthandlung nicht zur Ablehnung der objektiven Zurechnung des Todeserfolges führen. Dass aus der rechtlich relevanten Gefahrschaffung durch den ersten Teilakt weitere Handlungen resultieren, die uU erst den gewollten Erfolg herbeiführen, ist ein häufig anzutreffendes Phänomen. Es handelt sich also durchaus um ein spezifisches Risiko des gezielten Todesschusses, wenn später die vermeintliche Leiche durch Versenken im Getreidesilo beseitigt und dabei erst der Tod herbeigeführt wird.

bb) Subjektiver Tatbestand

Fraglich ist indes, ob A auch den subjektiven Tatbestand erfüllt hat. Zwar war vorliegend der Erfolg, der Tod des B, vom Vorsatz der A gedeckt. Die Tatsache, dass Wissen und Wollen stets auch den Kausalverlauf in seinen wesentlichen Zügen umfassen müssen, könnte jedoch den vorsätzlichen Charakter der Tat in Frage stellen. B starb anders, als A dies vorgesehen und gewollt hatte: Nicht der Schuss, sondern erst der Stoß in den Getreidesilo führte den Tod herbei. Für derartige Fälle, in denen der Täter in der irrigen Annahme des bereits erzielten Erfolges eine weitere Handlung vornimmt, die ihrerseits dann erst den Erfolg herbeiführt, finden sich auch im Hinblick auf den Tatvorsatz verschiedene Lösungsansätze:

112 **Problem Nr 4: Dolus generalis?**

(1) Lehre vom „dolus generalis“ (heute kaum noch vertreten)
Es wird aus dem vollendeten Vorsatzdelikt bestraft.

Argument: Da die beiden Teilakte als ein einheitliches, von einem einzigen generellen Vorsatz getragenes Handlungsgeschehen zu beurteilen sind, handelt der Täter auch beim zweiten Teilakt noch mit Tötungsvorsatz.

Gegenargument: Der Täter hat in der Regel keine bloß generelle, sondern eine ganz genaue, aber falsche Vorstellung vom Kausalverlauf.

(2) Zwei selbstständige Teilakte
Der Täter wird wegen versuchter Tat in Tatmehrheit mit fahrlässigem Delikt bestraft.

Argument: Die beiden Teilakte des Geschehens stellen zwei selbstständige, von unterschiedlichen Vorsätzen getragene Handlungen dar.

Gegenargument: Eine isolierte Betrachtung der Zweithandlung wird dem tatsächlichen Geschehen nicht gerecht.

(3) Sonderfall des Irrtums über den Kausalverlauf (hL und Rspr)
Es bleibt also nur die Möglichkeit, an die Ersthandlung anzuknüpfen und weiter zu differenzieren. Der Vorsatz entfällt, wenn der Täter sich in rechtlich erheblicher Weise über den Kausalverlauf geirrt hat. Von einer unwesentlichen Abweichung ist hingegen auszugehen, wenn
- die Abweichung im Kausalverlauf sich noch innerhalb der Grenzen des nach allgemeiner Lebenserfahrung Vorhersehbaren hält und
- eine Berücksichtigung der individuellen Tätervorstellung keine andere Bewertung rechtfertigt.

Literatur und Rechtsprechung gehen unter Zugrundelegung dieser Kriterien bei einem zweiaktigen Geschehen von einem vollendeten vorsätzlichen Delikt aus.

Einschränkend hierzu wird im Schrifttum teilweise nur dann von einer unwesentlichen Abweichung gesprochen, wenn der Täter in der „Absicht" der Erfolgsherbeiführung gehandelt hat. Auch der dolus directus 2. Grades (*s Wessels/Beulke, AT Rn 213*) wird insoweit wohl ebenso behandelt (Schrifttum hier nicht eindeutig). Sofern jedoch lediglich dolus eventualis vorgelegen hat, wird der zweite Teilakt nicht als vom Vorsatz umfasst angesehen.

Zur Vertiefung: Wessels/Beulke, AT Rn 262 ff; Kühl, AT § 13 Rn 46 ff.

Die Lehre vom dolus generalis würde vorliegend den Tötungsvorsatz der A bejahen und **113**
käme so zu einer Bestrafung aus dem vollendeten Tötungsdelikt. Gleiches gilt für die hM, wenn der Irrtum der A über den Kausalverlauf noch innerhalb der Grenzen des nach allgemeiner Lebenserfahrung Vorhersehbaren lag und auch eine konkrete Berücksichtigung der individuellen Vorstellung der A keine andere Bewertung rechtfertigt. Dass B aufgrund des Schusses nicht sofort gestorben, sondern lediglich schwer verwundet worden und folglich erst später durch den Stoß in den Getreidesilo zu Tode gekommen ist, liegt nicht außerhalb aller Lebenserfahrung. Auch hat A den Tod des B gewollt und die unterschiedliche Todesart rechtfertigt allein keine völlig andere Bewertung. Hier lag bzgl des Todes sogar Absicht im engeren Sinne vor, so dass A ihr Ziel insgesamt erreicht hat. Folglich würden hL und Rechtsprechung aus vollendetem Totschlag bestrafen. Die von zwei selbstständigen Teilakten ausgehende Ansicht käme lediglich zu einer Strafbarkeit aus versuchtem Totschlag in Tatmehrheit (§ 53 I) mit fahrlässiger Tötung. Dieser Meinung ist jedoch nicht zu folgen: Sie ist zu konstruiert und wird dem tatsächlichen Geschehen nicht gerecht. Der Tod des B im Getreidesilo war folglich vom Vorsatz der A umfasst. Der subjektive Tatbestand des § 212 I ist somit erfüllt.

b) Rechtswidrigkeit und Schuld

Vom Vorwurf der Rechtswidrigkeit und Schuld befreiende Gründe sind nicht ersichtlich.

2. § 211

Zusätzlich zu der bereits bejahten Tötung könnte A einen Mord begangen haben.

a) Objektive Mordmerkmale

Von den objektiven Mordmerkmalen kommt Heimtücke in Betracht. Heimtücke ist die **114**
bewusste Ausnutzung der Arg- und Wehrlosigkeit des Opfers in feindlicher Willensrichtung. Arglos ist, wer sich im Zeitpunkt der Tat keines tätlichen Angriffs auf seine körperliche Unversehrtheit oder sein Leben versieht. Wehrlos ist, wer infolge seiner Arglosigkeit zur Verteidigung außerstande oder in seiner Verteidigung stark eingeschränkt ist. A ging mit der Waffe offen auf B zu, woraufhin dieser die Situation erkannt hat. Auch wenn B glaubte, seine Ehefrau sei letztlich zu feige, konnte er einen Waffeneinsatz zumindest für möglich halten. Folglich fehlte es an der Arglosigkeit des B.

b) Subjektive Mordmerkmale

Bzgl der subjektiven Mordmerkmale wäre an eine Tötung aus niedrigen Beweggründen zu denken. Niedrige Beweggründe sind alle Tatantriebe, die nach allgemeiner rechtlich-sittlicher Wertung auf tiefster Stufe stehen, durch hemmungslose Eigensucht bestimmt und deshalb besonders verachtenswert sind. Das Verhalten der A war jedoch auf Angst und Verzweiflung zurückzuführen. Eine besondere Verwerflichkeit ihres Verhaltens scheidet daher aus.

Mordmerkmale liegen also nicht vor, so dass § 211 entfällt.

3. §§ 223 I, 224 I Nr 2 und Nr 5

Trotz des generellen Ratschlags, zunächst nur mit dem Grunddelikt zu beginnen (s Rn 53; Wessels/Beulke, AT Rn 863 und Otto/Bosch, Übungen S 12), wird hier sofort § 224 mit einbezogen, da die Rechtslage insofern sehr einfach ist und die Strafbarkeit aller Körperverletzungsdelikte sowieso im Ergebnis wegen Subsidiarität entfällt. Deshalb kann die Prüfung auch sehr knapp und ohne weitere Untergliederung vorgenommen werden.

115 Es liegen auch die objektiven Voraussetzungen einer Körperverletzung iSd § 223 I vor. A bediente sich außerdem einer Waffe (§ 224 I Nr 2) und im Abfeuern des Schusses ist auch eine das Leben gefährdende Behandlung (§ 224 I Nr 5) zu sehen, so dass A den objektiven Tatbestand der Qualifikation der gefährlichen Körperverletzung erfüllt hat.

Fraglich ist aber, ob auch von einem entsprechenden Körperverletzungsvorsatz ausgegangen werden kann, obwohl A den B doch eigentlich töten wollte.

116 **Problem Nr 5: Verhältnis Totschlag/Körperverletzung**

(1) Gegensatztheorie
Das Vorliegen von Tötungsvorsatz schließt bereits begrifflich das gleichzeitige Vorliegen von Körperverletzungsvorsatz aus.

Gegenargument: Diese Meinung spaltet den Vorgang lebensfremd auf. Außerdem führt sie zu unangemessenen Ergebnissen: Im Falle eines Rücktritts vom Versuch eines Tötungsdelikts bliebe eine bereits verwirklichte Körperverletzung straflos.

(2) Einheitstheorie (hL und Rspr)
Eine Körperverletzung ist notwendiges Durchgangsstadium einer jeden Tötung. Folglich ist auch in jedem Tötungsvorsatz zwangsläufig ein Körperverletzungsvorsatz enthalten. Beide Tatbestände sind erfüllt, die §§ 223 ff treten lediglich auf Konkurrenzebene als subsidiäre Delikte zurück.

Zur Vertiefung: Wessels/Hettinger, BT1 Rn 320.

117 Entsprechend der Einheitstheorie, die den Vorgang nicht wie die Gegensatztheorie lebensfremd aufspaltet, sind die §§ 223 I, 224 I tatbestandlich erfüllt, werden aber im Wege der Gesetzeseinheit (Subsidiarität) verdrängt.

Da die Gegensatztheorie heute in den Standardwerken nicht mehr vertreten wird und auch in der Rechtsprechung der Streit als geklärt gilt, tauchen immer wieder Zweifel auf, ob der Streit überhaupt noch thematisiert werden soll (vgl statt aller Stiebig, JA 2009, 603). Ich würde ihn gleichwohl vorsichtshalber zumindest in Anfängeraufgaben, wenn auch nur sehr kurz, ansprechen (wie hier statt aller: Sievert/Kalkofen, JA 2012, 107, 109).

Eine Prüfung des § 227 wird nach Bejahung des § 212 bzw des § 211 zumeist nicht vorgenommen, um den schwierigen Streit zu umgehen, ob § 227 auch bei Vorsatz im Hinblick auf den Todeserfolg eingreift (vgl Wessels/Hettinger, BT1 Rn 308). Dieses Vorgehen ist sinnvoll, da § 227 (wie die bereits behandelten §§ 223, 224) zumindest auf Konkurrenzebene zurücktritt (s auch Fahl, Jura 2003, 63).

Von Fachkollegen wurde mir entgegengehalten, die Prüfung der Körperverletzungsdelikte (§§ 223 ff) sei nach Bejahung des vollendeten Totschlags unzulässig, da sowieso Gesetzeskonkurrenz eingreife. Ich halte das nicht für richtig. Zunächst einmal weiß der Anfänger zu Beginn der Niederschrift häufig noch nicht, wie die Konkurrenzentscheidung später ausfällt. Außerdem lehrt mich meine Prüferpraxis, dass die Prüfer auch Delikte angesprochen wissen wollen, die erkennbar später auf Konkurrenzebene wegfallen (anders zB Weißer, JuS 2009, 136 [Fn 8]). Auch die amtlichen Musterlösungen der Landesjustizprüfungsämter machen hiervon keine Ausnahme. Selbst diejenigen Autoren, die meinen, klar erkennbar subsidiäre Delikte „müssen" nicht geprüft werden, halten eine solche Prüfung nicht für verboten (Beispielsfall bei Walter/Uhl, JA 2009, 37); sinnvoll ist deshalb folgende Vorgehensweise: Delikte, die von vornherein erkennbar auf Konkurrenzebene entfallen, werden nur knapp abgehandelt (s auch Rn 33 und 52; weitere Beispielsfälle bei Brüning, JuS 2007, 260; Sievert/Kalkofen, JA 2012, 107, 108 f). Insbes bei den §§ 223 ff nach Bejahung eines vollendeten vorsätzlichen Tötungsdelikts genügt die kurze Feststellung, dass die Körperverletzungsdelikte zwar erfüllt sind, jedoch auf Konkurrenzebene entfallen (vgl auch Esser/Röhling, Jura 2009, 866, 870; Jahn/Ebner, JuS 2007, 926; Rengier, BT2 § 14 Rn 4). Ebenso ist zu verfahren, wenn sowohl die Tötungsdelikte als auch die Körperverletzungsdelikte im Versuchsstadium stecken geblieben sind (Beispielsfall bei Engelmann, JA 2010, 185). In Anfängerklausuren erscheint der hier gewählte Umfang das Maximum des Ratsamen.

4. § 222

Indem A den B in den Getreidesilo warf, könnte sie eine fahrlässige Tötung begangen haben. Zwar wurde bereits eine vorsätzliche Tötung bejaht, insoweit wurde jedoch auf die Abgabe des Schusses abgestellt, wohingegen die Fahrlässigkeit allein an die spätere Beseitigung der vermeintlichen Leiche anknüpfen würde. Gleichwohl ist jedoch über die juristische Konstruktion der unwesentlichen Abweichung vom vorgestellten Kausalverlauf das ganze Geschehen als eine Einheit zu betrachten. Hierauf basiert der Vorwurf der vorsätzlichen Tötung, die mit der Schussabgabe beginnt und im Getreidesilo zur Vollendung kommt. Da sich Vorsatz und Fahrlässigkeit gegenseitig ausschließen, ist nur eine vorsätzliche Tötung gegeben. A hat also keine fahrlässige Tötung begangen.

Wer bei dieser Problematik die Lehre vom mehraktigen Tatgeschehen vertritt, sollte besser zwei Tatkomplexe bilden, um getrennt an den Schuss als ersten Teilakt und den Stoß als zweiten Teilakt anknüpfen zu können. Beim Schuss müsste demnach die Prüfung mit § 212 I begonnen werden. Nachdem es hier aber an der objektiven Zurechnung fehlt, ist der vollendete Totschlag zu verneinen und §§ 212 I, 22 anzusprechen, der sodann zu bejahen ist. Im Rahmen des zweiten Tatkomplexes „Der Stoß in den Silo" ist sodann § 222 zu bejahen. Es ist überflüssig, davor noch auf § 212 I einzugehen, weil die Diskussion beim Komplex „Schuss" schon ergeben hat, dass der Vorsatz sich auf den ersten Teilakt beschränkt.

Wird der Ansicht von der unwesentlichen Abweichung vom Kausalverlauf gefolgt, wie dies in dieser Lösung der Fall ist, kann man die Prüfung auch auf den ersten Teilakt (Schuss) beschränken. Bei dessen Würdigung wird bereits dargelegt, dass die spätere Herbeiführung des Todes im Silo vom Tötungsvorsatz im Zeitpunkt der Schussabgabe gedeckt ist. Dann ist die Prüfung des § 222 durch Werfen der vermeintlichen Leiche in den Getreidesilo mE nicht mehr zwingend. Dieser von mir in der 1. Auflage gewählte Weg ist von einigen Lesern kritisiert worden, die auf jeden Fall § 222 gesondert geprüft wissen möchten. Deshalb habe ich ab der 2. Auflage den Prüfungspunkt „§ 222" aufgenommen, iE aber die Tatbestandsmäßigkeit verneint.

Für vertretbar halte ich insoweit auch eine andere Lösung, nämlich die Bejahung der Tatbestandsmäßigkeit des § 212 neben der des § 222. Begründen könnte man dieses Ergebnis wie folgt: Tathandlung des § 212 ist die Schussabgabe. Auch für den Vollendungsvorsatz genügt das hier vorliegende Wissen und Wollen zum Zeitpunkt dieser Tathandlung (§ 8 I iVm § 16 I 1). Davon gänzlich zu unterscheiden ist die spätere Herbeiführung des Erfolges durch Werfen in den Getreidesilo. Jetzt erst greift der Vorwurf des fahrlässigen Verhaltens ein. Der Umstand, dass der dadurch bewirkte Erfolg dem Täter auch für seine Vorsatztat zugerechnet wird, steht der selbstständigen rechtlichen Wertung beider Teilakte nicht entgegen. Eine Strafbarkeit gem § 222 scheidet nach dieser Ansicht erst auf der Konkurrenzebene aus (§ 222 als mitbestrafte Nachtat).

5. Ergebnis im TK B

A hat sich im TK B gem § 212 I strafbar gemacht.

6. Konkurrenz zu TK A

Die Sachbeschädigung im Tatkomplex A und die Tötung im Tatkomplex B wurden von A durch mehrere völlig selbstständige Handlungen begangen. Diese Delikte stehen daher zueinander im Verhältnis der Tatmehrheit (§ 53 I).

Es ist eine Frage des persönlichen Geschmacks, ob die Erörterung der Konkurrenzen der verschiedenen Tatkomplexe zueinander unter „Gesamtkonkurrenzen und Ergebnis" erfolgt (Beispiel hierfür bei Bergmann, JA 2008, 504, 510; Dietmeier, JuS 2007, 828; Fennhahn/Lohse, Ad Legendum 2011, 330; Gierhake, Jura 2010, 312, 316; Hellmann/Beckemper, ZJS 2008, 67; Jahn/Ebner, JuS 2008, 1086; Kett-Straub/Linke, JA 2010, 25, 32; Kett-Straub/Stief, JuS 2008, 240; Kinzig/Linke, JuS 2012, 234; Kudlich, JA 2007, 354; Kühl/Brutscher, JuS 2011, 340; Murmann, JA 2011, 593, 603; Radtke/Matula, JA 2012, 272; Steinberg/Stam, ZJS 2011, 272; Sternberg-Lieben/von Ardenne, Jura 2007, 153; Walter/Schneider, JA 2008, 262, 270; dafür auch mit dem Argument, dies diene der Übersichtlichkeit: Fahl, JA 1995, 654, 659) oder ob man das Gesamtergebnis wirklich nur für die letzte Ergebnisfeststellung reserviert (Beispielsklausuren: Brüning, ZJS 2009, 287; Edlbauer, Jura 2007, 944; Engelmann, JA 2010, 185, 190; Koch/Exner, JuS 2007, 40; Kraatz, ZJS 2011, 156; Kühl, JuS 2007, 748; Reinbacher, Jura 2007,

390). ME dient gerade der zweite Weg zumeist einer besonderen Klarheit (zu einem Gegenbeispiel Rn 224).

Auch sollte der Bearbeiter daran denken, die Konkurrenzen wenigstens ganz knapp zu begründen. Deutlich wird dies zB in den Fällen, in denen ein Delikt im Versuchsstadium „stecken" bleibt, ein anderes durch dieselbe Handlung verwirklichtes Delikt aber in das Vollendungsstadium gelangt. Jetzt wird durch die Annahme von Idealkonkurrenz verdeutlicht, dass die Tat nicht folgenlos geblieben ist (Beispiele bei Wessels/Beulke, AT Rn 787).

C. Gesamtergebnis

A hat sich also nach § 303 I in Tatmehrheit (§ 53 I) mit § 212 I strafbar gemacht: § 303 I – § 53 – § 212 I. **118**

Definitionen zum Auswendiglernen

Sachen	iSv §§ **303 I, 242 ff** sind alle körperlichen Gegenstände ohne Rücksicht auf ihren wirtschaftlichen Wert (*Wessels/Hillenkamp, BT2 Rn 18, 74 f*).
Fremd	iSv §§ **303 I, 242 ff** ist eine Sache, wenn sie im (Allein-, Mit- oder Gesamthands-) Eigentum eines anderen steht (*Wessels/Hillenkamp, BT2 Rn 20, 79*).
Beschädigung	iSv § **303 I** liegt vor, wenn der Täter auf die Sache als solche in einer Weise körperlich eingewirkt hat, dass ihre Unversehrtheit oder bestimmungsgemäße Brauchbarkeit mehr als nur unerheblich beeinträchtigt und im Vergleich zu ihrer bisherigen Beschaffenheit nachteilig verändert worden ist (*Wessels/Hillenkamp, BT2 Rn 34*).
Zerstört	iSv § **303 I** ist eine Sache, wenn sie aufgrund der erfolgten Einwirkung in ihrer Existenz vernichtet oder so wesentlich beschädigt ist, dass sie ihre bestimmungsgemäße Brauchbarkeit völlig verloren hat (*Wessels/Hillenkamp, BT2 Rn 36*).
Verändern des Erscheinungsbildes	iSv § **303 II** bedeutet, dass der Täter durch sein Verhalten die optisch wahrnehmbare Oberfläche der Sache in einen vom ursprünglichen abweichenden Zustand versetzt (*vgl Satzger, Jura 2006, 428, 434, der allerdings alle sinnlich wahrnehmbaren Veränderungen als umfasst ansieht*)
Vorsatz	iSv § **16** ist Wissen und Wollen der Tatbestandsverwirklichung (*Wessels/Beulke, AT Rn 203*).
Wegnahme	iSv §§ **242 ff** ist der Bruch fremden Allein- oder Mitgewahrsams und die Begründung neuen, nicht notwendig, aber regelmäßig eigenen Gewahrsams (*Wessels/Hillenkamp, BT2 Rn 82*).
Gewahrsam	ist die tatsächliche Sachherrschaft eines Menschen über eine Sache, die von einem natürlichen Herrschaftswillen getragen und deren Reichweite von der Verkehrsauffassung bestimmt wird (*vgl Wessels/Hillenkamp, BT2 Rn 85 f* mit der Forderung nach verstärkter Einbeziehung sozialnormativer Komponenten).

Heimtücke	isv **§ 211 II** ist die bewusste Ausnutzung der Arg- und Wehrlosigkeit des Opfers in feindlicher Willensrichtung. Arglos ist, wer sich im Zeitpunkt der Tat keines tätlichen Angriffs auf seine körperliche Unversehrtheit oder sein Leben versieht. Wehrlos ist, wer infolge seiner Arglosigkeit zur Verteidigung außerstande oder in seiner Verteidigung stark eingeschränkt ist (*Wessels/Hettinger, BT1 Rn 107, 110, 112*).
Niedrige Beweggründe	iSv **§ 211 II** sind alle Tatantriebe, die nach allgemeiner rechtlich-sittlicher Wertung auf tiefster Stufe stehen, durch hemmungslose Eigensucht bestimmt und deshalb besonders verachtenswert sind (*Wessels/Hettinger, BT1 Rn 95*).

Weitere einschlägige Musterklausuren

Zum Problem Tiere als Sachen iSd Strafrechts:

Bergmann, ZJS 2011, 260; *Britz/Brück*, JuS 1996, 229; *Dürre/Wegerich*, JuS 2006, 712; *Edlbauer*, Jura 2007, 941; *Fahl*, Jura 2005, 273; *ders*, JuS 2005, 808; *Haller/Steffens*, JA-Übungsblätter 1996, 648; *Hertel*, Jura 2011, 391; *Hilgendorf*, Klausurenkurs I, [6] S 44; *Keunecke/Witt*, JA-Übungsblätter 1994, 470; *Kreß/Baenisch*, JA-Übungsblätter 2007, 707; *Radtke/Meyer*, Jura 2007, 712; s auch die Formulierungshilfe bei *Graul*, JuS 2000, 215, 220.

Zum Problem der Abgrenzung dolus eventualis/bewusste Fahrlässigkeit:

Ambos, Jura 2004, 495; *Bakowitz/Bülte*, StudZR 2009, 149; *Berz/Saal*, Jura 2003, 209; *Beulke*, Klausurenkurs III [8] Rn 339; *ders*, Jura 1988, 641; *Bloy*, JuS-Lernbogen 1991, L 44; *Brüning*, ZJS 2009, 282; *Dessecker*, Jura 2000, 593; Ebert-*Schütze*, Fälle, [1] S 19; *Edlbauer*, Jura 2007, 941; *Eidam*, JA 2010, 601; *Eser/Burkhardt*, AT [7] S 83; *Fabricius/Zurwonne*, Ad Legendum 2012, 201; *Fahl*, Jura 1995, 654; *ders*, Jura 2003, 66; *Gropp/Küpper/Mitsch*, Fallsammlung [2] S 36; *Hilgendorf*, Klausurenkurs I, [4] S 26; *Jäger*, AT § 3 Rn 83; *Jahn*, JuS 2007, 923; *Jescheck*, Fälle [39] S 53; *Kasiske*, Jura 2012, 736; *Kudlich*, Fälle AT [2] S 17, 20; *Kleinbauer/Schröder/Voigt*, Anfänger [2] S 22; *Knauer*, JuS 2002, 53; *Kühl/Hinderer*, JuS 2009, 919; *Kühl/Schramm*, JuS 2003, 683; *Murmann*, Jura 2001, 264; *Perron/Bott/Gutfleisch*, Jura 2006, 706; *Priebe*, Fälle [1] S 7; *Rotsch/Nolte/Peifer/Weitemeyer*, Klausur [22] S 327; *Rössner/Guhra*, Jura 2001, 407; *Rudolphi*, Fälle AT [6] S 70 u [10] S 114; *Ruppenthal*, in: Seier, Die Anfängerklausur, [5] S 59, 63; *Schramm*, JuS 1994, 405; *Sieg*, Jura 1986, 326; *Singelnstein*, JA 2011, 756; *Theiß/Winkler*, JuS 2006, 1083; *Wittig*, in: *Coester-Waltjen* ua (Hrsg), Examensklausurenkurs I, S 46.

Zum Problem des dolus generalis:

Baumann/Arzt/Weber, Strafrechtsfälle [17] S 94; *Buttel/Rotsch*, JuS 1995, 1096; Ebert-*Ebert*, Fälle, [3] S 46; *Herrmann/Heyer*, JA 2012, 190; *Hilgendorf*, Klausurenkurs I, [10] S 78; *Kalkofen/Sievert*, Jura 2011, 229; *Kleinbauer/Schröder/Voigt*, Anfänger [1] S 7; *Kudlich*, Fälle AT [2] S 15; *Noltensmeier/Henn*, JA-Übungsblätter 2007, 772; *Rotsch/Nolte/Peifer/Weitemeyer*, Klausur [20] S 286, 288; *Samson*, St1 [20] S 105; *Wolters*, Fälle [1] S 1.

Zum Problem des Verhältnisses Totschlag/Körperverletzung:

Buttel/Rotsch, JuS 1995, 1096; *Dessecker*, Jura 2000, 595; *Ellbogen*, Jura 1998, 483; *Jahn/Ebner*, JuS 2007, 923; *Knauer*, JuS 2002, 53; *Marxen*, BT [4e] S 44; *Meurer/Kahle/Dietmeier*, [3] S 37; *Otto/Brammsen*, Jura 1986, 37; *Otto/Ströber*, Jura 1987, 373; *Prütting/Stern/Wiedemann*, Examensklausur [17] S 199; *Saliger*, JuS 1995, 1004; *Schmidt*, JA-Übungsblätter 1992, 84; *Sowada*, Jura 1994, 37.

Fall 2

Eine Autofahrt mit Folgen

Anton (A) unternimmt eine Spritztour in seinem Auto. In einer kleinen Ortschaft, deren Straßen eng und verwinkelt sind, torkelt plötzlich und unerwartet nach einer Kurve von der linken Fahrbahnseite ein Betrunkener auf die Straße. Dabei handelt es sich um den geschiedenen Mann (M) der Schwester des A. Die einzige sich bietende Möglichkeit, diesen nicht zu überrollen, besteht in einem Ausweichmanöver auf den rechten Fußgängerweg, wo allerdings gerade der Radfahrer Bruno (B) das ihm von seinem Freund (F) geliehene Rennrad auf Hochglanz bringt. In Sekundenschnelle entscheidet sich A dafür, das Leben seines hilflosen Ex-Schwagers auf alle Fälle zu retten, und zieht sein Fahrzeug scharf nach rechts. Dabei nimmt er sowohl die Zerstörung des Fahrrades als auch die Tötung des B billigend in Kauf. 119

Tatsächlich wird B lebensgefährlich verletzt, das Fahrrad hat nur noch Schrottwert. A ruft sofort einen Rettungswagen herbei, der B in ein Krankenhaus bringt. Dort nimmt sich der diensthabende Dr. Diagnosis (D) seiner an. Er erkennt, dass das Leben des B gerettet werden kann, wenn er sofort an ein Beatmungsgerät angeschlossen wird. Der Intimfeind (I) des D hat sich kurz zuvor allerdings heimlich an dem einzigen Beatmungsgerät, an das B angeschlossen werden könnte, zu schaffen gemacht. I hatte das Gehäuse geöffnet und die Verschraubungen mehrerer wichtiger Teile gelockert, wodurch der Apparat funktionsuntüchtig geworden war. Im Anschluss daran hatte er die Abdeckung wieder verschlossen, so dass das Gerät nunmehr so aussieht wie zuvor. Da der Defekt nicht schnell genug beseitigt werden kann und eine künstliche Beatmung des B damit unmöglich ist, stirbt dieser kurz nach seiner Einlieferung. Erst später wird der Fehler gefunden und das Gerät mit wenigen Handgriffen wieder funktionstüchtig gemacht. I hatte dem D nur Unannehmlichkeiten bereitenwollen, hingegen war ihm nicht bewusst, dass durch seinen Streich Leib oder Leben der Patienten in Gefahr geraten könnte, denn er ging – irrtümlicherweise – davon aus, dass jederzeit und ohne wesentliche Zeitverzögerung weitere Beatmungsgeräte einsetzbar sein würden.

Wie haben sich A und I strafbar gemacht?
Gegebenenfalls erforderliche Strafanträge sind gestellt.
Straßenverkehrsdelikte sind nicht zu prüfen.

Gedankliche Strukturierung des Falles (Kurzlösung)

120 **I. Strafbarkeit des A**

1. **§ 212 I (–)**
   a) Objektiver Tatbestand (–)
   - Tötungserfolg (+)
   - Tötungshandlung (+)
   - Kausalität (+)
   - Objektive Zurechnung (–)

Problem Nr 6: Atypischer Kausalverlauf (Rn 124)

   b) Ergebnis
2. **§§ 212 I, 22, 23 I (–)**
   Keine Vollendung (+)
   Strafbarkeit des Versuchs §§ 212 I, 23 I Alt 1, 12 I (+)
   a) Tatentschluss (= subjektiver Tatbestand) (+)
   Vorsatz in Form des dolus eventualis (+)
   b) Unmittelbares Ansetzen (= objektiver Tatbestand) (+)
   c) Rechtswidrigkeit (+)
   aa) Notwehr, § 32 (–)
   bb) Rechtfertigender Notstand, § 34 (–)
   - Notstandslage (+)
   - Erforderlichkeit (+)
   - Rettungswille (+)
   - Güterabwägung (–)

   d) Schuld (–)
   Entschuldigender Notstand, § 35 I (+)
   - Notstandslage für Angehörigen iSv § 11 I Nr 1 (+)
   - Erforderlichkeit (+)
   - Verhältnismäßigkeit (+)
   - Rettungswille (+)
   - Notstandsausschluss gem § 35 I 2 (–)

Problem Nr 7: Kausalität iSv § 35 I 2 (Rn 131)

Problem Nr 8: Verschuldete Gefährdung Angehöriger bzw nahe stehender Personen und § 35 I 2 (Rn 132)

3. **§ 223 I (–)**
   a) Tatbestand (+)
   aa) Objektiver Tatbestand (+)
   bb) Subjektiver Tatbestand (+)
   b) Rechtswidrigkeit (+)
   Rechtfertigender Notstand, § 34 (–)

Problem Nr 9: Bestimmung der beim Notstand zu berücksichtigenden Interessen (Rn 134)

   c) Schuld (–)
   Entschuldigender Notstand, § 35 I (+)
4. **§ 224 I Nr 2 (–) und Nr 5 (–)**
5. **§ 303 I (–)**
   a) Objektiver Tatbestand (+)
   b) Subjektiver Tatbestand (+)
   c) Rechtswidrigkeit (–)
   aa) Rechtfertigender Notstand, § 228 BGB (–)
   bb) Rechtfertigender Notstand, § 904 BGB (+)
6. **Ergebnis für A**
   A ist straflos.

II. Strafbarkeit des I

1. **§ 212 I (–)**
   a) Objektiver Tatbestand (+)
   b) Subjektiver Tatbestand (–)
2. **§ 223 I (–)**
3. **§ 222 (+)**
   a) Tatbestand (+)
   b) Rechtswidrigkeit (+)
   c) Schuld (+)
4. **§ 303 I (+)**
   a) Objektiver Tatbestand (+)

Problem Nr 10: Sachbeschädigung durch bloße Brauchbarkeitsminderung (Rn 144)

   b) Subjektiver Tatbestand (+)
   c) Rechtswidrigkeit und Schuld (+)
   d) Strafantrag, § 303c (+)
5. **§ 303 II (–)**
6. **§ 304 I (+)**
   a) Objektiver Tatbestand (+)

Problem Nr 11: Unmittelbarkeit bei »zum öffentlichen Nutzen dienen« iSv § 304 I (Rn 147)

   b) Subjektiver Tatbestand (+)
   c) Rechtswidrigkeit und Schuld (+)
7. **Konkurrenzen**
   a) § 303 I – § 304 I
   b) § 222 – § 304 I
8. **Ergebnis für I**
   § 222 – § 52 – § 304 I

III. Gesamtergebnis

A: Straflos
I: § 222 – § 52 – § 304 I

Ausführliche Lösung von Fall 2

Zum Aufbau: Eine Untergliederung des Sachverhalts in Tatkomplexe ist hier – angesichts des einheitlichen Geschehens – nicht geboten.

I. Strafbarkeit des A

Eine logische Reihenfolge der Prüfung der Strafbarkeit des A bzw des I besteht nicht. Dann liegt es nahe, sich an den chronologischen Ablauf des Geschehens zu halten, also zunächst denjenigen zu prüfen, der als Erster gehandelt hat. **121**

1. § 212 I

Indem A den B mit seinem Auto anfuhr, könnte er sich wegen Totschlags strafbar gemacht haben. **122**

a) Objektiver Tatbestand

A müsste dazu den Tod des B in objektiv zurechenbarer Weise verursacht haben. Die Frage, ob das Angefahrenwerden durch A überhaupt kausal für den Tod des B geworden ist, bestimmt sich entsprechend der ganz herrschenden Äquivalenztheorie nach der conditio-sine-qua-non-Formel. Danach ist jede Bedingung für einen Erfolg kausal, die nicht hinweggedacht werden kann, ohne dass der Erfolg in seiner konkreten Gestalt entfiele (*Wessels/Beulke, AT Rn 156*). Hätte A den B nicht angefahren, dann wäre dieser mit an Sicherheit grenzender Wahrscheinlichkeit zu diesem Zeitpunkt und unter diesen Umständen nicht gestorben. Das Verhalten des A war somit kausal für den Tod des B.

Problematisch ist jedoch, ob ihm dieser Erfolg auch objektiv zurechenbar ist. Das ist nur dann der Fall, wenn der Täter eine rechtlich relevante Gefahr geschaffen hat, die sich im tatbestandsmäßigen Erfolg realisiert (sog Grundformel, *Wessels/Beulke, AT Rn 179; s bereits Rn 111*). Durch das Anfahren hat A zwar eine rechtlich relevante Gefahr geschaffen, durch die er B in Lebensgefahr gebracht hat; jedoch ist fraglich, ob sich im konkreten Eintritt des Todes bei B gerade diese, aus dem Unfall herrührende Gefahr realisiert hat. Die Zweifel resultieren aus dem Umstand, dass ohne das zusätzliche Verhalten des I der B am Leben geblieben, der Erfolg also ausgeblieben wäre. Darin könnte ein völlig atypischer Kausalverlauf zu sehen sein, für den A keine Verantwortung zu tragen hätte. **123**

Problem Nr 6: Atypischer Kausalverlauf **124**

Atypische Kausalverläufe liegen vor, wenn der eingetretene Erfolg völlig außerhalb dessen liegt, was nach dem gewöhnlichen Verlauf der Dinge und nach der allgemeinen Lebenserfahrung noch in Rechnung zu stellen ist (BGHSt 3, 62; *Wessels/Beulke*, AT Rn 196).

Einigkeit herrscht darüber, dass in solchen Fällen nicht allein der Ursachenzusammenhang die Strafbarkeit des Täters begründen darf. Streitig ist aber, wie eine Haftungsbegrenzung vorzunehmen ist.

(1) Die ganz **herrschende Ansicht** verneint im Falle eines völlig atypischen Kausalverlaufs den objektiven Deliktstatbestand. Ein durch menschliches Verhalten verursachter Erfolg ist nur dann objektiv zurechenbar, wenn die durch das Verhalten geschaffene, rechtlich missbilligte Gefahr sich gerade im Erfolgseintritt verwirklicht hat. Prüfungskriterien sind damit vorrangig der Schutzzweck der Norm und der Pflichtwidrigkeitszusammenhang. Aber auch in den Fällen des Abweichens vom typischen Kausalverlauf muss die Erfolgszurechnung entfallen, wenn das Kausalgeschehen vom Täter nicht mehr beherrschbar oder steuerbar war und der Erfolg so nach wertender Betrachtung nicht mehr als „sein Werk" erscheint. Wenn es niemandem in der sozialen Rolle des Täters möglich gewesen wäre, den Erfolg in seiner konkreten Gestalt vorherzusehen, ist dieser Erfolg nur ein Werk des Zufalls und kann dem Täter deshalb nicht zugerechnet werden.

Zusätzlich ist eine Unterbrechung des Zurechnungszusammenhangs immer dann in Erwägung zu ziehen, wenn ein **Dritter in das Geschehen eintritt, der seinerseits eigenverantwortlich (vorsätzlich oder fahrlässig) handelt**. Sofern die rechtlich relevante Gefahr nicht durch Verletzung von Sicherheitsvorschriften geschaffen worden ist, die gerade dem Schutz vor Vorsatz- oder Fahrlässigkeitstaten Dritter dienen und wenn das Verhalten des Dritten auch nicht so spezifisch mit der Ausgangsgefahr verbunden ist, dass es bereits als typischerweise in der Ausgangsgefahr begründet erscheint, kann der Erfolg allein diesem Dritten zugerechnet werden.

(2) Die **Rechtsprechung** nimmt hingegen, zumindest bei Vorsatzdelikten, die Haftungsbegrenzung zumeist erst auf der Ebene des subjektiven Tatbestandes vor, indem sie bei völlig atypischen Kausalverläufen von einer wesentlichen Abweichung zwischen dem vorgestellten und dem wirklichen Kausalverlauf ausgeht, die gemäß § 16 I 1 den Vorsatz entfallen lässt. Fraglich ist nach der Rechtsprechung allein, ob der weitere Geschehensablauf noch voraussehbar war. Dies wird zB bejaht, wenn ein Verletzter infolge des Blutverlustes bewusstlos wird, in diesem Zustand erbricht und durch Einatmen des Mageninhalts erstickt (BGHSt 24, 213). Es ist auch voraussehbar, dass ein Opfer aufgrund einer Wundinfektion nach einer Stichverletzung stirbt (RGSt 70, 257, 259). Im Ergebnis stimmen herrschende Ansicht und Rechtsprechung allerdings idR überein.

Zur Vertiefung: Wessels/Beulke, AT Rn 176 ff, 192, 196.

125 Zwar hat A durch sein Fahrverhalten das Leben des B gefährdet. Diese Gefahr umfasste auch das Risiko, dass B erst im Krankenhaus an seinen Verletzungen sterben könnte. Die Nichtbeatmung des B schließt an die schon begründete Lebensgefahr an. Vernünftigerweise konnte jedoch von niemandem vorhergesehen werden, dass ein Dritter das einzige verfügbare Atemgerät zerlegen würde. Der völlig atypische Kausalverlauf war in dieser Hinsicht nicht mehr vorhersehbar und nicht mehr beherrschbar. Der Erfolg kann deshalb nicht als „das Werk des Täters" betrachtet werden, so dass die objektive Zurechnung entfällt. Dies lässt sich auch mit der Verlagerung des Verantwortungsbereiches auf den vorsätzlich oder fahrlässig handelnden I begründen. Die von A geschaffene Ausgangsgefahr birgt nicht typischerweise das Risiko derartiger späterer Straftaten.

b) Ergebnis

Der Tod des B ist A somit nicht objektiv zuzurechnen. Zumindest entfällt – nach Ansicht der Rechtsprechung – der Tötungsvorsatz.

2. §§ 212 I, 22, 23 I

Der Totschlag an B ist wegen fehlender Zurechenbarkeit des Erfolges nicht vollendet, der Versuch des Verbrechens Totschlag ist gem § 23 I Alt 1 iVm § 12 I strafbar. **126**

a) Tatentschluss

A müsste den Vorsatz gehabt haben, B zu töten. Es kam A nicht auf die Tötung an (Absicht) und er konnte auch nicht sicher davon ausgehen, dass B nicht überleben werde (dolus directus 2. Grades). Damit kommt allenfalls bedingter Vorsatz (dolus eventualis) in Betracht. Laut Sachverhalt hat A die Tötung des B billigend in Kauf genommen, um auf diese Weise das Leben des M zu retten. Damit ist sowohl das Wissens- als auch das Wollenselement des Vorsatzes im Sinne eines Ernstnehmens des Erfolges und eines Sich-mit-ihm-Abfindens in ausreichendem Maße vorhanden (*Rn 107*), so dass dolus eventualis gegeben ist. A hatte somit Tötungsvorsatz. Der Tatentschluss ist zu bejahen.

b) Unmittelbares Ansetzen

A hat, indem er B anfuhr, bereits die tatbestandsmäßige Ausführungshandlung vorgenommen. Darin liegt unstreitig ein unmittelbares Ansetzen zur Tatbestandsverwirklichung.

c) Rechtswidrigkeit

Rechtswidrig ist die Tat, wenn keine Rechtfertigungsgründe vorliegen. **127**

aa) Notwehr, § 32

Hier könnte A durch Notwehr gerechtfertigt sein. Eine Notwehrlage würde einen Angriff seitens des B voraussetzen. Daran fehlt es.

bb) Rechtfertigender Notstand, § 34

A könnte aber in einer Notstandslage gehandelt haben. Eine solche liegt vor, wenn eine **128**
gegenwärtige Gefahr für Leben, Leib, Freiheit, Ehre, Eigentum oder ein anderes Rechtsgut besteht, die nicht anders abgewendet werden kann als durch Einwirkung auf ebenfalls rechtlich anerkannte Interessen.

Unter einer gegenwärtigen Gefahr ist ein Zustand zu verstehen, dessen Weiterentwicklung den Eintritt oder die Intensivierung eines Schadens ernstlich befürchten lässt, sofern nicht alsbald Abwehrmaßnahmen ergriffen werden. Im fraglichen Zeitpunkt war das Leben des M ernsthaft gefährdet. § 34 setzt nicht voraus, dass die Gefahr dem Täter selbst droht, auch „Notstandshilfe" zugunsten der Rechtsgüter Dritter ist möglich *(Wessels/Beulke, AT Rn 308).*

Die Notstandshandlung müsste objektiv erforderlich gewesen und subjektiv vom Rettungswillen getragen worden sein. Erforderlich kann nur sein, was zur Abwendung der Gefahr geeignet ist und unter Berücksichtigung aller ex ante erkennbaren Umstände aus der Sicht eines sachkundigen objektiven Beobachters als der sicherste Weg zur Erhaltung des gefährdeten Gutes erscheint. Der Täter muss das sicherste und gleichzeitig mildeste Mittel wählen (*Wessels/Beulke, AT Rn 308*).

Im Fall stand A nur das Ausweichmanöver als sicherste Gefahrenabwehr zur Verfügung. Mildere Mittel sind nicht ersichtlich. Auch handelte er subjektiv in der Absicht, M zu retten.

Trotzdem ist die Rechtfertigung nach § 34 zu versagen, wenn in der Abwägung der einbezogenen Interessen das geschützte Interesse das beeinträchtigte nicht wesentlich überwiegt. Der Wert der widerstreitenden Interessen und der Grad der ihnen jeweils drohenden Gefahren sind dabei ausschlaggebend. Steht wie hier „Leben gegen Leben", muss ein wesentliches Überwiegen eines Rechtsguts immer verneint werden (Grundsatz des absoluten Lebensschutzes). Eine Rechtfertigung nach § 34 ist dann unmöglich.

Sonstige Rechtfertigungsgründe sind nicht ersichtlich. Die Tat des A war somit rechtswidrig.

d) Schuld

129 A könnte nach den Grundsätzen des entschuldigenden Notstands gem § 35 I 1 entschuldigt sein. Eine gegenwärtige, nicht anders abwendbare Gefahr für ein Menschenleben lag vor. M ist als Ex-Schwager zudem gem § 11 I Nr 1 a Angehöriger des A, und zwar auch nach Scheidung von dessen Schwester. Darüber hinaus wählte A das sicherste und mildeste ihm zur Verfügung stehende Mittel zur Rettung des M (s *Rn 128*). Im Rahmen des entschuldigenden Notstands ist in Extremfällen – wie zB „Leben gegen Leben" – auch die (versuchte) Tötung eines anderen Menschen nicht unverhältnismäßig (*Wessels/Beulke, AT Rn 439*). Die Voraussetzungen des § 35 I 1 liegen vor.

130 Allerdings könnte A die Entschuldigung aus § 35 I 2 versagt werden. Ein solcher Versagungsgrund läge vor, wenn A die Hinnahme der Gefahr für seinen Ex-Schwager aufgrund der Gesamtumstände zuzumuten gewesen wäre. Dies wäre dann der Fall, wenn A die Gefahr selbst verursacht oder in einem besonderen Rechtsverhältnis mit erhöhten Gefahrtragungspflichten gestanden hätte. Zwar hat A durch die Fahrt mit dem Auto eine kausale Ursache für die Gefährdung seines Ex-Schwagers gesetzt, so dass von einer Verursachung der Gefahr durch A gesprochen werden kann. Fraglich ist aber, ob die bloße Verursachung der Gefahr für eine Versagung der Entschuldigung schon genügt, wenn dem Täter hinsichtlich seines Vorverhaltens nicht einmal der Vorwurf gemacht werden kann, er hätte außerhalb des allgemein üblichen Risikorahmens gehandelt.

131 **Problem Nr 7: Kausalität iSv § 35 I 2**

Eine Entschuldigung ist dem Täter erst dann zu versagen, wenn und soweit ihm gerade wegen der Verursachung der Gefahr zugemutet werden kann, diese hinzunehmen. Dafür ist aber mindestens ein objektiv pflichtwidriges, wenn auch nicht im technischen Sinn schuldhaftes Verhalten zu verlangen. Handelt der Täter daher im Rahmen des sozial Üblichen (allgemeines Lebensrisiko), so kann ihm das strafrechtlich nicht zum Vorwurf gemacht werden.

So ist zB die ordnungsgemäße Teilnahme am Straßenverkehr unter dem Gesichtspunkt des „erlaubten Risikos" nicht geeignet, dem Täter eine Entschuldigung zu versagen.

Zur Vertiefung: Wessels/Beulke, AT Rn 440 f; Joecks, St-K, § 35 Rn 14 ff.

132 Wegen des sozialadäquaten Verhaltens des A greift die Ausnahme des § 35 I 2 nicht ein. Jedoch wäre A selbst bei relevanter Gefahrverursachung, also bei einem pflichtwidrigen

Vorverhalten, eine Hinnahme der Gefahr für seinen Angehörigen nicht zumutbar. Gerade die pflichtwidrige Verursachung der Gefahr würde ihn unter erhöhten psychischen Druck setzen, den Schaden von seinem Angehörigen wieder abzuwenden.

Problem Nr 8: Verschuldete Gefährdung Angehöriger bzw. nahe stehender Personen und § 35 I 2

Auch bei Notstandshandlungen zur Rettung von Angehörigen oder Nahestehenden stellt das Gesetz in § 35 I 2 nicht auf deren Vorverhalten, sondern auf die Gefahrverursachung durch den Täter ab. Bei der Verursachung einer dem Täter selbst drohenden Gefahr ist ihm die Hinnahme der Gefahr eher zuzumuten, als wenn die Rettungshandlung zugunsten eines gefährdeten Angehörigen erfolgt. Zu dessen Rettung wird der Täter sich nämlich besonders gedrängt fühlen, wenn er selbst für den Eintritt der Gefahrenlage verantwortlich ist. Die verschuldete Gefährdung Angehöriger oder anderer nahe stehender Personen führt also nicht zum Wegfall des Entschuldigungsgrundes iSv § 35 I 2, wenn die Handlung zu deren Gunsten erfolgt.

Zur Vertiefung: Wessels/Beulke, AT Rn 441; Joecks, St-K, § 35 Rn 11 ff.

A ist gem § 35 I 1 entschuldigt. Er hat sich nicht nach §§ 212 I, 22, 23 I strafbar gemacht.

3. § 223 I

a) Tatbestand

aa) Objektiver Tatbestand

Eine körperliche Misshandlung ist jede substanzverletzende Einwirkung auf den Körper **133** des Opfers sowie jede üble und unangemessene Behandlung, durch die das körperliche Wohlbefinden oder die körperliche Unversehrtheit mehr als nur unerheblich beeinträchtigt wird. Gesundheitsschädigung meint das Hervorrufen, Steigern oder Aufrechterhalten eines vom Normalzustand der körperlichen Funktionen des Opfers nachteilig abweichenden krankhaften Zustandes körperlicher oder seelischer Art. Beides ist bei der lebensgefährlichen Verletzung des B zu bejahen.

Im Text wird also sowohl die körperliche Misshandlung als auch die Gesundheitsschädigung bejaht. Wenn mehrere Alternativen existieren, sollte stets auf diese Weise vorgegangen werden (Kudlich, Fälle AT [1] S 6; weitere Beispielsfälle u.a. bei Gaul/Haseloff/Zapf, JA 2011, 675; Kubiciel/Wachter, JA 2013, 115; Kühl/Hinderer, JuS 209, 919; Linke/Steinhilber, JA 2010, 120; Neubacher/Bachmann, Jura 2010, 157; Stiebig, Jura 2007, 911; s auch Bergmann, ZJS 2011, 264 [zu § 303]). Die Studierenden sollten bedenken, dass sie ein umfassendes Gutachten zu erstellen haben. Nicht ratsam (in Examensarbeiten aber häufig anzutreffen) ist es deshalb, dass nur eines der beiden Merkmale angesprochen wird. Wenig durchdacht wirkt es auch, wenn zwar beide Merkmale definiert werden, der konkrete Sachverhalt aber nur unter ein Merkmal subsumiert wird (s auch Rn 156).

Kausalität und objektive Zurechnung (die hier gar nicht angesprochen werden, da insoweit kein Problem vorliegt) werden üblicher Weise nach dem Erfolgseintritt in Form der körperlichen Misshandlung bzw Gesundheitsschädigung geprüft (statt aller: Stuckenberg, Ad Legendum 2011, 305, 313; anders insoweit Murmann, JA 2011, 593, 594).

bb) Subjektiver Tatbestand

A hat diese Körperverletzung bei B mit Eventualvorsatz herbeigeführt (Einheitstheorie, *s Rn 116*).

b) Rechtswidrigkeit

A könnte gem § 34 gerechtfertigt sein. Eine Notstandslage und eine erforderliche Notstandshandlung, getragen vom Rettungswillen des A, liegen vor. Fraglich ist wiederum, ob das geschützte Rechtsgut das aufgeopferte wesentlich überwiegt.

134 **Problem Nr 9: Bestimmung der beim Notstand zu berücksichtigenden Interessen**

Problematisch ist, ob bei der Bewertung der Schädlichkeit des Eingriffs auf der Eingriffsseite nur auf die durch den betreffenden Tatbestand unmittelbar oder mittelbar geschützten Rechtsgüter abzustellen ist (hier die körperliche Unversehrtheit des B) oder ob auch sonstige beeinträchtigte und gefährdete Rechtsgüter in Abwägung zu stellen sind. (Im Fall wären dann auch die Sachbeschädigung am Fahrrad und die Lebensgefahr für B im Rahmen des § 223 abwägungsrelevant.)

(1) Nach einer **Mindermeinung** sind alle Interessen auf beiden Seiten in die Abwägung einzubeziehen, denn nach dem Grundgedanken des § 34 soll nur ein Verhalten gerechtfertigt sein, das in der Gesamtbetrachtung mehr Nutzen als Schaden bringt (LK-*Zieschang, § 34 Rn 55*).

Gegenargument: Die Grenze des Schutzes kann sich stets nur aus dem jeweiligen Tatbestand ergeben.

(2) Nach **herrschender** und **zutreffender Ansicht** ist deshalb stets nur auf das tatbestandlich geschützte Interesse abzustellen.

Zur Vertiefung: S/S-Perron, § 34 Rn 23.

135 Die Tat ist begangen worden, um das Leben des M zu retten. Für die hier vorgenommene Prüfung einer Strafbarkeit gem § 223 I sind im Rahmen der von § 34 geforderten Güterabwägung auf der Seite des B nur die Gefahren für dessen körperliche Unversehrtheit bzw Gesundheit in Betracht zu ziehen. Auch die Intensität der Gefahren ist mit zu berücksichtigen. Deshalb muss bei der Abwägung zwischen dem Leben des M und der körperlichen Unversehrtheit des B gewürdigt werden, dass B allein schon durch den Aufprall in die Gefahr schwerster Körperverletzungen geriet. ZB könnten Arme und Beine zerquetscht oder eine Querschnittslähmung herbeigeführt werden. Es überwiegt somit das geschützte Rechtsgut das aufgeopferte nicht wesentlich. Eine Rechtfertigung nach § 34 scheidet aus.

c) Schuld

Allerdings greift auch hier aus den bereits genannten Gründen der Entschuldigungsgrund des § 35 I ein.

A hat sich nicht gem § 223 I strafbar gemacht.

4. § 224 I Nr 2 und Nr 5

Da hier bereits wegen des Grunddelikts eine Strafbarkeit gem § 35 I 1 entfällt, kann die Prüfung der Qualifikation auch weggelassen werden. In Fortgeschrittenenklausuren würde man die Qualifikation in einem solchen Fall auf keinen Fall gesondert ansprechen. Viele raten allerdings gerade in dem Fall, dass Rechtfertigungsgründe eingreifen, dazu, Grundtatbestand und Qualifikation zusammen zu prüfen, weil man dann „auf elegante Weise" zunächst auf die Qualifikationsmerkmale eingehen kann, bevor die Strafbarkeit auf der Ebene der Rechtswidrigkeit oder der Schuld scheitert (so zB Gropengießer/Kohler, Jura 2003, 278 Fn 3; vert dazu oben Rn 54).

Ein gefährliches Werkzeug iSv § 224 I Nr 2 ist jeder Gegenstand, der nach seiner Be- **136**
schaffenheit und der Art seiner Verwendung als Angriffs- oder Verteidigungsmittel im konkreten Fall geeignet ist, erhebliche Verletzungen zuzufügen (*vert Wessels/Hettinger, BT1 Rn 274 ff*). Ein Auto ist, wenn es zielgerichtet als Körperverletzungsmittel eingesetzt wird, geeignet, erhebliche Verletzungen zuzufügen. Es ist damit unter den Begriff des gefährlichen Werkzeugs zu fassen.

Das Anfahren eines Menschen ist darüber hinaus sowohl abstrakt als auch konkret geeignet, Leben zu gefährden. A hat also die Qualifikation des § 224 I Nr 5 ebenfalls erfüllt.

Allerdings ist er letztlich wieder aus § 35 I entschuldigt (*Rn 129 ff*).

5. § 303 I

Eine Sachbeschädigung könnte in der Zerstörung des Fahrrads liegen. **137**

a) Objektiver Tatbestand

Gliederungsmäßig wird hier (häufig auch in den folgenden Lösungen) sehr „großzügig" vorgegangen: a) objektiver Tatbestand – b) subjektiver Tatbestand – c) Rechtswidrigkeit. Ich halte dieses Verfahren im Interesse einer besseren Lesbarkeit für zulässig und vorzugswürdig. Andererseits ist dieses Vorgehen doch nicht ganz ungefährlich, denn viele Korrektoren werden zumindest im Rahmen der Anfängerübung die Aufbauweise als systemwidrig korrigieren. Im Rahmen von Examensklausuren ist meiner Erfahrung nach die von mir vorgeschlagene Vorgehensweise völlig üblich. Anfänger müssen sich hingegen hundertprozentig sicher sein, dass sie auf „liberale" Korrektoren stoßen, die einen flexiblen Aufbau tolerieren. Im Zweifel sollten Sie immer auf „Nummer sicher" gehen und lieber ganz systemgerecht gliedern: a) Tatbestand – aa) objektiver Tatbestand – bb) subjektiver Tatbestand – b) Rechtswidrigkeit etc … (Beispielsklausur insoweit Gierhake, Jura 2010, 312).

A hat das Fahrrad völlig unbrauchbar gemacht. Bei einer Substanzverletzung ist eine Sachbeschädigung immer unproblematisch zu bejahen. Eine täterfremde Sache lag ebenfalls vor.

b) Subjektiver Tatbestand

A handelte zumindest mit Eventualvorsatz (*vgl Rn 126*). Ob er sich auch vorgestellt hat, B sei Eigentümer, ist unerheblich. Es genügt, wenn A sich nur überhaupt bewusst war, dass die Sache einem anderen gehört. Davon ist hier auszugehen.

c) Rechtswidrigkeit

Die Rechtfertigungsgründe der §§ 228 und 904 S 1 BGB gehen hier als lex specialis dem allgemeinen Notstand gem § 34 vor (vgl o Rn 68; Wessels/Beulke, AT Rn 287).

aa) § 228 BGB

138 A könnte nach § 228 BGB gerechtfertigt sein (defensiver Notstand). Dann müsste die drohende Gefahr aber von der zerstörten Sache selbst ausgegangen sein. Daran fehlt es hier.

bb) § 904 S 1 BGB

139 Hingegen könnte § 904 S 1 BGB (aggressiver Notstand) eingreifen. Die geforderte Notstandslage und das entsprechende Handeln des Täters sind gegeben. Fraglich ist nur, ob der drohende Schaden gegenüber dem sonst aus der Einwirkung entstehenden Schaden unverhältnismäßig groß ist. Bei der Abwägung geht es auf der Seite des aufgeopferten Rechtsguts allein um den Verlust des – von § 303 I geschützten – Eigentums des F und nicht um weitere Gefahren für Rechtsgüter des B (*vgl o 3 b, Rn 134*).

Bei einer Abwägung von Eigentum gegen Leben gebührt dem Lebensinteresse der Vorzug. A ist aus § 904 S 1 BGB gerechtfertigt.

Auch eine Strafbarkeit gem § 303 I entfällt somit.

6. Ergebnis für A

A ist straflos.

Die Prüfung der Straßenverkehrsdelikte (insbes §§ 315b, 315c) ist in der Aufgabenstellung ausdrücklich ausgeklammert worden, da es sich insoweit (insbes bzgl § 315b) nicht um ein Anfängerproblem handelt. Im Ergebnis müsste auch bzgl aller in Betracht kommender Straßenverkehrsdelikte entweder eine Rechtfertigung gem § 34 oder aber zumindest eine Entschuldigung gem § 35 I eingreifen.

II. Strafbarkeit des I

1. § 212 I

140 Durch die Manipulation des Beatmungsgerätes könnte sich I wegen Totschlags gem § 212 I strafbar gemacht haben.

a) Objektiver Tatbestand

Tötungserfolg und Tötungshandlung des I sind gegeben. Die Entfernung der funktionswichtigen Teile war eine äquivalent kausale Ursache für den Tod des B.

Weiterhin müsste sich nach der Lehre von der objektiven Zurechnung die vom Täter I geschaffene Gefahr auch gerade im Erfolg manifestiert haben. Durch das Entfernen funktionsnotwendiger Teile eines medizinischen Gerätes wird das Risiko geschaffen, dass Patienten nicht damit behandelt werden können und deshalb versterben. Der Taterfolg trat damit infolge eines objektiv vorhersehbaren Kausalgeschehens ein. Er ist I zurechenbar.

b) Subjektiver Tatbestand

Fraglich ist aber, ob I vorsätzlich handelte. Eventualvorsatz setzt zumindest voraus, dass der Täter die Möglichkeit des Erfolgseintritts erkannt hat (*s Rn 107*). Doch genau diese Voraussetzung ist hier nicht erfüllt. I ging nie von einer Lebensgefahr für Patienten aus.

Eine Strafbarkeit aus § 212 I liegt mithin nicht vor.

2. § 223 I

Zwar wäre eine Körperverletzung an B objektiv zu bejahen, doch handelte I auch insoweit vorsatzlos. **141**

3. § 222

Generell zum Aufbau der fahrlässigen Begehungstat s Rn 85 und 430 sowie Wessels/Beulke, AT Rn 875. **142**

a) Tatbestand

Eine Strafbarkeit wegen fahrlässiger Tötung des B hat zur Voraussetzung, dass I beim Unbrauchbarmachen des Gerätes eine objektive Sorgfaltspflichtverletzung vorzuwerfen ist.

Geboten war ihm, lebenswichtige Apparaturen in funktionstauglichem Zustand zu belassen. Dass durch eine Verletzung dieses Gebotes Menschen zu Tode kommen könnten, war objektiv vorhersehbar und vermeidbar.

Zudem ist gerade der Erfolg eingetreten, den die Sorgfaltspflicht vermeiden wollte, dh der Schutzzweck- und Pflichtwidrigkeitszusammenhang zwischen Tathandlung und Erfolg ist zu bejahen.

b) Rechtswidrigkeit

Rechtfertigungsgründe greifen nicht ein.

c) Schuld

Der Erfolgseintritt müsste weiterhin für den Täter I auch subjektiv vorhersehbar und vermeidbar gewesen sein. I hätte bei Anwendung der pflichtgemäßen Sorgfalt erkennen können, dass durch sein Verhalten Lebensgefahr für Patienten begründet wurde. Ihm ist damit ein Fahrlässigkeitsschuldvorwurf zu machen.

I ist wegen fahrlässiger Tötung strafbar.

4. § 303 I

143 Die Zerlegung des Beatmungsgerätes könnte eine Sachbeschädigung gem § 303 I darstellen.

a) Objektiver Tatbestand

Die Apparatur steht im Eigentum des Krankenhauses und ist damit für I eine fremde bewegliche Sache.

Fraglich ist, ob das Lockern einiger Teile eine Sachbeschädigung sein kann, wenn nicht gleichzeitig eine Substanzverletzung vorliegt. Bei Kenntnis des gelockerten Zustands der Schrauben hätte das Gerät mit wenigen Handgriffen wieder funktionstauglich gemacht werden können, so wie es später erfolgte. Aber möglicherweise kann auch das Unbrauchbarmachen nur für eine gewisse Zeitspanne als Sachbeschädigung gelten.

144 **Problem Nr 10: Sachbeschädigung durch bloße Brauchbarkeitsminderung**

(1) Substanzverletzungstheorie:
Ursprünglich wurde vom RG ein enger, am Wortsinn orientierter Beschädigungsbegriff vertreten. Danach konnten nur substanzverletzende Einwirkungen dem Sachbeschädigungsbegriff unterfallen. Diese enge Interpretation des § 303 I findet bis heute Befürworter.

Argument: Der Wortlaut „beschädigt" spricht eher für das Erfordernis einer Substanzverletzung.

Gegenargument: Diese Auslegung führt zu erheblichen Strafbarkeitslücken, insbes bei Trennung von zusammengesetzten Sachen, ohne dass eine echte Substanzverletzung vorliegt. Es bleibt in diesen Fällen das Interesse des Eigentümers, die Wertminderung seiner Sache zu vermeiden, ungeschützt.

(2) Zustandsveränderungstheorie:
Hiernach ist jede dem Eigentümerinteresse zuwiderlaufende Zustandsveränderung der Sache von § 303 I erfasst. Das führt dazu, dass sogar das bloße Bekleben von Wänden einer Substanzverletzung gleichgestellt wird.

Argument: Es soll möglichst jeder „Schaden" erfasst werden, der durch die Einwirkung auf die Sache entstanden ist.

Gegenargument: Das bloße Verunstalten einer Sache, und sei es auch auffällig, kann wegen der voll aufrechterhaltenen Verwendungsmöglichkeit nicht dem Fall gleichgestellt werden, in dem dem Eigentümer der Nutzen der Sache durch Zerstörung oder Unbrauchbarmachung entzogen wird. Auch ist eine solch weite Auslegung kaum mit dem Wortsinn von Beschädigen vereinbar.

(3) Kombinierte Substanzverletzungs- und Funktionsvereitelungstheorie (heute Rspr und hL):
Zunächst fällt jede Substanzverletzung unter § 303 I. Aber auch ohne Substanzverletzung ist § 303 I erfüllt, sofern durch die Einwirkung auf die Sache selbst deren Verwendungsfähigkeit aufgehoben oder gemindert ist. Die bloße Veränderung des Zustandes ist nur dann eine Sach-

beschädigung gem § 303 I, wenn der Zustand als solcher offensichtlich mit der Verwendungsfähigkeit zusammenhängt (zB die Ästhetik eines Kunstwerkes)

Argument: Zweck des durch § 303 I gewollten Schutzes ist es zu verhindern, dass der Wert der Sache für den Eigentümer herabgesetzt oder beseitigt wird, und zwar nicht nur der Substanz-, sondern auch der Gebrauchswert.

Die hA überzeugt. Sachbeschädigung gem § 303 I liegt damit vor, wenn die Einwirkung auf eine Sache (auch ohne Substanzverletzung) deren bestimmungsgemäße Brauchbarkeit nicht unwesentlich mindert, so dass die betroffene Sache nicht mehr funktionsentsprechend voll einsatzfähig ist. Nicht unwesentlich sind die Einwirkungsfolgen in der Regel dann, wenn sie nicht oder zumindest nur mit einem nicht unerheblichen Aufwand an Zeit, Mühe oder Kosten zu beseitigen sind.

Zur Vertiefung: Wessels/Hillenkamp, BT2 Rn 24 ff.

Im vorliegenden Fall hat I durch Manipulation an der Maschine zwar nicht auf die Sub- **145**
stanz derselben eingewirkt, sondern nur ihre bestimmungsgemäße Brauchbarkeit gemindert. Auch hierin ist jedoch eine Sachbeschädigung zu sehen, wenn die Wiederherstellung der Brauchbarkeit einen nicht nur ganz unerheblichen Aufwand erfordert. I hat bei mehreren Teilen einer komplizierten Apparatur die Verschraubungen gelockert. Die Fehlerquelle musste erst gefunden und dann der Fehler behoben werden. Zur Wiederherstellung der Brauchbarkeit war ein gewisser Aufwand erforderlich.

Der objektive Tatbestand der Sachbeschädigung ist also erfüllt.

b) Subjektiver Tatbestand

I handelte vorsätzlich.

Eine Leserin hat eingewandt, es sei inkonsequent, den Körperverletzungsvorsatz zu verneinen (s Rn 141), hingegen den Sachbeschädigungsvorsatz zu bejahen. Mit der Vereitelung des medizinischen Gebrauchs gehe eine von Eventualvorsatz getragene Körperverletzung einher, nach dem Motto, es sei dem I egal, welche Folgen seine Handlung habe, Hauptsache er bereite dem D Probleme. Dies überzeugt mE nicht. Der Umstand, dass I den medizinischen Gebrauch dieses Gerätes vereiteln will, reicht für die Annahme des Körperverletzungsvorsatzes nicht aus, da im Sachverhalt ausdrücklich angegeben ist, dass I irrtümlicherweise davon ausgeht, dass jederzeit und ohne wesentliche Zeitverzögerungen weitere Beatmungsgeräte einsetzbar seien. Selbst wenn der Gebrauch des einzelnen Gerätes vereitelt werden sollte, wäre bei Realisierung von Is Annahme höchstwahrscheinlich keinerlei Gefahr für Leib und Leben eines anderen eingetreten. Dass I das Schicksal der Patienten egal ist, lässt sich auch nicht so ohne weiteres behaupten, da der Sachverhalt ausführt, dass I nicht bewusst ist, dass durch seinen Streich Leib und Leben der Patienten in Gefahr geraten könnten. Das spricht eher gegen eine Gleichgültigkeit. Summa summarum sprechen die besseren Gründe für die Ablehnung des Körperverletzungsvorsatzes.

c) Rechtswidrigkeit und Schuld

I handelte rechtswidrig und schuldhaft.

d) Strafantrag, § 303c

Der gem § 303c grundsätzlich erforderliche Strafantrag ist gestellt.

I ist also einer Sachbeschädigung gem § 303 I schuldig.

Besonders kluge Bearbeiter erkennen im Falle der Gesetzeskonkurrenz folgendes Problem: Es ist wenig folgerichtig, zunächst als Ergebnis festzustellen, dass sich der Täter wegen eines bestimmten Straftatbestandes „strafbar" gemacht habe (zB Körperverletzung, § 223), um kurz darauf zu dem Ergebnis zu kommen, dass die Strafbarkeit auf dem Wege der Gesetzeskonkurrenz entfällt (zB wegen des zuvor bejahten vollendeten Totschlags, § 212). Die Mehrheit der Ausbilder, Musterlösungsverfasser (vgl statt aller Esser/Röhling, Jura 2009, 870; Heinrich/Reinbacher, JA 2007, 264) und Studenten stört sich an so kleinen Widersprüchen nicht. Wer sie vermeiden (und damit den besonderen Respekt der Korrektoren erlangen) möchte, kann das mit geringen Mitteln schaffen: In Fällen der klaren Gesetzeskonkurrenz wird bei dem später wegfallenden Delikt nur festgestellt, dass sich der Täter wegen dieses Delikts „schuldig" gemacht habe. Dann ergibt sich kein Widerspruch zum späteren völligen Ausscheiden des Delikts im Rahmen der Gesamtstrafbarkeit. Bei Kurzprüfung des subsidiären Delikts ist zB auch folgende Formulierung sinnvoll: „Neben Diebstahl, § 242 I, ist auch der Straftatbestand der Unterschlagung, § 246 I, erfüllt. Letzterer entfällt jedoch aufgrund der gesetzlichen Subsidiaritätsklausel im Wege der Gesetzeskonkurrenz."

5. § 303 II

Möglicherweise könnte auch eine Sachbeschädigung nach § 303 II vorliegen. Verändern des Erscheinungsbildes einer Sache bedeutet, dass der Täter durch sein Verhalten die optisch wahrnehmbare Oberfläche der Sache in einen vom ursprünglichen abweichenden Zustand versetzt (*s Fall 1, Rn 108*). Das Beatmungsgerät sieht nach der Manipulation aus wie zuvor, so dass eine Veränderung des Erscheinungsbildes ausscheidet. § 303 II ist nicht erfüllt.

Da aus dem Sachverhalt ohne Weiteres ersichtlich ist, dass das äußere Erscheinungsbild nicht verändert ist, kann eine Prüfung des § 303 II auch unterbleiben.

6. § 304 I

146 Es könnte eine gemeinschädliche Sachbeschädigung vorliegen.

a) Objektiver Tatbestand

Die Apparatur müsste dann dem „öffentlichen Nutzen dienen", dh es müsste sich um einen Gegenstand handeln, der im Rahmen seiner Zweckbestimmung der Allgemeinheit unmittelbar zugute kommt, sei es in Form des Gebrauches oder in anderer Weise (*vert Wessels/Hillenkamp, BT2 Rn 53 f*). Hier war die lebenswichtige Apparatur zunächst nur dem Krankenhauspersonal zugänglich. Deshalb ist fraglich, ob die Allgemeinheit unmittelbar aus ihr Nutzen ziehen konnte.

Problem Nr 11: Unmittelbarkeit bei „zum öffentlichen Nutzen dienen" iSv § 304 I 147

Unmittelbarkeit in diesem Sinne liegt vor, wenn jedermann aus dem Publikum, sei es auch erst nach Erfüllung bestimmter allgemeiner Bedingungen, aus dem Gegenstand selbst, aus dessen Erzeugnissen oder aus den bestimmungsgemäß von ihm ausgehenden Wirkungen Nutzen ziehen kann (BGHSt 31, 185). Bejaht wurde dies zB bei öffentlichen Feuermeldern oder Parkuhren.

Problematisch sind allerdings die Fallgestaltungen, in denen die Wirkung der Sache noch von der Tätigkeit einer Person abhängt. In diesen Fällen ist wie folgt zu unterscheiden: Ermöglicht die Sache es nur einem Dritten, unmittelbar zum Nutzen der Allgemeinheit tätig zu werden, so fehlt die Unmittelbarkeit, wie zB bei einem Polizeieinsatzfahrzeug (BGHSt 31, 185). Diese bloße Gemeinwohlfunktion genügt noch nicht. Dient hingegen das Eingreifen des Dritten nur dazu, den Gebrauch des Gegenstandes in seiner funktionellen Wirkung durch das Publikum unmittelbar zu ermöglichen, so ist die Unmittelbarkeit gegeben. Beispiele hierfür sind Straßen- oder Eisenbahnwagen.

Zur Vertiefung: Wessels/Hillenkamp, BT2 Rn 54.

Im vorliegenden Fall hat das Eingreifen des Krankenhauspersonals die Bedeutung, eine künstliche Beatmung für jeden Patienten zu ermöglichen, der eingeliefert wird und dieser Behandlung bedarf. Diesen Patienten kommt also die Wirkung der Maschine unmittelbar zugute, das Personal des Krankenhauses ermöglicht nur deren Einsatz. Damit handelt es sich bei der Beatmungsmaschine um einen Gegenstand, welcher dem öffentlichen Nutzen dient. 148

Beschädigen iSd § 304 I meint anders als in § 303 I die Beeinträchtigung des Gegenstandes hinsichtlich seiner besonderen öffentlichen Zweckbestimmung. Vorliegend ist auch das zu bejahen. Für medizinische Zwecke wurde das Gerät untauglich.

b) Subjektiver Tatbestand

I handelte vorsätzlich, insbes auch mit dem Ziel, den medizinischen Gebrauch der Sache zu vereiteln.

c) Rechtswidrigkeit und Schuld

I handelte rechtswidrig und schuldhaft.
Er hat sich somit gem § 304 I strafbar gemacht.

7. Konkurrenzen

a) § 303 I – § 304 I

Das Verhältnis von § 304 I zu § 303 I ist strittig. Richtiger Ansicht nach ist § 303 I regelmäßig eine Begleittat, die durch § 304 I konsumiert wird (*vgl Wessels/Hillenkamp, BT2 Rn 57*). 149

b) § 222 – § 304 I

Die Sachbeschädigung und die fahrlässige Tötung werden durch dieselbe Handlung verwirklicht und erfassen jeweils ein gesondertes Unrecht. Beide Delikte stehen deshalb zueinander in Tateinheit (§ 52).

8. Ergebnis für I

I ist wegen fahrlässiger Tötung in Idealkonkurrenz mit gemeinschädlicher Sachbeschädigung zu bestrafen, § 222 – § 52 – § 304 I.

III. Gesamtergebnis

A ist straflos.

I hat sich gem § 222 – § 52 – § 304 I strafbar gemacht.

Definitionen zum Auswendiglernen

Kausal	iSd Strafrechts ist jede Bedingung für einen Erfolg, die nicht hinweggedacht werden kann, ohne dass der Erfolg in seiner konkreten Gestalt entfiele (conditio sine qua non = sog Äquivalenztheorie, vgl *Wessels/Beulke, AT Rn 156*).
Objektiv zurechenbar	iSd Strafrechts ist ein Erfolg dann, wenn der Handelnde eine rechtlich relevante Gefahr geschaffen hat, die sich im tatbestandsmäßigen Erfolg realisiert (sog Grundformel; vgl *Wessels/Beulke, AT Rn 179*).
Atypischer Kausalverlauf	liegt vor, wenn der eingetretene Erfolg völlig außerhalb dessen liegt, was nach dem gewöhnlichen Verlauf der Dinge und nach der allgemeinen Lebenserfahrung noch in Rechnung zu stellen ist (*Wessels/Beulke, AT Rn 196*).
Notstandslage	iSv **§ 34** ist eine gegenwärtige Gefahr für Leben, Leib, Freiheit, Ehre, Eigentum oder ein anderes Rechtsgut, die nicht anders abgewendet werden kann als durch Einwirkung auf ebenfalls rechtlich anerkannte Interessen (*Wessels/Beulke, AT Rn 299*).
Gegenwärtige Gefahr	iSv **§ 34** ist ein Zustand, dessen Weiterentwicklung den Eintritt oder die Intensivierung eines Schadens ernstlich befürchten lässt, sofern nicht alsbald Abwehrmaßnahmen ergriffen werden (*Wessels/Beulke, AT Rn 303*).
Erforderlich	iSv **§ 34** ist, was zur Abwehr der Gefahr geeignet ist und unter Berücksichtigung aller ex ante erkennbaren Umstände aus der Sicht eines sachkundigen objektiven Betrachters als der sicherste Weg zur Erhaltung des gefährdeten Gutes erscheint und was zugleich das mildeste Mittel darstellt (*Wessels/Beulke, AT Rn 308*).
Körperliche Misshandlung	iSv **§ 223 I** ist jede substanzverletzende Einwirkung auf den Körper des Opfers sowie jede üble, unangemessene Behandlung, durch die das körperliche Wohlbefinden oder die körperliche Unversehrtheit mehr als nur unerheblich beeinträchtigt wird (*Wessels/Hettinger, BT1 Rn 255*).
Gesundheitsschädigung	iSv **§ 223 I** ist das Hervorrufen, Steigern oder Aufrechterhalten eines vom Normalzustand der körperlichen Funktionen des Opfers nachteilig abweichenden krankhaften Zustandes körperlicher oder seelischer Art (*vgl Wessels/Hettinger, BT1 Rn 257*). Achtung: Es heißt heute im Gesetzeswortlaut nur noch „Gesundheitsschädigung“, hingegen nicht mehr „Gesundheits**be**schädigung“.

Gefährliches Werkzeug	iSv **§ 224 I Nr 2** ist jeder Gegenstand, der nach seiner Beschaffenheit und der Art seiner Verwendung als Angriffs- oder Verteidigungsmittel im konkreten Fall geeignet ist, erhebliche Verletzungen zuzufügen (*Wessels/Hettinger, BT1 Rn 275*).
Gegenstände, die zum öffentlichen Nutzen dienen	iSv **§ 304 I** sind solche, die im Rahmen ihrer Zweckbestimmung der Allgemeinheit unmittelbar zugute kommen, sei es in Form des Gebrauches oder in anderer Weise (*Wessels/Hillenkamp, BT2 Rn 53*).

Weitere einschlägige Musterklausuren

Zum Problem des atypischen Kausalverlaufs:

Berkl, JA-Übungsblätter 2006, 276; *Ellbogen*, Jura 1998, 483; *Hellmann*, JuS-Lernbogen 1990, L 61; *Hilgendorf*, Klausurenkurs I [6] S 44, [9] S 70, [13] S 112; *Jahn/Ebner*, JuS 2007, 923; *Riemenschneider*, JuS 1997, 627; *Wagner/Drachsler*, ZJS 2011, 530; *Wolters*, Fälle [1] S 1.

Zum Problem der Interessenabwägung beim Notstand:

Gropp/Küpper/Mitsch, Fallsammlung [2] S 45; *Kern/Langer*, Strafrechtsfälle S 104; *Rudolphi*, Fälle AT [3] S 34 und [14] S 171.

Zum Problem der verschuldeten Gefährdung Angehöriger bzw nahe stehender Personen und § 35 I 2:

Gropengießer/Mutschler, Jura 1995, 155; *Hardtung*, JuS 2008, 623; *Kaspar*, Jura 2007, 69; *Sternberg-Lieben/Sternberg-Lieben*, JuS 2002, 576.

Zum Problem der Bestimmung der beim Notstand zu berücksichtigenden Interessen:

Eser/Burkhardt, AT [12] S 146; *Hilgendorf*, Klausurenkurs I [11] S 87; III [5] S 49; *Jäger*, AT § 4 Rn 158 f; *ders*, in: *Coester-Waltjen* ua (Hrsg), Zwischenprüfung, S 35; *Kargl*, Strafrecht S 56, 60; *Tiedemann*, Anfängerübung [5] S 188; s auch *Blank*, AT1 Rn 162 ff.

Zum Problem der Sachbeschädigung durch bloße Brauchbarkeitsminderung:

Baier, JuS 2004, 59; *Beulke*, Klausurenkurs II [4] Rn 104; *Gropp/Küpper/Mitsch*, Fallsammlung [13] S 238; *Marxen*, BT [23b] S 260; *Wilhelm*, JuS 1996, 424.

Zum Problem der Unmittelbarkeit bei „zum öffentlichen Nutzen dienen" iSv § 304 I:

Marxen, BT [23d] S 263; *Müller/Raschke*, Jura 2011, 305; *Wilhelm*, JuS 1996, 424.

Fall 3

Scheidung auf Deutsch

150 Der Ehemann A der T ist nach einem schweren Autounfall halbseitig gelähmt. T empfindet ihren Mann nur noch als Last, weshalb sie beschließt, sich seiner zu entledigen. Da sie sich jedoch psychisch nicht in der Lage sieht, die Tat selbst zu begehen, bittet sie ihren Freund K, die Angelegenheit zu übernehmen. Sie offenbart ihm gegenüber ihre Sorgen, woraufhin K Mitleid mit ihr empfindet und sich zur Tötung des A bereit erklärt. T überlässt die nähere Tatausführung ganz dem K.

Als A – von seinem Pfleger B begleitet – die Innpromenade entlangspaziert, wartet K auf die beiden, geht zum Schrecken von A und B mit gezogener Pistole auf sie zu und schießt aus einer Entfernung von etwa zwanzig Metern auf die Person, die er für A hält. Aufgrund seiner starken Kurzsichtigkeit verwechselt K jedoch A und B. Ins Herz getroffen sinkt B danieder.

In diesem Moment nähert sich der Spaziergänger S mit seinem Hund „Berry" der Leiche. Aus Angst, S habe ihn erkannt, nimmt K schnell seine Pistole und schießt auf S. Aufgrund seiner Hastigkeit trifft er jedoch nicht den S, sondern „Berry", der sofort verstirbt.

Wie haben sich K und T nach dem StGB strafbar gemacht?
Gegebenenfalls erforderliche Strafanträge sind gestellt.

Gedankliche Strukturierung des Falles (Kurzlösung)

A. Der erste Schuss des K

I. Strafbarkeit des K

1. § 212 I bzgl B (+)

a) Tatbestand (+)

aa) Objektiver Tatbestand (+)

bb) Subjektiver Tatbestand (+)

Problem Nr 12: Error in obiecto vel persona (Irrtum über das Handlungsobjekt) (Rn 153)

b) Rechtswidrigkeit (+) und Schuld (+)

2. § 211 bzgl B (–)

a) Heimtücke (–)

b) Niedrige Beweggründe (–)

3. §§ 223 I, 224 I Nr 2, Nr 5 bzgl B (+)

a) Objektiver Tatbestand (+)

b) Subjektiver Tatbestand (+)

c) Subsidiarität der §§ 223 I, 224 I Nr 2, Nr 5

4. §§ 212 I, 22, 23 I bzgl A (–)

5. Ergebnis für K im TK A

§ 212 I

II. Strafbarkeit der T

1. §§ 212 I, 25 II bzgl B (–)

Problem Nr 13: Abgrenzung Täterschaft/ Teilnahme (Rn 159)

2. §§ 212 I, 26 – § 29 – §§ 211, 26 (+)

a) Objektiver Tatbestand (+)

aa) Haupttat (+)

bb) Anstiftungshandlung (+)

Problem Nr 14: Wie ist der Begriff des „Bestimmens" iSv § 26 auszulegen? (Rn 160)

b) Subjektiver Tatbestand (+)

aa) Vorsatz bzgl der Haupttat (+)

Problem Nr 15: Error in obiecto vel persona und Anstiftung (Rn 162)

bb) Vorsatz bzgl der Anstiftungshandlung (+) 151

c) Akzessorietätslockerung

Problem Nr 16: Mord/Totschlag – § 28 I oder II oder § 29 (Rn 165)

d) Rechtswidrigkeit und Schuld (+)

e) Ergebnis: §§ 211, 26, 29

3. §§ 223 I, 224 I Nr 2, Nr 5, 26 (+)

4. Ergebnis für T im TK A

§§ 211, 26, 29

B. Der zweite Schuss

I. Strafbarkeit des K

1. § 303 I (–)

a) Objektiver Tatbestand (+)

b) Subjektiver Tatbestand (–)

Problem Nr 17: Aberratio ictus (Fehlgehen der Tat) (Rn 169)

2. § 212 I (–)

3. §§ 212 I, 22, 23 I (+)

a) Tatentschluss (+)

b) Unmittelbares Ansetzen (+)

c) Rechtswidrigkeit und Schuld (+)

4. §§ 211, 22, 23 I (+)

5. §§ 223 I, II, 224 I Nr 2 Alt 1, Nr 5, II, 22, 23 I (+)

6. Ergebnis für K im TK B

§§ 211, 22, 23 I

II. Strafbarkeit der T

1. §§ 211, 22, 23 I, 26 (–)

a) Objektiver Tatbestand (+)

b) Subjektiver Tatbestand (–)

2. Ergebnis für T im TK B

T ist straflos

C. Gesamtergebnis

K: § 212 I – § 53 I – §§ 211, 22, 23 I

T: §§ 211, 26, 29

Ausführliche Lösung von Fall 3

A. Der erste Schuss des K

I. Strafbarkeit des K

152 *Zum Aufbau bei mehreren Beteiligten s Rn 47 ff, 88 ff, 431 f sowie Wessels/Beulke, AT Rn 880 ff.*

1. § 212 I bzgl B

Mit § 212 I (ggf in der Versuchsvariante) kann auch dann begonnen werden, wenn (wie hier) später auch noch § 211 (ggf Versuch) geprüft (uU sogar bejaht) wird. Auch auf der Basis der Ansicht der Rechtsprechung, die in § 211 gegenüber § 212 ein Sonderdelikt sieht, ist dieser Aufbau nicht falsch. Selbstverständlich kann aber auch mit § 211 begonnen werden, wenn dies im konkreten Fall dem Bearbeiter opportun erscheint (s zB Hilgendorf, Klausurenkurs I [5] Rn 1 einerseits und [10] Rn 1 sowie [15] Rn 1 andererseits, Einzelheiten o Rn 54 f sowie bei Wessels/Beulke, AT Rn 863; Eisele, BT I Rn 62; Krahl, JuS 2003, 59 [Fn 13]; Wolters, Fälle [1] S 3; nunmehr auch Wessels/Hettinger, BT 1 Rn 136; wohl abweichend Gropengießer/Kohler, Jura 2003, 278 Fn 278 [„sollte" mit § 211 beginnen]; Steinberg/Blumenthal, ZJS 2011, 81, 83; ausdrücklich aA Kindhäuser/Schumann/Lubig [6] S 169; Zöller, Jura 2007, 308 Fn 20).

Indem K auf B, den er irrtümlich für A hielt, den ersten Schuss abgab, könnte er sich wegen Totschlags gegenüber B strafbar gemacht haben.

a) Tatbestand

aa) Objektiver Tatbestand

B ist aufgrund des Schusses des K gestorben.

Bei dem unmittelbar Handelnden, der seinerseits den Tatbestand voll verwirklicht, braucht auf die Frage, ob der andere Beteiligte (hier T) ebenfalls Täter (also Mittäter) ist, nicht eingegangen zu werden. Die Mittäterschaftsfrage wird nur dann problematisiert, wenn eine Zurechnung gem § 25 II benötigt wird (Beispielsfälle: Kindhäuser/Schumann/Lubig [4] S 121; Laue/Dehne-Niemann, Jura 2010, 73, 76; Einzelheiten o Rn 88 ff u bei Wessels/Beulke, AT Rn 882).

bb) Subjektiver Tatbestand

Fraglich ist, ob K Vorsatz bzgl der Tötung des B hatte. Der Vorsatz muss gem § 16 I 1 bei Begehung der Tat (§ 8) vorliegen. Als K schoss, wollte er genau die Person töten, auf die er zielte (Angriffs- und Verletzungsobjekt sind identisch). Dabei verwechselte er jedoch die Person des B mit der des A. K unterlag einer Fehlvorstellung über die Identität des Tatobjekts, einem sog error in obiecto vel persona.

Problem Nr 12: Error in obiecto vel persona (Irrtum über das Handlungsobjekt) 153

Bei einem Irrtum über das Handlungsobjekt kommt es darauf an, ob sich die strafrechtliche Bewertung ändern würde, wenn die Vorstellung des Täters zutreffend wäre.

Sind vorgestelltes und tatsächlich angegriffenes Objekt nicht tatbestandlich gleichwertig (wird zB ein Tier für einen Menschen gehalten), ist der Vorsatz des Täters nach § 16 I 1 ausgeschlossen. In diesem Fall kann der Täter nur wegen Versuchs bzgl des vorgestellten Objekts (soweit dieser strafbar ist), ggf in Tateinheit mit fahrlässiger Tat bzgl des tatsächlich verletzten Objekts, bestraft werden. Sind die Objekte, um die es nach der Sachverhaltsvorstellung des Handelnden geht, dagegen tatbestandlich gleichwertig, so ist die Objektsverwechslung (zB über die Identität des Menschen, der getötet werden soll) für die Strafbarkeit des Irrenden ohne Bedeutung. Sie stellt (wie ein Irrtum im Beweggrund) die Existenz des Tatbestandsvorsatzes nicht in Frage. § 16 I 1 erfasst als Bezugspunkt nur die äußeren Tatumstände, nicht aber Beweggründe oder Fernziele der Tat.

Zur Vertiefung: Wessels/Beulke, AT Rn 247 ff.

Die Objekte sind tatbestandlich gleichwertig. Bei Gleichwertigkeit liegt ein unbeachtlicher Motivirrtum vor. Die Tatsache, dass K die Person des B für A hielt, ist somit für den Vorsatz ohne Bedeutung. Tötungsvorsatz bzgl des B liegt also vor. 154

b) Rechtswidrigkeit und Schuld

Rechtswidrigkeit und Schuld sind gegeben.

K hat sich gem § 212 I strafbar gemacht.

2. § 211 bzgl B

a) Heimtücke

Von den objektiven Mordmerkmalen kommt Heimtücke in Betracht. Heimtückisch handelt, wer die Arg- und Wehrlosigkeit des Opfers in feindlicher Willensrichtung bewusst zur Tötung ausnutzt. K ging offen auf A und B zu und zielte für diese sichtbar. Somit war das Opfer B nicht arglos, so dass K nicht heimtückisch gehandelt hat. 155

b) Niedrige Beweggründe

Bei den subjektiven Mordmerkmalen ist an eine Tötung aus niedrigen Beweggründen zu denken. Niedrige Beweggründe iSv § 211 sind alle Tatantriebe, die nach allgemeiner rechtlich-sittlicher Wertung auf tiefster Stufe stehen, durch hemmungslose Eigensucht bestimmt und deshalb besonders verachtenswert sind. Laut Sachverhalt wurde K aus Mitleid mit T tätig, handelte also selbst nicht aus niedrigen Beweggründen.

K hat sich nicht gem § 211 strafbar gemacht.

3. §§ 223 I, 224 I Nr 2, Nr 5 bzgl B

156 *Zum Aufbau s Fall 1 Rn 115.*

a) Objektiver Tatbestand

Durch die Schussverletzung wurde B sowohl körperlich misshandelt als auch an der Gesundheit geschädigt. Dabei hat sich K einer Waffe bedient (§ 224 I Nr 2 Alt 1). Zudem hat er das Qualifikationsmerkmal der lebensgefährdenden Behandlung verwirklicht (§ 224 I Nr 5).

Wenn von einem Tatbestand verschiedene Varianten in Betracht kommen, müssen alle geprüft werden (o Rn 18 u 133; Beispielsfall: Haverkamp/Kaspar, JuS 2006, 898). Das ist schon deshalb sinnvoll, weil im Falle einer Fehlinterpretation dann über die andere Alternative das Ergebnis doch richtig werden kann. Jeder Richter wird sein Ergebnis absichern, um im Falle der Aufhebung durch das Rechtsmittelgericht ein zweites „Standbein" zu haben.

b) Subjektiver Tatbestand

Entgegen der Gegensatztheorie, die davon ausgeht, dass jemand, der sein Opfer töten will, keinen Körperverletzungsvorsatz hat, da beide Arten von Vorsatz sich gegenseitig ausschließen (wer töten will, will nicht verletzen), ist mit der hM Vorsatz zu bejahen, da die Körperverletzung notwendiges Durchgangsstadium auf dem Weg zur Tötung ist (Einheitstheorie, *vgl Fall 1 Rn 116*).

Es gibt Klausurlösungshinweise (und Kollegen), die die Benutzung der Worte „da", „weil" und „zumal" für verboten erachten, da sie angeblich Ausdruck eines unzulässigen Urteilsstils seien. Dazu ist mE zu sagen: Das ist nur im Prinzip richtig. Ab und zu ist der Gebrauch des Urteilsstils hingegen erlaubt und sogar anzuraten, nämlich dann, wenn es um die Feststellung unproblematischer Nebenpunkte geht. Zutreffend weist Arzt, Strafrechtsklausur S 54, darauf hin, dass die gelegentliche Verwendung des Urteilsstils das Gutachten belebt.

Weiterführend zum Gutachten- und Urteilsstil s Rn 17 ff sowie Gössel, Strafrecht S 18; Jahn, JA 2000, 853; Otto/Bosch, Übungen S 15 ff; Roxin/Schünemann/Haffke, Klausurenlehre S 23 ff; Schimmel, Richtig formulieren Rn 150 ff, 277 ff.

c) Subsidiarität der §§ 223 I, 224 I Nr 2, Nr 5

Die Körperverletzungsdelikte (§§ 223 I, 224 I Nr 2, Nr 5) sind jedoch gegenüber § 212 I subsidiär.

4. §§ 212 I, 22, 23 I bzgl A

157 Durch Abgabe des ersten Schusses könnte K auch einen Totschlagsversuch gegenüber A begangen haben. A ist nicht gestorben. Der versuchte Totschlag ist gem §§ 23 I Alt 1, 12 I strafbar.

K müsste Vorsatz bzgl der Tötung des A gehabt haben. Im Zeitpunkt der Tat des K, auf die es gem § 16 I 1 ankommt, richtete sich sein Vorsatz aber alleine gegen B, bei dem der Erfolg dann auch eintrat. Die erstrebte Tötung des A bildete lediglich ein unbeachtliches Motiv für die Ausführung am falschen Objekt. Nähme man Vorsatz bzgl A an, würde dies eine unzulässige Vorsatzverdoppelung bedeuten, denn K wollte nur einen Menschen töten. Im Totschlag gegenüber B liegt also nicht zugleich ein versuchter Totschlag gegenüber A (*vgl Wessels/Beulke, AT Rn 249; Beispielsfall bei Schuster, 2008, 228, 229*).

K hat sich folglich nicht gem §§ 212 I, 22, 23 I strafbar gemacht.

5. Ergebnis für K im TK A

K ist strafbar gem § 212 I.

II. Strafbarkeit der T

1. §§ 212 I, 25 II bzgl B

Zur Prüfung einer mittäterschaftlichen Mitwirkung s Rn 44, 88 ff und 431 sowie Wessels/ Beulke, AT Rn 882.

Indem T den K damit beauftragte, ihren Ehemann A zu töten, könnte sie sich als Mittä- 158
terin an dem von K verwirklichten Totschlag strafbar gemacht haben. Sie selbst hat kein Tatbestandsmerkmal des § 212 I erfüllt. Es könnte jedoch sein, dass ihr die Tat des K gem § 25 II zugerechnet wird. Mittäterschaft ist die gemeinschaftliche Begehung einer Straftat durch bewusstes und gewolltes Zusammenwirken (*Wessels/Beulke, AT Rn 524*). Erforderlich ist also ein gemeinsamer Tatplan und eine gemeinsame Tatausführung. Fraglich ist, ob T als Mittäterin oder lediglich als Teilnehmerin in Form der Anstiftung gehandelt hat.

Problem Nr 13: Abgrenzung Täterschaft/Teilnahme 159

(1) Nach der älteren **formal-objektiven Theorie** konnte nur Täter sein, wer die Ausführungshandlung ganz oder teilweise selbst vornimmt.

Gegenargument: Mittelbare Täterschaft lässt sich so nicht erklären. Die gesamte Banden- und Organisationskriminalität kann mit dieser Vorstellung nicht erfasst werden.

(2) Die vornehmlich von der Rechtsprechung vertretene **subjektive Theorie** grenzt Täterschaft und Teilnahme vor allem nach der Willensrichtung des Beteiligten ab. Bei Täterwillen (animus auctoris), dh, wenn der Beteiligte die Tat „als eigene" will, wird der Beteiligte als Täter bestraft. Wer hingegen die Tat „als fremde" will, handelt mit bloßem Teilnehmerwillen (animus socii) und kann auch nur als solcher strafbar sein. Die neuere Rechtsprechung zieht zur Beurteilung der subjektiven Einstellung in einer wertenden Betrachtung alle von der Vorstellung des Beteiligten umfassten Umstände heran. Wesentliche Anhaltspunkte für diese Wertung können das eigene Interesse am Taterfolg, der Umfang der Tatbeteiligung und die Tatherrschaft bzw der Wille hierzu sein.

Gegenargument: Zumindest bei Abstellung allein auf die subjektive Tätervorstellung (extrem subjektive Theorie) sind Täter und Teilnehmer so beliebig austauschbar. Selbst wer die Tatbestandsmerkmale alle in seiner Person erfüllt hat, kann dann bloßer Gehilfe sein (Badewannenfall, RGSt 74, 84 – anders inzwischen die neuere Rechtsprechung nach wertender Gesamtbetrachtung).

(3) Die **herrschende Meinung** sieht zu Recht in Anlehnung an den Wortlaut des § 25 I Alt 1 in der **Tatherrschaft** das Leitprinzip der Abgrenzung. Im Fall der Mittäterschaft kommt es auf die „funktionelle Tatherrschaft" an. Tatherrschaft meint „das vom Vorsatz umfasste In-den-Händen-Halten des tatbestandsmäßigen Geschehensablaufs". Täter ist, wer das Geschehen als Zentralgestalt planvoll lenkt und mitgestaltet, Teilnehmer hingegen, wer die Tat nur als Randfigur veranlasst oder sonst wie fördert. Wie dabei das Merkmal des „In-den-Händen-Haltens" auszulegen ist, ist allerdings innerhalb der Tatherrschaftslehre umstritten.

(a) Ein Teil der Lehre fordert eine wesentliche Mitwirkung im **Ausführungsstadium**.

(b) Ein anderer Teil verlangt für den gesamten Geschehensablauf einheitlich nur eine funktionelle Tatherrschaft; dh auch der, der nur im **Vorbereitungsstadium** mitwirkt, kann Täter sein, solange er sein Minus bei der Tatausführung durch ein Plus im Vorbereitungsstadium ausgleichen kann (Planungs- oder Organisationshoheit).

Zur Vertiefung: Wessels/Beulke, AT Rn 510 ff, 529; Hillenkamp, AT 19. Problem S 145 ff; Joecks, St-K, § 25 Rn 2 ff.

160 Problematisch ist hier schon der gemeinsame Tatentschluss. Selbst wenn man aber diesen annimmt, ist damit noch nicht entschieden, ob der Tatbeitrag der T für die Annahme einer Mittäterschaft ausreicht. T hat nur im Vorfeld der Tat auf K eingewirkt, die Tat überhaupt auszuführen. Sie hat den eigentlichen Ablauf weder geplant, noch aktiv mitgestaltet. Statt dessen hat sie die nähere Tatausführung ganz dem K überlassen. Mangels Planungs- oder Organisationshoheit wird ihr Beteiligungsminus bei der realen Tatausführung also nicht durch das Gewicht der mitgestaltenden Deliktsplanung ausgeglichen. Zu einer Täterschaft könnte daher allenfalls die subjektive Theorie kommen. Zwar spricht die Tatsache, dass T sich durch die Tötung ihres Ehemannes entledigen wollte, also ein ausgeprägtes Eigeninteresse am Erfolg hatte, insoweit für ihre Täterschaft, jedoch ist ihre fehlende Tatbeteiligung und ihr Wille, im Hintergrund zu bleiben und K freie Hand zu lassen, ein noch stärkeres Indiz für ihre Eigenschaft als Teilnehmerin. T ist daher auch nach der subjektiven Theorie nur als Teilnehmerin einzustufen.

Hier wäre eine Vertiefung der Meinungsstreitigkeit mit Aufzählung von Argumenten für die eine oder die andere Ansicht verfehlt, da der Streit nicht entscheidungserheblich ist (s Rn 19).

Nach allen Theorien scheidet eine mittäterschaftliche Begehungsweise aus. Der Meinungsstreit kann daher dahinstehen. T ist nicht Mittäterin.

Die Abgrenzung von Täterschaft und Teilnahme ist nach der hier vertretenen Tatherrschaftslehre ein Problem des objektiven Tatbestandes und wird deshalb dort geprüft (so auch die hA, statt aller: Fahl, JA 2011, 840; Raschke/Zirlaff, ZJS 2012, 223 – anders zB Baumann/Arzt/Weber, Strafrechtsfälle [4] S 19, wo die Abgrenzung erst nach den Stationen Tatbestand/Rechtswidrigkeit/Schuld vorgenommen wird; für beide Wege offen: Arzt, Strafrechtsklausur S 198 und 199 [s dort auch Fn 24], ausführlicher o Rn 88).

2. §§ 212 I, 26 – § 29 – §§ 211, 26

Generell zum Aufbau bei Anstiftung/Beihilfe s Rn 93 ff und 432 sowie Wessels/Beulke, AT Rn 884 ff.

T könnte sich durch die an K gerichtete Bitte als Anstifterin zum Totschlag strafbar gemacht haben. **161**

a) Objektiver Tatbestand

aa) Haupttat

K hat eine vorsätzliche, rechtswidrige Tat, nämlich einen Totschlag (§ 212 I), gegenüber B begangen (*s Rn 152 ff*).

Das Vorliegen einer tatbestandsmäßigen, rechtswidrigen Haupttat ist immer vorab selbstständig zu prüfen (so wie in den Rn 152 ff). Fehlerhaft ist es also (wenn auch leider selbst in Examensklausuren praktiziert), die Haupttat nur im Rahmen der Anstiftung inzident zu prüfen (beim Gliederungspunkt „objektiver Tatbestand – Vorliegen einer Haupttat"). Das Verbot der Inzidentprüfung gilt nur dann nicht, wenn die Prüfung der Strafbarkeit des unmittelbar handelnden Haupttäters in der Aufgabenstellung ausdrücklich oder schlüssig (zB die Person ist verstorben) ausgeschlossen ist oder wenn andere – wirklich zwingende – Aufbauschwierigkeiten einer Vorabprüfung entgegenstehen.

bb) Anstiftungshandlung

T muss K zu dieser Tat bestimmt haben, § 26. Welche Anforderungen an diese Tathandlung zu stellen sind, ist umstritten.

Problem Nr 14: Wie ist der Begriff des „Bestimmens" iSv § 26 auszulegen?

(1) Nach einer **Ansicht** genügt für eine Anstiftungshandlung jede Verursachung des Tatentschlusses. Daher reicht es zB aus, wenn der Anstifter eine zur Tat anreizende oder die Tat provozierende Situation schafft, ohne mit dem Haupttäter unmittelbar in Kontakt zu treten.

Argument: Zur Vermeidung kriminalpolitisch untragbarer Strafbarkeitslücken müssen die Anforderungen an das „Bestimmen" sehr niedrig gehalten werden. Jede erfolgreiche Einflussnahme – gleich welcher Art – ist daher ausreichend.

(2) Die **herrschende Meinung** versteht zu Recht unter Bestimmen das Hervorrufen des Tatentschlusses durch eine **Willensbeeinflussung im Wege des offenen geistigen Kontakts**, durch die der Täter zur Begehung der Haupttat zumindest angeregt wird.

Argument: Nur so wird sichergestellt, dass der Anstifter als ein dem Täter vergleichbarer „Miturheber" der Tat angesehen werden kann. § 26 bestimmt, dass der Anstifter „gleich dem Täter" bestraft wird. Eine Strafmilderung wie in § 27 ist nicht vorgesehen. Zudem steht der Versuch der Anstiftung gem § 30 I unter Strafe. Aufgrund dieser hohen Strafandrohung muss gewährleistet sein, dass die Anstiftungshandlung im Unrechtsgehalt der Haupttat nahe kommt. Eine bloß kausale Beziehung zwischen dem Verhalten des Teilnehmers und der Rechtsgutsverletzung wird dem nicht gerecht. Deshalb ist geistiger Kontakt zu fordern.

(3) Einer **Mindermeinung** zufolge sind die Anforderungen an das „Bestimmen" noch höher: Anstifter und Haupttäter müssen sich auf einen gemeinsamen Tatplan iSe **„Unrechtspaktes"** verständigen, in dessen Rahmen der Angestiftete dem Teilnehmer das Versprechen der Tatausführung gibt und sich diesem unterordnet. Der Anstifter übt eine **„Motivherrschaft"** über den Haupttäter aus.

Argument: Die gleiche Strafbarkeit für Anstifter und Täter kann nicht nur erfordern, dass der Anstifter die Initialzündung zur Tat liefert, vielmehr muss auch bei der Tatausführung die

Einflussnahme in gleicher Intensität fortdauern. Anstifter und Täter muss also ein bewusstes kriminelles Band miteinander verknüpfen.

Zur Vertiefung: Wessels/Beulke, AT Rn 568; Hillenkamp, AT 23. Problem S 173; Koch/Wirth, JuS 2010, 203.

In älteren Klausuranleitungen wird dieser Aspekt zumeist überhaupt nicht angesprochen. Das jüngere Schrifttum plädiert jedoch zunehmend für eine restriktive Interpretation des § 26, so dass dem Streit inzwischen für die Klausurbearbeitung größere Bedeutug zukommt – so zutreffend Haas, Ad Legendum 2012, 119, 128.

161a K ließ sich erst aufgrund der Bitte der T darauf ein, den A zu töten. T verursachte somit kausal den Tatentschluss. Dies geschah auch im Wege eines offenen geistigen Kontakts. Außerdem erklärte sich K der T gegenüber ausdrücklich dazu bereit, die Tat auszuführen. Schließlich wirkten die beiden sogar kollusiv zusammen und schlossen eine Art „Unrechtspakt", wobei die „Motivherrschaft" während der gesamten Tatausführung bei T verblieb. Nach allen zum Begriff des „Bestimmens" iSd § 26 vertretenen Meinungen liegt damit eine taugliche Anstiftungshandlung vor.

b) Subjektiver Tatbestand

aa) Vorsatz bzgl der Haupttat

T müsste Vorsatz bzgl der Haupttat gehabt haben. T wollte jedoch, dass K den A tötet und nicht den B. Es fragt sich, welche Auswirkungen der für den Täter unbeachtliche error in persona (*s Rn 153*) auf die Strafbarkeit des Anstifters hat.

162 **Problem Nr 15: Error in obiecto vel persona und Anstiftung**

(1) Nach einer **Mindermeinung** liegt in der Objektsverwechslung des Täters eine aberratio ictus des Anstifters.

Argument: Der Vorsatz des Anstifters bezieht sich auf eine konkrete Tat. Die Abweichung des Kausalverlaufs ist zumindest dann als wesentlich anzusehen, wenn der Haupttäter eine andere Person als die vom Anstifter benannte angegriffen hat. Der vom Anstifter gewollte Angriff bleibt im Versuchsstadium stecken, während durch seinen mittelbaren Angriff ein tatbestandlich gleichwertiges Objekt verletzt wird. Dies ist die typische Konstellation der aberratio ictus.

Streitig ist dann wiederum, wie der Anstifter konkret zu bestrafen ist. Die einen halten eine aberratio ictus bei Gleichwertigkeit des Objekts **generell für unbeachtlich** und kommen damit auch zum Vorsatz des Anstifters bzgl der ausgeführten Haupttat (*weitere Einzelheiten Rn 169*). Diejenigen, die eine aberratio ictus für beachtlich halten, verneinen den Vorsatz bzgl der Haupttat und wollen wegen Versuchs und Fahrlässigkeitstat bestrafen. Dabei ist wiederum zweifelhaft, ob wegen **versuchter Anstiftung** (§ 30 I) oder wegen **vollendeter Anstiftung** zur **versuchten Tat** zu bestrafen ist. Bei Anwendung des § 30 I ist besonders problematisch, dass versuchte Anstiftung nur bei Verbrechen unter Strafe steht, wodurch Strafbarkeitslücken entstehen können. Eine Strafbarkeit wegen vollendeter Anstiftung zur versuchten Tat scheidet hingegen richtiger Ansicht nach mangels Haupttat aus. Im Angriff auf die falsche Person liegt nicht zugleich ein versuchter Angriff auf die abwesende richtige Person (*s A I 4 Rn 157* und *Wessels/Beulke, AT Rn 578*).

Gegenargument gegen die gesamte aberratio-ictus-Lösung: Es besteht kein Grund, durch Anwendung der Regeln über die aberratio ictus den Anstifter, der die letztliche Auswahl des

Angriffsobjekts in der konkreten Tatsituation dem Täter überlässt, gegenüber dem Anstifter zu privilegieren, der das Angriffsobjekt nach bestimmten raumzeitlichen Umständen selbst festlegt und hierbei einem Objektsirrtum unterliegt. Die Regeln zur aberratio ictus sind für Geschehensabläufe entwickelt worden, in denen der Täter das Angriffsobjekt vor sich sieht, aber ein anderes Objekt verletzt.

(2) Die **hA** hält den error in persona des Täters auch für den Anstifter für unbeachtlich.

Argument: Der Anstifter hat den Vorsatz zu genau dieser Tat hervorgerufen und der Angestiftete hat aus dem in ihm hervorgerufenen Vorsatz heraus gehandelt. Der Anstifter greift durch die Einwirkung auf den Täter das geschützte Rechtsgut mittelbar an und verwirklicht damit grundsätzlich gleiches Unrecht wie der Täter. Der Wortlaut des § 26 sieht bereits vor, dass der Anstifter „gleich dem Täter" zu bestrafen ist. Außerdem ist das Risiko für das Rechtsgut gleich hoch, egal ob der Anstifter selbst oder der Täter einem error in persona unterliegt. Deshalb muss der error in persona des Täters auch für den Anstifter unbeachtlich sein.

Gegenargument: Problematisch ist diese Ansicht dann, wenn der Täter auch noch das tatsächlich gemeinte Opfer tötet. In diesem Falle wäre der Anstifter wegen Anstiftung zum zweifachen Mord bzw Totschlag zu bestrafen, obwohl er nur die Tötung eines Menschen wollte. Zwar haften Anstifter grundsätzlich nicht für Exzesse des Angestifteten. Die Tötung des tatsächlich gemeinten Opfers würde aber richtiger Ansicht nach keinen Exzess darstellen, denn gerade diese Tat stimmt mit dem Willen des Anstifters überein. Deshalb würde der Anstifter ungerechtfertigterweise für das ganze „Gemetzel" haften, wenn dem Angestifteten mehrere Objektsverwechslungen unterliefen und er aus dem vom Anstifter hervorgerufenen Vorsatz heraus daher mehrere Menschen tötete (sog Blutbadargument).

(3) Trotz dieses klassischen Gegenarguments befürwortet auch die **Rechtsprechung** seit jeher die Lösung der Unbeachtlichkeit des error in persona des Haupttäters für den Anstifter (Fall: Rose-Rosahl des Preuß. Obertribunals, GA Bd 7, 322 ff) und auch der BGH hat sich im Hoferbenfall dieser Meinung angeschlossen (BGHSt 37, 214), wobei er verstärkt auf den Gesichtspunkt der Wesentlichkeit bzw Unwesentlichkeit der Abweichung des vorgestellten vom tatsächlichen Kausalverlauf abstellt.

Danach ist ein Irrtum des Täters für den Anstifter grundsätzlich unbeachtlich, es sei denn, die Verwechslung liegt völlig außerhalb der allgemeinen Lebenserfahrung.

(4) Die Ansicht der **Rechtsprechung** verdient jedenfalls dann **Zustimmung**, wenn der Anstifter – wie das dem Regelfall entspricht – **dem Täter die Individualisierung des Opfers überlassen** hat und jener bei Ausführung seiner Tat bestrebt war, die ihm erteilten Instruktionen und Weisungen zu befolgen. Bei Irrtümern trotz weisungsgemäßen Verhaltens kann all das, was für den Täter unwesentlich ist, auch den Anstifter nicht entlasten.

Zur Vertiefung: Wessels/Beulke, AT Rn 576 ff; Hillenkamp, AT 26. Problem S 189 ff.

Es liegt nicht außerhalb der allgemeinen Lebenserfahrung, dass der ansonsten weisungs- **163**
gemäß handelnde K bei der Tatausführung einer Personenverwechslung erliegt. Deshalb gelangen Rechtsprechung (Rose-Rosahl-Fall/Hoferbenfall) und herrschende Lehre, die den error in persona seitens des Haupttäters auch für den Anstifter als unbeachtlich einstufen, zur Bejahung der vollendeten Anstiftung zum vollendeten Delikt. Werden hingegen die Grundsätze der aberratio ictus zugrundegelegt, so gehen die Auffassungen darüber völlig auseinander, wie der Anstifter zu bestrafen ist. Die befürworteten Lösungen reichen von der vollendeten Anstiftung zur vollendeten Tat über die Anstiftung zum Versuch bis zur versuchten Anstiftung. Es bedürfte jedoch eines – hier nicht ersichtli-

chen – besonderen Rechtfertigungsgrundes, um einen für den Täter unbeachtlichen Umstand für den Anstifter als beachtlich zu klassifizieren. Die aberratio-ictus-Lösung ist deshalb insgesamt abzulehnen. Vorsatz bzgl der Haupttat liegt also trotz der Objektsverwechslung durch den Haupttäter vor.

bb) Vorsatz bzgl der Anstiftungshandlung

T hatte auch Vorsatz bzgl der Anstiftungshandlung.

c) Akzessorietätslockerung

Die Erörterung der Akzessorietätslockerung als letzter Punkt im Rahmen der Tatbestandsprüfung ist allgemein üblich, vgl statt aller Kühl/Hinderer, JuS 2010, 697; Steinberg, ZJS 2010, 518, 520; Steinberg/Blumenthal, ZJS 2011, 81; zT abweichend Kindhäuser/Schumann/Lubig [6] S 168.

164 T könnte sich auch wegen Anstiftung zum Mord (§§ 211, 26) strafbar gemacht haben. Sie könnte aus niedrigen Beweggründen gehandelt haben. Niedrige Beweggründe sind solche Tatantriebe, die sittlich auf tiefster Stufe stehen, durch hemmungslose, triebhafte Eigensucht bestimmt und deshalb nach allgemeiner Wertanschauung besonders verwerflich, ja geradezu verachtenswert sind (*s A I 2 a Rn 155*). Bei der Anstiftung zur Tötung des Ehemannes, der wegen seiner halbseitigen Lähmung nur noch eine „Last“ darstellt, hat T aus reinem Egoismus das Lebensrecht des Opfers missachtet. Sie handelte also besonders verwerflich, so dass ein niedriger Beweggrund zu bejahen ist.

Fraglich ist, ob dies gem § 28 II zu einer Tatbestandsverschiebung von der Anstiftung zum Totschlag zur Anstiftung zum Mord führt. Besondere persönliche Merkmale iSv § 28 sind Merkmale, die besondere Eigenschaften, Verhältnisse und andere Umstände beschreiben, die zum Deliktstypus gehören und sich auf den Täter beziehen. Bei den Mordmerkmalen der 1. Gruppe könnte es sich um solche besonderen persönlichen Merkmale handeln. Sollte dies der Fall sein, so wäre wiederum fraglich, ob diese Merkmale die Strafe wirklich nur modifizieren oder ob sie nicht die Strafe begründen. Im letzteren Fall wäre von vornherein nicht § 28 II, sondern § 28 I einschlägig.

165 **Problem Nr 16: Mord/Totschlag – § 28 I oder II oder § 29**

(1) Nach der **Ansicht der Rechtsprechung** sind die täterbezogenen Merkmale des § 211 II – das sind die der 1. und 3. Gruppe des § 211 II – besondere persönliche Merkmale iSv § 28. Weiterhin sieht die Rechtsprechung § 211 und § 212 I als selbstständige, voneinander unabhängige Sondertatbestände an, die in einem Exklusivitätsverhältnis stehen. Die Mordmerkmale begründen deshalb die Strafe und verschärfen sie nicht lediglich, so dass **§ 28 I** anwendbar ist. Im Fall der täterbezogenen besonderen persönlichen Merkmale ist für den Teilnehmer die Strafe zu mildern, wenn bei ihm das entsprechende Merkmal fehlt.

Argument: Der Mord (§ 211) steht im Gesetz vor dem Totschlag (§ 212 I); Qualifikationen sind aber üblicherweise im Anschluss an das Grunddelikt geregelt. Außerdem ergibt sich aus dem Wortlaut des § 212 I („ohne Mörder zu sein“), dass ein Mörder gerade kein Totschläger ist.

Gegenargument: Erfüllt der Teilnehmer ein täterbezogenes Mordmerkmal, während der Täter nur einen Totschlag begangen hat, kommt es nicht zu einer Tatbestandsverschiebung. Der

Teilnehmer kann nur wegen Teilnahme am Totschlag bestraft werden. Dies ist ein unbilliges Ergebnis. Ferner kommt der BGH im Fall der „gekreuzten Mordmerkmale" in Schwierigkeiten. In dieser Konstellation erfüllen Täter und Teilnehmer zwar beide täterbezogene Mordmerkmale, diese unterscheiden sich allerdings voneinander. Da beim Teilnehmer das vom Täter erfüllte täterbezogene Mordmerkmal fehlt, müsste der BGH die Strafbarkeit des Teilnehmers eigentlich mildern. Aus dem Vorliegen anderer täterbezogener Mordmerkmale beim Teilnehmer dürften keine Konsequenzen gezogen werden, da § 28 I eine Verschärfung der Strafbarkeit des Teilnehmers wegen eigener täterbezogener Merkmale nicht vorsieht. Diese demnach eigentlich erforderliche Strafmilderung versagt der BGH jedoch dem Teilnehmer unter Hinweis auf die Gleichwertigkeit der täterbezogenen Mordmerkmale. Über die Konstruktion der „gekreuzten Mordmerkmale" gelangt er hier zwar zu einem billigen Ergebnis, sie entbehrt jedoch jeder gesetzlichen Grundlage und ist als bloße Billigkeitsrechtsprechung abzulehnen.

(2) Auch die **herrschende Lehre** hält die Mordmerkmale der 1. und 3. Gruppe des § 211 II für besondere persönliche Merkmale iSv § 28, sieht jedoch § 212 I als Grunddelikt und § 211 als qualifizierten Tatbestand an. Die Mordmerkmale modifizieren die Strafe nur. Deshalb ist **§ 28 II** anwendbar mit der Folge, dass bei den täterbezogenen Mordmerkmalen des § 211 II auf das Vorliegen des entsprechenden Merkmals beim jeweiligen Beteiligten abzustellen ist. Das Verhältnis der Tötungsdelikte kann danach mit allgemeinen Konkurrenzregeln begründet werden. Die §§ 211 und 216 enthalten jeweils den Grundtatbestand des § 212 I und knüpfen zusätzlich wenigstens an ein Merkmal an, das die Strafe schärft bzw mildert.

Argument: §§ 212 I und 211 dienen beide dem Schutz des gleichen Rechtsgutes Leben und erfassen mit der Tötung die gleiche Beeinträchtigung, so dass die Annahme artverschiedener, selbstständiger Delikte nicht überzeugt. Auch spricht die Gesetzessystematik eher für die Annahme eines Stufenverhältnisses bei den Tötungsdelikten (Grundtatbestand, Privilegierung, Qualifizierung). Der Umstand, dass hier die Qualifikation (§ 211) vor dem Grunddelikt (§ 212 I) geregelt wird, liegt an der Bedeutsamkeit des Mordvorwurfs.

Neuerdings wird auch vereinzelt behauptet, selbst wenn man – wie die Rechtsprechung – grundsätzlich von der Selbstständigkeit des § 211 ausginge, sei eine Anwendung des § 28 II auf die täterbezogenen Merkmale denkbar, weil man den Anwendungsbereich des § 28 I auf die echten Sonderdelikte beschränken müsse.

(3) Richtiger Ansicht nach bilden jedoch die täterbezogenen Mordmerkmale, also die Merkmale der 1. und 3. Gruppe des § 211 II, spezielle Schuldmerkmale iSd § 29. Sie sind nicht lediglich als Reflex des Unrechts zu charakterisieren, sondern prägen unmittelbar und ausschließlich den Gesinnungsunwert des Täters. Einschlägig ist deshalb weder § 28 I noch § 28 II, sondern **§ 29**. Im Falle der täterbezogenen Mordmerkmale wird demnach jeder Beteiligte danach bestraft, ob gerade in seiner Person ein Mordmerkmal erfüllt ist.

Zur Vertiefung: Wessels/Beulke, AT Rn 557 ff; Wessels/Hettinger, BT 1 Rn 139 ff; Geppert, Jura 2008, 34; Hillenkamp, BT 1. Problem S 1 ff; Küper, JZ 2006, 1157; NK-Neumann, Vorbem. zu § 211 Rn 142; SK-Sinn, § 211 Rn 3 – Zur Übersicht s auch das dieser Klausur auf S 94 beigefügte Schema.

Nach Ansicht der Rechtsprechung ist hier § 28 II nicht anwendbar. Demnach handelt es **166** sich beim Mordmerkmal der niedrigen Beweggründe nicht um ein strafschärfendes, sondern um ein strafbegründendes täterbezogenes Merkmal iSv § 28 I. T würde damit trotz des bei ihr vorhandenen Mordmerkmales nur wegen Anstiftung zum Totschlag bestraft werden. Die Rechtsprechung verkennt jedoch, dass der Mordtatbestand die vorsätzliche Tötung unter Verwirklichung bestimmter Merkmale beschreibt und deshalb als Qualifikation eine vorsätzliche Tötung ohne Verwirklichung gerade dieser Merkmale beinhaltet. Die Systematik der §§ 211 ff spricht also dafür, dass es sich bei § 212 I um das Grunddelikt und bei § 211 um einen qualifizierten Fall des Totschlags handelt. Das Schrifttum wendet deshalb § 28 II an, so dass T wegen Anstiftung zum Mord zu bestrafen wäre. Richtiger Ansicht nach handelt es sich beim hier von T verwirklichten Mordmerkmal der niedrigen Beweggründe aber um ein Schuldmerkmal. Das zutreffende Ergebnis einer Strafbarkeit wegen Anstiftung zum Mord ist daher nicht aus § 28 II, sondern aus § 29 ableitbar.

Beachten Sie, dass eine Tatbestandsverschiebung nach allen Ansichten nur bei den täterbezogenen Mordmerkmalen (§ 211 II Gruppe 1 und 3) in Betracht kommt. Wenn tatbezogene Mordmerkmale (§ 211 II Gruppe 2) vorliegen, scheidet sie von vornherein aus und bedarf deshalb auch keiner Prüfung (Beispielsfall bei Englmann, JA 2010, 190). Die Teilnehmerstrafbarkeit richtet sich dann – sofern entsprechender Vorsatz beim Teilnehmer gegeben ist – nach dem vom Täter verwirklichten Tatbestand (Grundsatz der Akzessorietät der Teilnahme). Liegen sowohl beim Täter als auch beim Teilnehmer identische täterbezogene Mordmerkmale vor, braucht der Streit ebenfalls nicht entschieden zu werden, weil dann eine Akzessorietätslockerung von vornherein ausscheidet (Beispielsfall bei Hilgendorf, Klausurenkurs II [6] Rn 23). Zur Übersicht siehe das im Anschluss an Fall 3 auf S 94 abgedruckte Schema über die Zurechnung von Mordmerkmalen bei mehreren Beteiligten.

Zutreffend hat mich ein aufmerksamer Leser der letzten Auflage des vorliegenden Klausurenkurses darauf hingewiesen, dass der Rat, bei Vorliegen tatbezogener Mordmerkmale, die vom Vorsatz des Teilnehmers gedeckt sind, die Problematik der §§ 28, 29 gar nicht mehr anzusprechen, nicht unangefochten ist. So schreibt Rengier (BT II § 5 Rn 13), dass in einem Gutachten die Fragen des § 28 bei täterbezogenen Mordmerkmalen auch dann aufzuwerfen sind, wenn bezüglich eines tatbezogenen Mordmerkmals der 2. Gruppe eine Anstiftung oder Beihilfe bereits zu bejahen ist.

Eine eindeutige Antwort auf die Frage, welche Strategie nun die bessere ist, fällt schwer. Wie detailliert die Ausführungen nach Bejahung eines tatbezogenen Merkmals hinsichtlich der Problematik der §§ 28, 29 noch sein sollten, hängt nicht zuletzt davon ab, welche Probleme überdies in der Klausur enthalten sind, inwiefern eine umfassende Bearbeitung in der vorgegebenen Zeit möglich ist und wo (für den Klausurbearbeiter erkennbar) die Schwerpunkte liegen. Ferner kann in Hausarbeiten naturgemäß vertiefter auf Probleme eingegangen werden als in Klausuren. Unverzichtbar erscheint mir jedenfalls, dass der Bearbeiter deutlich macht, dass Fragen des § 28 StGB für die Strafbarkeit des Teilnehmers letztendlich ohne Bedeutung sind, wenn der Täter ein tatbezogenes Merkmal verwirklicht hat ***und*** *sich der Vorsatz des Teilnehmers hierauf bezieht. Wer auf „Nummer-Sicher“ gehen will, spricht das Problem der Akzessorietätslockerung und die hierzu vertretenen Auffassungen wenigstens kurz an. Argumente für und wider die einzelnen Meinungen müssen jedoch meines Erachtens im Rahmen einer Klausur dann grundsätzlich nicht dargelegt werden. Jedenfalls sollte auf eine allzu ausführliche Wiedergabe des Meinungsstreits verzichtet werden, da die Problematik ja nur „hilfsweise“ (für den Fall, dass doch kein tatbezogenes Merkmal vorliegt) erörtert wird. Stets verzichtbar ist es in dieser Konstellation, den Meinungsstreit zu entscheiden. Wer dies tut, erweckt beim Korrektor leicht den Eindruck, nicht erkannt zu haben, dass die Straf-*

barkeit des Teilnehmers bei Vorliegen eines vom Vorsatz umfassten tatbezogenen Mordmerkmals eben gerade nicht davon abhängt, welcher Auffassung man bzgl des Verhältnisses von § 211 zu § 212 folgt.

d) Rechtswidrigkeit und Schuld

T hat rechtswidrig gehandelt. Auch Gründe für den Ausschluss oder die Einschränkung der Schuld sind nicht ersichtlich.

Der Umstand, dass in der Person der T ein täterbezogenes Mordmerkmal vorliegt, ist als eine Schuldsteigerung des Anstifters gegenüber dem Haupttäter gewertet worden (*vgl o Rn 166*). Das Schuldmerkmal wird gem § 29 nur der T angelastet.

e) Ergebnis

T hat sich wegen Anstiftung zum Mord strafbar gemacht, §§ 211, 26, 29.

Aufbaumäßig hätte auf der hier bejahten Basis, dass es sich bei den Mordmerkmalen um Schuldmerkmale iSv § 29 handelt, die Streitfrage auch in der Schuld erörtert werden können. Wer hingegen auf § 28 II abstellt, wird die Akzessorietätsfrage als Annex zum Tatbestand behandeln, zT wird die Streitfrage aber auch bereits beim Merkmal der Haupttat (oben a aa) Rn 161) angesprochen (Ihring/Noak, Jura 2007, 790 Fn 46). Die Befürworter des § 28 I können alles im Rahmen der Strafzumessung, also nach Tatbestandsmäßigkeit, Rechtswidrigkeit und Schuld, erörtern. Anzuraten ist der hiesige Aufbau (als Tatbestandsannex), da sich die Probleme so am leichtesten darstellen lassen und der Prüfer sie auch dort erwartet. Diese Erwartung resultiert daraus, dass bei Einbeziehung aller vertretenen Ansichten der Streit entsprechend dem Verbrechensaufbau hier zum ersten Mal relevant wird. Dann ist es mE zwar nicht zwingend (anders Graul, JuS 2000, 215, 216), wohl aber üblich, die Kontroverse an dieser Stelle insgesamt darzulegen (wie hier ua Bosch, JA 2007, 420; Gaede, JA 2007, 761; Zöller, Jura 2007, 312 [mit dem Hinweis in Fn 49, dass die Frage auch im Rahmen der Vorsatzprüfung hätte behandelt werden können]; anders zB Rn 256; vertiefende Aufbauhinweise bei v. Heintschel-Heinegg, Prüfungstraining 1 Rn 115 ff).

Selbstverständlich ist es auch ebenso gut möglich, zunächst nur die Anstiftung zu § 212 zu prüfen und zu bejahen. Sodann kann unter einer neuen Ziffer die Anstiftung zum Mord erörtert werden. Bereits im objektiven Tatbestand der Anstiftung ist nunmehr festzustellen, dass es an einer Haupttat gem § 211 fehlt. Das führt zu der Frage der Akzessorietätslockerung der §§ 28, 29. An dieser Stelle sind dann also die verschiedenen Lösungsmöglichkeiten zu erörtern. Nach meiner Ansicht ergibt sich aus § 29, dass eine Haupttat iSv § 211 nicht vorliegen muss, sondern dass vielmehr § 212 als Haupttat ausreicht, wenn nur der Teilnehmer selbst das Mordmerkmal aufweist. Danach ist mit der Prüfung des objektiven Tatbestandes fortzufahren, nämlich mit dem Punkt: Anstiftungshandlung. Weiter geht es sodann mit dem subjektiven Tatbestand. Im Ergebnis ist der Tatbestand der Anstiftung zum Mord zu bejahen (aA die Rechtsprechung). Die Wahl dieses Aufbaus ist aber auf keinen Fall zwingend. Im Gegenteil, ich halte den oben gewählten Aufbau für vorteilhafter. Mein genereller Ratschlag, stets mit § 212 zu beginnen und dann erst auf § 211 einzugehen (Wessels/Beulke, AT Rn 863), ist also auf den Haupttäter gemünzt (so wird auch oben Rn 152 ff verfahren), nicht hingegen auf den Teilnehmer.

3. §§ 223 I, 224 I Nr 2, Nr 5, 26

167 Die Anstiftung zur gefährlichen Körperverletzung ist als Durchgangsdelikt verwirklicht, jedoch zur Anstiftung zum Mord subsidiär (Gesetzeskonkurrenz).

Kommt eine Anstiftung (oder Beihilfe) zu mehreren verschiedenen Delikten in Betracht, so ist die Teilnehmerstrafbarkeit bezogen auf jeden Straftatbestand extra zu prüfen (zB nicht: Anstiftung zu §§ 263, 266, 246 etc zusammen erörtern). Eine aus Zeit- und Platzgründen nahe liegende gemeinsame Abhandlung der Teilnahme für mehrere Delikte sollte beschränkt bleiben auf Ausnahmefälle wie „Grundtatbestand und Qualifikation" (hier: §§ 223, 26 – §§ 224, 26; s auch Rn 97).

4. Ergebnis für T im TK A

T hat sich gem §§ 211, 26, 29 strafbar gemacht.

B. Der zweite Schuss

I. Strafbarkeit des K

In diesem Tatkomplex ist die Reihenfolge der Prüfung der Tatbestände nicht zwingend. Die juristische Problematik lässt sich leichter darstellen, wenn das geringfügigere, möglicherweise aber vollendete Delikt der Sachbeschädigung vor dem schwereren Delikt des versuchten Totschlags abgehandelt wird (zur Reihenfolge der Tatkomplexe s Rn 40).

1. § 303 I

In der Abgabe des zweiten Schusses könnte eine Sachbeschädigung liegen.

a) Objektiver Tatbestand

168 Durch Tötung des Tieres, das strafrechtlich eine Sache darstellt, hat K eine fremde bewegliche Sache zerstört (*vgl Fall 1 Problem Nr 1 Rn 104 f*). K hat mit seinem Schuss eine rechtlich missbilligte Gefahr geschaffen, die sich in der Sachbeschädigung verwirklicht hat. Dieser Kausalverlauf liegt auch nicht außerhalb der Lebenserfahrung. Die Tat ist dem K also objektiv zurechenbar.

b) Subjektiver Tatbestand

Fraglich ist, ob K Vorsatz bzgl einer Sachbeschädigung hatte. Ziel seines Handelns war die Tötung des S, ein Taterfolg trat aber nicht am Zielobjekt, sondern am Zweitobjekt „Hund" ein. Damit liegt ein Fall des Fehlgehens der Tat (aberratio ictus) vor.

169 **Problem Nr 17: Aberratio ictus (Fehlgehen der Tat)**

Bei der aberratio ictus tritt der Verletzungserfolg an einem anderen Objekt als demjenigen ein, welches im maßgebenden Vorsatzzeitpunkt das Ziel der Ausführungshandlung gebildet hat (fehlende Identität von Angriffs- und Verletzungsobjekt).

(1) Nach einer Ansicht hindert die aberratio ictus bei **tatbestandlicher Gleichwertigkeit** der Objekte nicht, den Täter wegen **vorsätzlich vollendeten Delikts** bzgl des tatsächlich verletzten Objekts zu bestrafen.

Argument: Der Täter wollte einen Menschen treffen (subjektiv) und hat einen Menschen getroffen (objektiv).

Gegenargument: Diese Ansicht setzt sich über den individualisierten Vorsatz des Täters hinweg, indem sie die mit der konkreten Objektsvorstellung zwangsläufig verbundene Gattungsvorstellung zur maßgebenden Grundlage des Vorsatzes macht. Sie verkennt vor allem, dass der Täter das nur versehentlich getroffene Zweitobjekt nicht hat verletzen wollen. Er hatte ein bestimmtes anderes Objekt als alleiniges Angriffsziel ausgewählt.

(2) Nach einer **differenzierenden Ansicht** ist die aberratio ictus bei **Verletzung höchstpersönlicher Rechtsgüter** erheblich, bei Verletzung individualitätsunabhängiger Rechtsgüter (zB Eigentum) dagegen nicht.

Argument: Die Individualität des Angriffsobjekts ist nur bei Verletzung höchstpersönlicher Rechtsgüter für das im Tatbestand vertypte Unrecht von Bedeutung.

Gegenargument: Auch bei individualitätsunabhängigen Rechtsgütern gilt dasselbe wie oben (1).

(3) Nach der ganz **hA** führt die aberratio ictus zur Bestrafung des Täters wegen Versuchs bzgl des ursprünglich ins Auge gefassten Objekts und ggf **fahrlässiger Tat** bzgl des infolge der Abirrung getroffenen Objekts.

Argument: Die Konkretisierung des Vorsatzes auf ein bestimmtes Objekt hat die Wirkung, dass den Täter ein ganz bestimmter Vorsatz beherrscht, der sich als aliud gegenüber dem bloßen Vorsatz, irgendein Objekt der Gattung zu verletzen, abhebt.

Zur Vertiefung: Wessels/Beulke, AT Rn 250 ff; Hillenkamp, AT 9. Problem S 67 ff.

Im vorliegenden Fall sind die Objekte tatbestandlich nicht gleichwertig (Mensch – Sache). Deshalb kommen auch die Mindermeinungen, die bei Gleichwertigkeit – zumindest bei individualitätsunabhängigen Rechtsgütern – von einer Unbeachtlichkeit der aberratio ictus ausgehen, zur Beachtlichkeit der Abweichung. Dies entspricht der hA, die im Falle des Vorliegens einer aberratio ictus generell nur zur Bestrafung nach Versuchsregeln bzgl des Objekts gelangt, auf das der Täter ursprünglich gezielt hat, und zu einer Strafbarkeit wegen Fahrlässigkeit bzgl des aus Versehen getroffenen Objekts. Eine fahrlässige Sachbeschädigung ist nicht mit Strafe bedroht. Somit kann A wegen der Tötung des Hundes strafrechtlich nicht zur Verantwortung gezogen werden. **170**

Etwas anderes könnte sich hier aber ergeben, wenn der Täter ein Fehlgehen des Angriffs in Kauf genommen und sich mit der Verletzung des Zweitobjekts abgefunden hätte. In diesem Fall wäre ein dolus eventualis zur Verletzung des Zweitobjekts gegeben. Eine Bestrafung würde wegen Versuchs am Zielobjekt und vollendeter Vorsatztat am Zweitobjekt erfolgen (Wessels/Beulke, AT Rn 251). Im vorliegenden Fall ergeben sich aber keine Anhaltspunkte für die Annahme von dolus eventualis bzgl der Tötung des Hundes (aA nur bei sehr guter Begründung vertretbar).

2. § 212 I

171 K könnte sich durch Abgabe des zweiten Schusses wegen Totschlags strafbar gemacht haben. S wurde nicht getötet. K kann deshalb keine vollendete Tötung zur Last gelegt werden.

3. §§ 212 I, 22, 23 I

Die Tötung ist nicht vollendet, der Versuch ist gem §§ 23 I Alt 1, 12 I strafbar.

a) Tatentschluss

K wollte S durch den zweiten Schuss töten.

b) Unmittelbares Ansetzen

Durch Abgabe des Schusses setzte K unmittelbar an.

c) Rechtswidrigkeit und Schuld

Rechtswidrigkeit und Schuld sind gegeben. K hat sich gem §§ 212 I, 22, 23 I strafbar gemacht.

4. §§ 211, 22, 23 I

172 K wollte durch den zweiten Schuss eine Aufklärung seiner vorherigen Tat verhindern und verwirklichte damit das Mordmerkmal der „Verdeckungsabsicht einer Straftat".

K hat sich gem §§ 211, 22, 23 I strafbar gemacht. Das qualifizierte Delikt des versuchten Mordes geht dem Grunddelikt (*s Rn 165*) des versuchten Totschlags im Wege der Gesetzeskonkurrenz vor (Spezialität).

5. §§ 223 I, II, 224 I Nr 2 Alt 1, Nr 5, II, 22, 23 I

Die Körperverletzungstatbestände stellen hinsichtlich eines Totschlages/Mordes ein notwendiges Durchgangsstadium dar. Die Tötungsdelikte gehen vor (*Fall 1 vgl Problem Nr 5 Rn 116*). Auch der versuchte Totschlag bzw der versuchte Mord verdrängt dementsprechend die versuchten Körperverletzungen im Wege der Subsidiarität.

6. Ergebnis für K im TK B

Es ergibt sich somit eine Strafbarkeit des K gem §§ 211, 22, 23 I.

II. Strafbarkeit der T

1. §§ 211, 22, 23 I, 26

a) Objektiver Tatbestand

173 T könnte durch die an K gerichtete Bitte eine Anstiftung zu dem durch den zweiten Schuss seitens des K verwirklichten versuchten Mord begangen haben. Eine vorsätzliche rechtswidrige Tat ist gegeben (*s I 4 Rn 172*). Zwischen der Anstiftung durch T und

dem versuchten Mord gegenüber S ist eine kausale Verknüpfung iSd conditio sine qua non erkennbar. Eine Anstiftungshandlung liegt also vor.

b) Subjektiver Tatbestand

T hatte keinen Vorsatz bzgl der Tötung des S. Insoweit liegt ein Exzess des Täters vor, der nicht zugerechnet werden kann (§ 16 I).

2. Ergebnis für T im TK B

T bleibt bzgl der versuchten Tötung des S straflos.

C. Gesamtergebnis

K ist strafbar gem § 212 I – § 53 I – §§ 211, 22, 23 I. **174**

T ist strafbar gem §§ 211, 26, 29.

Wird bei der Rose-Rosahl-Problematik der anderen Auffassung gefolgt, so ist T gem §§ 211, 30 I, 29 – § 52 – § 222 (alternativ: §§ 211, 22, 23 I, 26, 29 – § 52 – § 222) strafbar.

Definitionen zum Auswendiglernen

Mittäterschaft	ist die gemeinschaftliche Begehung einer Straftat durch bewusstes und gewolltes Zusammenwirken (*Wessels/Beulke, AT Rn 524*). Erforderlich ist also ein gemeinsamer Tatplan und eine gemeinsame Tatausführung.
Tatherrschaft	bedeutet das vom Vorsatz umfasste In-den-Händen-Halten des tatbestandsmäßigen Geschehensablaufs (*Wessels/Beulke, AT Rn 512*).
Anstifter	gem **§ 26** ist, wer vorsätzlich einen anderen zu dessen vorsätzlich begangener rechtswidriger Tat bestimmt hat (*vgl Gesetzestext; dazu Wessels/Beulke, AT Rn 567)*.
Bestimmen	iSd **§ 26** bedeutet das Hervorrufen des Tatentschlusses durch eine Willensbeeinflussung im Wege des offenen geistigen Kontakts (*Wessels/Beulke, AT Rn 568*).
Error in obiecto vel persona	(Irrtum über das Handlungsobjekt) ist eine Fehlvorstellung, die sich auf die Identität oder sonstige Eigenschaften des Tatobjekts oder der betreffenden Person bezieht (*Wessels/Beulke, AT Rn 247*).
Aberratio ictus	(Fehlgehen der Tat) ist ein Sachverhalt, bei dem der Täter seinen Angriff auf ein bestimmtes, von ihm individualisiertes Tatobjekt lenkt, dieser Angriff jedoch fehlgeht und ein anderes Objekt trifft, das der Täter nicht anvisiert hatte und gar nicht verletzen wollte (*Wessels/Beulke, AT Rn 250*).

Weitere einschlägige Musterklausuren

Zum Problem des error in obiecto vel persona (Irrtum über das Handlungsobjekt):

Bergmann, ZJS 2009, 412; *Britz/Brück*, JuS 1996, 229; *Eser/Burkhardt*, AT [9] S 103; *Engelmann*, JA 2010, 185; *Ernst*, ZJS 2011, 382; *Esser/Langbauer*, JA 2013, 28; *Esser/Röhling*, Jura 2009, 866; *Fahl*, Jura 2005, 273; *ders*, ZJS 2009, 63; *Gropengießer/Kohler*, Jura 2003, 277; *Gropp/Küpper/Mitsch*, Fallsammlung [4] S 86; *Heger*, JA 2008, 859; *Hettinger*, JuS 2011, 910; *Hilgendorf*, Klausurenkurs I [5] S 35; III, [5] Rn 15; *Hussels*, Jura 2005, 877; *Jäger*, AT § 3 Rn 91; *Kaspar*, Jura 2007, 69; *Kauerhof*, Jura 2005, 790; *Kindhäuser/Schumann/Lubig* [4] S 113; *Kleinbauer/Schröder/Voigt*, Anfänger [3] S 33; *Kudlich*, Fälle AT [2] S 15, [11] S 150, [12] S 168, [13] S 185; *Laue/Dehne-Niemann*, Jura 2010, 73; *Lehmann*, in: Seier, Die Anfängerklausur, [4] S 47, 52; *G. Merkel*, ZJS 2011, 376; *Noltensmeier/Henn*, JA-Übungsblätter 2007, 772; *Norouzi*, JuS 2006, 531; *Otto/Bosch*, [4] 109, [13] S 267; *Putzke*, Jura 2009, 147; *Rauda/Zenthöfer*, [3] S 16; *Rosenau/Zimmermann*, JuS 2009, 541; *Rotsch/Nolte/Peifer/Weitemeyer*, Klausur [19] S 276; *Reinbacher*, Jura 2007, 382; *Saal*, JA-Übungsblätter 1998, 563; *Safferling*, JuS 2005, 137; *ders*, JA-Übungsblätter 2007, 183; *Schwabe*, AT [18] S 232; *Sowada*, Jura 1994, 37; *Sternberg-Lieben/von Ardenne*, Jura 2007, 149; *Theiß/Winkler*, JuS 2006, 1083; *Wolters*, Fälle [2] S 27.

Zum Problem der Abgrenzung Täterschaft/Teilnahme:

Ambos, Jura 2004, 493; Amelung/Boch, JuS 2000, 262; *Bakowitz/Bülte*, StudZR, 2009, 149; *Bergmann/Rensch*, Jura 2012, 553; *Berkl*, JA-Übungsblätter 2006, 276; *Beulke*, Klausurenkurs II [1] Rn 20; *Brunhöber*, JuS 2011, 229; *Cornelius*, JA 2009, 425; *Drenkhahn*, Jura 2011, 63; Ebert-*Seher*, Fälle [14] S 210; Ebert-*Schütze*, Fälle, [16] S 239; *Eisele/Freudenberg*, Jura 2005, 205 ff; *Ellbogen*, JuS 2002, 155; *Ernst*, ZJS 2011, 382; *Gaede*, JuS 2003, 776; *Geppert*, in: *Coster-Waltjen* ua (Hrsg), Zwischenprüfung, S 43; *Gropp/Küpper/Mitsch*, Fallsammlung [1] S 11; *Hilgendorf*, Klausurenkurs I [17] S 163; III, [5] S 49, [7] S 77, [14] S 177; *Jäger*, AT § 6 Rn 225; *Kauerhof*, Jura 2005, 790; *Kindhäuser/Schumann/Lubig* [5] S 137; *Kinzig/Luczak*, Jura 2002, 493, 496; *Knauer*, JuS 2002, 53; *Kudlich*, Fälle AT [6] S 73; *ders*, JA 2008, 703; *Kühl/Kneba*, JA 2011, 426; *Kunz*, Jura 1995, 483; *Küper/Dratvova*, StudZR 2008, 57; *Meurer/Dietmeier*, JuS-Lernbogen 1999 L 13; *Mitsch*, JuS 2004, 324; *Momsen/Sydow*, JuS 2001, 1194; *Müller*, Jura 2005, 635; *Noltenius*, JuS 2006, 988; *Petermann*, JuS 2009, 1119; *Petrovic/Hillenkamp*, StudZR 2006, 521; *Poller/Härtl*, JuS 2004, 1079; *Rudolphi*, Fälle AT [8] S 99; *Safferling*, JuS 2005, 139; *Seher*, JuS 2007, 132; *Seibert*, JA 2008, 34; *Sievert/Kalkofen*, JA 2012, 107; *Vogel/Fad*, JuS 2002, 786; *Wolters*, Fälle [2] S 27, [5] S 121; *Zöller*, Jura 2007, 305.

Zum Problem des Bestimmens iSv § 26:

Amelung/Boch, JuS 2000, 261; *Bott/Kühn*, Jura 2009, 72; *Brandts*, Jura 1986, 495; *Chowdhury/Meier/Schröder*, Standardfälle [9] S 222; *Cornelius*, JA 2009, 425; *Geppert*, Jura 2002, 278; *Gropp/Küpper/Mitsch*, Fallsammlung [12] S 229; *Haas*, Ad Legendum 2012, 119, 128; *Hilgendorf*, Klausurenkurs I [13] 112; III [8] Rn 20; *Hinderer*, JuS 2009, 625; *Kett-Straub/Linke*, JuS 2008, 717; *Kindhäuser/Schumann/Lubig* [5] S 137, [7], S 180; *Kuhlen/Roth*, JuS 1995, 711; *Meurer/Kahle/Dietmeier*, [4] 49, [5] 77 u 90; *Otto*, JuS 1982, 560; *Otto/Bosch*, Übungen [4] 113 f; *Petrovic/Hillenkamp*, StudZR 2006, 521; *Rudolphi*, Fälle AT [9] 101, 106, 113, 117 , [10] 121, 126; *Samson*, Strafrecht, 191, 202; *Schmidt/Priebe*, Fälle I, [1] Rn 54; *Schuster*, Jura 2008, 229; *Schwabe*, AT [13] S 162; *Schwind/Franke/Winter*, Übungen, 65 u 107; *Sowada*, Jura 1994, 37, 41; *Wagemann*, Jura 2006, 867; *Wolters*, Fälle [2] 23, 41.

Zum Problem des error in obiecto vel persona und Anstiftung (bzw Beihilfe):

Beulke, Klausurenkurs III [6] Rn 266; *Brand/Kanzler*, JA 2012, 37; *Dohmen*, Jura 2006, 143; *Engelmann*, JA 2010, 185; *Fahl*, ZJS 2009, 63; *Freund*, JuS-Lernbogen 1990, L 36; *Frister-Krüger*, Klausur [3] S 60; *Heger*, JA 2008, 859; *Hilgendorf*, Klausurenkurs I [5] S 35; *Hussels*, Jura 2005, 877; *Jäger*, AT § 6 Rn 261 u 274; *Jescheck*, Fälle [37] S 50; *Kaspar*, JuS 2004, 412; *Kudlich*, Fälle AT [6] S 86, [12] S 168; *ders*, JuS 2004, 791; *Meurer/Kahle/Dietmeier*, [6] S 125;

Mitsch, Jura 1991, 373; *Noltensmeier/Henn*, JA-Übungsblätter 2007, 772; *Otto/Bosch*, Übungen [4] S 114; *Prütting/Stern/Wiedemann*, Examensklausur [20] S 243; *Rosenau/Zimmermann*, JuS 2009, 541; *Rudolphi*, Fälle AT [7] S 83; *Safferling*, JA-Übungsblätter 2007, 183, *Scheffler*, Jura 1993, 212; *Scholz/Wohlers*, Klausuren und Hausarbeiten S 123; *Schuster*, Jura 2008, 228; *Sievert/Kalkofen*, JA 2012, 107; *Sowada*, Jura 1994, 37; *Stoffers*, JuS 1993, 837; *Wolters*, Fälle [2] S 27.

Zum Problem Mord/Totschlag – § 28 I oder II oder § 29:

Ambos, Jura 2004, 497; *Beulke*, Klausurenkurs II [1] Rn 24; *Beulke*, Klausurenkurs III [2] Rn 100; *Brand/Kanzler*, JA 2012, 37; *Chowdhury/Meier/Schröder*, Standardfälle [1] S 7; *Cornelius*, JA 2009, 425; *Dannecker*, JuS-Lernbogen 1988, L 67; *Dittrich/Pintaske*, ZJS 2011, 157; *Dohmen*, Jura 2006, 143; Ebert-*Bruckauf*, Fälle, [15] S 228; *Engelmann*, JA 2010, 185; *Esser/Röhling*, Jura 2009, 866; *Frister-Krüger*, Klausur [3] S 64; *Hilgendorf*, Klausurenkurs I [15] S 137; II, [6] S 72; *Hussels*, Jura 2005, 877; *Ihring/Noak*, Jura 2007, 787; *Kargl*, Strafrecht S 139; *Käßner/Seibert*, JuS 2006, 810; *Kindhäuser/Schumann/Lubig* [6] S 162; *Krahl*, JuS 2003, 60; *Kühl/Hinderer*, JuS 2010, 697; *Kühl/Kneba*, JA 2011, 426; *Kunz*, JuS 1995, 483; *Linke/Hacker*, JA 2009, 347; *Lotz*, JuS 2010, 982; *Niehaus*, ZJS 2010, 396; *Petrovic/Hillenkamp*, StudZR 2006, 521; *Prütting/Stern/Wiedemann*, Examensklausur [17] S 200; *Rosenau/Zimmermann*, JuS 2009, 541; *Rudolphi*, Fälle AT [7] S 86; *Safferling*, JA-Übungsblätter 2007, 183; *Schmidt/Priebe*, Fälle I, [1] Rn 70; *Scholz/Wohlers*, Klausuren und Hausarbeiten S 104; *Selter*, Ad Legendum 2012, 278; *Sievert/Kalkofen*, JA 2012, 107; *Sowada*, Jura 1994, 37; *Steinberg/Blumenthal*, ZJS 2011, 81; *Stoffers*, JuS 1993, 837; *Tiedemann*, Anfängerübung [9] S 228; *Weber*, Jura 1983, 544; *Weißer*, JuS 2009, 135; *Wolters*, Fälle [2] S 27; *Zöller*, Jura 2007, 305.

Zum Problem der aberratio ictus (Fehlgehen der Tat):

Beulke, Klausurenkurs III [6] Rn 271; *Bott/Pfister*, Jura 2010, 226; *Daleman/Heuchemer*, JA-Übungsblätter 2004, 461; *Dannecker*, JuS-Lernbogen 1988, L 67; *Dürre/Wegerich*, JuS 2006, 712; *Esser/Röhling*, Jura 2009, 866; *Hussels*, Jura 2005, 877; Ebert-*Schütze*, Fälle, [4] S 70; *Fahl*, Jura 2005, 273; Fälle [4] S 70; *Hilgendorf*, Klausurenkurs I [5] S 35, [17] S 163; II, [6] S 72; *Jäger*, AT § 3 Rn 89; *Jescheck*, Fälle [36] S 49; *Karitzky*, Jura 2000, 368; *Kauerhof*, Jura 2005, 790; *Kleinbauer/Schröder/Voigt*, Anfänger [3] S 33; *Lehmann*, in: Seier, Die Anfängerklausur, [4] S 47, 52; *Linke/Hacker*, JA 2009, 347; *G. Merkel*, ZJS 2011, 697; *Meurer/Kahle/Dietmeier*, [4] S 51; *Morgenstern*, JuS 2006, 251; *Rauda/Zenthöfer*, [7] S 40; *Reinbacher*, Jura 2007, 382; *Riemenschneider/Paetzold*, Jura 1996, 316; *Saliger*, JuS 1995, 1004; *Schmitt*, Jura 1982, 549; *Schwabe*, AT [18] S 232; *Schwind/Franke/Winter*, Übungen [K1] S 54; *Sternberg-Lieben*, Jura 2007, 149; *Tiedemann*, Anfängerübung [8] S 213; *Weber*, Jura 1983, 544.

Zurechnung von Mordmerkmalen bei mehreren Beteiligten
(jeweilige Kenntnis der Mordmerkmale [MM] vorausgesetzt)

				§ 211 = Sondertatbestand (Rspr)	§ 212 = Grundtatbestand § 211 = Qualifikation	Täterbezogene MM = Schuldmerkmale
Teilnahme (Anstiftung und Beihilfe)	Täter erfüllt tat- oder täterbezogenes MM		Betrafung des Täters →	§ 211	§ 211	§ 211
	Teilnehmer erfüllt kein MM	Täter erfüllt täterbezogenes MM	Bestrafung des Teilnehmers →	§§ 211, 26, 28 I (Rspr strenger)	§§ 212, 26, 28 II	§§ 212, 26, 29
		Täter erfüllt tatbezogenes MM	Bestrafung des Teilnehmers →	§§ 211, 26	§§ 211, 26	§§ 211, 26
	Täter erfüllt kein MM		Betrafung des Täters →	§ 212	§ 212	§ 212
	Teilnehmer erfüllt ein	täterbezogenes MM	Bestrafung des Teilnehmers →	§§ 212, 26 (Rspr milder)	§§ 211, 26, 28 II	§§ 211, 26, 29
		tatbezogenes MM	Bestrafung des Teilnehmers →	§§ 212, 26	§§ 212, 26	§§ 212, 26
Mittäterschaft	Erster Mittäter erfüllt tat- oder täterbezogenes MM		Bestrafung des ersten Mittäters →	§ 211	§ 211	§ 211
	Zweiter Mittäter erfüllt in eigener Person kein MM	Erster Mittäter erfüllt täterbezogenes MM	Bestrafung des zweiten Mittäters →	§§ 212, 25 II	§§ 212, 25 II	§§ 212, 25 II, 29
		Erster Mittäter erfüllt tatbezogenes MM	Bestrafung des zweiten Mittäters →	§§ 211, 25 II	§§ 211, 25 II	§§ 211, 25 II

Fall 4

Die Tischuhr des reichen Nachbarn

A, einen begeisterten Antiquitätensammler, ärgert es seit langem, dass sein vermögender Nachbar N ein besonders schönes Exemplar einer alten Tischuhr besitzt. Er beschließt deshalb, die im Arbeitszimmer des N aufgestellte Uhr zu stehlen. Zu diesem Zweck begibt er sich während der Abwesenheit des N auf das umzäunte Nachbargrundstück. A weiß, dass N häufig seine gläserne Verandatür unverschlossen hält. Falls die Tür auch an diesem Tag offen sein sollte, will er die Tat ausführen. Zu seinem großen Bedauern erweist sich bei intensivem Gegendrücken die Tür aber als verriegelt. A ist sich zwar bewusst, dass er die Tür mittels eines von zu Hause geholten Werkzeuges öffnen könnte, verwirft diesen Gedanken aber aus Bequemlichkeit sofort wieder und gibt sein Vorhaben endgültig auf. **175**

Einige Wochen später erzählt er die ganze Angelegenheit seinem Freund F. Dieser rät ihm, so schnell nicht aufzugeben, vielmehr das Ganze nochmals zu versuchen. A lässt sich umstimmen, er scheut jetzt jedoch ein alleiniges Vorgehen. Deshalb bittet er seine Ehefrau E, ihn bei der Verwirklichung des Vorhabens zu unterstützen. E willigt zögernd ein, da sie ihren Mann nicht enttäuschen möchte. A und E legen sich verabredungsgemäß auf die Lauer. Während N seinen Verdauungsspaziergang macht, schleicht sich A durch die nunmehr unverschlossene Verandatür in das Haus des N. E beobachtet vor dem Haus des N stehend die Straße. Noch bevor A das Arbeitszimmer des N erreicht hat, kommen der E jedoch Bedenken hinsichtlich der Verwerflichkeit ihres Tuns. Um mit der Angelegenheit nichts mehr zu tun zu haben, gibt sie ihren Beobachtungsposten auf und kehrt an den heimischen Herd zurück. Gerade zu diesem Zeitpunkt beschleichen nun aber auch A beim Betrachten der Uhr Zweifel, ob er auf Dauer unentdeckt bleiben wird. Aus Angst vor Strafe lässt er die Uhr liegen und verlässt das Anwesen des N mit dem festen Vorsatz, für immer vom Diebstahlsplan Abstand zu nehmen.

Als F ihn fragt, ob er sich inzwischen die Uhr geholt habe, erzählt A, wie alles abgelaufen ist. Da F nunmehr die Unfähigkeit des A erkennt, rät er ihm, von dem Projekt endgültig abzulassen. A verspricht dies. Eine Woche später ärgert sich A jedoch so über sein Versagen vor F, dass er einen neuen Plan ausheckt. Er schwindelt seinem siebenjährigen Sohn S vor, der gerade abwesende N habe angerufen und gebeten, A möge die Uhr schnell holen, die Verandatür des Hauses sei unverschlossen, die Uhr stehe auf dem Schreibtisch im Arbeitszimmer. Folgsam läuft S los, wieder gerade zu der Zeit, als N seinen Verdauungsspaziergang macht. Bevor S die Gartentür des N erreicht, sieht er den N jedoch zurückkommen. Er hält darauf seinen Auftrag für erledigt und geht auf den Spielplatz.

Wie haben sich A, E und F strafbar gemacht?
Gegebenenfalls erforderliche Strafanträge sind gestellt.

Gedankliche Strukturierung des Falles (Kurzlösung)

176 **A. Die verschlossene Verandatür (Strafbarkeit des A)**

1. § 242 I (–)
Objektiver Tatbestand (–)
2. §§ 242 I, II, 22, 23 I (+)
- Tat nicht vollendet (+)
- Versuch strafbar, §§ 242 II, 23 I Alt 2 (+)

a) Tatentschluss (= Subjektiver Tatbestand) (+)
  aa) Vorsatz (+)
  bb) Zueignungsabsicht (+)
b) Unmittelbares Ansetzen (= Objektiver Tatbestand) (+)

Problem Nr 18: Abgrenzung Vorbereitungshandlung/Versuch (Rn 178)

c) Rechtswidrigkeit und Schuld (+)
d) Strafbefreiender Rücktritt, § 24 I (–)
  aa) Fehlgeschlagener Versuch (–)
  bb) Unbeendeter Versuch (+)
  cc) Freiwilligkeit (–)

Problem Nr 19: Freiwilligkeit des Rücktritts vom Versuch (Rn 180)

e) Regelbeispiel § 243 I 2 Nr 1 (–)
3. §§ 244 I Nr 3, II, 22, 23 I (–)
4. §§ 246 I, III, 22, 23 I (+) (subsidiär)
5. § 123 I (+)
6. Konkurrenzen
7. Ergebnis für A im TK A
§§ 242 I, II, 22, 23 I – § 52 – § 123 I

B. Der zweite Anlauf zusammen mit E

I. Strafbarkeit des A
1. §§ 242 I, II, 22, 23 I (–)
a) Tatentschluss (+)
b) Unmittelbares Ansetzen (+)
c) Strafbefreiender Rücktritt, § 24 II (+)

Problem Nr 20: Rücktritt bei mehreren Beteiligten (Rn 184)

Problem Nr 21: Freiwilligkeit iSv § 24 bei Angst vor Strafe (Rn 186)

d) Rücktrittswirkung für Tatkomplex A (–)
2. §§ 246 I, III, 22, 23 I (–)
3. § 123 I (+)
4. Ergebnis für A im TK B
§ 123 I

II. Strafbarkeit der E
1. §§ 242 I, II, 22, 23 I, 25 II (–)
Täterschaft/Teilnahme
2. §§ 242 I, II, 22, 23 I, 27 (+)
a) Objektiver Tatbestand (+)
  aa) Haupttat (+)
  bb) Beihilfehandlung (+)
b) Subjektiver Tatbestand (+)
  aa) Vorsatz bzgl der Haupttat (+)
  bb) Vorsatz bzgl der Beihilfehandlung (+)
c) Rücktritt, § 24 II (–)
3. §§ 246 I, III, 22, 23 I, 27 (+) (subsidiär)
4. §§ 123 I, 27 (+)
5. Ergebnis für E im TK B
§§ 242 I, II, 22, 23 I, 27 – § 52 – §§ 123 I, 27

III. Strafbarkeit des F
1. §§ 242 I, II, 22, 23 I, 25 II (–)
Täterschaft/Teilnahme
2. §§ 242 I, II, 22, 23 I, 26 (+)
3. §§ 246 I, III, 22, 23 I, 26 (+) (subsidiär)
4. §§ 123 I, 26 (+)
5. Ergebnis für F im TK B
§§ 242 I, II, 22, 23 I, 26 – § 52 – §§ 123 I, 26

C. Der letzte Anlauf zusammen mit S

I. Strafbarkeit des A
1. §§ 242 I, II, 22, 23 I, 25 I Alt 2 (+)
a) Tatentschluss (+)

Problem Nr 22: Mittelbare Täterschaft (Rn 192)

b) Unmittelbares Ansetzen (+)

Problem Nr 23: Anfang der Ausführungshandlung bei mittelbarer Täterschaft (Rn 194)

c) Strafbefreiender Rücktritt, § 24 II (–)
d) § 243 I 2 Nr 1 (–)
2. §§ 246 I, III, 22, 23, 25 I Alt 2 (+) (subsidiär)
3. §§ 123 I, 22, 23 I, 25 I Alt 2 (–)
Keine Vollendung, aber Versuch nicht strafbar
4. Ergebnis für A im TK C
§§ 242 I, II, 22, 23 I, 25 I Alt 2

II. Strafbarkeit des F
1. §§ 242 I, II, 22, 23 I, 26 (–)
a) Objektiver Tatbestand (–)
  aa) Haupttat (+)
  bb) Anstiftungshandlung (–)

Problem Nr 24: Rücktritt im Vorbereitungsstadium (Rn 197)

b) Ergebnis
Keine Strafbarkeit

2. §§ 242 I, 30 I (–)

3. Ergebnis für F im TK C
F ist straflos

D. Konkurrenzen zwischen den einzelnen Tatkomplexen

Problem Nr 25: Fortgesetzte Handlung (Rn 199)

E. Gesamtergebnis

A: §§ 242 I, II, 22, 23 I – § 52 – § 123 I
– § 53 I –
§ 123
– § 53 I –
§§ 242 I, II, 22, 23 I, 25 I Alt 2

E: §§ 242 I, II, 22, 23 I, 27 – § 52 – §§ 123 I, 27

F: §§ 242 I, II, 22, 23 I, 26 – § 52 – §§ 123 I, 26

Ausführliche Lösung von Fall 4

A. Die verschlossene Verandatür (Strafbarkeit des A)

1. § 242 I

177 Indem A zum ersten Mal auf die Verandatür zugeht, um die alte Tischuhr aus dem Arbeitszimmer des N zu entwenden, könnte er einen Diebstahl begangen haben. Ein vollendeter Diebstahl könnte nur vorliegen, wenn es zu der Wegnahme einer fremden beweglichen Sache durch A gekommen wäre. Wegnahme ist der Bruch fremden und die Begründung neuen, nicht notwendig tätereigenen Gewahrsams. A hat aber schon, bevor er überhaupt die Gewahrsamssphäre des N betrat, die Tatausführung abgebrochen. Eine Vollendung des § 242 I ist zu verneinen.

2. §§ 242 I, II, 22, 23 I

Mangels Wegnahme scheidet ein vollendeter Diebstahl aus. A könnte sich aber bzgl dieses ersten Ganges auf die Terrasse des N des versuchten Diebstahls schuldig gemacht haben, der gem §§ 242 II, 23 I Alt 2 unter Strafe steht.

In leichten bzw eindeutigen Fällen kann man sogleich mit der Versuchsprüfung beginnen und dann im Rahmen der Vorwegprüfung die Nichtvollendung feststellen (s Rn 157, ebenso zB Arzt, Strafrechtsklausur S 210; Baumann/Arzt/Weber, Strafrechtsfälle [22] S 133; Gropengießer/Kohler, Jura 2003, 278; Gropp/Küpper/Mitsch, Fallsammlung [1] S 14; Hagen, in: Coester-Waltjen ua (Hrsg), Zwischenprüfung, S 37; Hauf, AT S 111; Hilgendorf, Klausurenkurs I [2] Rn 5; Kasiske, Jura 2012, 739; Keiser, JA 2002, 870; Kühl, AT § 15 Rn 8; Kudlich, JuS 2003, 34; Langer, Jura 2003, 135; Meurer/Kahle/Dietmeier, [2] S 15; Rotsch, JuS 2002, 888; Safferling, JA 2007, 186; Schuster, Jura 2008, 228; Sternberg-Lieben/von Ardenne, Jura 2007, 149; M. Vormbaum, Jura 2012, 652). Wirft die Beantwortung der Frage, ob eine vollendete Tat vorliegt, Probleme auf, sollte hingegen – so wie hier geschehen – zunächst das vollendete Delikt geprüft werden. Nach dessen Ablehnung kann dann unter einer neuen Ziffer auf den Versuch übergegangen werden (Beispielsfälle statt aller: Bülte/Becker, Jura 2012, 328; Böß, JA 2012, 352). Im Schrifttum wird zT eine Vorwegprüfung der Nichtvollendung gänzlich abgelehnt (vgl Hardtung, Jura 1996, 293; Kern/Langer, Strafrechtsfälle S 51 und wohl auch Fahl, Jura 2003, 61); ausführlich zum Versuchsaufbau s Rn 75 ff und 429 sowie Wessels/Beulke, AT Rn 874.

In den letzten Jahren wird überwiegend auch § 23 I in die Überschriftenkette aufgenommen. Das ist zwar nicht zwingend (ebenso Putzke, ZJS 2011, 523), sofern genügend Zeit vorhanden ist, würde ich aber raten, den heute üblichen Weg zu wählen.

a) Tatentschluss (= Subjektiver Tatbestand)

aa) Vorsatz

Zu prüfen ist, ob A zur Verwirklichung aller Merkmale des objektiven Diebstahlstatbestandes entschlossen war. Er wollte eine dem N gehörende und damit für ihn fremde bewegliche Sache aus dem Gewahrsam des N entfernen und eigenen Gewahrsam daran begründen. Der Umstand, dass der Diebstahl nur bei offener Verandatür ausgeführt werden sollte, ändert nichts daran, dass A bereits zur Tat fest entschlossen war. Wenn die Ausführung nur von einer äußeren Gegebenheit abhängig gemacht wird, so liegt immer noch unbedingter Tatentschluss vor (*Wessels/Beulke, AT Rn 215*). Auch war sich A des fehlenden Einverständnisses des N zu diesem Gewahrsamsbruch bewusst. Vorsatz liegt vor.

Der Einleitungssatz „Zu prüfen ist, ob A zur Verwirklichung aller Merkmale ..." kann bei Fortgeschrittenenklausuren weggelassen werden. Keinesfalls darf jede Versuchsprüfung bei jedem neuen Straftatbestand mit dem stereotypen Satz begonnen werden: „A müsste Wissen und Wollen bzgl aller Merkmale des objektiven Tatbestandes gehabt haben". Das ist eine Selbstverständlichkeit, deren mehrfaches Hinschreiben sinnlos Zeit kostet (vgl Rn 22).

bb) Zueignungsabsicht

Dem A, der, wie er wusste, keinen zivilrechtlichen Anspruch auf die Uhr hatte, kam es außerdem gerade darauf an, über die Uhr eigentumsähnlich verfügen zu können, so dass er auch in der Absicht rechtswidriger Zueignung handelte.

b) Unmittelbares Ansetzen (= Objektiver Tatbestand)

Teilweise wird vorgeschlagen, die Rechtswidrigkeit und Schuldhaftigkeit des geplanten Verhaltens vor dem unmittelbaren Ansetzen zu prüfen (Arzt, Strafrechtsklausur, S 214). Das ist selbstverständlich zulässig, hat nur den klausurtechnischen (zeitraubenden) Nachteil, dass dann die Rechtswidrigkeit der Ausführungshandlung einer gesonderten Feststellung bedarf. Letztere einfach entfallen zu lassen, wenn die Ausführung von der geplanten Tat nicht abweicht, dürfte nicht bei allen Prüfern auf Zustimmung stoßen. Ich rate deshalb meinen Studenten, im Rahmen der Versuchsprüfung Rechtswidrigkeit und Schuld nach dem unmittelbaren Ansetzen anzusprechen (ebenso die Beispielsfälle bei Dietmeier, JuS 2007, 827; Esser/Röhling, Jura 2009, 869; Haverkamp/Kaspar, JuS 2006, 899; Lindheim/Uhl, JA 2009, 783; Kudlich/Schuhr, JA 2007, 351; Putzke, ZJS 2011, 522, 523 und Schuster, Jura 2008, 233).

Fraglich ist, ob A zur Verwirklichung des Tatbestandes unmittelbar angesetzt hat, § 22.

Problem Nr 18: Abgrenzung Vorbereitungshandlung/Versuch 178

Das unmittelbare Ansetzen iSv § 22 umschreibt das Problem der Grenzziehung zwischen Vorbereitungshandlung und Versuch. Unproblematisch ist das Ansetzen nach allen Ansichten immer dann zu bejahen, wenn der Täter schon mit der Ausführung der Tatbestandshandlung selbst begonnen hat.

(1) Die strenge **formell-objektive** Theorie fordert sogar immer die Verwirklichung mindestens eines Tatbestandsmerkmales.

Gegenargument: Hier wird der Ansatzzeitpunkt zu weit nach hinten verlagert. Eine konkrete Rechtsgutsgefährdung kann schon vorher zu bejahen sein. Bei Delikten, die sich mit der Ausführung einer einzigen Tathandlung erledigen, so zB § 223, würde zudem im Regelfall das unmittelbare Ansetzen schon mit der Deliktsvollendung zusammenfallen, so dass ein Versuch kaum möglich wäre. Diese Ansicht wird heute daher nicht mehr vertreten.

(2) Die sog **materiell-objektive** Theorie erfasst dagegen auch Vorfeldhandlungen, „die vermöge ihrer notwendigen Zusammengehörigkeit mit der Tatbestandshandlung für die natürliche Auffassung als deren Bestandteil erscheinen" (Frank'sche Formel) bzw die das Rechtsgut schon unmittelbar gefährden.

Gegenargument: Auch bei dieser Theorie wird zu einseitig auf objektive Gefährdungskriterien abgestellt. Eine schon früher einsetzende Gefährdung nach der Tätervorstellung bleibt außen vor.

(3) Sehr viel weiter geht die **subjektive** Theorie. Unmittelbares Ansetzen liegt vor, wenn der Täter nach seiner Vorstellung von der Tat mit der Ausführung beginnt.

Gegenargument: Der Versuchsbeginn wird bedenklich weit in das Vorbereitungsstadium vorverlagert.

(4) Nach der heute **herrschenden gemischt objektiv-subjektiven** Theorie, die allein dem Wortlaut des § 22 entspricht, beginnt der Versuch, sobald der Täter nach seiner Vorstellung von der Tat zur Tatbestandsverwirklichung unmittelbar ansetzt, subjektiv also die Schwelle zum Jetzt-geht-es-los überschreitet und objektiv ein auf die Verwirklichung der Tat gerichtetes Verhalten an den Tag legt. Das Täterverhalten muss entsprechend dem Gesamtplan so eng mit der tatbestandlichen Ausführungshandlung verknüpft sein, dass es bei ungestörtem Fortgang unmittelbar zur Verwirklichung des gesamten Straftatbestandes führen soll oder im unmittelbaren räumlichen und zeitlichen Zusammenhang mit ihr steht. Indizien für die erforderliche Tatbestandsnähe sind

- die **Rechtsgutgefährdung**, dh ob nach der Tätervorstellung das Rechtsgut schon als hinreichend konkret gefährdet erscheint und
- ob sein Tun nach seinem Gesamtplan **ohne weitere Zwischenakte** in die eigentliche Tatausführung einmünden soll.

Zur Vertiefung: Wessels/Beulke, AT Rn 599 ff.

179 A hätte zur Verwirklichung des Tatbestandes unmittelbar angesetzt, wenn er subjektiv die Schwelle zum „Jetzt-geht-es-los" überschritten und ein auf die Verwirklichung der Tat gerichtetes Verhalten an den Tag gelegt hätte. Ein wichtiges Indiz für die geforderte Tatnähe wäre gegeben, wenn die von A in Gang gesetzte Ursachenreihe nach seiner Vorstellung vom Tatablauf ohne Zäsur und ohne weitere wesentliche Zwischenakte in die eigentliche Tatbestandshandlung mit der Folge einmünden sollte, dass aus seiner Sicht das Angriffsobjekt bereits konkret gefährdet erschiene.

Von dem Moment an, in dem A versuchte, die Tür aufzudrücken, war das Eigentum des N gefährdet, auch wenn die Tür objektiv verschlossen war und A nur bei offener Tür eindringen wollte. Wenn alles planmäßig verlaufen wäre, wollte A nach dem Öffnen der Tür unmittelbar zur eigentlichen Diebstahlshandlung übergehen. Dem § 22 liegt eine gemischt objektiv-subjektive Betrachtungsweise zu Grunde. Die Schwelle zum „Jetzt-geht-es-los" hat A danach überschritten. Auch wenn er noch kein Merkmal des objektiven Tatbestandes des § 242 I erfüllt hat, ist mit der hM ein unmittelbares Ansetzen zum Versuch zu bejahen (*Gegenteil bei guter Begründung vertretbar*).

c) Rechtswidrigkeit und Schuld

A handelte rechtswidrig und schuldhaft.

d) Strafbefreiender Rücktritt, § 24 I

Er könnte aber durch das endgültige Ablassen von der Tatausführung strafbefreiend vom Versuch zurückgetreten sein, § 24 I.

Zu den Prüfungspunkten beim Rücktritt s Wessels/Beulke, AT Rn 654a.

Merke: Eine alte Repetitorregel lautet: „Versuch – Klick – Rücktritt". Sie bringt recht plastisch zum Ausdruck, was jeder Student tatsächlich beherzigen sollte: Wird an den Versuch überhaupt nur gedacht, soll sich sofort auch die Assoziation zur strafbefreienden Rücktrittsmöglichkeit einstellen, die nämlich in der Hektik der Klausurlösung (und später auch in der Hektik des Strafverfahrens) allzu oft übersehen wird. Wer also den Versuch prüft, muss stets auch den Rücktritt mit bedenken. Zu Papier gebracht werden Erwägungen zum Rücktritt allerdings nur, wenn der konkrete Sachverhalt ausreichende Anhaltspunkte für die zumindest theoretisch denkbare Erfüllung dieses Strafaufhebungsgrundes bietet.

aa) Fehlgeschlagener Versuch

Das setzt voraus, dass der Versuch aus der Sicht des A noch nicht fehlgeschlagen war. Fehlgeschlagen ist der Versuch einer Straftat in erster Linie dann, wenn die zu ihrer Ausführung vorgenommenen Handlungen ihr Ziel nicht erreicht haben und der Täter erkannt hat, dass er mit den ihm zur Verfügung stehenden Mitteln den tatbestandlichen Erfolg entweder gar nicht mehr oder zumindest nicht ohne zeitlich relevante Zäsur herbeiführen kann (*Wessels/Beulke, AT Rn 626 f*). Nicht gescheitert ist der Täter also, sofern er sich vorstellt, noch im unmittelbaren Anschluss an die Tat mit weiteren Mitteln die Tat vollenden zu können. A hätte hier die Tür auch gewaltsam öffnen können (zB Einschlagen der Scheibe mittels eines Werkzeugs, das er sich aus seinem Haus hätte holen können). Eine Fortsetzung der Tat mit anderen Mitteln erscheint also nicht von vornherein als ausgeschlossen.

Denkbar wäre es auch, den Sachverhalt so auszulegen, dass für A der Diebstahl mit dem Offensein der Tür in diesem Zeitpunkt steht und fällt, so dass bei verschlossener Tür von einem fehlgeschlagenen Versuch ausgegangen wird. Bei Vorliegen eines fehlgeschlagenen Versuchs wäre ein Rücktritt bereits mangels „Aufgabe der Tat" bzw „Verhinderung der Vollendung" ausgeschlossen, so dass man überhaupt nicht zum Problem der Unfreiwilligkeit des Rücktritts käme; Einzelheiten bei Wessels/Beulke, AT Rn 628.

An dieser Stelle noch ein genereller Ratschlag:
Wenn der Bearbeiter sieht, dass er sich durch eine frühere Entscheidung die Erörterung des Folgeproblems erspart, auf dessen Behandlung der Fall aber zugeschnitten zu sein scheint (wobei man freilich manchmal insoweit Irrtümern erliegen kann), so ist es durchaus ratsam, die Lösung „problemfreundlich" zu gestalten (siehe auch o Rn 7). Allerdings sollte der Bearbeiter die befürwortete Meinung zumindest für „gut vertretbar" halten. Hingegen sollte er Meinungen, die ihm eindeutig „abwegig" erscheinen, auch

dann nicht akzeptieren, wenn nur sie den „Schlüssel" zu weiteren wichtigen Problemen enthalten. Der Bearbeiter soll sich nicht anbiedern, aber er sollte sich in die Gedankenwelt des Aufgabenstellers versetzen. Wenn die höchstrichterliche Rechtsprechung oder die herrschende Ansicht im Schrifttum ein bestimmtes Folgeproblem aufwirft, sollte der Bearbeiter sich stets mit diesem auseinandersetzen (ebenso Arzt, Strafrechtsklausur S 106). Problemflucht durch Bejahung abstrusester Mindermeinungen zahlt sich erfahrungsgemäß nicht aus. Problemsuche wird hingegen honoriert.

Zur Prüfung des Rücktritts ist noch anzumerken: Die meisten Falllösungen verneinen zuerst den Fehlschlag, grenzen dann bei Prüfung des § 24 I den unbeendeten vom beendeten Versuch ab, um dann die Voraussetzungen der jeweils einschlägigen Alternative zu prüfen (zB Bakowitz/Bülte, StudZR 2009, 149; Bock, JuS 2006, 604; Böß, JA 2012, 353; Hilgendorf, Klausurenkurs I [12] Rn 6, II [2] Rn 54; Kinzig/Linke, JuS 2012, 231; Krahl, JuS 2003, 58; Reinbacher, in: Coester-Waltjen ua (Hrsg), Zwischenprüfung, S 29; Singelnstein, JA 2011, 761; Walter/Schneider, JA 2008, 262 f). Dieses Vorgehen wird neuerdings verstärkt in Frage gestellt und eine angeblich stärker am Gesetzeswortlaut orientierte Subsumtion ohne Ausweichen auf die dogmatische Konstruktion des Fehlschlags und des unbeendeten Versuchs angemahnt (Scheinfeld, JuS 2002, 250; Petersen, Jura 2002, 105; Putzke, ZJS 2011, 522, 524 [mit dem Vorwurf, die Aufsatz- und Lehrbuchautoren würden leider ein anderes, „methodisch und didaktisch nicht optimales Vorgehen" empfehlen]; s auch Gropp/Küpper/Mitsch, Fallsammlung [16] S 293). Ich habe an der herkömmlichen Prüfung festgehalten, weil sie mE dem Gesetzeswortlaut nicht widerspricht und für den Anfänger überschaubarer ist (wie hier Kudlich, Fälle AT [7] S 98, [10] S 136, 142).

bb) Unbeendeter Versuch

Zu überlegen ist, durch welche Rücktrittsleistung sich A die Straffreiheit verdient haben könnte. Dies hängt davon ab, in welches Stadium der Versuch gelangte. IRd § 24 I 1 wird zwischen dem unbeendeten und dem beendeten Versuch differenziert. Im ersten Fall genügt die schlichte Tataufgabe, im zweiten wird eine aktive Vollendungsverhinderung gefordert. Unbeendet ist der Versuch, wenn der Täter noch nicht alles getan zu haben glaubt, was nach seiner Vorstellung von der Tat zu ihrer Vollendung notwendig ist. A hatte das Haus, in dem sich die Uhr befand, noch nicht einmal betreten. Es war ihm damit bewusst, dass noch weitere Handlungen zur Verwirklichung des Diebstahls erforderlich waren, weshalb hier von einem unbeendeten Versuch auszugehen ist. Da A sein Vorhaben endgültig nicht weiter verfolgen wollte, liegt eine „Aufgabe der Tat" iSv § 24 I 1 Alt 1 vor.

ZT wird empfohlen, die Unterteilung zwischen „unbeendetem" und „beendetem" Versuch nicht „abstrakt" zu erörtern, sondern sofort die einzelnen Tatbestandsalternativen zu behandeln (Kindhäuser/Schumann/Lubig, [1] S 74). Das ist selbstverständlich zulässig. Ich halte jedoch zum Verständnis der verschiedenen Rücktrittsalternativen die Hervorhebung, dass man vom „unbeendeten" bzw „beendeten" Versuch spricht, für sinnvoll.

cc) Freiwilligkeit

Fraglich ist, ob A hier freiwillig gehandelt hat.

Problem Nr 19: Freiwilligkeit des Rücktritts vom Versuch 180

Freiwillig tritt ein Täter zurück, wenn er von der Tatausführung absieht, weil er sie nicht mehr will, hingegen nicht, weil die Tat nach seiner Vorstellung unausführbar geworden ist.

(1) Nach der sog **„Frank'schen Formel"** galt früher:
- Freiwillig tritt zurück, wer denkt: Ich will nicht zum Ziel kommen, selbst wenn ich könnte.
- Unfreiwillig handelt, wer denkt: Ich kann nicht zum Ziel kommen, selbst wenn ich wollte.

Gegenargument: Die Formel ist nur ein grober Anhaltspunkt und viel zu weit geraten.

(2) Eine weitere Ansicht will nur den Rücktritt zulassen, der nach den **„Maßstäben der Verbrechervernunft"** als nicht zwingend geboten erscheint (*Roxin*, Heinitz-FS S 251).

Gegenargument: Die Verbrechervernunft gibt kaum objektiv hilfreiche Abgrenzungskriterien an die Hand.

(3) Die heute ganz **herrschende Ansicht** unterscheidet nach autonomen und heteronomen Motiven:
- **Freiwillig** ist ein Rücktritt, der auf **autonomen**, dh situationsunabhängigen Motiven beruht und nicht dem Täter durch äußere Umstände aufgezwungen wird. Sittlich hochwertig müssen die Tätermotive nicht sein (es genügen: Scham, Reue, Mitleid, etc), der Verdienst des Täters besteht schon in der nicht erzwungenen „Rückkehr zur Legalität". Der Anstoß zum Umdenken kann auch von außen kommen, solange dem Täter noch ein echtes Wahlrecht zwischen Durchführung und Aufgabe der Tat verbleibt.
- **Unfreiwillig** ist der durch **heteronome**, außerhalb des Täterwillens liegende Gründe veranlasste Rücktritt. Dh, wenn die Tatausführung objektiv unmöglich ist (sofern nicht schon ein Fehlschlag vorliegt), oder der Täter aus psychischen Gründen nicht mehr Herr seiner Entschlüsse ist, oder sich die Situation so zu seinen Ungunsten verändert hat, dass er die mit der Tatausführung verbundenen Risiken nicht mehr für tragbar hält.

Zur Vertiefung: Wessels/Beulke, AT Rn 651 ff.

A brach die Tat wegen der verschlossenen Verandatür ab, also aus außerhalb seines Willens liegenden Gründen. Nach der heute herrschenden Meinung, die die Freiwilligkeit nur bei autonomen Motiven zulässt, ist Freiwilligkeit zu verneinen. Dass A gleichzeitig auch zukünftige Vorhaben aufgeben wollte, ändert für die konkrete Situation nichts. Ob die „Verbrechervernunft" noch ein Weitermachen, vielleicht durch gewaltsames Eindringen in das Haus, für sinnvoll halten würde, lässt sich nur vermuten. Nach dem Sachverhalt standen A aber vor Ort keine Einbruchswerkzeuge zur Verfügung, daher war ein Rückzug zweckmäßig. Also kommt nach allen Ansichten ein strafbefreiender Rücktritt nicht in Betracht. 181

e) Regelbeispiel, § 243 I 2 Nr 1

Der Versuch könnte auch unter Erfüllung eines Regelbeispiels gem § 243 I 2 Nr 1 erfolgt sein. In Betracht kommt, dass A hier in ein Gebäude „einbrechen" oder „einsteigen" wollte. Einbrechen ist das gewaltsame, nicht notwendig substanzverletzende Öffnen einer dem Zutritt entgegenstehenden Umschließung. Einsteigen ist jedes Hineingelangen in das Gebäude oder den umschlossenen Raum durch eine zum ordnungsgemäßen Eintritt nicht bestimmte Öffnung unter Überwindung von Hindernissen und Schwierigkeiten, die sich aus der Eigenart des Gebäudes oder der Umfriedung des ge- 182 schlossenen Raumes ergeben (*Wessels/Hillenkamp, BT2 Rn 226*). Beides kann nicht durch das einfache Öffnen einer Tür verwirklicht werden. Weitere Alternativen des § 243 I 2 sind nicht ersichtlich. A hat also kein Regelbeispiel erfüllt und auch keines erfüllen wollen.

A ist aus §§ 242 I, II, 22, 23 I strafbar.

§ 243 enthält nur Regelbeispiele und ist kein qualifizierter Diebstahl. Da es sich nur um Strafzumessungsregeln handelt (Wessels/Beulke, AT Rn 112), darf § 243 niemals losgelöst geprüft werden (anders als § 244). Die einzelnen Regelbeispiele sind im Rahmen der Prüfung des § 242 nach Tatbestandsmäßigkeit, Rechtswidrigkeit und Schuld auf der Ebene der „Strafzumessung" zu prüfen, weitere Beispielsfälle ua bei Burchard/Engelhart, JA 2009, 274; Gaede, JuS 2003, 775; Geisler/Meyer, Jura 2010, 388; Gierhake, Jura 2010, 313; Hoffmann-Holland, JuS 2008, 435; Kaspar, JuS 2009, 832; Kreß/Baenisch, JA 2006, 712; Chowdhury/Meier/Schröder, Fortgeschrittene S 31; Seibert, JA 2008, 31; Zöller, Jura 2007, 305; s auch Bülte/Becker, Jura 2012, 324 (zu § 263 III Nr 2) sowie o Rn 72.

Vert zum Aufbau beim „Versuch" von Regelbeispielen: Eckstein, JA 2001, 548; Wessels/Hillenkamp, BT2 Rn 211 ff.

3. §§ 244 I Nr 3, II, 22, 23 I

A wollte in die Wohnung des N weder einbrechen noch einsteigen. Deshalb kommt auch ein Versuch des qualifizierten Diebstahls gem §§ 244 I Nr 3, II, 22, 23 I nicht in Betracht.

Im Rahmen des Einsteige- oder Einbruchdiebstahls in eine Wohnung ist strittig, ob §§ 242, 243 I 2 Nr 1 neben § 244 I Nr 3 bejaht werden dürfen und erst auf der Konkurrenzebene ein Vorrang der Qualifikationsnorm des § 244 I Nr 3 angenommen werden kann oder ob sich beide Normen grundsätzlich gegenseitig ausschließen, weil der Gesetzgeber den Wohnungsbegriff aus dem Anwendungsbereich des § 243 I 2 Nr 1 herausgenommen und ihn ausschließlich in § 244 I Nr 3 verortet hat (vert Wessels/Hillenkamp, BT2 Rn 224, 289). Dieser Streit muss hier nicht angesprochen werden, da § 244 I Nr 3 mangels Einsteigens bzw Einbrechens ohnehin nicht gegeben ist.

4. §§ 246 I, III, 22, 23 I

Der versuchte Diebstahl erfüllt zugleich die Voraussetzungen der versuchten Unterschlagung, §§ 246 I, III, 22, 23 I. Die Unterschlagung (bzw hier die versuchte Unterschlagung) ist jedoch lediglich ein Auffangtatbestand, der beim Eingreifen des Diebstahls (bzw des versuchten Diebstahls) im Wege der Gesetzeskonkurrenz zurücktritt, § 246 I 1 letzter Halbsatz.

5. § 123 I

A könnte durch das Betreten des Grundstücks einen Hausfriedensbruch begangen haben. Ein befriedetes Besitztum iSv § 123 I ist ein Grundstück, das durch zusammenhängende, nicht unbedingt lückenlose Schutzwehren in äußerlich erkennbarer Weise gegen das willkürliche Betreten durch andere gesichert ist. Das Grundstück des N genügt diesen Anforderungen. Eindringen iSv § 123 I ist das Betreten gegen den (ausdrücklich erklärten oder mutmaßlichen) Willen des Berechtigten. A betrat es ohne Wissen des N. Dass generell ein Einverständnis des Eigentümers zum Betreten durch Publikumsverkehr oder Nachbarn vorliegt, ist bei Privatgrundstücken eher zu verneinen. A hat also dem mutmaßlichen Willen des N zuwider gehandelt (*Gegenteil bei guter Begründung vertretbar*). Ein Hausfriedensbruch liegt vor.

6. Konkurrenzen

Hausfriedensbruch und versuchter Diebstahl wurden von A durch eine nach allgemeiner Lebensauffassung einheitliche Tathandlung begangen. Es liegt Tateinheit vor, § 52.

7. Ergebnis für A im TK A

A ist strafbar nach §§ 242 I, II, 22, 23 I – § 52 – § 123 I.

B. Der zweite Anlauf zusammen mit E

I. Strafbarkeit des A

1. §§ 242 I, II, 22, 23 I

Indem A in einem zweiten Anlauf durch die nunmehr offene Verandatür in das Haus des N eindrang, könnte er sich wegen eines weiteren Diebstahlsversuchs strafbar gemacht haben. Erneut ist die Tat nicht vollendet worden. Die Strafbarkeit des Versuchs ergibt sich aus §§ 242 II, 23 I Alt 2.

Dass auch im Rahmen der Versuchsprüfung bei der „Subsumtionsfrage" die tatbestandliche Handlung benannt werden soll (s Rn 22), wird von Langer, Jura 2003, 135 [Fn 4] ausdrücklich hervorgehoben (weiterer Beispielsfall hierfür auch bei Kühl, JuS 2007, 748).

a) Tatentschluss

A wollte die Uhr, eine fremde bewegliche Sache aus dem Gewahrsam des N und gegen **183**
dessen Willen entfernen, sie folglich wegnehmen. A wollte die Wegnahme eigenhändig vornehmen, so dass er mit Tatherrschaft handeln wollte. Dessen war er sich auch bewusst, so dass A, der außerdem als einziger Interesse am Taterfolg hatte, Täter sein wollte.

Im Rahmen des Tatentschlusses des Versuchs müssen alle Tatbestandsmerkmale (objektive und subjektive) geprüft werden, und zwar auch solche Merkmale des objektiven Tatbestands, die bereits verwirklicht worden sind (s auch die Hinweise Rn 78, 84, 88 und 373). Auch die Garantenstellung der unechten Unterlassungsdelikte (Rn 244), die beim vollendeten Delikt im objektiven Tatbestand zu prüfen ist, muss beim Versuch im Rahmen des subjektiven Tatbestands erörtert werden (Beispielsfälle: Ensenbach, Jura

2011, 793; Hertel, Jura 2011, 391, 393). Und schließlich handelt es sich auch bei der Abgrenzung von Täterschaft und Teilnahme auf der Basis der Tatherrschaftslehre für das vollendete Delikt um ein Problem des objektiven Tatbestandes. Konsequenterweise muss dann beim Versuch die Abgrenzung im subjektiven Tatbestand erfolgen (Beispielsfall: Morgenstern, Jura 2011, 151; s o Rn 90). Da ein Streit aber dann nicht näher ausgeführt werden sollte, wenn er im Ergebnis nicht relevant wird, ist die Abgrenzung Täterschaft/Teilnahme hier nur ganz kurz angesprochen worden (Einzelheiten s Fall 3 Problem Nr 13 Rn 159).

A hat auch in der Absicht gehandelt, sich die Uhr rechtswidrig zuzueignen.

b) Unmittelbares Ansetzen

Als A in das Haus schlich, hat er unmittelbar zur Tatbestandsverwirklichung angesetzt.

c) Strafbefreiender Rücktritt, § 24 II

A handelte rechtswidrig und schuldhaft, könnte aber strafbefreiend vom Versuch zurückgetreten sein. In diesem Tatkomplex sind mehrere an der Tat beteiligt (A, E und F). Deshalb ist § 24 II einschlägig.

184 **Problem Nr 20: Rücktritt bei mehreren Beteiligten**

Der Rücktritt eines Beteiligten kann nur nach den verschärften Voraussetzungen des § 24 II erfolgen.

(1) Ein Aufgeben der Tatausführung allein genügt idR dafür nicht. Der Zurücktretende muss aktive Gegenmaßnahmen treffen, um die Vollendung zu verhindern, § 24 II 1. Es genügt also nicht, wenn er nur seinen Tatbeitrag wieder rückgängig macht oder seinen Mitbeteiligten umzustimmen sucht oder sich sonst wie nach Beginn der Tatausführung rein passiv verhält, es sei denn, er kann mit gutem Grund davon ausgehen, dass die Tat ohne sein Mitwirken nicht zum Erfolg kommen kann.

(2) Bemüht sich der Täter aber freiwillig und ernsthaft um die Verhinderung der Tatvollendung, so kann er strafbefreiend zurücktreten, wenn entweder die Tat auch ohne sein Zutun aus anderen Gründen nicht zur Vollendung gekommen ist oder sein zuvor geleisteter Tatbeitrag nicht kausal für den Taterfolg wurde, § 24 II 2.

Zur Vertiefung: Wessels/Beulke, AT Rn 648.

Wenn mehrere an einer Tat beteiligt sind, so kann im Rahmen der Rücktrittsprüfung schon beim ersten Beteiligten auf § 24 II übergegangen werden (dafür Kudlich, JA 1999, 626). Da die Strafbarkeit der anderen Beteiligten dann noch nicht gewürdigt worden ist, kann an dieser Stelle generell nicht darauf eingegangen werden, ob es sich bei den anderen Beteiligten um Mittäter, Anstifter oder Gehilfen handelt oder ob der andere Beteiligte nicht vielleicht sogar völlig straflos ist. Das ist aber auch nicht erforderlich. Es genügt die kurze Feststellung, dass sich aus dem Sachverhalt die Beteiligung mehrerer ergibt, so dass § 24 II einschlägig ist (Lackner/Kühl, § 24 Rn 25; NK-Zaczyk, § 24 Rn 96; Beispielsfälle: Lotz/Reschke, Jura 2012, 485; Maier/Ebner, JuS 2007, 655). Im Schrifttum wird allerdings zT für den Täter nur § 24 I für einschlägig gehalten, sofern er Alleintäter ist und die anderen Beteiligten lediglich als Anstifter oder Gehilfen haf-

ten (vgl Engelmann, JA 2010, 188; Krell, ZJS 2010, 640, 641; Langer, Jura 2003, 136 [Fn 15]). Jedenfalls führt ein Rückgriff auf § 24 I beim Alleintäter immer zum richtigen Ergebnis, weil sich in diesem Fall die Voraussetzungen des Rücktritts nach Abs 1 und 2 decken (für § 24 I deshalb zB Gropp/Küpper/Mitsch, Fallsammlung [16] S 293). ZT wird geraten, zunächst ausdrücklich darzulegen, dass die Rücktrittsvoraussetzungen im konkreten Fall nach § 24 I und II die gleichen sind oder dass zumindest die Subsumtion jeweils zum gleichen Ergebnis führt (Jäger, AT § 8 Rn 329; Kudlich, Fälle AT [10] S 136, 141; Walter/Schneider, JA 2008, 262, 264). Auf gar keinen Fall sollte die Prüfung des ersten Tatbeteiligten hier unterbrochen werden, um nun zu untersuchen, ob auch die anderen Beteiligten eine tatbestandsmäßige und rechtswidrige Straftat begangen haben (so aber der verfehlte Ratschlag bei Rolf Schmidt/Stefanie Seidel, Strafgesetzbuch Allgemeiner Teil, Klausurorientierte Examensvorbereitung im Strafrecht, 1999, S 138; auch Walter/Schneider, JA 2008, 262, 264 halten diese Vorgehensweise immerhin für methodisch zulässig). Im Falle der mittelbaren Täterschaft unter Einschaltung eines offensichtlich straflos handelnden Werkzeugs würde ich – da die Alleintäterschaft dann klar zu Tage tritt – trotz der Mitwirkung mehrerer (das Werkzeug ist kein „Beteiligter“ ieS) allein auf § 24 I abstellen (Beispiel dazu Fall 9 Rn 319). Weitere Einzelheiten bei Wessels/Beulke, AT Rn 649; Schulz, JA 1999, 203, 207.

Hier hat A keine Gegenmaßnahmen ergriffen, sondern nur von der Weiterverfolgung seines eigenen Tatbeitrags abgesehen. Für einen Rücktritt nach § 24 II genügt das im Regelfall nicht. Auch hat A nicht sichergestellt, dass E gleichzeitig ihren Tatbeitrag zurücknimmt. Zwar hat auch E zeitgleich von der weiteren Tatbegehung Abstand genommen, dies war jedoch A unbekannt. Dennoch muss das bloße Aufgeben der Tat durch A genügen. Mit dem „Schmierestehen“ der E allein kann nämlich keine Rechtsgutsverletzung eintreten. A kann demnach die Nichtvollendung der Tat bewirken, ohne weitere aktive Gegenmaßnahmen einleiten zu müssen. **185**

Fraglich ist nur, ob die Angst, entdeckt zu werden, autonomes Rücktrittsmotiv ist (*s A I 2 d Problem Nr 19 Rn 180*).

Problem Nr 21: Freiwilligkeit iSv § 24 bei Angst vor Strafe **186**

Angst vor Strafe schließt die Freiwilligkeit des Rücktritts nur aus:
- wenn der Täter befürchtet, alsbald entdeckt zu werden, bzw
- wenn er irrig annimmt, die Tat sei schon entdeckt und entsprechende Maßnahmen befürchtet.

Weiß er aber von der Entdeckung nichts und verhindert er die Vollendung im Übrigen freiwillig, so liegen autonome Rücktrittsmotive vor. Es ist gerade der Sinn der abstrakten Strafandrohung, den Täter von der Tat abzuhalten, zumindest aber ihn noch während der Versuchsphase zum Rücktritt zu bewegen.

Zur Vertiefung: Wessels/Beulke, AT Rn 651 ff.

A befürchtete zwar die Entdeckung und die möglicherweise folgende Strafe, allerdings ging er im Zeitpunkt des Rücktritts auch davon aus, dass bis dahin eine Entdeckung noch nicht erfolgt war und dass sie auch nicht erfolgen würde, wenn er das Haus sofort ohne die Uhr verließe. Angst vor Strafe ist anerkanntermaßen ein autonomes Rücktrittsmotiv. A ist damit strafbefreiend vom Diebstahlsversuch zurückgetreten. **187**

d) Rücktrittswirkung für Tatkomplex A

Fraglich ist nun noch, ob die auf autonomen Motiven beruhende Tataufgabe im zweiten Versuch (Hineingehen) auch den ersten Versuch im vorangegangenen Tatkomplex (Verandatür) annullieren kann. Immerhin hat A zum zweiten Mal von der Verletzung desselben Rechtsguts abgesehen. Aber es kann bei § 24 nur auf den Rücktritt im jeweiligen Handlungszeitpunkt ankommen. Der erste Versuch (Geschehen bis zur verschlossenen Verandatür) liegt mehrere Wochen zurück und ist völlig abgeschlossen. Ein späterer Rücktritt hat dann keine Auswirkungen auf frühere Versuche am selben Objekt.

A bleibt also nur im vorliegenden Tatkomplex im Hinblick auf §§ 242 I, II, 22, 23 I straflos.

2. §§ 246 I, III, 22, 23 I

Der strafbefreiende Rücktritt bezieht sich auch auf den Versuch, die Tischuhr zu unterschlagen.

3. § 123 I

A hat erneut den Tatbestand des Hausfriedensbruchs erfüllt.

4. Ergebnis für A im TK B

A ist nur aus § 123 I zu bestrafen.

II. Strafbarkeit der E

1. §§ 242 I, II, 22, 23 I, 25 II

188 E könnte sich dadurch, dass sie, während A durch die Verandatür in das Haus eindrang, die Straße sicherte, des versuchten Diebstahls in Mittäterschaft strafbar gemacht haben. E selbst wollte keine fremde bewegliche Sache wegnehmen. Dies sollte durch A erfolgen. E müsste sich jedoch die seitens des A geplante Wegnahme für ihren Tatentschluss als eigene zurechnen lassen, wenn A und E mittäterschaftlich handeln wollten, § 25 II. Ein gemeinsamer Tatplan lag vor, fraglich erscheint hier hingegen, ob sie beide auch eine gemeinschaftliche Tatausführung iSd § 25 II vorhatten. Nach der subjektiven Theorie wäre E Mittäterin, wenn sie die Tat „als eigene" gewollt hätte. E handelte aber nur, um A gefällig zu sein, am Taterfolg selbst hatte sie kein Interesse. Nach der Tatherrschaftslehre könnte hingegen ihr tatfördernder Beitrag (Schmierestehen) zur Mittäterschaft ausreichen. Allerdings hätte A auch genauso gut ohne sie handeln können. Die Mitwirkung der E war für eine funktionelle Tatherrschaft nicht ausreichend. Zwar kann eine untergeordnete Rolle bei der Tatausführung durch mitgestaltende Deliktsplanung ausgeglichen werden, aber gerade an der Planung war E überhaupt nicht beteiligt. Außerdem kann nicht davon ausgegangen werden, dass sie die Rolle eines gleichberechtigten Partners erhalten sollte. E sollte also nach beiden Meinungen nicht als Mittäterin fungieren (*Einzelheiten zur Abgrenzung s Fall 3 Problem Nr 13, Rn 159*).

Ein Diebstahlsversuch in Mittäterschaft scheidet somit aus.

Zur Art der Mittäterschaftsprüfung beim Versuch s auch Rn 90 und 183.

2. §§ 242 I, II, 22, 23 I, 27

E könnte, indem sie Schmiere stand, Beihilfe zum Diebstahlsversuch des A geleistet haben. **189**

a) Objektiver Tatbestand

Zum Aufbau der Beihilfeprüfung s Rn 93 und 432 sowie Wessels/Beulke, AT Rn 884, 887.

Voraussetzung der Beihilfe ist das Vorliegen einer fremden vorsätzlichen und rechtswidrigen Haupttat. Die Haupttat kann auch eine versuchte Straftat sein. Hier hat A einen vorsätzlichen und rechtswidrigen, wenn auch letztlich straflosen Diebstahlsversuch unternommen. Dass für A der persönliche Strafaufhebungsgrund des § 24 II eingreift, hat gem § 28 II für E keine Auswirkungen.

Zu dem Diebstahlsversuch müsste ihm E in irgendeiner Art tatfördernd Hilfe geleistet haben. Eine Hilfeleistung liegt in jedem Tatbeitrag, der die Haupttat ermöglicht oder erleichtert oder die vom Täter begangene Rechtsgutsverletzung bestärkt hat. N befand sich nur auf einem Mittagsspaziergang, so dass A ohne die Warnung durch E jederzeit eine Entdeckung zu befürchten gehabt hätte. Deshalb ist davon auszugehen, dass A den Diebstahlsversuch ohne die E nicht unternommen hätte, die E den Diebstahlsversuch hier also im Sinne einer conditio sine qua non objektiv gefördert hat. Doch selbst wenn eine derartige Kausalität nicht vorläge, könnte die psychische Bestärkung des A genügen, der sich so zumindest vor einer überraschenden Entdeckung durch N sicherer wähnt (*zur psychischen Beihilfe s Fall 11 Problem Nr 47 Rn 389 sowie Wessels/Beulke, AT Rn 581 f*). E hat mithin Beihilfe geleistet.

b) Subjektiver Tatbestand

Verlangt wird doppelter Gehilfenvorsatz, dh das Wissen und Wollen der Tatbestandsverwirklichung, in Bezug auf die Haupttat und auf die eigene Beihilfehandlung. E hat in Kenntnis des Vorhabens des A diesen bewusst bei der Tatausführung unterstützt. Vorsatz ist gegeben.

c) Rücktritt, § 24 II

E handelte rechtswidrig und schuldhaft, ist aber möglicherweise wie A strafbefreiend zurückgetreten, § 24 II. Fraglich ist nur, ob es genügt, dass sie einfach den Tatort verließ. Nach dem zuvor Ausgeführten (*s I 1 c Problem Nr 20 Rn 184*) hätte E aktive Gegenmaßnahmen zur Erfolgsverhinderung anstrengen, etwa die Polizei oder N benachrichtigen oder A selbst zur Tataufgabe bewegen müssen. Durch die Rücknahme des eigenen Beitrags konnte E keinesfalls den Nichteintritt des Erfolges erwarten. A wusste davon nichts und hätte die Tat im Vertrauen auf die Unterstützung einfach weiterverfolgen können. Zwar wurde die Tat nicht vollendet, doch hat sich E den Rücktritt nicht verdient. Von einem freiwilligen und ernsthaft um die Verhinderung bemühten Verhalten ist nichts zu erkennen. E bleibt somit strafbar nach §§ 242 I, II, 22, 23 I, 27.

Beachte: Solange sich die Tat seitens des Haupttäters noch im Versuchsstadium befindet, kommt für den Teilnehmer eine Strafbarkeit wegen Teilnahme am Versuch in Betracht.

Das gilt auch dann, wenn der Teilnehmer seinerseits bereits seinen vollen Tatbeitrag geleistet hat (Grundsatz der Akzessorietät der Teilnahme). Wenn nur der Haupttäter seinerseits strafbefreiend vom Versuch zurücktritt, liegt nicht etwa für den Teilnehmer nur eine versuchte Teilnahme vor, vielmehr verbleibt es wegen § 28 II für den Teilnehmer bei einer Teilnahme am Versuch, von dem er sich nur über § 24 II strafbefreiend lösen kann (vert Wessels/Beulke, AT Rn 648a). So kommt es hier zu dem für viele Bearbeiter emotional anscheinend nur schwer nachvollziehbaren Ergebnis, dass E bestraft wird, A hingegen nicht, obwohl beide nach Hause gehen.

3. §§ 246 I, III, 22, 23 I, 27

Das Schmierestehen erfüllt zugleich die Voraussetzungen der Beihilfe zur versuchten Unterschlagung, die jedoch gegenüber der Beihilfe zum versuchten Diebstahl im Wege der Gesetzeskonkurrenz zurücktritt, § 246 I 1 letzter Halbsatz.

4. §§ 123 I, 27

Mit derselben Beihilfehandlung hat E den A auch bei seinem Hausfriedensbruch unterstützt. Die Beihilfe zum Hausfriedensbruch steht in Tateinheit zur Beihilfe zum versuchten Diebstahl *(s A 5 Rn 182)*.

Denkbar wäre jetzt noch eine Anstiftung des A zur Beihilfe der E zum versuchten Diebstahl sowie eine Anstiftung des A zur Beihilfe der E zum Hausfriedensbruch. Anstiftung zur Beihilfe ist Beihilfe zur Haupttat (Wessels/Beulke, AT Rn 583). Wenn A als Täter vom Diebstahlsversuch strafbefreiend zurückgetreten ist (s Rn 187), so erfasst dieser Rücktritt auch die Teilnahme (Beihilfe) am Diebstahlsversuch. Die Beihilfe zum Hausfriedensbruch tritt als schwächere Beteiligungsform gegenüber der täterschaftlichen Begehung des Hausfriedensbruchs als subsidiäres Delikt zurück. Da die Straflosigkeit wegen dieser Anstiftungen zur Beihilfe offensichtlich ist, werden sie im Rahmen der vorliegenden Klausurlösung gar nicht angesprochen. Wer dies anders handhaben möchte, dürfte mit der strafrechtlichen Behandlung der möglicherweise begangenen Beihilfe erst an dieser Stelle beginnen, nämlich nach Prüfung der Strafbarkeit der E (Täterschaft vor Teilnahme). Er müsste also die Strafbarkeit des A als Täter (o Rn 183) und die Strafbarkeit des A als Teilnehmer voneinander trennen – unterbrochen von der Prüfung der Strafbarkeit der E (zu diesen Aufbauproblemen s auch o Rn 45 und 96).

5. Ergebnis für E im TK B

E hat sich gem §§ 242 I, II, 22, 23 I, 27 – § 52 – §§ 123 I, 27 strafbar gemacht.

III. Strafbarkeit des F

1. §§ 242 I, II, 22, 23 I, 25 II

F könnte durch die an A gerichtete Aufforderung, nicht so schnell aufzugeben, einen Diebstahlsversuch in Mittäterschaft begangen haben. F war der Urheber des erneuten Diebstahlsversuchs. F hat jedoch nur im Vorfeld der Tat auf A eingewirkt, die Tat überhaupt auszuführen. Er hat den eigentlichen Ablauf weder geplant noch aktiv mitgestaltet. Zu einer Täterschaft könnte daher allenfalls die subjektive Theorie kommen, doch selbst diese müsste mangels Interesses des F am Taterfolg einen animus auctoris bei F verneinen. Eine mittäterschaftliche Begehung des Diebstahlversuchs scheidet aus.

2. §§ 242 I, II, 22, 23 I, 26

F könnte A zum versuchten Diebstahl angestiftet haben. Anstifter ist, wer einen anderen zu einer vorsätzlichen rechtswidrigen Tat bestimmt. A selbst hatte den Diebstahlsplan aufgegeben, bis F ihn auf die Idee der Wiederholung des Versuchs brachte. Er hat also durch seinen Rat den Tatvorsatz des A erneut hervorgerufen. Trotz des früheren Versuchs (*s Rn 177 ff*) ist A hier kein omnimodo facturus (*zum Begriff: Wessels/Beulke, AT Rn 569*).

Ausgespart worden ist hier das Randproblem, welche Anforderungen im Einzelnen an die Anstiftungshandlung zu stellen sind. Wer diese Frage auch an dieser Stelle vertieft behandeln will, lese Fall 3 Problem Nr 14 Rn 161.

Der Umstand, dass A den persönlichen Strafaufhebungsgrund des § 24 II verwirklicht hat, kann dem F, der von dem Rücktritt des A nichts wusste und der seinerseits keinerlei Rücktrittsbemühungen an den Tag legte, nicht zugute kommen. F ist der Anstiftung zum versuchten Diebstahl schuldig.

3. §§ 246 I, III, 22, 23 I, 26

Die zugleich erfüllte Anstiftung zur versuchten Unterschlagung tritt im Wege der Geset- **190**
zeskonkurrenz zurück, § 246 I 1 letzter Halbsatz.

4. §§ 123 I, 26

Gleichzeitig hat F den A zum Betreten des Privatgrundstückes ohne den Willen des Berechtigten bestimmt und so eine Anstiftung zum Hausfriedensbruch begangen.

5. Ergebnis für F im TK B

F ist strafbar nach §§ 242 I, II, 22, 23 I, 26 – § 52 – §§ 123 I, 26.

Man hätte die Strafbarkeit des F auch vor der E prüfen können (Anstiftung ist stärker als Beihilfe), andererseits ist E jedoch die Tatnähere.

C. Der letzte Anlauf zusammen mit S

I. Strafbarkeit des A

1. §§ 242 I, II, 22, 23 I, 25 I Alt 2

A könnte sich dadurch, dass er seinen siebenjährigen Sohn S zu N schickte, um die Uhr **191**
des N aus dessen Arbeitszimmer zu holen, eines Diebstahlsversuchs in mittelbarer Tä-

terschaft schuldig gemacht haben. Die Einschaltung des S führte nicht zur Wegnahme der Uhr, weshalb die Tat nicht vollendet ist.

Bei der mittelbaren Täterschaft ist es zwar zumeist ratsam, mit der Prüfung der Strafbarkeit des Tatmittlers (hier S) zu beginnen (vgl Wessels/Beulke, AT Rn 883; Beispielsfall: Selter, Ad Legendum 2011, 278). Da im Fall 4 jedoch nach der Strafbarkeit des S nicht gefragt wird, ist dieser Weg versperrt. Die Werkzeugeigenschaft des S muss deshalb im Rahmen der Prüfung der Strafbarkeit des A herausgearbeitet werden (weiterer Beispielsfall: Ensenbach, Jura 2011, 787, 792).

a) Tatentschluss

Der Vorsatz von A müsste sich darauf bezogen haben, „durch einen anderen" den objektiven Diebstahlstatbestand zu verwirklichen. Zu prüfen sind die Voraussetzungen mittelbarer Täterschaft.

192 **Problem Nr 22: Mittelbare Täterschaft**

Mittelbare Täterschaft liegt vor, wenn der Hintermann das Gesamtgeschehen kraft seines planvoll lenkenden Willens „in der Hand hält", also im Vergleich zum Tatmittler die eigentliche Tatherrschaft besitzt. Der Tatmittler erscheint als eine Art „menschliches Werkzeug", dem die Tat aus tatsächlichen oder rechtlichen Gründen nicht oder nicht im vollen Umfang vorwerfbar ist. Diese, die Tatherrschaft ausschließenden Defekte des Vordermannes können vorliegen:

- Auf der Ebene des objektiven Tatbestandes, zB in den Fällen einer durch den Hintermann veranlassten Selbstschädigung (BGHSt 32, 38 [„Siriusfall"]).
- Auf der Ebene des subjektiven Tatbestandes, zB beim vorsatzlos handelnden Tatmittler.
- Bei der Rechtswidrigkeit, wenn dem Werkzeug ein Rechtfertigungsgrund zur Seite steht.
- Auf der Ebene der Schuld, wenn der Tatmittler nicht schuldfähig ist oder in einem die Schuld ausschließenden Irrtum handelt.

Ausnahmsweise kann aber auch bei einem deliktisch voll verantwortlichen Tatmittler mittelbare Täterschaft des Hintermannes bejaht werden. Solche Sonderfälle wurden beim Missbrauch staatlicher Machtbefugnisse (NS-Verbrechen; Mauerschützen) angenommen oder im Rahmen mafiaähnlicher Organisationsstrukturen, in denen eine alles lenkende „Organisationsherrschaft" des Befehlshabers vorliegt (sog „Täter hinter dem Täter"). Ebenfalls liegt mittelbare Täterschaft vor, wenn der Tatmittler nur im vermeidbaren Verbotsirrtum und damit selbst strafrechtlich voll verantwortlich handelt, sofern der Hintermann diesen Irrtum bewusst hervorgerufen hat und zielstrebig steuernd für seine deliktischen Absichten ausnutzt. Der Irrende muss in der Gesamtwertung der Tat noch als Werkzeug des das Geschehen lenkenden Hintermannes erscheinen („Katzenkönigfall", BGHSt 35, 347).

Zur Vertiefung: Wessels/Beulke, AT Rn 535 ff; Beulke/Witzigmann, Ad Legendum 2012, 251; 2013, 59; Joecks, St-K, § 25 Rn 20 ff.

193 A wollte über S einen Bruch fremden Gewahrsams an der Uhr bewirken. Dafür erregte er bei S den Irrtum, die Wegnahme sei durch N erlaubt und würde wegen dieses tatbestandsausschließenden Einverständnisses objektiv nicht den Tatbestand des Diebstahls erfüllen. S hätte vorsatzlos gehandelt, während A die Rolle des planvoll lenkenden Hintermannes zugekommen wäre. S war zudem als 7–Jähriger schuldlos, § 19.

b) Unmittelbares Ansetzen

Fraglich ist, wann bei mittelbarer Täterschaft unmittelbares Ansetzen zum Versuch vorliegt.

Problem Nr 23: Anfang der Ausführungshandlung bei mittelbarer Täterschaft 194

Unmittelbares Ansetzen zum Versuch liegt im Falle der mittelbaren Täterschaft nach einhelliger Auffassung spätestens vor, wenn das Werkzeug selbst zur Vornahme der Tatbestandshandlung unmittelbar ansetzt. Umstritten sind die Fälle, in denen das Werkzeug von seinem Tun ablässt, nachdem das Geschehen vom mittelbaren Täter in Gang gesetzt worden ist, das Werkzeug aber noch nicht mit der eigentlichen Tatausführung begonnen hat.

(1) Nach einer Ansicht soll der Versuchsbeginn schon im **Einwirken des Hintermannes** auf den Tatmittler zu sehen sein.

Gegenargument: Die Strafbarkeit wird zu weit in das Vorbereitungsstadium vorverlegt. Eine konkrete Rechtsgutgefährdung ist in diesen Fällen zumeist noch nicht zu bejahen.

(2) Eine andere Ansicht bejaht Versuchsbeginn erst, wenn die „Gesamttat", dh die Handlungen von Hintermann und Tatmittler zusammen, unmittelbar in die Tatbestandsverwirklichung einmünden. Angesetzt zur Tat wird damit idR, wenn das **Werkzeug mit der Ausführung beginnt**.

Gegenargument: Das Rechtsgut ist zumeist aus Sicht des Hintermannes schon gefährdet, bevor das Werkzeug handelt. Insbes kann der vom Hintermann in Gang gesetzte Geschehensablauf schon nach Einwirkung auf den Tatmittler unkontrollierbar und unaufhaltbar geworden sein.

(3) Die überzeugende **hM** bejaht den Versuchsbeginn, wenn der mittelbare Täter nach seiner Vorstellung die erforderliche Einwirkung auf den Tatmittler abgeschlossen und diesen aus seinem Einwirkungsbereich entlassen hat. Er hat dann das Tatgeschehen „aus der Hand gegeben" und das geschützte Rechtsgut unmittelbar einer konkreten, unaufhaltsamen Gefährdung ausgesetzt. Ob das Werkzeug selbst gut- oder bösgläubig ist, ist insofern ohne Belang.

Argument: Es wird auf das eigene steuernde Verhalten des mittelbaren Täters abgestellt, was auch dem Wesen der mittelbaren Täterschaft am meisten gerecht wird.

Zur Vertiefung: Wessels/Beulke, AT Rn 613 ff; Hillenkamp, AT 15. Problem S 114 ff.

Nach einer Mindermeinung hatte A schon mit dem Einwirken auf das Werkzeug S unmittelbar zum Versuch der in mittelbarer Täterschaft begangenen Tat angesetzt. Aber auch nach der ganz herrschenden Ansicht, die bei der Abgrenzung zwischen strafloser Vorbereitungshandlung und strafbarem Versuch im Falle der mittelbaren Täterschaft darauf abstellt, ob der Hintermann nach seiner Vorstellung die erforderliche Einwirkung auf das Werkzeug abgeschlossen und dieses aus seinem Einwirkungsbereich entlassen hat, gelangt man hier nach dem Weggang des S zum Anfang der Ausführungshandlung. Lediglich die Ansicht, die ein Ansetzen des Tatmittlers selbst verlangt, könnte sich, da S seinerseits noch vor Erreichen der Gartentür des N umkehrt, also in einem Stadium, das für ihn eindeutig im Bereich der Vorbereitungshandlung liegt, für eine straflose Vorbereitungshandlung aussprechen. Diese Ansicht wird jedoch der Rechtsgutgefährdung nicht gerecht, die mit der Entlassung des Werkzeuges durch den Hintermann eingetreten ist. Sie ist daher abzulehnen. Es liegt somit ein Anfang der Ausführungshandlung iSv § 22 vor. 195

A handelte auch rechtswidrig und schuldhaft.

c) Strafbefreiender Rücktritt, § 24 II

Ein Rücktritt gem § 24 II wegen der Tataufgabe durch S kommt bei A mangels eigenen Rücktrittswillens nicht in Betracht. Der Rücktritt des Werkzeugs wirkt für den Hintermann nämlich nur, wenn das Werkzeug in bewusster Willensvertretung des Hintermannes nach dessen Weisung handelt *(Lackner/Kühl, § 24 Rn 25).*

d) § 243 I 2 Nr 1

Die Strafschärfung des Diebstahlsversuchs wegen der Regelbeispiele „Einbrechen" bzw „Einsteigen" scheitert daran, dass A insoweit keinen Vorsatz hatte *(s A 2 e Rn 182).*

A ist wegen versuchten einfachen Diebstahls in mittelbarer Täterschaft strafbar.

2. §§ 246 I, III, 22, 23, 25 I Alt 2

Auch eine versuchte Unterschlagung in mittelbarer Täterschaft liegt vor, geht jedoch im Wege der Gesetzeskonkurrenz in dem versuchten Diebstahl in mittelbarer Täterschaft auf, § 246 I 1 letzter Halbsatz.

3. §§ 123 I, 22, 23 I, 25 I Alt 2

Ob A den S auch zur Begehung eines Hausfriedensbruchs benutzen wollte, kann dahinstehen. Zu einer Vollendung ist es mangels Betretens des Privatgrundstücks nicht gekommen und ein Versuch des Vergehens „Hausfriedensbruch" ist im Gesetz nicht mit Strafe bedroht.

4. Ergebnis für A im TK C

A ist strafbar aus §§ 242 I, II, 22, 23 I, 25 I Alt 2.

II. Strafbarkeit des F

1. §§ 242 I, II, 22, 23 I, 26

F könnte mit seinem früheren Rat an A auch noch im Tatkomplex C als Anstifter zum Versuch des Diebstahls gewirkt haben.

a) Objektiver Tatbestand

aa) Haupttat

196 Eine rechtswidrige Haupttat liegt vor (*s I 3 Rn 195*).

Wenn eine Teilnahme an einem Versuch zu prüfen ist, wird nicht der Versuchsaufbau gewählt. Vielmehr verbleibt es bei der herkömmlichen Teilnahmeprüfung (s Rn 93) mit der Abweichung, dass im objektiven Tatbestand festzustellen ist, dass es sich bei der Haupttat um den Versuch eines Deliktes handelt (s auch Rn 433; weitere Beispiele bei Gropp/Küpper/Mitsch, Fallsammlung [7] S 144; Hilgendorf, Klausurenkurs I [17] Rn 23; Hinderer, JuS 2009, 625, 629; Kett-Straub/Linke, JA 2010, 25, 30; Putzke, Jura 2009, 150; zur versuchten Teilnahme s Rn 299 und 433).

bb) Anstiftungshandlung

Fraglich erscheint hier die Anstiftungshandlung. Zwar hat F den A im Tatkomplex B zum Diebstahl angestiftet (*s B III 2 Rn 190*), danach hat jedoch A zunächst den Diebstahlsentschluss endgültig aufgegeben und dem F versprochen, die Tat nicht zu begehen. Darin könnte für F eine „Rückgängigmachung" seines Anstifterbeitrags liegen. Sie erfolgte allerdings zu einem Zeitpunkt, in dem sich der spätere Diebstahl unter Einschaltung des S noch im Vorbereitungsstadium befand.

Problem Nr 24: Rücktritt im Vorbereitungsstadium 197

(1) Nach Ansicht einer **Mindermeinung** soll hier § 24 II analog angewandt werden.

Argument: Aus der Sicht des Anstifters handelt es sich um einen Exzess und bzgl des Erfolgseintritts um eine wesentliche Abweichung vom vorgestellten Kausalverlauf. Dies ist die Situation des Versuchs, so dass auch eine analoge Anwendung des § 24 II möglich erscheint.

(2) Nach der zutreffenden **herrschenden Meinung** erlangt der Tatbeteiligte, der sich im Vorbereitungsstadium von der Tat lossagt, grundsätzlich keine Strafbefreiung, sofern die anderen Beteiligten ohne ihn die Tat zu Ende bringen können und dabei der Tatbeitrag des Zurücktretenden bis zur Vollendung nachwirkt. Vielmehr muss der Beteiligte seinen Tatbeitrag vollständig rückgängig machen.

Argument: § 24 ist auf einen Rücktritt im Vorbereitungsstadium nicht anwendbar. Die Haftung richtet sich vielmehr nach allgemeinen Zurechnungs- und Teilnahmekriterien. Wenn der Anstifter die Sache aus der Hand gegeben hat, liegt das Risiko des Rückgängigmachens seiner Anstiftungshandlung bei ihm. Gelingt es dem Rücktrittswilligen nicht, seinen Beitrag vollständig zu neutralisieren, muss er als Teilnehmer für die vollendete Tat einstehen. Fehlt es am Weiterwirken seines früheren Tatbeitrags, ist noch die versuchte Beteiligung gem § 30 mit Rücktrittsmöglichkeit gem § 31 zu prüfen.

Zur Vertiefung: Kühl, AT § 20 Rn 265; Wessels/Beulke, AT Rn 566, 650.

Im vorliegenden Fall hat F von A das ernst gemeinte Versprechen erlangt, endgültig von 198
der Tat Abstand zu nehmen. Mehr brauchte F nicht zu tun. Es waren für ihn keine Anhaltspunkte ersichtlich, dass sich A nicht an das Versprechen halten würde. Damit hat F seine Anstiftungshandlung bzgl des Diebstahlsversuchs vollständig annulliert. Es liegt somit keine Anstiftungshandlung vor.

Wer hier die gänzliche Rückgängigmachung der Anstiftung ablehnt und somit einen kausalen Tatbeitrag des F bejaht (gut vertretbar), muss dem F all das zurechnen, was A tatbestandlich verwirklicht hat. Da A einen versuchten Diebstahl begangen hat (s I 3 Rn 195), haftet F dann wegen Anstiftung zum versuchten Diebstahl.

b) Ergebnis

F ist also nicht wegen Anstiftung zum versuchten Diebstahl strafbar.

2. §§ 242 I, 30 I

§ 242 ist kein Verbrechen. Deshalb scheidet auch eine versuchte Anstiftung zum Diebstahl von vornherein aus.

3. Ergebnis für F im TK C

F hat sich also im Tatkomplex C nicht strafbar gemacht.

D. Konkurrenzen zwischen den einzelnen Tatkomplexen

199 A hat sich in mehreren Tatkomplexen strafbar gemacht, nämlich in TK A, B und C. In allen drei Tatkomplexen basierten die Taten auf völlig eigenständigen Handlungen. Es fragt sich, ob diese an sich selbstständigen Handlungen zu einer juristischen Handlungseinheit zusammengezogen werden können. Dies wäre hier nur über die Rechtsfigur der fortgesetzten Handlung denkbar.

Problem Nr 25: Fortgesetzte Handlung

Die Rechtsprechung hat die Figur der fortgesetzten Tat entwickelt, um bei Handlungsreihen mit gleichartig wiederkehrender Tatbestandsverwirklichung Tateinheit (§ 52) anstelle von Tatmehrheit (§ 53 I) annehmen zu können. Vorausgesetzt wurde, dass die Einzelakte dieser Handlungsreihen sich gegen das gleiche Rechtsgut richten, in der Begehungsweise gleichartig sind und von einem „Gesamtvorsatz" getragen werden, der die konkrete Tat in ihren Grundzügen nach Ort und Zeit der Begehung sowie der Person des Verletzten umfassen muss (Einzelheiten zu diesem Vorsatz waren jedoch unklar). Mit der Entscheidung BGHSt GrS 40, 138 wurde diese Rechtsfigur jedoch weithin aufgegeben. Handlungseinheit kann demnach nur bei einem nach der natürlichen Lebensauffassung objektiv einheitlichen Tatgeschehen bejaht werden. Ein allein aus dem Willen des Täters geschaffener Sinnzusammenhang genügt nicht.

Zur Vertiefung: Wessels/Beulke, AT Rn 769 ff.

Zwar bezog sich der Tatvorsatz von A jedes Mal auf die Verletzung desselben Rechtsgutes, aber dieser Vorsatz wurde von ihm in jedem Tatkomplex neu und selbstständig gefasst. Selbst wenn es die Figur der fortgesetzten Tat noch gäbe, was heute erhöht umstritten ist und inzwischen auch von der Rechtsprechung weitgehend abgelehnt wird (*vgl Wessels/Beulke, AT Rn 769 ff*), würde sie hier mangels Gesamtvorsatzes scheitern. Zwischen den einzelnen Tatkomplexen besteht somit keine juristische Verzahnung, so dass Realkonkurrenz (§ 53 I) gegeben ist.

E. Gesamtergebnis

A: §§ 242 I, II, 22, 23 I – § 52 – § 123 I
– § 53 I –
§ 123 I
– § 53 I –
§§ 242 I, II, 22, 23 I, 25 I Alt 2
E: §§ 242 I, II, 22, 23 I, 27 – § 52 – §§ 123 I, 27
F: §§ 242 I, II, 22, 23 I, 26 – § 52 – §§ 123 I, 26

Definitionen zum Auswendiglernen

Fehlgeschlagen	ist der Versuch einer Straftat in erster Linie dann, wenn die zu ihrer Ausführung vorgenommenen Handlungen ihr Ziel nicht erreicht haben und der Täter erkannt hat, dass er mit den ihm zur Verfügung stehenden Mitteln den tatbestandlichen Erfolg entweder gar nicht mehr oder zumindest nicht ohne zeitlich relevante Zäsur herbeiführen kann (*Wessels/Beulke, AT Rn 628*).
Einbrechen	iSv **§ 243 I 2 Nr 1** ist das gewaltsame, nicht notwendig substanzverletzende Öffnen einer dem Zutritt entgegenstehenden Umschließung (*Wessels/Hillenkamp, BT2 Rn 225*).
Einsteigen	iSv **§ 243 I 2 Nr 1** ist jedes Hineingelangen in das Gebäude oder den umschlossenen Raum durch eine zum ordnungsgemäßen Eintritt nicht bestimmte Öffnung unter Überwindung von Hindernissen und Schwierigkeiten, die sich aus der Eigenart des Gebäudes oder der Umfriedung des umschlossenen Raumes ergeben (*Wessels/Hillenkamp, BT2 Rn 226*).
Befriedetes Besitztum	iSv **§ 123 I** ist ein Grundstück, das durch zusammenhängende, nicht unbedingt lückenlose Schutzwehren in äußerlich erkennbarer Weise gegen das willkürliche Betreten durch andere gesichert ist (*Wessels/Hettinger, BT1 Rn 582*).
Eindringen	iSv **§ 123 I** ist das Betreten gegen den (ausdrücklich erklärten oder mutmaßlichen) Willen des Berechtigten (*Wessels/Hettinger, BT1 Rn 584 f*).
Gehilfe	ist gem **§ 27**, wer vorsätzlich einem anderen zu dessen vorsätzlich begangener rechtswidriger Tat Hilfe leistet (*Gesetzestext; vgl Wessels/Beulke, AT Rn 581*).
Hilfeleisten	iSv **§ 27** liegt in jedem Tatbeitrag, der die Haupttat ermöglicht oder erleichtert oder die vom Täter begangene Rechtsgutsverletzung verstärkt hat (*Wessels/Beulke, AT Rn 582*).
Mittelbarer Täter	iSv **§ 25 I Alt 2** ist, wer die Straftat durch einen anderen begeht (*Gesetzestext; vgl Wessels/Beulke, AT Rn 535*).
Omnimodo facturus	ist ein zur konkreten Tat schon fest Entschlossener, der nicht mehr angestiftet werden kann (*Wessels/Beulke, AT Rn 569*).
Unbeendet	iSv **§ 24 I 1 Alt 1** ist der Versuch, wenn der Täter noch nicht alles getan zu haben glaubt, was nach seiner Vorstellung von der Tat zu ihrer Vollendung notwendig ist (*Wessels/Beulke, AT Rn 631*)

Weitere einschlägige Musterklausuren

Zum Problem der Abgrenzung von Vorbereitungshandlung und Versuch:

Beulke, Klausurenkurs II [1] 5; *Beulke*, Klausurenkurs III [3] 109; *Christmann*, in: *Coester-Waltjen* ua (Hrsg), Zwischenprüfung, S 38; *Dessecker*, Jura 2000, 596; Ebert-*Ebert*, Fälle, [3] S 56; Ebert-*Uehling*, Fälle, [9] S 149 und [10] S 157; Ebert-*Bruckauf*, Fälle, [15] S 225; *Ellbogen*, Jura 1998, 483; *ders*, JuS 2002, 151; *Engelmann*, JA 2010, 185; *Geppert*, in: *Coester-Waltjen* ua (Hrsg), Zwischenprüfung, S 42; *Gropengießer/Kohler*, Jura 2003, 280; *Grunewald*, in: *Coester-Waltjen* ua (Hrsg), Examensklausurenkurs II, S 51; *Heghmanns/Kusnik,* Ad Legendum 2010, 275; *Herrmann/Heyer,* JA 2012, 190; *Hertel,* Jura 2011, 391; *Hilgendorf*, Klausurenkurs

III, [11] S 132; *Hohmann*, Jura 1993, 321; *Jäger*, AT § 3 Rn 89 und § 7 Rn 299; *Keiser*, JA 2002, 871; *Kinzing/Luczak*, Jura 2002, 493; *Knauer*, JuS 2002, 53; *Kudlich*, Fälle AT [1] S 1, [7] S 95; *ders*, JuS 2002, 27; *ders*, JuS 2003, 34; *Langer*, JuS 1987, 896; *ders*, Jura 2003, 136; *Otto/Bosch*, Übungen [3] S 94; *Rotsch/Nolte/Peifer/Wiedemann*, Klausur [23] S 354; *Safferling*, Jura 2004, 66; *ders*, JuS 2005, 138; *ders*, JA-Übungsblätter 2007, 183; *Sternberg-Lieben/von Ardenne*, Jura 2007, 149; *Scholz/Wohlers*, Klausuren und Hausarbeiten S 115; *Schwabe*, AT [15] S 192; *Tausch*, JuS 1995, 614; *Thoss*, Jura 2005, 129; *Walter/Schneider*, JA 2008, 262; *Wolter*, JA 2008, 605; s auch *Blank*, AT2 Rn 96.

Zum Problem der Freiwilligkeit des Rücktritts vom Versuch:

Beulke, Klausurenkurs III [4] Rn 175; *Busch*, JuS 1993, 304; *Dannecker/Gaul*, JuS 2008, 345; *Dornseifer*, JuS 1982, 761; *Gropengießer/Kohler*, Jura 2003, 279 [speziell zum fehlgeschlagenen Versuch]; *Heghmanns/Kusnik*, Ad Legendum 2010, 275; *Hohmann*, Jura 1993, 321; *Hörnle*, Jura 2001, 45; *Kleinbauer/Schröder/Voigt*, Anfänger [11] S 167 und [12] S 189; *Kreuzner/Zetzmann*, ZJS 2011, 268, 272; *Kudlich*, JuS-Lernbogen, 2001, L 53; *Momsen/Sydow*, JuS 2001, 1194; *Otto/Ströber*, Jura 1989, 426; *Rudolphi*, Fälle AT [12] S 143; *Safferling*, JuS 2005, 138; *Schwind/Franke/Winter*, Übungen [H2] S 101; *Tausch*, JuS 1995, 614; *Wolters*, Fälle [4] S 85.

Zum Problem des Rücktritts bei mehreren Beteiligten:

Frommeyer/Nowak, JuS-Lernbogen 2001, L 44; *Görtz*, Jura 1991, 478; *Kudlich*, JuS 2002, 27; *Kunz*, Jura 1995, 483; *Rotsch*, JuS 2002, 891; *Safferling*, JuS 2005, 141; *Tiedemann*, Anfängerübung [10] S 233; *Weber*, Jura 1983, 544.

Zum Problem der mittelbaren Täterschaft:

Basak, Jura 2007, 553; *Brandts*, Jura 1986, 495; *Geppert*, in: *Coester-Waltjen* ua (Hrsg), Zwischenprüfung, S 43; *Kühl*, JuS 2007, 742; *Jäger*, AT § 6 Rn 240; *Krack/Schwarzer*, JuS 2008, 141; *Kudlich*, JuS-Lernbogen 1997, L 69; *Pape*, Jura 2008, 147; *Rotsch*, JuS 2002, 888; *Rotsch/Nolte/Peifer/Wiedemann*, Klausur [20] S 308 und [21] S 319; *Rudolphi*, Fälle AT [4] S 51; *Saal*, JA-Übungsblätter 1998, 563; *Tiedemann*, Anfängerübung [3] S 175.

Zum Problem des Anfangs der Ausführungshandlung bei mittelbarer Täterschaft:

Bergmann/Kroke, Jura 2010, 946; *Beulke*, Klausurenkurs II [4] Rn 115; *Beulke*, Klausurenkurs III [5] Rn 213; Ebert-*Bruckauf*, Fälle, [7] S 122; *Edlbauer*, Jura 2007, 945; *Ernst*, ZJS 2011, 382; *Hilgendorf*, Klausurenkurs III, [6] S 63; *Kindhäuser/Schumann/Lubig*, [5] S 137; *Krack/Schwarzer*, JuS 2008, 140; *Kudlich*, Fälle AT [6] S 73, [8] S 111, [10] S 136, [11] S 150; *ders*, JuS-Lernbogen 1997, L 69; *Meurer/Kahle/Dietmeier*, [3] S 27, [4] S 55, [8] S 173; *Rackow*, JA-Übungsblätter 2003, 218, 221; *Otto/Bosch*, [16] S 343; *Rauda/Zenthöfer*, [21] S 118; *Saliger*, JuS 1995, 1004; *Schuster*, Jura 2008, 228; *Sternberg-Lieben/von Ardenne*, Jura 2007, 149; *Wagner*, ZJS 2009, 419.

Zum Problem des Rücktritts im Vorbereitungsstadium:

Frommeyer/Nowak, JuS-Lernbogen 2001, L 44; *Gropp/Küpper/Mitsch*, Fallsammlung [1] S 22; *Prütting/Stern/Wiedemann*, Examensklausur [16] S 193; *Schmidt*, JA-Übungsblätter 1992, 84.

Fall 5

Dinner for two

Jurastudent J hat seine Freundin F zu einem sommerlichen Abendessen im Studenten- **200**
wohnheim St. Severin eingeladen. Als man in der Gemeinschaftsküche mit dem Kochen beginnen will, merkt J mit Bestürzung, dass ihm die Nudeln ausgegangen sind. Er geht deshalb zum unverschlossenen Lebensmittelfach des Kommilitonen K, entnimmt dort eine Packung Spaghetti und kocht sie in einem Wassertopf.

Leider betritt in diesem Moment K die Küche. K sieht sein offenes, nunmehr leeres Lebensmittelfach sowie den dampfenden Kochtopf und durchschaut sofort die Zusammenhänge. Wutentbrannt stürzt er sich auf J, in der Absicht, ihm einen Kinnhaken zu verpassen.

J möchte sich das nicht gefallen lassen, schon gar nicht in der Anwesenheit der F. Auch die Alternative der Flucht durch das ebenerdige und geöffnete Fenster verwirft er wegen des damit verbundenen Prestigeverlustes. Angesichts der körperlichen Überlegenheit des K und mangels anderer Verteidigungsmöglichkeiten ergreift er deshalb den Topf mit den kochenden Nudeln, um sie dem K über die Füße zu gießen.

K erkennt aber die Gefahr und durch einen schnellen Schlag gegen den Arm des J kann er bewirken, dass das heiße Wasser – wie von K auch vorhergesehen – mit den Nudeln auf dem ungeschützten Knie des J landet, wo es eine nicht unbeträchtliche Brühverletzung herbeiführt.

Mit einem Schmerzensschrei flieht J nunmehr aus dem Fenster, gefolgt von K, der ihm – wegen des Vorgangs mit dem heißen Wasser völlig verwirrt – noch einen kräftigen und schmerzhaften Faustschlag auf den Rücken verpasst.

Wie haben sich K und J strafbar gemacht?
Gegebenenfalls erforderliche Strafanträge sind gestellt.

Gedankliche Strukturierung des Falles (Kurzlösung)

201 **A. Das Verwenden der Spaghetti (Strafbarkeit des J)**

1. § 242 I (+)
  a) Tatbestand (+)
    aa) Objektiver Tatbestand (+)
    bb) Subjektiver Tatbestand (+)
  b) Rechtswidrigkeit und Schuld (+)
  c) § 243 I 2 Nr 2 (–)
  d) Strafantrag, § 248a (+)
2. § 246 I (+) (aber subsidiär)
3. § 123 I (–)
4. § 303 I (–) (zumindest mitbestrafte Nachtat)
5. § 303 II (–)
6. Ergebnis für J im TK A
  § 242 I

B. Der geplante Kinnhaken (Strafbarkeit des K)

1. §§ 223 I, II, 22, 23 I (+)
  - Tat nicht vollendet (+)
  - Versuch strafbar, §§ 223 II, 23 I Alt 2 (+)
  a) Tatentschluss (+)
  b) Unmittelbares Ansetzen (+)
  c) Rechtswidrigkeit (+)
    aa) Notwehr, § 32 (–)
    bb) Selbsthilferecht des Besitzers, § 859 II BGB (–)
    cc) Notstand, § 34 (–)
    dd) Wahrnehmung berechtigter Interessen, § 193 analog (–)
  d) Schuld (+)
    aa) Notwehrexzess, § 33 (–)
    bb) Entschuldigender Notstand, § 35 I (–)
  e) Strafantragserfordernis, § 230 I (+)
2. §§ 224 I Nr 2 und Nr 5, II, 22, 23 I (–)
3. Ergebnis für K im TK B
  §§ 223 I, II, 22, 23 I

C. Kochendes Wasser auf die Füße des K (Strafbarkeit des J)

1. §§ 223 I, II, 22, 23 I (+)
  a) Tatentschluss (+)
  Körperverletzung (+)
  b) Unmittelbares Ansetzen (+)
  c) Rechtswidrigkeit (+)
    aa) Notwehr, § 32 (–)
      - Angriff (+)
      - Rechtswidrigkeit (+)
      - Gegenwärtigkeit (+)
      - Erforderlichkeit (+)
      - Verteidigungswille (+)
      - Gebotenheit (–)

Problem Nr 26: Notwehreinschränkung bei verschuldeter Notwehrlage (Rn 213)

    bb) Festnahmerecht, § 127 StPO (–)
2. §§ 224 I Nr 1 (–), Nr 2 (+) und Nr 5 (–), II, 22, 23 I
  a) §§ 224 I Nr 1 Alt 2, II, 22, 23 I (–)
  b) §§ 224 I Nr 2, II, 22, 23 I (+)
  c) §§ 224 I Nr 5, II, 22, 23 I (–)
  d) Konkurrenzen
3. §§ 226 I Nr 3, 22, 23 I (–)
4. Ergebnis für J im TK C
  §§ 224 I Nr 2, II, 22, 23 I

D. Spaghetti auf das Knie des J (Strafbarkeit des K)

1. § 223 I (–)
  a) Tatbestand (+)
    aa) Objektiver Tatbestand (+)
    bb) Subjektiver Tatbestand (+)
  b) Notwehr, § 32 (+)
    aa) Notwehrlage (+)
      - Angriff (+)
      - Rechtswidrigkeit (+)
      - Gegenwärtigkeit (+)
    bb) Notwehrhandlung (+)
      - Erforderlichkeit (+)
      - Gebotenheit (+)
    cc) Subjektives Rechtfertigungselement (+)
      - Bewusstsein der Notwehrlage (+)
      - Verteidigungsabsicht (+)
2. § 224 I Nr 2 (–)
  Notwehr, § 32 (+)
3. Ergebnis für K im TK D
  K ist straflos.

E. Der Faustschlag des K (Strafbarkeit des K)

1. § 223 I (–)
  a) Tatbestand (+)
  b) Rechtswidrigkeit: Notwehr § 32 (–)
    - Angriff (+)
    - Gegenwärtigkeit (–)
  c) Schuld: Überschreitung der Notwehr § 33 (+)

Problem Nr 27: Extensiver Notwehrexzess (Rn 222)

2. § 224 I Nr 2 (–)
3. Ergebnis für K im TK E
  K ist straflos.

F. Konkurrenzen und Gesamtergebnis

  J: § 242 I – § 53 I – §§ 224 I Nr 2, II, 22, 23 I
  K: §§ 223 I, II, 22, 23 I

Ausführliche Lösung von Fall 5

A. Das Verwenden der Spaghetti (Strafbarkeit des J)

1. § 242 I

J könnte dadurch, dass er aus dem Lebensmittelfach des K die Spaghetti nahm und damit das Essen kochte, einen Diebstahl begangen haben.

a) Tatbestand

aa) Objektiver Tatbestand

Diebstahl setzt die Wegnahme einer fremden beweglichen Sache voraus. Eigentum an **202** den Spaghetti hatte K. Wegnahme ist der Bruch fremden Allein- oder Mitgewahrsams und die Begründung neuen, nicht notwendig, aber regelmäßig eigenen Gewahrsams. Unter Gewahrsam ist die tatsächliche Sachherrschaft eines Menschen über eine Sache, die von einem natürlichen Herrschaftswillen getragen und deren Reichweite von der Verkehrsauffassung bestimmt wird, zu verstehen. Gewahrsam verlangt nicht den unmittelbaren Besitz an einer Sache. Auch an den innerhalb eines generell beherrschten Raumes befindlichen Sachen besteht regelmäßig die tatsächliche Sachherrschaft des Rauminhabers. In einem Studentenwohnheim zählt nach der Verkehrsauffassung auch der einem jeweiligen Zimmer zugeordnete Küchenschrank zum räumlichen Machtbereich des dort wohnenden Studenten. Ob auch andere problemlos an den Inhalt des unverschlossenen Fachs gelangen konnten, ist für den Gewahrsam des K insoweit unerheblich und kann allenfalls zu einer bloßen Gewahrsamslockerung führen. Die für die Wegnahme notwendige Begründung neuen Gewahrsams liegt dann vor, wenn die tatsächliche Sachherrschaft ungestört ausgeübt werden kann. J hat die Spaghetti aus der Gewahrsamssphäre des K entfernt und spätestens durch den Kochvorgang seiner eigenen Verfügungsgewalt unterworfen.

Dieser Gewahrsamswechsel erfolgte auch gegen den Willen des K, so dass ein Gewahrsamsbruch vorliegt. Dass K den J noch beim Abkochen der Beute entdeckte, steht der Annahme eines vollendeten Diebstahls nicht entgegen. Heimliches Handeln wird in § 242 I nicht vorausgesetzt.

bb) Subjektiver Tatbestand

Vorsatz ist gegeben. Daneben handelte J auch in der Absicht, den Berechtigten dauerhaft aus seiner Eigentumsposition zu verdrängen und die fremde Sache seinem eigenen Vermögen einzuverleiben. Zueignungsabsicht ist folglich ebenfalls zu bejahen. J war sich auch bewusst, dass er keinen Anspruch auf die Spaghetti hatte, so dass auch Vorsatz hinsichtlich der Rechtswidrigkeit der Zueignung vorliegt.

b) Rechtswidrigkeit und Schuld

Für Rechtfertigungs- oder Entschuldigungsgründe gibt es im Sachverhalt keine Anhaltspunkte.

c) § 243 I 2 Nr 2

203 Um das Regelbeispiel des § 243 I 2 Nr 2 zu verwirklichen, hätte J die fremde Sache aus einem verschlossenen Behältnis entfernen müssen, nicht aber aus einem offen stehenden Küchenfach. Andere Schutzvorrichtungen fehlten ebenfalls. Damit liegt kein Fall eines besonders schweren Diebstahls vor, der aber auch bei Bejahung seiner Voraussetzungen schon wegen der Geringwertigkeitsregelung des § 243 II entfallen müsste.

d) Strafantrag, § 248a

Der bei geringwertigen Sachen (Richtwert derzeit bis zu 50,– €) erforderliche Strafantrag nach § 248a liegt vor.

2. § 246 I

Der Diebstahl mit vollzogener Zueignung erfüllt zugleich die Voraussetzungen des Unterschlagungstatbestandes, § 246. Die Unterschlagung ist jedoch lediglich ein Auffangtatbestand, der beim Eingreifen des § 242 im Wege der Gesetzeskonkurrenz zurücktritt, § 246 I letzter Halbsatz.

3. § 123 I

204 Hausfriedensbruch setzt ein Eindringen in die im Gesetz aufgezählten Räumlichkeiten voraus. Vorwerfbar wäre J demnach allenfalls das Betreten der Küche. Aber bzgl dieses Raumes war er als Heimbewohner neben anderen selbst ein Hausrechtsinhaber. Ein Eindringen kommt für ihn daher konsequenterweise nicht in Betracht. Hausfriedensbruch ist J nicht vorzuwerfen.

4. § 303 I

205 Fraglich ist, ob das Abkochen der gestohlenen Spaghetti auch eine Sachbeschädigung darstellt. Zumindest in der Stoffsubstanz tritt keine Veränderung iS einer stofflichen Verringerung oder Verschlechterung ein. Allerdings zählt nach hA auch eine nicht unwesentliche Brauchbarkeitsminderung als Sachbeschädigung (*vgl Fall 2 Problem Nr 10 Rn 144*). Für K sind die abgekochten Nahrungsmittel nicht wieder verwertbar, was für § 303 I genügt. Dennoch gilt der bestimmungsgemäße Verbrauch von Lebensmitteln nach der Verkehrsauffassung nicht als Sachbeschädigung. Vielmehr wird der Verzehr fremder Nahrungsmittel nur nach § 242 bestraft, nicht nach § 303 (*vgl Wessels/Hillenkamp, BT2 Rn 36*).

Diese Auslegung des § 303 muss der Student nicht auswendig wissen.

Aber selbst wenn die Tatbestandsmäßigkeit bejaht wird, entfällt letztendlich eine Bestrafung wegen Sachbeschädigung auf Konkurrenzebene, denn die bestimmungsgemäße Verwendung der zuvor gestohlenen Sache ist eine mitbestrafte Nachtat zu § 242 I (*vgl Wessels/Beulke, AT Rn 795*).

5. § 303 II

Der Grundsatz, dass der Verzehr fremder Nahrungsmittel nur als Diebstahl bestraft werden soll (*s zu § 303 I*), schließt auch die Anwendbarkeit des § 303 II aus. Zumindest müsste die Strafbarkeit auf Konkurrenzebene (mitbestrafte Nachtat) entfallen.

6. Ergebnis für J im TK A

J ist gem § 242 I des Diebstahls schuldig.

B. Der geplante Kinnhaken (Strafbarkeit des K)

1. §§ 223 I, II, 22, 23 I

K könnte sich dadurch, dass er dem J einen Kinnhaken geben wollte, wegen einer ver- **206**
suchten Körperverletzung strafbar gemacht haben. Zur Verletzung des J ist es nicht gekommen, die Tat blieb unvollendet. Der Versuch einer Körperverletzung ist jedoch nach §§ 223 II, 23 I Alt 2 mit Strafe bedroht.

a) Tatentschluss

Ein kräftiger Kinnhaken ist auch ohne substanzverletzende Wirkung eine üble und unangemessene Behandlung, durch die das Opfer in seinem körperlichen Wohlbefinden nicht nur unerheblich beeinträchtigt wird. Der Entschluss von K, J einen solchen Kinnhaken zu verpassen, ist also als Vorsatz zur körperlichen Misshandlung und somit zur Körperverletzung an J zu werten.

b) Unmittelbares Ansetzen

Der Täter überschreitet die Schwelle zum Versuch, wenn er zu Handlungen ansetzt, die nach seiner Vorstellung von der Tat in ungestörtem Fortgang unmittelbar zur Tatererfüllung führen müssen oder damit in räumlichem und zeitlichem Zusammenhang stehen. Als K auf J „losstürzte", war dessen körperliche Integrität schon konkret gefährdet. K hatte damit die Schwelle zum „Jetzt-geht-es-los" überschritten (*s auch Fall 4 Problem Nr 18 Rn 178*).

c) Rechtswidrigkeit

aa) Notwehr, § 32

Der Körperverletzungsversuch könnte jedoch durch Notwehr, § 32, gerechtfertigt sein. **207**
Ein Angriff ist dabei jede durch menschliches Verhalten drohende Verletzung rechtlich geschützter Güter oder Interessen. J hatte mit dem Diebstahl der Spaghetti einen rechtswidrigen Angriff auf das Eigentum von K verübt. Gegenwärtig ist der Angriff, der zum Tatzeitpunkt unmittelbar bevorsteht, begonnen hat oder noch fortdauert, also noch nicht beendet ist. Zwar war der Diebstahl bereits vollendet (*s A 1 Rn 202*), solange F und J jedoch die Nudeln nicht verzehrt hatten, war ein Zugriff von K auf sein Eigentum noch nicht ausgeschlossen. Der Angriff des J war folglich noch nicht vollkommen beendet,

sondern im gegebenen Zeitpunkt noch gegenwärtig. Das Verhalten des J widersprach auch der Rechtsordnung und musste deswegen von K nicht geduldet werden. Eine Notwehrlage war gegeben.

Fraglich ist jedoch, ob K sich in dieser Notwehrlage auch mit einer geeigneten, erforderlichen und gebotenen Notwehrhandlung zur Wehr gesetzt hat. Erforderlich iSv § 32 ist die Verteidigungshandlung, die zur Angriffsabwehr geeignet ist, dh die grundsätzlich dazu in der Lage ist, den Angriff entweder ganz zu beenden oder ihm wenigstens ein Hindernis in den Weg zu stellen, und die das mildeste zur Verfügung stehende Gegenmittel darstellt. Mit einem Kinnhaken konnte die Eigentumsverletzung weder abgewendet noch rückgängig gemacht werden. Diese Art der Notwehrhandlung war daher weder geeignet, geschweige denn erforderlich, um den Angriff auf das Eigentum von K zu beenden.

Anders wäre möglicherweise zu entscheiden, wenn sich K mithilfe des Kinnhakens des Topfes hätte bemächtigen wollen, um wenigstens die gekochten Nahrungsmittel für sich zu retten. Aber dazu fehlte vorliegend sein Vorsatz. K wollte vielmehr nur seiner Wut Luft machen, womit letztlich neben der Geeignetheit und Erforderlichkeit der Notwehrhandlung auch der Verteidigungswille zu verneinen ist.

Eine Rechtfertigung nach § 32 scheitert.

bb) Selbsthilferecht des Besitzers, § 859 II BGB

208 Damit ist das Selbsthilferecht des Besitzers gem § 859 II BGB zu prüfen. Gegen verbotene Eigenmacht, dh gegen die nicht gerechtfertigte Besitzentziehung oder Besitzstörung gegen oder ohne den Willen des Besitzers, vgl § 858 I BGB, darf sich dieser mit Gewalt wehren, um die Sache wieder in seinen Besitz zu bringen. Weder die Handlungsweise des K noch sein Vorsatz waren aber auf das Ziel der Besitzkehr gerichtet, womit auch § 859 II BGB entfällt.

cc) Notstand, § 34

Zu prüfen ist weiterhin die Möglichkeit einer Rechtfertigung gem § 34. Aber auch der rechtfertigende Notstand setzt ein geeignetes Abwehrhandeln und den Gefahrabwendungswillen des Täters voraus.

Allgemeine Rechtfertigungsgründe greifen also zugunsten von K nicht ein.

dd) Wahrnehmung berechtigter Interessen, § 193 analog

209 So fragt sich schließlich nur noch, ob die Tat wegen Wahrnehmung berechtigter Interessen gem § 193 gerechtfertigt ist. Aber dann müsste § 193 auch über den Rahmen der Ehrverletzungsdelikte, §§ 185 ff, hinaus anwendbar sein. Dagegen spricht schon der Wortlaut, der Werturteile und ähnliche Äußerungen voraussetzt. Würde man den geplanten Kinnhaken als Beleidigung des J prüfen, käme § 193 als Rechtfertigung in Frage. Im Rahmen der Prüfung des § 223 I ist § 193 hingegen unanwendbar. Das Verhalten von K ist auch nicht gem § 193 gerechtfertigt.

Die nicht sehr nahe liegende Prüfung des § 193 kann auch gänzlich unterbleiben.

d) Schuld

K könnte allenfalls entschuldigt sein.

aa) Notwehrexzess, § 33

Notwehrexzess, § 33, käme in Betracht. Doch setzt § 33 voraus, dass der Täter im Rahmen der von ihm gewollten Notwehr aus Verwirrung, Furcht oder Schrecken entweder das Maß der Erforderlichkeit oder die Gebotenheit der Abwehr überschreitet. Aus dem Sachverhalt ergeben sich aber für die hier geprüfte Phase des Geschehens keine (sog asthenischen) Affekte. **210**

bb) Entschuldigender Notstand, § 35 I

K hat nicht gehandelt, um eine Gefahr von sich, einem Angehörigen oder einer anderen ihm nahe stehenden Person abzuwenden. Ein entschuldigender Notstand, § 35 I, scheidet deshalb aus.

K handelte also schuldhaft.

e) Strafantragserfordernis, § 230 I

Der gem § 230 I erforderliche Strafantrag ist gestellt.

K ist der versuchten Körperverletzung schuldig.

2. §§ 224 I Nr 2 und Nr 5, II, 22, 23 I

Qualifikationsmerkmale, wie etwa ein gefährliches Werkzeug oder eine das Leben gefährdende Behandlung, sind aus dem Sachverhalt nicht ersichtlich. Eine gefährliche Körperverletzung hat K nicht versucht.

3. Ergebnis für K im TK B

K ist nach §§ 223 I, II, 22, 23 I strafbar.

C. Kochendes Wasser auf die Füße des K (Strafbarkeit des J)

1. §§ 223 I, II, 22, 23 I

J könnte dadurch, dass er das kochende Wasser in Richtung des K goss, eine versuchte Körperverletzung begangen haben. Zu einer vollendeten Körperverletzung an K ist es nicht gekommen. Die versuchte Körperverletzung ist nach §§ 223 II, 23 I Alt 2 strafbar. **211**

a) Tatentschluss

J hatte den Entschluss gefasst, K das kochende Nudelwasser über die Füße zu gießen. Mit dieser schmerzhaften Behandlung hätte er sowohl das körperliche Wohlbefinden des K als auch seine körperliche Unversehrtheit nicht unerheblich beeinträchtigt. Zugleich umfasste der Tatentschluss eine mögliche Gesundheitsschädigung des K. Gesundheitsschädigung meint das Hervorrufen, Steigern oder Aufrechterhalten eines vom Normalzustand der körperlichen Funktionen des Opfers nachteilig abweichenden krankhaften Zustandes körperlicher oder seelischer Art. Kochendes Wasser verursacht auf der Haut im Allgemeinen Verbrühungen, wenn nicht sogar Verbrennungen, die nur langsam heilen. Dessen war sich J bewusst, so dass er auch Vorsatz hinsichtlich einer Gesundheitsschädigung des K hatte.

b) Unmittelbares Ansetzen

Nach einhelliger Ansicht wird der Versuchsbeginn bejaht, wenn der Täter schon mit der tatbestandlichen Ausführungshandlung begonnen bzw wenn er bereits ein Merkmal des objektiven Tatbestandes verwirklicht hat. Hier hat J die Körperverletzungshandlung, nämlich das Verschütten des kochenden Wassers, ausgeführt. Allein zum Körperverletzungserfolg ist es wegen der schnellen Reaktion des K nicht mehr gekommen. Die Schwelle zum Versuch hat J jedenfalls überschritten.

c) Rechtswidrigkeit

212 J könnte gegenüber dem auf ihn zustürzenden K gerechtfertigt gehandelt haben.

aa) Notwehr, § 32

In erster Linie kommt eine Rechtfertigung wegen Notwehr, § 32, in Betracht.

Eine Notwehrlage, dh ein gegenwärtiger rechtswidriger Angriff, ist in der von K an J versuchten Körperverletzung (Kinnhaken) zu sehen (*vgl B 1 Rn 210*).

J müsste aber auch zur Abwendung dieses Angriffs in erforderlicher Weise gehandelt haben und diese Abwehrhandlung müsste vom Verteidigungswillen des J getragen worden sein. Die Zufügung einer Brühverletzung war jedenfalls ein geeignetes und effektives Mittel, um K von dem geplanten Kinnhaken abzuhalten. Zudem standen J angesichts der körperlichen Überlegenheit des K andere gleich wirksame, aber mildere Mittel zur Abwehr nicht zur Verfügung. Sein Handeln war erforderlich sowie subjektiv vom Willen getragen, die drohende Körperverletzung zu verhindern.

Problematisch ist hingegen die Gebotenheit der Notwehrhandlung, denn J könnte wegen des vorhergehenden Diebstahls eine schuldhafte Verursachung der Notwehrlage vorzuwerfen sein, was seine Notwehrrechte gegenüber dem zum Angriff provozierten K möglicherweise einschränkt.

213 **Problem Nr 26: Verschuldete Notwehrlage**

Im Fall einer Notwehrprovokation ist zwischen absichtlicher (u (1)) und nur vorwerfbarer Herbeiführung (u (2)) der Notwehrlage zu unterscheiden.

(1) Dem **absichtlich** Provozierenden kommt es gerade darauf an, den Angreifer unter dem Deckmantel der Notwehr zu verletzen.

(a) Einige Autoren wollen dem Provokateur aber auch in diesem Fall das **volle Notwehrrecht** erhalten.

Argument: Die Rechtsordnung verlangt vom Angreifer eben, dass er der Provokation widersteht.

(b) Kaum noch vertreten wird dagegen die Ansicht, die dem Täter zunächst das volle Notwehrrecht zugesteht, ihn aber über die Konstruktion der **actio illicita in causa** (im Folgenden: aiic) wegen der schuldhaften, vorsätzlichen Herbeiführung der Notwehrlage dennoch aus dem Vorsatzdelikt bestraft.

Argument: Eine Täterstrafbarkeit könnte ohne gleichzeitige Aushöhlung des Notwehrrechts nach den Regeln von Kausalität und Zurechnungszusammenhang begründet werden.

Gegenargument: Nach dieser widersprüchlichen Konstruktion wäre ein und dasselbe Handeln einmal rechtmäßig und zugleich doch wieder rechtswidrig. Dann wäre es konsequenter, mit der hM das Notwehrrecht sofort weitgehend einzuschränken oder auch gänzlich zu versagen.

(c) Folglich wollen einige Autoren den Provokateur auch zu einer **eingeschränkten Ausübung** des Notwehrrechts verpflichten. Der Täter muss ausweichen, notfalls leichtere Beeinträchtigungen hinnehmen, braucht aber letztlich nicht Leib und Leben ohne Gegenwehr preiszugeben.

(d) Die **herrschende Meinung versagt** im Falle der Absichtsprovokation dem Täter dagegen das Notwehrrecht im weitesten Umfang und bestraft ihn im Regelfall uneingeschränkt aus der Vorsatztat.

Argument: Das Notwehrrecht findet seine Schranke im allgemeinen Prinzip des Verbots eines Rechtsmissbrauchs. Stimmen in der Literatur begründen dieses Ergebnis aber auch mit dem Gedanken, der Täter habe in das Risiko der Rechtsverletzung eingewilligt (Risikoübernahme) bzw ihm sei der Erfolg über sein gefahrauslösendes, qualifiziertes Vorverhalten zurechenbar (Ingerenz) oder es läge eine Sonderform des Verschuldens gegen sich selbst vor (Obliegenheitsverletzung).

(2) Häufiger zu finden sind dagegen die Fälle der **nur schuldhaft herbeigeführten Notwehrlage**. Im Gegensatz zu den Fällen der Absichtsprovokation wird hier die vollständige Einschränkung des Notwehrrechts mehrheitlich abgelehnt. Insbes das Argument des rechtsmissbräuchlichen Verhaltens kann nur eingeschränkt Beachtung finden.

(a) Während früher die Rechtsprechung das Notwehrrecht überhaupt nicht beschränkte, wird dem schuldhaft Provozierenden nach heute **herrschender Meinung** nur ein abgestuftes Notwehrrecht gewährt. Der Notwehrausübende hat dem von ihm verschuldeten Angriff tunlichst auszuweichen. Bei fehlender Ausweichmöglichkeit hat er sich bis zur Grenze des Zumutbaren auf defensive Verteidigungshandlungen zu beschränken. Erst wenn diese **„Schutzwehr"** zur Abwendung des Angriffs nicht ausreicht, darf er mangels anderer Möglichkeiten zur **„Trutzwehr"** übergehen.

(b) Hält sich der Täter an diese Stufenfolge und muss er dennoch nach Versagen schonenderer Maßnahmen aktiv zurückschlagen, wird von einer **Mindermeinung** wiederum eine Strafbarkeit dieser Aktivgegenwehr (als Fahrlässigkeitstat) aus der Figur der aiic diskutiert.

Gegenargument: Mit **BGH und hM** ist die zuletzt erwähnte Mindermeinung aus den zuvor (*oben 1 b*) genannten Gründen abzulehnen. Auch gibt es kein Bedürfnis der Rechtsordnung nach einer Täterstrafbarkeit auf dieser letzten Stufe der Verteidigung. Immerhin hat der Provozierende dem Angriff schon mit milderen Mitteln zu begegnen versucht. Strafwürdig erscheint vielmehr der hartnäckige Angreifer.

Zur Vertiefung: Jäger, AT § 4 Rn 109, 122 ff, 133; Kühl, Jura 1991, 175, 178; S/S-Perron, § 32 Rn 55 ff, 60 ff; Roxin, AT1 § 15 Rn 61 ff (insbes 65 ff); Wessels/Beulke, AT Rn 346 ff.

Im vorliegenden Fall handelt es sich zwar nicht um eine Absichtsprovokation, J trifft jedoch wegen des vorangegangenen Diebstahls der Nudeln ein sonstiger Schuldvorwurf, **214** der ebenfalls Einfluss auf den Umfang des Notwehrrechts haben kann. Nur wer sich nicht in vorwerfbarer Weise in einer Notwehrlage wiederfindet, für den gilt, dass „das Recht dem Unrecht nicht zu weichen braucht", der muss sich nicht auf „schimpfliche Flucht" einlassen. Wenn jedoch die Notwehrlage verschuldet herbeigeführt wurde, darf der Angegriffene auf Ausweichmöglichkeiten verwiesen werden. Da J für die Notwehrlage verantwortlich war und ihm nunmehr ein leicht gangbarer Fluchtweg durch das offene Fenster zur Verfügung stand, hätte er diesen – trotz der Anwesenheit der F – nicht als „feige" verwerfen dürfen. J ist seiner Ausweichpflicht nicht nachgekommen, sondern sofort zur aktiven Gegenwehr übergegangen. Mit der hL ist dann die Gebotenheit der Notwehrhandlung zu verneinen. Auf die Frage, ob bei gerechtfertigter Gegenwehr über die Rechtsfigur der actio illicita in causa auf das frühere schuldhafte Vorverhalten zurückgegriffen werden dürfte, wie das eine Mindermeinung behauptet, kommt es im konkreten Fall gar nicht mehr an. J hat die unschwer zur Verfügung stehende Ausweichmöglichkeit durch das Fenster nicht genutzt. Er ist deshalb nach allen Ansichten nicht gem § 32 gerechtfertigt.

bb) Festnahmerecht, § 127 StPO

Gem § 127 StPO darf ein einer Straftat Verdächtiger von jedermann auf frischer Tat verfolgt und vorläufig festgenommen werden. J hat aber weder in der Absicht gehandelt, K wegen der vorangegangenen versuchten Körperverletzung festzunehmen, noch eine entsprechende Festnahmehandlung vorgenommen. Eine Rechtfertigung nach § 127 StPO scheidet demnach aus.

Weitere Rechtfertigungsgründe sind nicht ersichtlich.

J handelte auch schuldhaft.

J ist somit nach §§ 223 I, II, 22, 23 I strafbar.

2. §§ 224 I Nr 1, Nr 2 und Nr 5, II, 22, 23 I

a) §§ 224 I Nr 1 Alt 2, II, 22, 23 I

215 Der Körperverletzungsvorsatz des J könnte sich auf die Beibringung eines anderen gesundheitsschädlichen Stoffes (§ 224 I Nr 1 Alt 2) bezogen haben. Unter „anderen gesundheitsschädlichen Stoffen" sind solche Substanzen zu verstehen, die die Gesundheit zu schädigen geeignet sind und die mechanisch oder thermisch wirken (im Gegensatz zu den Giften iS der 1. Alt, die chemisch oder chemisch-physikalisch wirken) sowie krankheitserregende Mikroorganismen (*Wessels/Hettinger, BT1 Rn 263, 264*). Kochendes Wasser ist ein Stoff, der Gesundheitsschädigungen herbeiführen kann. Andererseits erscheint es sachgerecht, zur Abgrenzung von § 224 I Nr 2 Alt 2 (gefährliches Werkzeug) nur dann von einer Giftbeibringung iSv § 224 I Nr 1 Alt 2 zu sprechen, wenn die Wirkung des Stoffes im Innern des Körpers eintritt (*LK-Lilie, § 224 Rn 15; krit ua Fischer, § 224 Rn 6*).

Das Wasser sollte nur äußerlich wirken, somit wollte J die Alternative 2 des § 224 I Nr 1 nicht erfüllen.

b) §§ 224 I Nr 2, II, 22, 23 I

Der Körperverletzungsvorsatz des J könnte sich jedoch auf die Benutzung eines gefährlichen Werkzeugs (§ 224 I Nr 2) bezogen haben, dh eines Gegenstandes, der nach seiner Beschaffenheit und der Art seiner Verwendung als Angriffsmittel im konkreten Fall geeignet ist, erhebliche Verletzungen zuzufügen. Auch eine siedende Flüssigkeit kann ein gefährliches Werkzeug darstellen, sofern sie äußerlich wirken soll (*Wessels/Hettinger, BT1 Rn 276*). Kochendes Wasser vermag schwere Verletzungen und Entstellungen der Haut zu bewirken, und zwar auch wenn die Haut noch durch eine Kleidungsschicht geschützt wird. Das kochende Wasser soll hier äußerlich eingesetzt werden und ist deshalb als gefährliches Werkzeug anzusehen. Tatentschluss zur Erfüllung des Merkmals iSv § 224 I Nr 2 lag damit vor.

c) §§ 224 I Nr 5, II, 22, 23 I

Dass auch eine lebensgefährdende Behandlung iSv § 224 I Nr 5 gegeben sein könnte, muss angesichts der geringen Menge an Wasser und dem Ziel der Angriffsrichtung (Füße) verneint werden. Lebensgefahr hat nach menschlichem Ermessen für K nicht vorgelegen.

Die versuchte Körperverletzung ist somit nur gem § 224 I Nr 2 qualifiziert.

d) Konkurrenzen

Im Wege der Gesetzeskonkurrenz (Spezialität) verdrängt der Versuch der gefährlichen Körperverletzung (§§ 224 I Nr 2, II, 22, 23 I) die versuchte einfache Körperverletzung (§§ 223 I, II, 22, 23 I).

Die Konkurrenzentscheidung zwischen § 223 (uU iVm §§ 22, 23 I) einerseits und § 224 (uU iVm §§ 22, 23 I) andererseits muss durch Weglassen des § 223 in der Endentscheidung deutlich gemacht werden. Merkwürdigerweise liest man selbst in Examensklausuren und publizierten Musterlösungen immer wieder das Ergebnis: „A hat sich gem §§ 223, 224 I Nr 1 strafbar gemacht", ohne den letztendlichen Fortfall des § 223 auf der Konkurrenzebene klarzustellen (so zB Kindhäuser/Schumann/Lubig [1] S 79, richtig: [3] S 109). Richtig ist es, nur von einer Strafbarkeit gem § 224 I Nr 1 zu sprechen (ebenso wie bei § 211 und § 212 bei ganz korrekter Vorgehensweise letztlich nicht die Strafbarkeit gem §§ 212, 211, sondern nur die aus § 211 festgestellt wird). Wegen des subsidiären Delikts (§ 223/§ 212) wird der Täter gerade nicht bestraft (s auch Heinrich/Reinbacher, JA 2007, 272 sowie o Rn 145).

3. §§ 226 I Nr 3, 22, 23 I

J könnte bei der Verbrühung auch eine dauernde und erhebliche Entstellung des K in **216**
Kauf genommen haben, § 226 I Nr 3. Allerdings plante J nur, die Füße des K zu verletzen. Zudem lässt sich aus dem Sachverhalt nicht ersehen, dass er die Gefahr besonders nachhaltiger Verletzungen vorausgesehen und sich damit abgefunden hätte.

Der Versuch einer schweren Körperverletzung ist demnach zu verneinen.

4. Ergebnis für J im TK C

J ist der versuchten gefährlichen Körperverletzung nach §§ 224 I Nr 2, II, 22, 23 I schuldig.

D. Spaghetti auf das Knie des J (Strafbarkeit des K)

1. § 223 I

K könnte dadurch, dass er durch einen Schlag gegen den Arm des J bewirkte, dass das Wasser das Knie des J verbrühte, eine Körperverletzung begangen haben.

a) Tatbestand

aa) Objektiver Tatbestand

217 Durch den Guss des kochenden Wassers auf das ungeschützte Knie des J wurde J in seinem körperlichen Wohlbefinden nachhaltig beeinträchtigt und zugleich mit der bewirkten Brühverletzung in seiner Gesundheit geschädigt.

bb) Subjektiver Tatbestand

K hat die Folgen seiner Abwehrbewegung noch vor ihrer Ausführung erkannt und dennoch bewusst und gewollt gehandelt sowie sich mit den Wirkungen dieser Handlung abgefunden. Er handelte daher zumindest mit Eventualvorsatz.

b) Notwehr, § 32

218 Allerdings könnte K durch Notwehr gerechtfertigt sein.

aa) Notwehrlage

Ein gegenwärtiger und rechtswidriger Angriff auf Rechtsgüter des K ging von J aus, als dieser versuchte, das Wasser auf die Füße des K zu schütten (*s C 1 und 2 Rn 211 ff*).

bb) Notwehrhandlung

Der schnelle Schlag auf den Arm von J müsste eine erforderliche Abwehrhandlung darstellen. In diesem Moment, der eine schnelle Reaktion erforderte, war die Ablenkung der Bewegungsrichtung das einzige wirksame Mittel, zu dem K greifen konnte. Auch lässt sich dem Sachverhalt nicht entnehmen, dass K das Wasser in eine andere Richtung hätte lenken können, in der auch J unverletzt geblieben wäre.

219 Ob das erforderliche Handeln auch geboten war, bestimmt sich danach, ob K rechtsmissbräuchliches Verhalten vorzuwerfen ist. Er könnte die Notwehrlage vorwerfbar verursacht haben, als er sich in Körperverletzungsabsicht auf J stürzte. Aber gerade dieses Verhalten war schon von J provoziert worden. K ist zwar für seinen Angriff, nämlich den geplanten Kinnhaken, aus §§ 223 I, II, 22, 23 I strafbar (*vgl B 1 Rn 206 ff*), was aber nicht gleichzeitig dazu führt, dass ihm seine Notwehrrechte bei einem darauf folgenden rechtswidrigen Gegenangriff des ursprünglichen Provokateurs gänzlich versagt werden.

Für K gab es jetzt keine andere Art der Abwehr, eine Schutzwehr wäre hier nicht erfolgreich gewesen. Ein Rechtsmissbrauch und damit eine fehlende Gebotenheit seines Handelns ist K also nicht vorzuwerfen.

cc) Subjektives Rechtfertigungselement

Subjektiv verlangt § 32 ein Handeln im Bewusstsein der Notwehrlage sowie (nach strittiger Ansicht) die Verteidigungsabsicht des Notwehrausübenden (*vgl Wessels/Beulke, AT Rn 275 ff*). Beides liegt vor, so dass auf den Streit um die Notwendigkeit der letztgenannten Absicht nicht eingegangen werden muss.

Im Ergebnis handelte K aus § 32 gerechtfertigt und ist nicht aus § 223 I strafbar.

2. § 224 I Nr 2

Gleiches muss auch für die tatbestandlich vorliegende gefährliche Körperverletzung mittels kochenden Wassers gelten. K ist aus Notwehr (§ 32) gerechtfertigt. **220**

3. Ergebnis für K im TK D

K ist straflos.

E. Der Faustschlag des K (Strafbarkeit des K)

1. § 223 I

a) Tatbestand

Indem K während einer Verfolgungsjagd dem J einen Schlag auf den Rücken verpasste, **221** könnte er sich wegen einer Körperverletzung strafbar gemacht haben. Dem Sachverhalt ist nicht zu entnehmen, ob der Faustschlag auf den Rücken des J Verletzungen bewirkt hat. Doch auch ohne Gesundheitsschädigung ist ein solcher schmerzhafter Schlag eine üble und unangemessene Behandlung, die das körperliche Wohlbefinden nicht unerheblich beeinträchtigt. Diese Körperverletzung hat K zudem mit Wissen und Wollen um sein Handeln ausgeführt. Der Tatbestand des § 223 I liegt daher vor.

b) Rechtswidrigkeit

Zu prüfen ist weiter, ob sich K auch hier noch auf den Rechtfertigungsgrund der Notwehr berufen kann. J wollte K Brühverletzungen an den Füßen zufügen. Von J ging also ein rechtswidriger Angriff auf die körperliche Integrität des K aus (*so C 4 Rn 216*). Allerdings war dieser Angriff mit der schnellen Reaktion des K gestoppt und danach nicht mehr von J weitergeführt worden. Er war folglich im Zeitpunkt des fraglichen Faustschlags nicht mehr gegenwärtig, was die Notwehrlage iSd § 32 entfallen lässt.

c) Schuld

K könnte jedoch wenigstens gem § 33 aus Notwehrexzess entschuldigt sein. Er handelte in diesem Zeitpunkt aus einer auf der Notwehrlage basierenden Verwirrung. Voraussetzung für das Eingreifen des § 33 wäre aber, dass mit dem Überschreiten der „Grenzen der Notwehr" nicht nur die Grenzen der Erforderlichkeit und Gebotenheit (intensiver Notwehrexzess), sondern auch die hier bereits überschrittenen zeitlichen Grenzen der Gegenwärtigkeit des Angriffs (sog extensiver Notwehrexzess) erfasst werden sollen.

222 **Problem Nr 27: Extensiver Notwehrexzess**

Greift der in Notwehr Handelnde noch vor begonnenem oder nach schon beendetem Angriff zu Abwehrmaßnahmen, so ist strittig, ob ihm die Entschuldigung des § 33 zugute kommen soll.

(1) Von der **Rechtsprechung und herrschenden Lehre** wird die Anwendbarkeit des § 33 in beiden Fällen rigoros verneint. Droht noch keine Rechtsgutverletzung bzw ist keine weitere Verletzung mehr zu befürchten, und hat der Täter dies auch erkannt, so darf er trotz seiner Verwirrung, seiner Furcht oder seines Schreckens nicht mehr in den Genuss der weitreichenden Notwehrrechte kommen.

Entscheidend ist allein die Bedrohung des Rechtsgutes. Entschuldigt wird, wer in Abwendung der Verletzung selbst handelt, aber nicht, wer davor oder danach zur Gegenwehr schreitet.

Zu unterscheiden ist von § 33 der Fall, in dem der Täter irrig annimmt, der Angriff sei noch oder schon gegenwärtig. Dann liegt Putativnotwehr vor, die nach den Regeln des Erlaubnistatbestandsirrtums zu behandeln ist (*Wessels/Beulke*, AT Rn 467 ff). Der Täter wäre zwar nach der rechtsfolgenverweisenden eingeschränkten Schuldtheorie letztlich ebenfalls entschuldigt, könnte aber in analoger Anwendung des § 16 I 2 bei existierendem Fahrlässigkeitsdelikt nach diesem bestraft werden.

(2) Nach einer im **Schrifttum** weit verbreiteten Gegenmeinung wird § 33 bei extensivem Notwehrexzess nicht grundsätzlich ausgeschlossen. Im Übrigen ist alles umstritten. Richtiger Ansicht nach ist zu differenzieren zwischen dem „vorzeitigen" und dem „nachzeitigen" extensiven Notwehrexzess:

(a) Vor begonnenem Angriff findet § 33 grundsätzlich keine Anwendung.
Privilegiert werden soll nur, wer sich mindestens einmal in einer Notwehrlage tatsächlich befunden hat und dessen Verwirrung, Furcht oder Schrecken eben daraus resultieren. Nur dann kann von einem „Überschreiten" der „Grenzen der Notwehr" gesprochen werden. Der Täter, dem klar ist, dass ein Angriff noch nicht gegenwärtig ist, kann nicht immer sicher sein, dass die Notlage überhaupt jemals eintreten wird. Wenn er dennoch zum „Gegenangriff" schreitet, spricht nichts dagegen, ihn deswegen auch im vollen Umfang haftbar zu machen.

(Handelt er aber in der irrigen Annahme, der Angriff sei schon gegenwärtig, gilt das zuvor zum Erlaubnistatbestandsirrtum Gesagte entsprechend.)

(b) Ist dagegen der rechtswidrige Angriff bereits abgeschlossen, weil der Angreifer vom Angriff im Folgenden ablässt, so ist die psychische Situation des Handelnden nicht anders zu beurteilen als die desjenigen, dessen Gegenwehr bei noch gegenwärtigem Angriff über das Maß des Erforderlichen oder Gebotenen hinausgeht. Zudem differenziert auch der Wortlaut des § 33 hier nicht. Wer also aus Verwirrung, Furcht oder Schrecken während des Angriffs oder kurz danach einmal zu viel zuschlägt, ist jedes Mal nach § 33 zu entschuldigen.

Zu beachten ist, dass derjenige, der irrig annimmt, der Angriff sei noch nicht beendet, wiederum nach den Regeln der Putativnotwehr behandelt wird und nicht nach § 33. Dann darf er aber im Ergebnis nicht schlechter stehen als derjenige, der die Beendigung des Angriffs erkannt hat, jedoch aus Verwirrung, Furcht oder Schrecken weiterhandelt und deshalb gem § 33 entschuldigt ist. Dh die Bestrafung nach einem Fahrlässigkeitsdelikt (§ 16 I 2 analog) muss uU im wertenden Vergleich zu § 33 entfallen.

Zur Vertiefung: Wessels/Beulke, AT Rn 447 ff; Hillenkamp, AT 12. Problem S 88 ff.

K hat seine Gegenwehr noch nach beendigtem Angriff des J aus Verwirrung fortgesetzt. Dem Sachverhalt ist nicht zu entnehmen, dass K subjektiv noch mit einer Fortsetzung des Angriffs rechnete. Es liegt also der klassische Fall des extensiven Notwehrexzesses vor. Nach der hM wäre K in vollem Umfang strafbar, § 33 dürfte nicht eingreifen. Für die Vorwerfbarkeit macht es jedoch keinen Unterschied, ob die auf dem asthenischen Affekt basierende Überreaktion während des Angriffs oder unmittelbar nach dessen Abschluss erfolgt. Es ist also nicht einzusehen, warum K nun schlechter zu behandeln ist als in dem Fall, in dem er noch bei Angriff des J verwirrt zu einem gefährlichen Gegenstand gegriffen und damit auf den ihm körperlich Unterlegenen eingeprügelt hat. § 33 erfasst also auch die einer Notwehrlage zeitlich nachfolgende Überschreitung der Grenzen der Notwehr. K ist gem § 33 entschuldigt (*Gegenteil mit guter Begründung ebenso vertretbar*). **223**

2. § 224 I Nr 2

Die bloße Faust kann als Körperteil kein gefährliches Werkzeug sein. Es handelt sich bei ihr um keinen „Gegenstand", der erhebliche Verletzungen herbeiführen könnte (*s C 2 b Rn 215*). Ein Schlag mit der Faust mag zwar sehr schmerzhaft sein, aber besonders gefährliche Verletzungsfolgen sind bei Schlägen mit Körperteilen – zumindest wenn sie nicht in Richtung des Kopfes gerichtet sind – idR nicht zu befürchten. Außerdem würde auch hier § 33 entschuldigend eingreifen.

3. Ergebnis für K im TK E

K ist straflos.

F. Konkurrenzen und Gesamtergebnis

Strafbarkeit des J:

Der von J begangene Diebstahl der Spaghetti und die versuchte gefährliche Körperverletzung gegenüber K fanden zeitlich aufeinander folgend und voneinander unabhängig statt. **224**

Die Taten stehen zueinander in Tatmehrheit: § 242 I – § 53 I – §§ 224 I Nr 2, II, 22, 23 I.

Strafbarkeit des K:

§§ 223 I, II, 22, 23 I.

Definitionen zum Auswendiglernen

Angriff	iSv **§ 32** ist jede durch menschliches Verhalten drohende Verletzung rechtlich geschützter Güter oder Interessen (*Wessels/Beulke, AT Rn 325*).
Gegenwärtig	iSv **§ 32** ist der Angriff, der unmittelbar bevorsteht, begonnen hat oder noch fortdauert (*Wessels/Beulke, AT Rn 328*).

Rechtswidrig	iSv **§ 32** ist jeder Angriff, der den Bewertungsnormen des Rechts objektiv zuwiderläuft und nicht durch einen Erlaubnissatz gedeckt ist (*Wessels/Beulke, AT Rn 331*).
Erforderlich	iSv**§ 32** ist die Verteidigungshandlung, die zur Angriffsabwehr geeignet ist, dh die grundsätzlich dazu in der Lage ist, den Angriff entweder ganz zu beenden oder ihm wenigstens ein Hindernis in den Weg zu stellen und die das mildeste zur Verfügung stehende Gegenmittel darstellt (*Wessels/Beulke, AT Rn 335*).
Andere gesundheitsschädliche Stoffe	sind solche Substanzen, die die Gesundheit zu schädigen geeignet sind iSv **§ 224 I Nr 1 Alt 2** und die mechanisch oder thermisch wirken (im Gegensatz zu den Giften iS der 1. Alt, die chemisch oder chemisch-physikalisch wirken) sowie krankheitserregende Mikroorganismen (*Wessels/Hettinger, BT1 Rn 263, 264*).

Weitere einschlägige Musterklausuren

Zum Problem des extensiven Notwehrexzesses:

Ebert-*Bruckauf*, Fälle, [5] S 86; *Gropp/Küpper/Mitsch*, Fallsammlung [3] S 68; *Hilgendorf*, Klausurenkurs III, [7] S 77; *Noak*, in: *Coester-Waltjen* ua (Hrsg), Zwischenprüfung, S 22; *Rengier/Jesse*, JuS 2008, 42; *Schuster*, Jura 2008, 228.

Zum Problem der verschuldeten Notwehrlage:

Amelung/Boch, JuS 2000, 261; *Berz/Saal*, Jura 2003, 207; Ebert-*Bruckauf*, Fälle, [5] S 82; *Ernst*, ZJS 2012, 654; *Esser/Krickl*, JA 2008, 787; *Grunewald*, in: *Coester-Waltjen* ua (Hrsg), Examensklausurenkurs II, S 51; *Haft/Eisele*, Jura 2000, 313; *Hilgendorf*, Klausurenkurs I [11] S 87; *Jäger*, AT § 4 Rn 109, 122 ff, 133; *Jescheck*, Fälle [44] S 59; *Kudlich*, Fälle AT [5] S 53; *ders*, JuS 2003, 32; *Laubenthal*, JA-Übungsblätter 2004, 42; *Meurer/Dietmeier*, JuS-Lernbogen 2001, L 36; *Morgenstern*, JuS 2006, 251; *Müller*, Jura 2005, 635; *Norouzi*, JuS 2004, 494; *Radtke*, JuS 1993, 577; *Riemenschneider/Paetzold*, Jura 1996, 316; *Roxin/Schünemann/Haffke*, Klausurenlehre [2] S 50; *Rudolphi*, Fälle AT [2] S 19; *Schrödl*, JA-Übungsblätter 2003, 656, 657; *Schwind/Franke/Winter*, Übungen [H1] S 39; *Simon*, JuS 2001, 639; *Thoss*, Jura 2005, 130; *Zacharias*, Jura 1994, 207.

Fall 6

Der Rentner und die Eierdiebe

Die Jurastudenten A und B wohnen in einem abgelegenen Wohnhaus, in dessen unmittelbarer Nachbarschaft sich nur noch ein weiteres Häuschen befindet, in dem der an den Rollstuhl gefesselte Rentner R lebt. R hält in seinem Garten einige Hühner, was sich A und B zunutze machen, indem sie in unregelmäßigen Abständen immer wieder über den Zaun des Grundstücks des R klettern und dort frisch gelegte Eier entwenden. R kann von seinem Rollstuhl aus nur zornerfüllt A und B hinterher rufen. Als A und B immer dreister werden, holt R seinen noch aus dem Zweiten Weltkrieg stammenden Armee-Revolver aus dem Schrank und legt ihn bereit, um ihn notfalls zum Schutze seines Eigentums einzusetzen. Eines Tages sieht R dann im Morgengrauen, dass A und B sich erneut auf seinem Grundstück zu schaffen machen und B gerade zwei frisch gelegte Eier in seiner Tasche verstaut. R rollt auf die Terrasse seines Hauses und ruft: „Halt, stehen bleiben oder ich schieße!" Sodann gibt er einen Warnschuss in die Luft ab. Zwar bleibt A stehen, B geht aber seelenruhig weiter und versucht, das Grundstück zu verlassen. Auch auf die erneute Aufforderung des R, stehen zu bleiben und die Eier herauszugeben, reagiert B nicht. Daraufhin schießt R auf den gerade den Zaun überkletternden B. Der Schuss dringt direkt in das Herz des B ein und tötet ihn auf der Stelle. Der kurzsichtige R hat zwar in erster Linie nur die Beine treffen wollen, er hat aber von vornherein auch den Tod des B für sehr gut möglich gehalten und wollte sein Ziel, die Eier wiederzuerlangen, auf keinen Fall aufgeben. 225

Als A den blutüberströmten B auf dem Boden liegen sieht, läuft er auf die Straße, um Hilfe herbeizuholen. In seiner Aufregung achtet er nicht auf den Autoverkehr und gerät deshalb in einer unübersichtlichen Kurve direkt vor den PKW des ihm entgegenkommenden Kraftfahrers K. Obgleich sich K in jeder Hinsicht pflichtgemäß und verkehrsgerecht verhält, erfasst er den A mit seinem Wagen und schleudert ihn in den Straßengraben. K hält seinen PKW an und findet den A in einer Blutlache liegend. Obwohl er erkennt, dass A in Lebensgefahr schwebt und dringend Hilfe benötigt, fährt K weiter, um keine Schwierigkeiten zu bekommen. Zwei Stunden später wird A tot aufgefunden. Bei sofortiger Einleitung einer Hilfsaktion durch K hätte A gerettet werden können.

Wie haben sich R und K strafbar gemacht?

Erforderliche Strafanträge sind gestellt.
Auf Vorschriften des Waffengesetzes ist nicht einzugehen.

Gedankliche Strukturierung des Falles (Kurzlösung)

226 **A. Die Geschehnisse im Garten (Strafbarkeit des R)**

1. § 212 I (+)
- a) Tatbestand (+)
  - aa) Objektiver Tatbestand (+)
  - bb) Subjektiver Tatbestand (+)
- b) Rechtswidrigkeit (+)
  - aa) Notwehr, § 32 (–)
    - (1) Notwehrlage (+)
      Rechtswidriger gegenwärtiger Angriff (+)
    - (2) Notwehrhandlung (–)
      - (a) Erforderlichkeit (+)
      - (b) Grundsätzliche Zulässigkeit einer Tötung bei Verteidigung von Sachwerten (+)

Problem Nr 28: Einfluss von Art 2 II a) EMRK auf § 32 (Rn 232)

      - (c) Gebotenheit (–)

Problem Nr 29: Notwehreinschränkung beim Schutz geringwertiger Sachgüter (Rn 234)

  - bb) § 127 I StPO (–)
  - cc) § 859 II BGB (–)
  - dd) Sonstige Rechtfertigungsgründe (–)
- c) Schuld (+)
  - aa) Notwehrexzess, § 33 (–)
  - bb) Unvermeidbarer Verbotsirrtum, § 17 S 1 (–)
- d) Ergebnis

2. § 211 (–)

3. §§ 223 I, 224 I Nr 2 (+) und Nr 5 (+)
(subsidiär)

4. Ergebnis für R im TK A
§ 212 I

B. A wird von K angefahren (Strafbarkeit des K)

1. § 222 (–)
- Erfolg (+)
- Kausalität (+)
- Sorgfaltswidriges Verhalten (–)

2. § 229 (–)

3. Ergebnis für K im TK B
K ist straflos

C. K fährt weiter (Strafbarkeit des K)

1. § 212 I (–)
- a) Objektiver Tatbestand (–)
  Positives Tun (–)
- b) Ergebnis

2. §§ 212 I, 13 (–)
- a) Unterlassen, Erfolgseintritt, Kausalität (+)
- b) Garantenstellung aus Ingerenz (–)

Problem Nr 30: Garantenstellung aus vorangegangenem rechtmäßigem Tun? (Rn 244)

- c) Ergebnis
  Keine Strafbarkeit gem §§ 212 I, 13

3. §§ 211, 13 (–)
Garantenpflicht (–)

4. § 221 I Nr 2 (–)
Beistandspflicht (–)

5. § 142 I Nr 1 (–) und Nr 2 (+)
- a) § 142 I Nr 1 (–)
- b) § 142 I Nr 2 (+)

6. § 323c (+)
- Unglücksfall (+)
- Handlung geboten, möglich und zumutbar (+)
- Vorsatz (+)

7. Konkurrenzen
§ 142 I Nr 2 – § 52 – § 323c

D. Gesamtergebnis

R: § 212 I
K: § 142 I Nr 2 – § 52 – § 323c

Ausführliche Lösung von Fall 6

A. Die Geschehnisse im Garten (Strafbarkeit des R)

1. § 212 I

Durch den Schuss auf B, der seinerseits gerade den Zaun überkletterte, könnte sich R wegen Totschlags strafbar gemacht haben.

a) Tatbestand

aa) Objektiver Tatbestand

B starb durch den Schuss ins Herz. Diesen Erfolg hat R mit der Abgabe des Schusses auf den Flüchtenden äquivalent kausal herbeigeführt. **227**

Ein atypischer und völlig unvorhersehbarer Kausalverlauf lag, auch wenn R nur auf die Beine des B gezielt hatte, nicht vor. Ein bewegliches Ziel ist nach der Lebenserfahrung nicht leicht an einer bestimmten Stelle zu treffen, insbes nicht durch einen zum Tatzeitpunkt wahrscheinlich ungeübten, vor allem aber auch noch kurzsichtigen Schützen wie R. Damit ist ihm der Erfolg auch objektiv zurechenbar.

bb) Subjektiver Tatbestand

Fraglich ist, ob R den objektiven Tatbestand des § 212 I auch mit zumindest Eventualvorsatz erfüllt hat. Immerhin hatte er lediglich nicht lebenswichtige Körperpartien anvisiert. Selbst wenn er dabei auch die Möglichkeit der Tötung erkannte, könnte nur bewusste Fahrlässigkeit hinsichtlich des Todeserfolges vorliegen. **228**

Der Möglichkeitstheorie genügt jedoch schon, dass der Täter den Erfolgseintritt konkret für möglich hielt, um dolus eventualis zu bejahen. Danach hätte R vorsätzlich gehandelt. Der R war kurzsichtig und hielt wohl auch deshalb den Tod für „sehr gut möglich". Deshalb kommt hier auch die Wahrscheinlichkeitstheorie zur Bejahung des Vorsatzes. Die Gleichgültigkeitstheorie verlangt, dass der Täter trotz Erkenntnis des möglichen Erfolgseintritts aus Gleichgültigkeit gegenüber dem Rechtsgut dennoch handelt. Hier war das Leben des B dem R tatsächlich egal, solange er nur sein Eigentum zurückbekam. Auch die herrschende Meinung, die man als Billigungstheorie bezeichnen kann, verlangt sowohl ein Wissens-, als auch ein Wollenselement für den Eventualvorsatz, nämlich, dass der Täter mit dem Erfolg rechnet und sich mit diesem abfindet. R wusste, er könnte B tödlich treffen, nahm das aber zum Schutz seines Eigentums hin, dh er fand sich mit diesem Ergebnis ab. Man kann auch sagen, er nahm es billigend in Kauf. Im Ergebnis liegt somit nach allen Ansichten (*weitere Einzelheiten s Fall 1 Problem Nr 2 Rn 107*) dolus eventualis vor.

b) Rechtswidrigkeit

Zur Reihenfolge der Rechtfertigungsgründe in der Fallprüfung s Rn 68 sowie Wessels/ Beulke, AT Rn 282.

aa) Notwehr, § 32

(1) Notwehrlage

229 Notwehr setzt einen gegenwärtigen rechtswidrigen Angriff voraus. Ein Angriff ist dabei jede durch menschliches Verhalten drohende Verletzung rechtlich geschützter Güter oder Interessen. Darunter fällt auch eine Eigentumsverletzung, wie sie bei der Entwendung der Eier von R durch B vorliegt.

Gegenwärtig ist der Angriff, der zum Tatzeitpunkt unmittelbar bevorsteht, begonnen hat oder noch fortdauert, also noch nicht beendet ist. B hatte noch keinen gesicherten Gewahrsam an der Beute erlangt, als der Schuss fiel. Das genügt bei einem Diebstahl, um auch nach der eigentlichen Wegnahmehandlung noch einen gegenwärtigen Angriff iSv § 32 zu bejahen. Das Verhalten des B widersprach auch der Rechtsordnung und musste deswegen von R nicht geduldet werden. Eine Notwehrlage war gegeben.

(2) Notwehrhandlung

230 Die Notwehrhandlung des R müsste jedoch erforderlich, geboten und (subjektiv) vom Verteidigungswillen des R getragen gewesen sein.

(a) Erforderlichkeit

Erforderlich iSv § 32 ist die Verteidigungshandlung, die zur Angriffsabwehr geeignet ist, dh die grundsätzlich in der Lage ist, den Angriff entweder ganz zu beenden oder ihm wenigstens ein Hindernis in den Weg zu stellen und die das mildeste zur Verfügung stehende Gegenmittel darstellt.

Infolge der körperlichen Behinderung konnte R sich nur mit einer Schusswaffe gegen Diebe verteidigen. Es bestand aufgrund der einsamen Lage des Grundstücks keine Möglichkeit, Hilfe von Dritten zu erlangen. Auch eine Einschaltung der Polizei kam in der konkreten Tatsituation nicht in Betracht. Allerdings darf der Einsatz einer Schusswaffe nur unter Einhaltung einer bestimmten Vorgehensweise erfolgen. Der Täter muss den Waffengebrauch androhen, etwa durch Zuruf oder Warnschuss, und zunächst versuchen, den Angreifer kampfunfähig zu machen (etwa durch den Schuss in Arme oder Beine). Der gezielte Todesschuss darf nur als letztes Mittel erfolgen (*Wessels/Beulke, AT Rn 335*).

Im Fall hatte R zwar durch Zuruf und Warnschuss den Waffeneinsatz angedroht, aber schon sein erster Zielschuss bewirkte den Tod des B. Fraglich ist, ob ihm schon deswegen der Rückgriff auf § 32 verweigert werden kann. Immerhin wollte R nur die Flucht des B verhindern, indem er auf dessen Beine zielte. Das Risiko des Fehlgehens des Schusses sollte nicht dem in Notwehr Handelnden auferlegt werden, der die Angriffssituation und die Folge, dass er auf ein bewegliches Ziel schießen muss, nicht verursacht hat. Vielmehr muss sich der Angreifer diese Gefahr zurechnen lassen (*vgl Wessels/Beulke, AT Rn 336*). Vorliegend ist die Erforderlichkeit des Schusses daher nicht schon wegen seiner unbeabsichtigten tödlichen Folge zu verneinen.

(b) Grundsätzliche Zulässigkeit einer Tötung bei der Verteidigung von Sachwerten

In § 32 wird keine Abwägung zwischen dem bedrohten und dem beeinträchtigten Rechtsgut verlangt, wie vergleichsweise in § 34. Dh seinem Wortlaut nach erlaubt § 32 auch die Tötung zur Verteidigung von Sachwerten (hier von Hühnereiern). 231

Fraglich ist aber, ob § 32 nicht im Lichte des Art 2 II a) EMRK auszulegen ist, wobei Letzterer die Tötung nur zur Verteidigung von Menschenleben zulässt.

Dazu ist zu klären, ob Art 2 II EMRK überhaupt Einfluss auf innerstaatliches Notwehrrecht der Staatsbürger untereinander hat und wie gegebenenfalls § 32 durch die EMRK modifiziert wird.

Problem Nr 28: Einfluss von Art 2 II a) EMRK auf § 32 232

(1) Eine **Mindermeinung** ist der Ansicht, dass wegen Art 2 II a) EMRK auch nach § 32 eine Tötung des Angreifers zur Verteidigung bloßer Sachwerte nicht zulässig sein kann.

Argument: Zumindest für den Staat und damit für die zugunsten des Staates handelnden Polizisten muss Art 2 II EMRK gelten. Dann kann auch dem Privatmann nicht mehr erlaubt sein.

(2) Eine **weitere Ansicht** differenziert wie folgt: Mittelbar gilt Art 2 II EMRK zumindest über die „Schutzpflichten", die dem Staat aus der EMRK gegenüber den Bürgern auferlegt werden, auch im Verhältnis Bürger – Bürger. Insbes ist § 32 von Gerichten konventionskonform auszulegen. Dies geschieht aber bereits. In seiner gängigen Auslegung ist deshalb § 32 schon heute mit Art 2 II EMRK vereinbar.

Argument: Nach dem Wortlaut des Art 2 II EMRK(insbes auch nach der englischen Fassung) wird nur die absichtliche Tötung (dolus directus 1. Grades) des Angreifers überhaupt erfasst. Eine Tötung mit dolus directus 2. Grades oder dolus eventualis soll zur Verteidigung von Sachwerten auch bei Art 2 II EMRK möglich sein. Zudem ist das Notwehrrecht aus § 32 mit den Kriterien der Erforderlichkeit und der Gebotenheit schon an strenge Voraussetzungen gebunden, so dass dem Art 2 II EMRK, der hauptsächlich Willkürtötungen und Rechtsmissbrauch verhindern will, Genüge getan ist.

(3) Nach **herrschender und zutreffender Ansicht** lassen sich aus der EMRK keine Einschränkungen herleiten, die über die heute schon anerkannten sozial-ethischen Schranken der Notwehr hinausgehen.

Argument: Die Normen der EMRK wollen nur Übergriffe des Staates gegenüber Einzelpersonen verhindern und beziehen sich nicht auf das Verhältnis der Bürger untereinander.

Zur Vertiefung: Wessels/Beulke, AT Rn 343a; Hillenkamp, AT 3. Problem S 23 ff.

Streng dem Wortlaut nach verbietet Art 2 II EMRK bei Verteidigung von Sachwerten die Tötung des Angreifers. Dagegen ist jedoch einzuwenden, dass Art 2 II EMRK auf eine hier vorliegende Tötung mit Eventualvorsatz gar nicht zugeschnitten ist. Er will nur Willkürtötungen und Rechtsmissbräuche verhindern, die die geltende Auslegung des § 32 sowieso nicht deckt. Vor allem aber trifft dieses Tötungsverbot nur staatliche Organe; die Normen der EMRK beziehen sich nicht auf das Verhältnis der Bürger untereinander. Aus der EMRK lässt sich also die Rechtswidrigkeit des Verhaltens des R nicht ableiten. 233

(c) Gebotenheit

Fraglich ist aber, ob eine Tötung zur Verteidigung von Eigentum mit geringem Sachwert (Hühnereier) geboten war. R könnte rechtsmissbräuchlich gehandelt haben.

234 **Problem Nr 29: Notwehreinschränkung beim Schutz geringwertiger Sachgüter**

Eine Abwehr, deren Folgen weitaus schwerer wiegen als der dem Angegriffenen drohende Schaden, ist missbräuchlich und deshalb nicht geboten.

Insbes bei Bagatelldelikten bedarf die Rechtsordnung keiner Bewährung, sofern das zu untragbaren Folgen führen würde. Das Schutzprinzip des Notwehrrechts verlangt dann nicht etwa ein nachdrückliches Niederschlagen des Angriffs, sondern dass der Angegriffene sich ohne unzumutbare Preisgabe berechtigter Interessen mit rein defensiven Abwehrmitteln begnügt (etwa die Polizei holt etc.). Selbst wenn polizeiliche oder andere Hilfe nicht sofort zur Verfügung stehen, wird möglichst eine Schonung des Angreifers erwartet.

Als Leitlinie gilt, dass die Missbrauchsgrenze im Fall der Verteidigung von Sachwerten grundsätzlich erreicht ist, wenn

(1) die Verteidigung mehr oder weniger sicher zum Tod des Angreifers oder zu schwersten Körperverletzungen führt und

(2) es sich nur um Sachen von unbedeutendem Wert handelt, was unter Berücksichtigung von Verkehrswert und der persönlichen Verhältnisse des Betroffenen zu ermitteln ist.

Zur Vertiefung: Matt/Renzikowski-Engländer, § 32 Rn 56; Wessels/Beulke, AT Rn 342 ff.

235 Bei der Frage der Gebotenheit ist auf den konkreten Angriff (Entwendung der zwei Eier und eventueller Hausfriedensbruch, § 123) abzustellen. Dass A und B auch zuvor schon so gehandelt hatten und es wohl auch wieder tun würden, bleibt außer Betracht. Bei § 32 kann nur der gegenwärtige Angriff gewertet werden.

Wenn R nun B zur Erhaltung eines Sachwertes erschießt, der für R kaum Bedeutung haben kann, weder in vermögenswerter noch in persönlicher Hinsicht, ist ein grobes Missverhältnis der Rechtsgüter zu bejahen. Die Rechtsordnung duldet keine Eingriffe in das Leben anderer, nur um Centbeträge zu retten, daran ändert sich im Ergebnis auch nichts, wenn man das Eindringen von A und B in das Grundstück des R mit einbezieht. Das Handeln des R war demnach nicht geboten. § 32 greift also sowieso nicht ein. Deshalb ist letztendlich auch der Streit um Art 2 II EMRK unbeachtlich.

bb) § 127 I StPO

236 R hatte B noch am Tatort und zur Tatzeit, dh auf frischer Tat, entdeckt und gehandelt. Allerdings ist fraglich, ob § 127 I StPO auch Gewalt zur Durchsetzung der Festnahme erlaubt. Eingriffe in die persönliche Freiheit und, bei Widerstand, auch in die persönliche Unversehrtheit muss der Betroffene hinnehmen (*Beulke, StPO Rn 237*). Aber die Festnahme mit Schusswaffeneinsatz kann nur bei besonders schwerwiegenden Delikten erlaubt sein.

Zudem muss § 127 I StPO schon daran scheitern, dass R nicht mit Festnahmewillen tätig wurde. Ihm ging es nur darum, die Eier zurückzuerlangen, nicht aber darum, den Täter der Polizei zu überstellen. Eine vorläufige Festnahme iSv § 127 1I StPO lag also weder in objektiver, noch in subjektiver Hinsicht vor.

cc) § 859 II BGB

Zwar ist das Selbsthilferecht aus § 859 II BGB bei Besitzentzug auch im Hinblick auf die Ausübung von Gewalt gegeben, aber auch das Selbsthilferecht muss wie § 32 den Schranken von Erforderlichkeit und Gebotenheit unterliegen. Letztere wurde im Fall überschritten. Deshalb ist R auch nicht aus § 859 II BGB gerechtfertigt. **237**

dd) Sonstige Rechtfertigungsgründe

Weitere Rechtfertigungsgründe kommen nicht in Betracht. Insbes würde § 34 schon an der Abwägung der Rechtsgüter gegeneinander scheitern.

R handelte also rechtswidrig.

c) Schuld

R könnte nur noch entschuldigt sein. **238**

aa) Notwehrexzess, § 33

R hat die Grenzen der Notwehr (hinsichtlich der Gebotenheit) überschritten und damit einen intensiven Notwehrexzess begangen (*vgl Fall 5 Problem Nr 27 Rn 222*). § 33 könnte daher eingreifen. Jedoch wies R zur Tatzeit keinen der dort geforderten asthenischen Affekte (Furcht, Verwirrung, Schrecken, *vgl Wessels/Beulke, AT Rn 446*) auf, so dass eine Entschuldigung hier zu versagen ist.

bb) Unvermeidbarer Verbotsirrtum, § 17 S 1

R könnte sich lediglich noch über die Reichweite seines Notwehrrechts geirrt und nach § 17 S 1 aufgrund eines unvermeidbaren Verbotsirrtums ohne Schuld gehandelt haben.

Jedoch erscheint das Vorliegen eines Irrtums überhaupt fraglich. Eine Fehlvorstellung kann nur angenommen werden, wenn der Täter sich überhaupt jemals Gedanken über den fraglichen Punkt gemacht hat. Nach dem Sachverhalt hat sich R aber mit der Gebotenheit seines Tuns nie auseinandergesetzt. Er hatte darüber keine Fehlvorstellung, sondern vielmehr gar keine Vorstellung. Wer nicht denkt, kann nicht irren. R handelte folglich schuldhaft. Daran wäre selbst dann nicht zu zweifeln, wenn R sich in einem Verbotsirrtum befunden hätte, denn dieser wäre durch Gewissensanspannung oder Einholung von Auskünften bei rechtskundigen Personen unschwer vermeidbar gewesen, so dass dann lediglich eine Strafmilderung gem § 17 S 2 in Betracht käme.

b) Ergebnis

R ist aus § 212 I strafbar.

2. § 211

Mordmerkmale kommen nicht in Betracht. Nach mehrmaliger Warnung des B kann auch Heimtücke nicht vorliegen. Ebenso wenig sind niedrige Beweggründe, wie etwa Rache, gegeben. Zwar ist R bereit, zum Schutz von Sachwerten notfalls auch den Tod des B in Kauf zu nehmen, andererseits verübte B einen rechtswidrigen Angriff auf das Eigentum des R, so dass die Tatantriebe des R nicht sittlich auf tiefster Stufe stehen und **239** nach allgemein anerkannten Wertmaßstäben nicht als besonders verwerflich und geradezu verachtenswert einzustufen sind.

3. §§ 223 I, 224 I Nr 2 und Nr 5

240 Beim Eintritt der Kugel in den Rücken des B kam es zu einer körperlichen Misshandlung und zu einer Gesundheitsschädigung. Auch wurde die Tat mittels einer Waffe und in lebensbedrohlicher Art und Weise ausgeführt, womit eine gefährliche Körperverletzung objektiv vorliegt.

Jedoch treten §§ 223 I, 224 nach der überzeugenden Einheitstheorie (*vgl Fall 1 Problem Nr 5 Rn 116*) auf Konkurrenzebene im Wege der Subsidiarität hinter § 212 I zurück.

4. Ergebnis für R im TK A

R ist eines Totschlags gem § 212 I schuldig.

B. A wird von K angefahren (Strafbarkeit des K)

1. § 222

Generell zum Aufbau des Fahrlässigkeitsdelikts s Rn 85 ff und 430 sowie Wessels/Beulke, AT Rn 875.

241 Dadurch, dass K den A mit dem Wagen erfasste und in den Straßengraben schleuderte, könnte sich K wegen einer fahrlässigen Tötung strafbar gemacht haben. A verstarb kurz nach dem Unfall an den ihm zugefügten Verletzungen. Diesen Erfolg hat K äquivalent kausal und objektiv zurechenbar durch den Zusammenstoß herbeigeführt. Aber dabei hat K zu keinem Zeitpunkt die im Verkehr erforderliche Sorgfalt außer Acht gelassen. Es ist weder ein Verstoß gegen die StVO oder das StVG ersichtlich, noch hat K die allgemeine Pflicht zur Rücksichtnahme im Straßenverkehr missachtet. Das einzige verkehrswidrige Verhalten ging von A selbst aus. Daher handelte K nicht fahrlässig und § 222 scheidet aus.

2. § 229

Aus den gleichen Gründen entfällt auch der Fahrlässigkeitsvorwurf im Rahmen der fahrlässigen Körperverletzung.

3. Ergebnis für K im TK B

K bleibt in diesem Tatkomplex straflos.

C. K fährt weiter (Strafbarkeit des K)

1. § 212 I

A könnte durch das Wegfahren einen Totschlag gem § 212 I begangen haben.

a) Objektiver Tatbestand

Zu prüfen ist, ob das Wegfahren ein positives Tun oder ein Unterlassen darstellt. Entscheidend dafür ist, wo bei normativer Betrachtung und bei Berücksichtigung des sozialen Handlungssinns der **Schwerpunkt des strafrechtlichen Verhaltens** liegt (*Wessels/Beulke, AT Rn 700; Beispielsfälle: Beulke, Klausurenkurs III [5] Rn 201; Kaspar, JA 2006, 856; Rotsch, JuS 2004, 611; Sternberg-Lieben/Sternberg-Lieben, JuS 2005, 50*). Anknüpfungspunkt für den Tötungsvorwurf kann seinem sozialen Sinngehalt nach in diesem Tatkomplex nur das Unterlassen von Hilfsmaßnahmen durch K sein. Aktiv gehandelt hat K nur beim Führen des Kfz, wofür ihm aber, wie dargestellt, nicht einmal ein Fahrlässigkeitsvorwurf gemacht werden kann. Der Aufprall steht einer zeitlichen Zäsur gleich, in deren Folge strafrechtliche Verantwortung nur durch das Nichtstun von K zu begründen ist. Das Verhalten des K ist also als Unterlassen einzustufen. **242**

Nach „klassischem" Aufbau wird die Abgrenzung Tun/Unterlassen sowie die Untersuchung der Handlungsqualität im Wege einer „Vorprüfung" durchgeführt (oben Rn 82; Wessels/Beulke, AT Rn 876; Kühl, AT § 18 Rn 11; Krey/Hellmann/Heinrich, BT1 Rn 1193). In den neueren Falllösungsanleitungen werden diese Rechtsfragen jedoch zunehmend zum objektiven Tatbestand gezählt (zB Bosch, JA 2007, 420; Bringewat, Rn 535, 572; Bülte/Becker, Jura 2012, 319, 322; Hecker, JuS 2010, 454; Hettinger, JuS 2011, 911; Jäger, AT § 9 Rn 355; Kaspar, JuS 2012, 632; Kett-Straub/Linke, JuS 2008, 719; Krey/Esser, AT Rn 1105; Kudlich/Schuhr, JA 2007, 351; Morgenstern, Jura 2008, 625; Niederle, Anfängerübung [12] S 47; Noak/Collni, Jura 2006, 548; Otto/Bosch, Übungen, S 43, [2] S 73 f; Otto, Jura 2003, 101; Radtke/Steinsiek, JuS 2010, 417; Rudolphi, Fälle AT [1] S 10; Singelnstein, ZJS 2012, 235; Tiedemann, Anfängerübung [10] S 230; M. Vormbaum, Jura 2012, 653). Dann sollte – wie hier jetzt geschehen – zunächst die Begehungsvariante geprüft (hier: 1. § 212 durch positives Tun) und sodann unter einer neuen Ziffer auf die Unterlassungsvariante (hier: 2. § 212 durch Unterlassen) übergegangen werden. ME sind beide Wege zulässig. Da manche Prüfer die zweite Vorgehensweise („Tatbestandslösung") sogar für zwingend geboten erachten, sollte der Student sich im Zweifel dieser Technik bedienen. Generell empfiehlt sich eine Erkundigung nach den örtlichen Usancen. Es besteht insoweit eine Parallele zur Ablehnung der vollendeten Tat im Rahmen einer Versuchsprüfung (s Fall 4 Rn 177).

b) Ergebnis

Eine Strafbarkeit des K wegen Totschlags durch aktives Tun scheidet aus.

2. §§ 212 I, 13

Generell zum Aufbau des vorsätzlich unechten Unterlassungsdelikts s Rn 82 ff und 430 sowie Wessels/Beulke, AT Rn 876 und Arzt, Strafrechtsklausur S 206 ff.

a) Unterlassen, Erfolgseintritt, Kausalität

K hat es unterlassen, dem A zu helfen. Darin könnte ein Totschlag durch Unterlassen **243**
liegen. A verstarb an seinen Verletzungen, was K durch Einleiten der Hilfsmaßnahmen

hätte verhindern können. Geboten war ihm, entweder A selbst in ein Krankenhaus zu fahren oder einen Rettungswagen zu rufen. Beide Alternativen waren möglich und dem K auch zumutbar.

Das Unterlassen der Hilfsmaßnahmen müsste des Weiteren auch mit an Sicherheit grenzender Wahrscheinlichkeit zum Tode des A geführt haben. A hätte bei rechtzeitigem Handeln gerettet werden können. Somit ist die Kausalität des Unterlassens für den Todeserfolg zu bejahen.

b) Garantenstellung aus Ingerenz

Zu prüfen ist, ob K dem A gegenüber eine Garantenstellung iSd § 13 innehatte. In Betracht käme hier allein eine Garantenstellung aus Ingerenz. K kann jedoch weder ein rechtswidriges noch ein pflichtwidriges Vorverhalten vorgeworfen werden.

244 **Problem Nr 30: Garantenstellung aus vorangegangenem rechtmäßigem Tun?**

(1) Einer **Mindermeinung** nach genügt jedes verursachende Verhalten, um eine Garantenstellung aus Ingerenz zu begründen.

Argument: Jeder, der eine Gefahr verursacht hat, soll schon aus dem allgemeinen Verantwortungsgefühl heraus Schutzmaßnahmen zu ergreifen haben. Den Gefährdeten völlig schutzlos zu stellen, ist mit der Rechtsordnung nicht vereinbar.

(2) Die **herrschende Ansicht** bejaht hingegen zutreffend eine Garantenstellung aus Ingerenz nur bei pflichtwidrigem Vorverhalten.

Argumente: Nur demjenigen, der andere pflichtwidrig in eine Gefahrenlage bringt, ist eine besondere Hilfeleistung zuzumuten.

Es ist nicht einzusehen, weshalb der sorgfaltsgemäß Handelnde mehr strafrechtliche Pflichten tragen soll als ein zufällig anwesender Dritter.

Bei pflichtgemäßem Vorverhalten ist eine Verantwortung nach § 323c zum Schutz des Opfers ausreichend.

Zur Vertiefung: Wessels/Beulke, AT Rn 725 ff; Hillenkamp, AT 29. Problem S 219 ff.

245 Würde auf eine Pflichtwidrigkeit des Vorverhaltens verzichtet, so wäre K schon wegen der bloßen Verursachung des Todes Garant nach § 13. Eine solche Haftung ginge aber zu weit, da es widersprüchlich erscheint, dass den sorgfaltsgemäß Handelnden mehr strafrechtliche Pflichten treffen als einen zufällig anwesenden Dritten. In solchen Fällen genügt eine Haftung nach § 323c. Reine Kausalität ist für die Gleichstellung eines Unterlassens mit einem Tun gem § 13 zu wenig. Eine Strafbarkeit nach §§ 212 I, 13 scheidet aus.

c) Ergebnis

K hat sich nicht gem §§ 212 I, 13 strafbar gemacht.

3. §§ 211, 13

Auch bei § 211 mangelt es an einer Garantenstellung des K.

4. § 221 I Nr 2

K hat A allerdings auch in einer hilflosen Lage im Stich gelassen, so dass § 221 I Nr 2 erfüllt sein könnte. Voraussetzung dafür ist jedoch, dass K den A in seiner Obhut hatte oder ihm sonst beizustehen verpflichtet war. **246**

Bejaht wird eine solche Beistandspflicht in entsprechender Anwendung der Kriterien zu § 13 (*vert Wessels/Hettinger, BT1 Rn 202*). K war jedoch nach obiger Darstellung weder Beschützer- noch Obhutsgarant für A.

Eine Strafbarkeit nach § 221 I Nr 2 liegt nicht vor.

Auf eine Prüfung von §§ 223 ff, 13 wird hier verzichtet, da insoweit ebenfalls die Garantenstellung fehlen muss.

5. § 142 I Nr 1 und Nr 2

K könnte sich durch das Weiterfahren trotz des vorangegangenen Verkehrsunfalles wegen unerlaubten Entfernens vom Unfallort strafbar gemacht haben.

a) § 142 I Nr 1

Ein Unfall im Straßenverkehr ist jedes plötzliche, mit dem Straßenverkehr und seinen Gefahren ursächlich zusammenhängende Ereignis, das einen nicht völlig belanglosen Personen- oder Sachschaden zur Folge hat. Die Tötung des A ist hier durch die Teilnahme am Straßenverkehr bewirkt worden. K hat den A angefahren. Er kann deshalb durch sein Verhalten zur Verursachung des Unfalls beigetragen haben. Er ist also Unfallbeteiligter iSv § 142 V. Indem er seine Fahrt fortsetzte, hat er sich vom Unfallort entfernt. Es ist jedoch nicht ersichtlich, dass er dadurch seine Feststellungspflicht iSv § 142 I Nr 1 verletzt hat. Dazu ist erforderlich, dass am Unfallort Personen anwesend sind, die Feststellungen treffen können. Eine lebensnahe Sachverhaltsauslegung ergibt, dass A infolge der schweren Verletzungen nicht feststellungsbereit war. **247**

b) § 142 I Nr 2

Fehlen Personen, die die Feststellungen durchführen könnten, so muss der Unfallbeteiligte jedoch gem § 142 I Nr 2 am Unfallort eine angemessene Frist warten (*vert Wessels/Hettinger, BT1 Rn 1006 ff*). In Anbetracht der Schwere der Unfallfolge war dem K ein längeres Abwarten bis zum Erscheinen feststellungsbereiter Personen zuzumuten. Indem sich K ohne Beachtung dieserWartepflicht vom Unfallort entfernt hat, hat er gegen § 142 I Nr 2 verstoßen.

K hat sich gem § 142 I Nr 2 strafbar gemacht.

6. § 323c

Generell zum Aufbau des vorsätzlichen echten Unterlassungsdelikts s Wessels/Beulke, AT Rn 878.

Der Unfall stellt einen Unglücksfall dar, dh ein plötzlich eintretendes Ereignis, das die unmittelbare Gefahr eines erheblichen Schadens für andere Menschen oder fremde **248**

Sachen von bedeutendem Wert hervorruft. A brauchte dringend Hilfe, Rettungsmaßnahmen waren daher geboten. Solche zu ergreifen oder einzuleiten, war K sowohl real möglich als auch zumutbar. K erkannte die Situation und leistete bewusst keine Hilfe. Er handelte vorsätzlich, rechtswidrig und schuldhaft und ist damit aus § 323c strafbar.

7. Konkurrenzen

Das unerlaubte Entfernen vom Unfallort (§ 142 I Nr 2) und die unterlassene Hilfeleistung (§ 323c) wurden durch dieselbe Handlung, nämlich das Wegfahren vom Unfallort erfüllt. Beide Straftatbestände schützen unterschiedliche Rechtsgüter. Daher ist von einer Idealkonkurrenz (§ 52) auszugehen.

D. Gesamtergebnis

249 R ist aus § 212 I strafbar.

K ist nach § 142 I Nr 2 – § 52 – § 323c zu bestrafen.

Definitionen zum Auswendiglernen

Unfall	iSv **§ 142 I** ist jedes plötzliche, mit dem Straßenverkehr und seinen Gefahren ursächlich zusammenhängende Ereignis, das einen nicht völlig belanglosen Personen- oder Sachschaden zur Folge hat (*Wessels/Hettinger, BT1 Rn 1004*).
Unglücksfall	iSv **§ 323c** ist jedes plötzlich eintretende Ereignis, das die unmittelbare Gefahr eines erheblichen Schadens für andere Menschen oder fremde Sachen von bedeutendem Wert hervorruft (*Wessels/Hettinger, BT1 Rn 1044*).

Weitere einschlägige Musterklausuren

Zum Problem der Notwehreinschränkung beim Schutz geringwertiger Sachgüter:

Bergmann, ZJS 2011, 260; *Eser/Burkhardt*, AT [10] S 115; *Knauer,* JuS 2007, 1011; *Lotz,* JuS 2010, 982; *Rotsch/Nolte/Peifer/Weitemeyer*, Klausur [19] S 269, 280; *Seier/Herrmann,* JuS 2012, 327.

Zum Problem der Garantenstellung bei vorangegangenem pflichtgemäßem Tun:

Beulke, Klausurenkurs III [12] Rn 576; *Danwitz*, Jura 2000, 486; Ebert-*Seher*, Fälle [13] S 198; *Ellbogen/Richter*, JuS 2002, 1192; *Esser*, Jura 2004, 274; *Habenicht*, in: *Coester-Waltjen* ua (Hrsg), Examensklausurenkurs IV, S 199; *Hohmann/Matt*, Jura 1990, 544; *Jäger*, AT § 9 Rn 355 und 359; *Kudlich,* Fälle, AT [7] S 91; *Kühl/Hinderer*, JuS 2009, 919; *Meurer/Kahle/Dietmeier*, [4] S 70; *Noak,* in: *Coester-Waltjen* ua (Hrsg), Zwischenprüfung, S 24; *Otto/Bosch*, [2] S 84; *Rauda/Zenthöfer*, [24, 25] S 132; *Ransiek*, JuS-Lernbogen 1989, L 60; *Rudolphi*, Fälle AT [3] S 37; *Schwabe*, AT [9] S 116.

Zum Problem des Einflusses von Art 2 II a) EMRK auf § 32:

Käßner/Seibert, JuS 2006, 810; *Lotz,* JuS 2010, 982.

Fall 7

Irren ist menschlich

B hat dem mit ihm zusammen im Jungmännerwohnheim wohnenden A die Freundin ausgespannt. A lauert deshalb eines Tages dem B im Hausflur auf, um ihn zur Rede zu stellen. Als B – stark beschäftigt mit dem Tragen eines schweren Blumentopfes, den er gerade erstanden hat – plötzlich im Dämmerlicht den A vor sich stehen sieht und in dessen Hand einen schwarzen Gegenstand erkennt, hält er diesen irrtümlich für ein dem A gehörendes Fahrtenmesser, obwohl es sich dabei in Wirklichkeit nur um eine Pfeife handelt. Er glaubt, einem Racheakt mit uU nicht unbeträchtlichen körperlichen Folgen zuvorkommen zu müssen und wirft deshalb blitzschnell den Blumentopf auf das angebliche Messer. Die Pfeife wird getroffen, fällt zu Boden und zerbricht dabei. Weitere Folgen sind nicht zu erkennen. 250

Zwar durchschaut A die gesamte Situation, er hält jedoch gleichwohl die Reaktion des B für einen erneuten Beweis von dessen Dreistigkeit. Er ist der Ansicht, ihm stünde nun das Recht der Gegenwehr zu, um sich mittels einer Lektion vor weiteren rechtswidrigen Angriffen des B zu schützen. Er verpasst deshalb dem B eine kräftige Ohrfeige, deren Nachwirkungen der B noch mehrere Stunden verspürt.

B, der mit dem A gerne in Frieden leben möchte, hofft, dass sich A aufgrund des Erteilens der Ohrfeige beruhigt hat. Mit dem Willen, sich mit ihm endgültig zu vertragen, begibt er sich in der folgenden lauen Sommernacht in den Gemeinschaftsraum des Jungmännerwohnheims, wo er A beim Fernsehen weiß. A seinerseits hört eine Person herbeischlurfen. Er erwartet den B, der sich für die Ohrfeige revanchieren und ihm mindestens eine gehörige Tracht Prügel verpassen möchte. Aus Furcht vor der Rache des B hat A jedoch vorsorglich seine Pistole mitgenommen, die er als Sportschütze und Landesmeister im Zielschießen in seinem Zimmer aufbewahrt. Als B im Türrahmen erscheint, schießt A auf den unbekleideten Arm des B mit dem Ziel, dem B einen leichten Streifschuss zu versetzen. Er ist davon überzeugt, dass es sich nicht um schwere, dauerhafte Beeinträchtigungen handeln wird. B erfährt tatsächlich einen Streifschuss am Oberarm. Herbeieilende andere Heimbewohner bringen ihn ins Krankenhaus, wo sich herausstellt, dass keine dramatischen Verletzungen eingetreten sind. Alsbald ist B wieder auf dem Weg der Besserung. A ist der Ansicht, sich richtig verhalten zu haben, da es nicht angehen könne, dass er Opfer der Rache des B würde. Dass er sich effektiv gegen einen Angriff zur Wehr setzen dürfe, könne wohl niemand bestreiten.

Wie haben sich A und B strafbar gemacht?
Gegebenenfalls erforderliche Strafanträge sind gestellt.
Straftatbestände außerhalb des StGB sind nicht zu prüfen.

Gedankliche Strukturierung des Falles (Kurzlösung)

251 **A. Der Wurf mit dem Blumentopf (Strafbarkeit des B)**

1. § 223 I (–)
Körperliche Misshandlung (–)

2. § 303 I (–)
a) Objektiver Tatbestand (+)
b) Subjektiver Tatbestand (+)
c) Rechtswidrigkeit (+)
Notwehr, § 32 (–)
• Angriff (–)
d) Schuld (–)
aa) Bezugspunkt des Irrtums: Erlaubnistatbestand Notwehrlage auf der Basis der Vorstellung des B (+)
bb) Schuldausschluss wegen Erlaubnistatbestandsirrtums (+)
e) Strafzumessung
f) Strafantrag

Problem Nr 31: Erlaubnistatbestandsirrtum (Rn 256)

3. § 303 II (–)
4. Fahrlässige Sachbeschädigung (–)
5. Ergebnis für B im TK A
B ist straflos.

B. Die Ohrfeige gegenüber B (Strafbarkeit des A)

1. § 223 I (+)
a) Objektiver Tatbestand (+)
b) Subjektiver Tatbestand (+)
c) Rechtswidrigkeit (+)
§ 32 (–)
• Angriff (+)
• Gegenwärtigkeit (–)
d) Schuld (+)
aa) § 33 (–)
bb) Bezugspunkt des Irrtums: Umfang des Notwehrrechts
cc) Schuldausschluss wegen unvermeidbaren Verbotsirrtums, § 17 S 1 (–)

Problem Nr 32: Verbotsirrtum, § 17 (Rn 264)

• Indirekter Verbotsirrtum (+)
• Vermeidbarkeit (+)
e) Strafantrag, § 230 I (+)

2. § 224 I Nr 2 (–), Nr 3 (–) und Nr 5 (–)
3. § 185 (–)
4. Ergebnis für A im TK B
§§ 223 I, 17 S 2

C. Im Gemeinschaftsraum (Strafbarkeit des A)

1. § 212 I (–)
2. §§ 212 I, 22, 23 I (–)
3. § 223 I (+)
a) Objektiver Tatbestand (+)
b) Subjektiver Tatbestand (+)
c) Rechtswidrigkeit (+)
§ 32 (–)
d) Schuld (+)
aa) Erlaubnistatbestandsirrtum (–)
bb) Verbotsirrtum (+)

Problem Nr 33: »Doppelirrtum« (Rn 270)

4. § 224 I Nr 2 (+), Nr 3 (–) und Nr 5 (–)
5. § 226 I (–)
6. §§ 226 I, II, 22, 23 I (–)
7. Ergebnis für A im TK C
§§ 224 I Nr 2, 17 S 2
8. Konkurrenzen zum TK B
Realkonkurrenz (+)

D. Gesamtergebnis

B: Straflos
A: §§ 223 I, 17 S 2 – § 53 I – §§ 224 I Nr 2, 17 S 2

Ausführliche Lösung von Fall 7

A. Der Wurf mit dem Blumentopf (Strafbarkeit des B)

1. § 223 I

Eine Körperverletzung ist nicht gegeben und wurde von B auch nicht angestrebt. **252**

2. § 303 I

Indem B mit dem Blumentopf warf, könnte er sich wegen Sachbeschädigung strafbar gemacht haben.

a) Objektiver Tatbestand

Durch den Wurf zerstörte B die Pfeife, eine für ihn fremde Sache. **253**

b) Subjektiver Tatbestand

B wollte den Gegenstand, der sich in der Hand des A befand, diesem aus der Hand schlagen und nahm dabei mit dolus eventualis eine Beschädigung und vielleicht sogar Zerstörung in Kauf. Dass er die Pfeife für ein Messer hielt (error in obiecto), ist ein für den Vorsatz unbeachtlicher Motivirrtum (*vgl auch Fall 3 Problem Nr 12 Rn 153*).

c) Rechtswidrigkeit

B könnte durch Notwehr (§ 32) gerechtfertigt sein. Von A ist jedoch kein Angriff ausgegangen – A wollte B lediglich zur Rede stellen. Deshalb lag für B objektiv keine Bedrohung seiner körperlichen Integrität vor. B handelte nicht in Notwehr. **254**

Auch sonstige Rechtfertigungsgründe sind nicht ersichtlich. Deshalb war die Sachbeschädigung rechtswidrig.

d) Schuld

aa) Bezugspunkt des Irrtums: Erlaubnistatbestand

B glaubte, sich gegenüber einem bevorstehenden Angriff des A verteidigen zu müssen. **255** Er könnte in einem Erlaubnistatbestandsirrtum gehandelt haben. Ein Erlaubnistatbestandsirrtum ist gegeben, wenn sich der Täter bei voller Kenntnis der Merkmale des objektiven Tatbestandes über die sachlichen Voraussetzungen eines anerkannten Rechtfertigungsgrundes irrt, dh irrig Umstände für gegeben hält, die im Falle ihres wirklichen Bestehens die Tat rechtfertigen würden. Es ist zu fragen, ob ein Rechtfertigungsgrund – hier Notwehr – gegeben wäre, wenn die Vorstellung des Täters als wahr unterstellt wird.

Nach der Vorstellung des B lag hier ein Angriff seitens des A vor. Der Angriff war auch gegenwärtig. Der Umstand, dass B früher dem A die Freundin „ausgespannt" hat, berechtigt den A nicht dazu, den B mit einem Messer anzugreifen. Es hätte sich also um einen rechtswidrigen Angriff gehandelt. Mit einem Fahrtenmesser können ferner größere Verletzungen zugefügt werden, so dass der Wurf des Blumentopfes auch eine erforderliche Verteidigungshandlung gewesen wäre. Das von A vermeintlich als Werkzeug eingesetzte Fahrtenmesser hätte A auch selbst gehört. Die Verteidigungshandlung richtete sich somit gegen Rechtsgüter des Angreifers. Deshalb wäre § 32 einschlägig und nicht § 228 BGB (*vgl LK-Rönnau/Hohn, § 32 Rn 159 ff; Palandt-Heinrichs, § 228 Rn 6*). Ein Verteidigungswille läge ebenfalls vor. Zweifel könnten noch hinsichtlich der Gebotenheit der Handlung entstehen. Zu denken ist an eine schuldhafte Herbeiführung der Notwehrlage (*s Problem Nr 26 Rn 213*). Der Umstand des „Ausspannens" der Freundin kann keine Notwehreinschränkung bewirken. Insoweit handelt es sich nicht einmal um ein sozialinadäquates, geschweige denn um ein rechtswidriges Vorverhalten (*zur Problematik vgl Wessels/Beulke, AT Rn 346*). B hätte also die Notwehrlage nicht schuldhaft herbeiführt. Insgesamt wäre B also wegen Notwehr gerechtfertigt, wenn seine Vorstellungen vom Tatgeschehen zuträfen. B handelte in einem Erlaubnistatbestandsirrtum.

Übersicht zur strafrechtlichen Irrtumslehre bei Wessels/Beulke, AT Rn 820 ff, 888 ff.

bb) Schuldausschluss wegen Erlaubnistatbestandsirrtums

Die rechtliche Behandlung des Erlaubnistatbestandsirrtums ist umstritten.

256 **Problem Nr 31: Erlaubnistatbestandsirrtum**

(1) Nach der **Vorsatztheorie** ist das Unrechtsbewusstsein Teil des Vorsatzes. Fehlendes Unrechtsbewusstsein lässt den Vorsatz entfallen, gleichgültig, auf welchem Irrtum das Fehlen beruht. Daher liegt, wenn der Täter irrtümlich vom Vorliegen der tatsächlichen Voraussetzungen eines Rechtfertigungsgrundes ausgeht, ein Tatbestandsirrtum vor und es entfällt der Vorsatz gem § 16 I 1.

Gegenargument: Die Vorsatztheorie ist durch § 17 bedeutungslos geworden, da nach der Entscheidung des Gesetzgebers das Unrechtsbewusstsein Bestandteil der Schuld ist.

(2) Nach der **strengen Schuldtheorie** bezieht sich der Vorsatz nur auf den objektiven Tatbestand, nicht auch auf die Rechtswidrigkeit. Das Unrechtsbewusstsein ist ein selbstständiges Schuldelement (§ 17), das fehlende Unrechtsbewusstsein kann nur im Rahmen der Schuld von Bedeutung sein. In § 17 ist keine Ausnahme für den Fall vorgesehen, dass sich der Irrtum speziell auf die tatsächlichen Voraussetzungen eines Rechtfertigungsgrundes bezieht. Deshalb ist auch insoweit von einem Verbotsirrtum iSv § 17 auszugehen.

Gegenargument: Die Ergebnisse der strengen Schuldtheorie sind vielfach mit dem Rechtsgefühl nur schwer vereinbar. Der Täter befindet sich bei einem Erlaubnistatbestandsirrtum einerseits und einem Verbotsirrtum andererseits jeweils in einer völlig unterschiedlichen Lage. Wer einem Erlaubnistatbestandsirrtum unterliegt, setzt sich dem Vorwurf mangelnder Aufmerksamkeit und nachlässiger Einstellung zu den Sorgfaltsanforderungen des Rechts aus, nicht jedoch dem Vorwurf rechtsfeindlicher Gesinnung. Sein Tatbestandsvorsatz ist nicht Ausdruck einer Auflehnung gegen die Wertentscheidungen der Rechtsordnung, wie dies bei einem Täter der Fall ist, der sich in einem Verbotsirrtum befindet. Der im Erlaubnistatbestandsirrtum Handelnde ist an sich rechtstreu, er ist ein „Schussel", kein „Schurke". Ihn trifft ein Schuldvorwurf, der qualitativ einem Fahrlässigkeitsschuldvorwurf entspricht.

(3) Auch nach der **eingeschränkten Schuldtheorie** bleibt der Vorsatz grundsätzlich vom fehlenden Unrechtsbewusstsein unberührt. Jedoch wird die strenge Schuldtheorie insoweit eingeschränkt, als der Irrtum über die tatsächlichen Voraussetzungen eines Rechtfertigungsgrundes

aus dem Anwendungsbereich des § 17 herausgenommen und in seinen Rechtsfolgen dem Tatbestandsirrtum gleichgestellt wird. Es entfällt also im Ergebnis die Bestrafung wegen vorsätzlicher Tatbegehung. Beruht der Irrtum auf Fahrlässigkeit, wird der Täter wegen fahrlässiger Tatbegehung bestraft, soweit diese im konkreten Fall mit Strafe bedroht ist, § 16 I 2. Die Begründung dieses Ergebnisses ist wiederum umstritten.

(a) Die **Lehre von den negativen Tatbestandsmerkmalen** sieht in den einzelnen Rechtfertigungsvoraussetzungen „negative Tatbestandsmerkmale" und zählt zum Vorsatz neben der Kenntnis aller positiven Umstände die Vorstellung, dass die negativen Tatbestandsmerkmale fehlen bzw zumindest, dass der Täter sich darüber überhaupt keine Vorstellungen macht. § 16 I 1 ist unmittelbar anwendbar, ein Irrtum schließt den Vorsatz aus.

Gegenargument: Diese Lehre verkennt die Selbstständigkeit der Erlaubnisnormen, die in atypischen Situationen Eingriffsrechte gewähren und sieht in ihnen lediglich Einschränkungen der Verbotsnormen. Sie berücksichtigt damit nicht den Wertunterschied zwischen einem von vornherein tatbestandslosen Verhalten und einem Tatgeschehen, das geschützte Rechtsgüter tatbestandlich beeinträchtigt und erst durch einen besonderen Rechtfertigungsgrund noch mit der Rechtsordnung in Einklang gebracht wird. Auch das Gesetz spricht in den §§ 32, 34 von „nicht rechtswidrig" und bringt damit zum Ausdruck, dass Rechtfertigungsgründe nicht schon den Tatbestand als solchen entfallen lassen. Außerdem ist es wegen der akzessorischen Natur von Anstiftung und Beihilfe problematisch, einem Erlaubnistatbestandsirrtum vorsatzausschließende Wirkung beizumessen. Strafbarkeitslücken bei der Haftung eines bösgläubigen Teilnehmers wären unvermeidbar. Es fehlte an einer „vorsätzlich" begangenen Haupttat iSv §§ 26, 27.

(b) Die **eingeschränkte Schuldtheorie ieS** wendet § 16 I bei einem Erlaubnistatbestandsirrtum analog an mit der Folge, dass vorsätzliches Unrecht fehlt.

Gegenargument: Wenn das Vorsatzunrecht verneint wird, ist die Ablehnung der Strafbarkeit des Teilnehmers nur konsequent. Auch diese Theorie kann die dadurch hervorgerufenen Strafbarkeitslücken nicht vermeiden. Ferner kann der Erlaubnistatbestandsirrtum wertungsmäßig nicht ohne weiteres dem Tatbestandsirrtum gleichgestellt werden.

(c) Die **rechtsfolgenverweisende eingeschränkte Schuldtheorie** lässt zu Recht bei einem Irrtum über die Voraussetzungen eines Rechtfertigungsgrundes nicht den Tatbestandsvorsatz als Verhaltensform entfallen, wohl aber die Vorsatzschuld, so dass eine Bestrafung wegen vorsätzlicher Tat ausscheidet. Der Erlaubnistatbestandsirrtum wird somit lediglich in seinen Rechtsfolgen dem in § 16 I 1 geregelten Tatbestandsirrtum gleichgestellt. Beruht die Fehlvorstellung des Täters auf einem Sorgfaltsmangel, kommt analog § 16 I 2 eine Bestrafung wegen fahrlässiger Tatbegehung in Betracht.

Argument: Die irrige Annahme rechtfertigender Tatumstände ändert nichts daran, dass der Täter den gesetzlichen Tatbestand wissentlich und willentlich verwirklicht. Ein Erlaubnistatbestandsirrtum lässt den „Tatbestandsvorsatz" als solchen also unberührt. Durch die Bejahung des Tatbestandsvorsatzes wird insbes die Bestrafung des Teilnehmers an der Tat eines derartig Irrenden ermöglicht. Das ist kriminalpolitisch wünschenswert.

Zur Vertiefung: Wessels/Beulke, AT Rn 467 ff, 888 ff; Hillenkamp, AT 10. Problem, S 74 ff; Kelker, Jura 2006, 591; Momsen/Rackow, JA 2006, 550, 654.

Der Standort für die Behandlung dieses Problems ist mE nicht festgeschrieben. Es muss nicht dort erörtert werden, wo es im Verbrechensaufbau nach irgendeiner der behandelten Lösungsansätze zum ersten Mal relevant wird (so aber Graul, JuS 2000, 216, ebenso Steinberg, Methodenlehre Rn 155). Wäre das zwingend, so müsste man das vorliegende Problem wegen der Lehre von den negativen Tatbestandsmerkmalen bereits im Tatbe-

stand darlegen. Das Problem dort zu behandeln, wo es zum ersten Mal relevant wird, ist zwar zumeist anzuraten (dieser Weg wurde zB bei § 28 II gewählt, o Rn 166), man kann den Streit aber auch für die Station aufbewahren, in der er nach der eigenen Lösung bedeutsam wird. Viele erörtern, das Problem iRd Rechtswidrigkeit (Brüning, JuS 2007, 257; Gropp/Küpper/Mitsch, Fallsammlung [6] S 120; Kudlich, Fälle AT [4] S 48; Kudlich/Litau, JA 2012, 755, 760; Momsen/Rackow, JA 2006, 659 [subjektive Rechtfertigungselemente] und wohl auch Kühl/Hinderer, Jura 2012, 488). Andere bilden wiederum unmittelbar nach der Prüfung der Rechtwidrigkeit, aber noch vor der Schuldebene einen eigenständigen Prüfungspunkt (so etwa Jäger, AT § 5 Rn 217; Kühl, AT § 13 Rn 77; Beispielsfälle bei Esser/Langbauer, JA 2013, 30; Kudlich, Fälle AT [11] S 150, 159, [13] S 185, 194; Kühl, JuS 2007, 745; Noltensmeier/Henn, JA 2007, 775; Rengier/Braun, JuS 2012, 999). Überwiegend erfolgt jedoch die rechtliche Behandlung des Erlaubnistatbestandsirrtums im Rahmen der Schuld (ebenso zB Ambos/Rackow, Jura 2006, 945 [s aber dort auch Hinweis in Fn 27]; Arzt, Strafrechtsklausur S 194; Dürre/Wegerich, JuS 2006, 713; Ebert-Schütze, Fälle [8] S 140; Geisler/Meyer, Jura 2010, 390; Hilgendorf, Klausurenkurs I [7] Rn 16, [11] Rn 33, [15] Rn 10, II [5] Rn 74 ff, [10] Rn 34; Simon, JuS 2001, 639, 640; zum Aufbau auch Kindhäuser/Schumann/Lubig [9] 214 ff; Schmelz, Jura 2002, 391).

257 Nach der Vorsatztheorie, die bereits den Tatbestandsvorsatz selbst entfallen lässt, läge hier keine vorsätzliche Sachbeschädigung vor. B wäre allenfalls wegen Fahrlässigkeit zu bestrafen, die allerdings bei Sachbeschädigung nicht unter Strafe gestellt ist. Die Vorsatztheorie widerspricht jedoch dem geltenden Gesetzeswortlaut, da § 17 das Unrechtsbewusstsein ausdrücklich als Bestandteil der Schuld einstuft. Diese Ansicht ist deshalb abzulehnen.

Nach der strengen Schuldtheorie, die auf jeden Irrtum über die Rechtswidrigkeit der Tat § 17 anwendet, kommt es darauf an, ob der Irrtum des B vermeidbar oder unvermeidbar war. Bei schärferem Hinsehen und erhöhter Konzentration hätte B die tatsächliche Lage erkennen können. Der Irrtum wäre hier also wohl vermeidbar gewesen. B wäre nicht entschuldigt. Die strenge Schuldtheorie differenziert jedoch nicht zwischen Rechts- und Tatsachenirrtümern. Es wird verkannt, dass im Falle des Erlaubnistatbestandsirrtums der Täter an sich rechtstreu ist. Der Täter ist „eher Schussel als Schurke“. Auch diese Auffassung ist deshalb abzulehnen.

Nach der Lehre von den negativen Tatbestandsmerkmalen hätte A den Gesamt-Unrechtstatbestand der Sachbeschädigung (§ 303 I mit allen in Betracht kommenden Rechtfertigungsgründen) nicht vorsätzlich verwirklicht (§ 16 I 1 in direkter Anwendung) und bliebe deshalb straffrei. Auch nach der Theorie, die § 16 analog anwendet, entfällt der Vorsatz. Die rechtsfolgenverweisende eingeschränkte Schuldtheorie lässt nicht den Tatbestandsvorsatz, sondern den Vorsatzschuldvorwurf entfallen. Mit der Vorsatzschuld entfällt die Möglichkeit einer Bestrafung wegen vorsätzlicher Sachbeschädigung. Nur auf der Grundlage der rechtsfolgenverweisenden eingeschränkten Schuldtheorie kann die Teilnehmerstrafbarkeit sachgerecht gelöst werden. Ihr ist deshalb zu folgen. Danach ist B entschuldigt.

258 *In Klausuren ist es üblich, kurz zugunsten einer der Theorien Stellung zu beziehen, da dies zumeist am schnellsten geht (vgl zB Hilgendorf, Klausurenkurs I [7] Rn 19; II [2]*

Rn 41, 62 [mit der Empfehlung, der rechtsfolgenverweisenden eingeschränkten Schuldtheorie zu folgen, das ist zwar nur eine „Empfehlung", mE nach aber eine sehr kluge!], [5] Rn 74 ff, [10] Rn 34). Systemgerechter wäre es aber, sich wirklich nur dann für eine Theorie zu entscheiden, wenn es auf diesen Streit ankommt (s Rn 19 und 108). Das gilt auch dann, wenn sich die Straflosigkeit auf verschiedenen Prüfungsstufen ergibt (Graul, JuS 2000, 216). Sofern keine Teilnehmerstrafbarkeit im Raume steht, braucht man sich nur zwischen der strengen Schuldtheorie einerseits (Folge: § 17) und allen restlichen Theorien andererseits (Folge: § 16 direkt oder analog iwS) zu entscheiden (so zB Rengier/Braun, JuS 2012, 999, 1003). Jedenfalls in Hausarbeiten würde ich diesen Weg für vorzugswürdig halten. Will man also zB letztendlich mit der hA zur Fahrlässigkeitsstrafbarkeit gelangen, so lehnt man lediglich die strenge Schuldtheorie ab und lässt es im Übrigen offen, ob die Vorsatztheorie oder die eingeschränkte Schuldtheorie, und insbes welche Variante der eingeschränkten Schuldtheorie, eingreift (ebenso Esser/ Langbauer, JA 2013, 33; Kelker, Jura 2006, 597; Kudlich, Fälle AT [11] S 150, 161, [13] S 185, 194; Kühl/Kneba, JA 2011, 433; Tiedemann, Anfängerübung [2] S 173; gegen die entbehrlichen rein theoretischen Stellungnahmen auch Puppe, JA 1989, 345; Graul, JuS-Lernbogen 1992, L 49; JuS 1995, 1049, 1050; 2000, 215, 216); sollte es allerdings im weiteren Verlauf der Falllösung auf diesen Streit doch noch ankommen – so zB, wenn eine Teilnahme eines anderen Mitwirkenden an der gerade zu prüfenden Straftat im Raum steht – so ist der Streit am besten sofort zu entscheiden (guter Beispielsfall bei Kühl/Hinderer, Jura 2012, 488; weitere Einzelheiten Wessels/Beulke, AT Rn 892).

ZT (zB Fahse/Hansen, Anfängerübung S 96 f) wird in Musterlösungen auch der Streit zwischen der strengen Schuldtheorie einerseits und den anderen Theorien andererseits offen gelassen, wenn es sich um einen unvermeidbaren Irrtum handelt, weil dann alle Ansichten zur Straflosigkeit kommen – die strenge Schuldtheorie allein im Rahmen des Vorsatzdeliktes auf der Schuldebene, die anderen Theorien müssen dies für das Vorsatz- und Fahrlässigkeitsdelikt gesondert feststellen. Die Aufteilung auf verschiedene Straftatbestände spricht mE eher dafür, diesen Streit nicht offen zu lassen – zwingend ist dies jedoch nicht.

3. § 303 II

Aufgrund des Erlaubnistatbestandsirrtums scheidet auch eine Strafbarkeit gem § 303 II (Veränderung des Erscheinungsbildes der Sache) von vorneherein aus.

4. Fahrlässige Sachbeschädigung

Die irrige Annahme des B, dass ihm ein Rechtfertigungsgrund zur Seite stehe, könnte **259**
auf Fahrlässigkeit beruhen. Die fahrlässige Sachbeschädigung ist jedoch nicht strafbar.

Man könnte die rechtsfolgenverweisende eingeschränkte Schuldtheorie so interpretieren, dass sofort auf die Rechtsfolge der Fahrlässigkeitstat verwiesen wird. In diesem Sinn wird im Schrifttum zT angenommen, dass es bei der Bestrafung wegen einer Vorsatztat unter Rückgriff auf den Strafrahmen der Fahrlässigkeitstat verbleibe – natürlich nur, sofern diese unter Strafe gestellt ist (so Jakobs, AT 11. Abschn Rn 58). Dann bedarf es im Grunde genommen keines neuen Gliederungspunktes (4. Fahrlässige Sachbeschä- **260** *digung). Nach der hier vertretenen Auslegung der rechtsfolgenverweisenden eingeschränkten Schuldtheorie erfolgt jedoch direkt eine Bestrafung nach dem Fahrlässigkeitsdelikt (s Wessels/Beulke, AT Rn 478). Das hat für den Aufbau folgende Konsequenzen: Nach Entscheidung zugunsten der rechtsfolgenverweisenden eingeschränkten Schuldtheorie und somit nach Ablehnung der Vorsatzschuld ist unter einer neuen Prüfungsziffer auf das Fahrlässigkeitsdelikt überzugehen (ebenso Bindzus, JuS-Lernbogen 1989, L 32; Hilgendorf, Klausurenkurs I [7] Rn 20; Kudlich, Fälle AT [11] S 150, 161). Dann darf aber nicht der gesamte herkömmliche Fahrlässigkeitsaufbau durchgeprüft werden, denn Vorsatz schließt (zumindest nach hA) Fahrlässigkeit aus, vielmehr darf nur der Frage nachgegangen werden, ob das Nichtvorliegen einer rechtfertigenden Sachlage bei Anwendung der gebotenen Sorgfalt objektiv erkennbar war und ob der Täter nach seinen persönlichen Kenntnissen und Fähigkeiten imstande gewesen wäre, den Irrtum und damit die Herbeiführung des tatbestandlichen Erfolges zu vermeiden (s Wessels/Beulke, AT Rn 892; zT abweichende Aufbauvorschläge bei Momsen/Rackow, JA 2006, 660). Im Rahmen der Fahrlässigkeitsschuld kann dann auch insbes § 33 relevant werden (Beispielsfall: Brüning, JuS 2007, 258).*

5. Ergebnis für B im TK A

B hat sich nicht strafbar gemacht.

B. Die Ohrfeige gegenüber B (Strafbarkeit des A)

1. § 223 I

Dadurch, dass A dem B als Lektion eine kräftige Ohrfeige verpasste, könnte er sich wegen einer Körperverletzung strafbar gemacht haben.

a) Objektiver Tatbestand

261 Eine Ohrfeige, deren Nachwirkungen mehrere Stunden zu spüren sind, ist eine üble unangemessene Behandlung, durch die das körperliche Wohlbefinden nicht unerheblich beeinträchtigt wird. Wegen der stundenlangen Schmerzen kann auch von einem krankhaften (pathologischen) Zustand körperlicher Art bei B und somit von einer Gesundheitsschädigung ausgegangen werden.

b) Subjektiver Tatbestand

A handelte vorsätzlich.

c) Rechtswidrigkeit

262 A könnte gem § 32 gerechtfertigt sein. Ein Angriff ist jede durch menschliches Verhalten drohende Verletzung rechtlich geschützter Güter oder Interessen. Indem B den Blumentopf auf die Pfeife des A warf, hat er dessen Eigentum angegriffen. Gegenwärtig ist ein Angriff, der unmittelbar bevorsteht, begonnen hat oder noch fortdauert. Im Zeitpunkt, als A die Ohrfeige erteilte, war die Pfeife schon zerstört und damit der Angriff des B bereits beendet. Mangels Gegenwärtigkeit des Angriffs scheidet eine Rechtfertigung gem § 32 aus.

d) Schuld

aa) § 33

A könnte gem § 33 entschuldigt sein. Er hat die zeitlichen Grenzen des Notwehrrechts überschritten. A hat jedoch nicht aus einem der in § 33 geforderten asthenischen Affekte (Verwirrung, Furcht oder Schrecken) heraus gehandelt. Es kann deshalb dahingestellt bleiben, ob § 33 auch bei einem extensiven Notwehrexzess zur Anwendung gelangt (*dazu Fall 5 Problem Nr 27 Rn 222*). 263

bb) Bezugspunkt des Irrtums: Umfang des Notwehrrechts

Ein Irrtum über die tatsächlichen Voraussetzungen eines Rechtfertigungsgrundes liegt nicht vor. Hier irrte A nur über die zeitlichen Grenzen des Notwehrrechts, dh er legte die rechtlichen Grenzen einer Erlaubnisnorm falsch aus.

cc) Schuldausschluss wegen unvermeidbaren Verbotsirrtums, § 17 S 1

Die Schuld des A könnte aber wegen eines unvermeidbaren Verbotsirrtums gem § 17 S 1 ausgeschlossen sein.

Problem Nr 32: Verbotsirrtum, § 17 264

Die Einsicht, Unrecht zu tun, fehlt dem Täter beim direkten und beim indirekten Verbotsirrtum.

- Beim **direkten Verbotsirrtum** glaubt der Täter, dass sein Verhalten nicht verboten ist, entweder, weil er die Verbotsnorm nicht kennt, sie für ungültig hält oder infolge unrichtiger Auslegung zu Fehlvorstellungen über ihren Geltungsbereich gelangt und aus diesem Grund sein Verhalten als rechtlich zulässig ansieht.
- Beim **indirekten Verbotsirrtum** glaubt der Täter an einen nicht anerkannten Rechtfertigungsgrund (Erlaubnisnormirrtum) oder er verkennt die Grenzen eines anerkannten Rechtfertigungsgrundes (Erlaubnisgrenzirrtum).

An die Vermeidbarkeitsprüfung sind strenge Anforderungen zu stellen: Der Täter muss sein Gewissen genügend anspannen (dabei ist auf die individuellen Täterfähigkeiten abzustellen) und sich bei verbleibenden Zweifeln bei einer fachlich kompetenten Person oder Stelle in ausreichendem Maße erkundigen. Nur wenn der Irrtum trotz allem unvermeidbar war, entfällt die Schuld des Täters. Ansonsten kann die Strafe (fakultativ) gemildert werden (§§ 17 S 2, 49 I).

Zur Vertiefung: Wessels/Beulke, AT Rn 461 ff.

A glaubte, dass ihm auch nach beendetem Angriff ein Notwehrrecht zustehe. Er durchschaute zwar die tatsächliche Situation, verkannte jedoch die Grenzen eines anerkannten Rechtfertigungsgrundes und handelte daher in einem Erlaubnisgrenzirrtum (indirekter Verbotsirrtum), § 17. Fraglich ist, ob der Irrtum des A vermeidbar war. A hätte nach seinen individuellen Fähigkeiten und bei dem ihm zumutbaren Einsatz seiner Erkenntniskräfte (Gewissensanspannung) das Unrecht der Tat einsehen können. Bei Zweifeln an der rechtlichen Zulässigkeit der Tat hätte er hier auf eine spontane Gegenreaktion verzichten und sich erst bei einer rechtskundigen Person erkundigen müssen. Der Irrtum ist 265 also vermeidbar gewesen. A hat schuldhaft gehandelt und kann gem § 223 I bestraft werden.

e) Strafzumessung

Fakultativ kann die Strafe gem §§ 17 S 2, 49 I gemildert werden.

Ein Fehler ist die selbst in Examensklausuren immer wieder zu lesende Formulierung, der Verbotsirrtum scheide wegen Vermeidbarkeit aus. Der unvermeidbare Verbotsirrtum führt zur Straflosigkeit, der vermeidbare Verbotsirrtum hat aber auch Auswirkungen: Die Strafe kann gemildert werden (korrekter Beispielsfall: Brüning, JuS 2007, 259).

f) Strafantrag, § 230 I

Strafantrag gem § 230 I gilt als gestellt.

2. § 224 I Nr 2, Nr 3 und Nr 5

Die Qualifikationen des § 224 I Nr 2, Nr 3 und Nr 5 sind nicht erfüllt.

3. § 185

266 In der Erteilung einer Ohrfeige durch A könnte auch eine Beleidigung des B liegen. Eine Beleidigung ist die Kundgabe von Missachtung oder Nichtachtung. In ehrverletzenden Tätlichkeiten, wie etwa in Ohrfeigen, kann eine Beleidigung gesehen werden, sofern darin dem objektiven Sinn nach eine Missachtung des personalen Geltungswertes zum Ausdruck kommt. Jedoch liegt nicht in jeder Körperverletzung zugleich eine Beleidigung (*Wessels/Hettinger, BT1 Rn 508*). Nach den Umständen handelte es sich hier nur um eine Erwiderung auf die Beeinträchtigung durch B. Damit sollte keine Missachtung bzw Nichtachtung kundgegeben werden. § 185 ist also nicht erfüllt.

4. Ergebnis für A im TK B

A hat sich gem §§ 223 I, 17 S 2, 49 I strafbar gemacht.

C. Im Gemeinschaftsraum (Strafbarkeit des A)

1. § 212 I

267 Indem A im Gemeinschaftsraum auf den B einen Schuss abgab, könnte er einen Totschlag begangen haben. B ist jedoch an der Schussverletzung nicht gestorben. Eine Strafbarkeit wegen Totschlags scheidet aus.

2. §§ 212 I, 22, 23 I

A wollte B auch nicht töten, er dachte nicht einmal daran, dass schwere Verletzungen eintreten könnten. Eine versuchte Tötung scheidet somit mangels Tatentschlusses ebenfalls aus.

3. § 223 I

a) Objektiver Tatbestand

A hat den B durch den gezielten Schuss in den Oberarm körperlich misshandelt und an der Gesundheit geschädigt. **268**

b) Subjektiver Tatbestand

A hat die körperliche Misshandlung und die Gesundheitsschädigung angestrebt; er hat also vorsätzlich gehandelt.

c) Rechtswidrigkeit, § 32

A könnte durch Notwehr gerechtfertigt sein. Von B ging jedoch kein Angriff aus. Ganz im Gegenteil, B kam, um sich endgültig zu vertragen. Daher war objektiv keine Notwehrlage gegeben. Auch sonst sind keine Rechtfertigungsgründe ersichtlich. Folglich war die Körperverletzung rechtswidrig.

d) Schuld

aa) Erlaubnistatbestandsirrtum

A könnte sich jedoch in einem Erlaubnistatbestandsirrtum befunden haben, der nach richtiger Ansicht den Vorsatzschuldvorwurf und damit die Möglichkeit einer Bestrafung wegen vorsätzlicher Tötung entfallen ließe (*s A 2 d Problem Nr 31 Rn 256*). Ein Erlaubnistatbestandsirrtum liegt vor, wenn der Täter irrig Umstände für gegeben hält, die im Falle ihres wirklichen Gegebenseins die Tat rechtfertigen würden. Hier käme Notwehr (§ 32) in Betracht. **269**

Nach der Vorstellung des A stand ein rechtswidriger Angriff seitens des B unmittelbar bevor; der Angriff wäre somit gegenwärtig gewesen. Fraglich ist jedoch, ob der Schuss eine erforderliche Verteidigungshandlung dargestellt hätte. Die Körperverletzung wäre zwar ein geeignetes und effektives Mittel gewesen, um B von einem vermeintlichen Angriff abzuhalten. Fraglich ist aber, ob es nicht auch ein milderes Mittel gegeben hätte, das genauso sicher die Gefahr hätte abwenden können. Eine Tracht Prügel kann nach allgemeiner Lebenserfahrung auch ohne einen gezielten Schuss in den Oberarm abgewehrt werden. Der Einsatz einer Schusswaffe darf nur unter Einhaltung einer bestimmten Vorgehensweise erfolgen. Der Täter muss den Waffengebrauch androhen, etwa durch Zuruf oder Warnschuss (*vgl o Fall 6 Rn 230*). A hat den Waffeneinsatz nicht einmal durch Zuruf angedroht, sondern den B sofort durch einen gezielten Schuss verletzt. Diese Körperverletzung wäre selbst bei einem Angriff des B zur Abwehr nicht erforderlich gewesen. Auch auf der Basis seiner Vorstellung hätte A sein vermeintliches Recht noch überschritten. A wäre also nicht durch Notwehr gerechtfertigt, selbst wenn diese Umstände tatsächlich vorlägen. Ein Erlaubnistatbestandsirrtum ist somit nicht gegeben.

bb) Verbotsirrtum

Jedoch glaubte A auch, dass er sich richtig verhalten habe und dass er in dieser Situation sofort habe schießen dürfen. Er irrte also auch über die rechtlichen Grenzen des Notwehrrechts. A befand sich in einem sog Doppelirrtum (Putativnotwehrexzess), dh er ging nicht nur irrtümlich von einem Angriff des B aus, sondern überschritt auch noch auf der Basis dieser Vorstellung sein vermeintliches Notwehrrecht.

270 **Problem Nr 33: „Doppelirrtum"**

Fällt die irrige Vorstellung über die tatsächlichen Umstände, die nach Meinung des Täters die Tat rechtfertigen würden, mit einem Irrtum über die Grenzen eines Rechtfertigungsgrundes zusammen, so liegt ein sog Doppelirrtum vor. Diese Bezeichnung ist nicht ganz unbedenklich. Ein Erlaubnistatbestandsirrtum darf nämlich nur bejaht werden, wenn alle Merkmale des betreffenden Rechtfertigungsgrundes gegeben sind, sofern man die Vorstellung des Täters als wahr unterstellt. Ein Erlaubnistatbestandsirrtum liegt dagegen nicht vor, wenn der Täter fälschlicherweise einen Rechtfertigungsgrund für gegeben hält, die Grenzen des vermeintlichen Rechtfertigungsgrundes dabei jedoch überschreitet. Der Umstand, dass der Täter fälschlicherweise von einer Rechtfertigungslage ausgeht, kann ihm nicht zugute kommen. Er muss sich so behandeln lassen, als wären die Umstände, die er sich vorstellt, wirklich gegeben. Dann läge ein Irrtum über die Grenzen eines Rechtfertigungsgrundes vor. Ein „Doppelirrtum" muss folglich nach den Regeln des Erlaubnisgrenzirrtums (§ 17) behandelt werden.

Zur Vertiefung: Wessels/Beulke, AT Rn 485.

271 Die Rechtsordnung würde selbst bei einem wirklichen Angriff sofortige Schüsse mangels Erforderlichkeit nicht gestatten. Deshalb kann der Umstand, dass er irrtümlich von einem Angriff ausging, den A nicht besser stellen. Er muss sich so behandeln lassen, als wäre der Angriff tatsächlich gegeben. Dann läge wegen seiner Fehlvorstellung bzgl des Merkmals der Erforderlichkeit ein Erlaubnisirrtum vor.

Die Schuld des A könnte also allein wegen dieses indirekten Verbotsirrtums (Erlaubnisgrenzirrtums) gem § 17 S 1 ausgeschlossen sein. Fraglich ist, ob der Irrtum des A vermeidbar war. A hätte nach seinen individuellen Fähigkeiten und bei dem ihm zumutbaren Einsatz seiner Erkenntniskräfte (Gewissensanspannung) das Unrecht der Tat einsehen können. Bei Zweifeln an der rechtlichen Zulässigkeit der Tat hätte er hier auf seine Gegenreaktion verzichten und sich erst bei einer rechtskundigen Person erkundigen müssen. A befürchtete hier den vermeintlichen Angriff sogar schon vorher. Deshalb wäre eine Erkundigung bei Dritten problemlos möglich gewesen. Der Irrtum war also vermeidbar.

A hat schuldhaft gehandelt und sich gem § 223 I strafbar gemacht. Es greift jedoch eine fakultative Strafmilderung gem §§ 17 S 2, 49 I ein.

4. § 224 I Nr 2, Nr 3 und Nr 5

272 A hat B vorsätzlich mittels einer Pistole verletzt. Eine Pistole ist eine Waffe im technischen Sinne. Somit ist § 224 I Nr 2 erfüllt (*Wessels/Hettinger, BT1 Rn 273*). Ein hinterlistiger Überfall gem § 224 I Nr 3, also ein plötzlicher, unerwarteter Angriff auf einen Ahnungslosen, bei dem der Täter seine wahre Absicht planmäßig berechnend verdeckt, um gerade dadurch dem Angegriffenen die Abwehr zu erschweren, kann hier hingegen nicht angenommen werden. Auch wollte A das Leben des B weder abstrakt noch konkret in Gefahr bringen, er handelte daher nicht vorsätzlich bzgl des Qualifikationsmerkmales der lebensgefährdenden Behandlung iSv § 224 I Nr 5 (*aA vertretbar, sofern man eine abstrakte Gefahr ausreichen lässt und diese auf Grund der generellen Gefährlich-*

keit des Schusswaffeneinsatzes bejaht und bei weiterer Berücksichtigung des Umstandes, dass zumindest nach Ansicht der Rspr die Kenntnis der äußeren Tatumstände genügt; vgl Wessels/Hettinger, BT1 Rn 284).

A hat sich gem § 224 INr 2 strafbar gemacht. Fakultativ kann die Strafe gemildert werden, §§ 17 S 2, 49 I.

Die Qualifikation des § 224 I Nr 2 geht dem Grunddelikt § 223 I vor.

Eine derartige Klärung des Verhältnisses von § 223 zu § 224 (ggf § 225 etc.) ist erforderlich (s Rn 215).

5. § 226 I

Bei B trat keine der in § 226 I als Erfolgsqualifikation genannten schweren Folgen ein. § 226 I wurde nicht vollendet.

6. §§ 226 I, II, 22, 23 I

A wollte dem B auch keine schweren, dauerhaften Verletzungen zufügen, sondern vertraute darauf, dass bei B keine bleibenden Schäden auftreten würden. Mangels Tatentschlusses scheidet eine Strafbarkeit wegen Versuchs des § 226 aus.

7. Ergebnis für A im TK C

A hat sich gem §§ 224 I Nr 2, 17 S 2 strafbar gemacht.

8. Konkurrenzen zum TK B

Bei der Körperverletzung gegenüber B im Tatkomplex B und bei der Körperverletzung **273**
gegenüber B im Tatkomplex C handelt es sich trotz der Identität des Opfers um zwei zeitlich und örtlich völlig voneinander unabhängige Taten. Zwischen beiden Handlungen besteht deshalb Realkonkurrenz (§ 53 I).

§§ 223 I, 17 S 2 – § 53 I – §§ 224 I Nr 2, 17 S 2.

D. Gesamtergebnis

B bleibt straflos. **274**

A hat sich gem §§ 223 I, 17 S 2 – § 53 I – §§ 224 I Nr 2, 17 S 2 strafbar gemacht.

Definitionen zum Auswendiglernen

Erlaubnistatbestandsirrtum	liegt vor, wenn sich der Täter über die sachlichen Voraussetzungen eines anerkannten Rechtfertigungsgrundes irrt, dh irrig Umstände für gegeben hält, die im Falle ihres wirklichen Gegebenseins die Tat rechtfertigen würden (*Wessels/Beulke, AT Rn 467*).

Verbotsirrtum	iSv **§ 17** liegt vor, wenn dem Täter bei Begehung der Tat die Einsicht fehlt, Unrecht zu tun (*Wessels/Beulke, AT Rn 456 ff, zur Differenzierung zwischen direktem und indirektem Verbotsirrtum s Rn 264*).
Beleidigung	iSd **§ 185** ist die Kundgabe von Missachtung oder Nichtachtung (*Wessels/Hettinger, BT1 Rn 508*).

Weitere einschlägige Musterklausuren

Zum Problem des Erlaubnistatbestandsirrtums:

Ambos/Rackow, Jura 2006, 945; *Bakowitz/Bülte*, StudZR 2009, 149; *Beulke*, Klausurenkurs III [1] Rn 45; *Bindzus*, JuS-Lernbogen 1989, L 28; *Brüning,* JuS 2007, 255; *Bülte/Becker*, Jura 2012, 319; *Dohmen,* Jura 2006, 143; *Dürre/Wegerich,* JuS 2006, 712; *Fahl,* JuS 2005, 808; *Esser/Langbauer,* JA 2013, 28; *Fahl,* Jura 2009, 234; *Fricker,* StudZR 2005, 309; *Frister-Deiters*, Klausur [1] S 4; *Gaul/Haseloff/Zapf*, JA 2011, 672; *Geisler/Meyer*, Jura 2010, 388; *Gropp/Küpper/Mitsch*, Fallsammlung [6] S 120; *Habenicht*, in: Coester-Waltjen ua (Hrsg), Examensklausurenkurs IV, S 199; *Hardtung*, JuS 1996, 1088; *Helmrich,* JA-Übungsblätter, 351; *Herzberg/Scheinfeld*, JuS 2002, 649 [sehr schöner Seminarvortrag mit vorzüglichen Anregungen für die Diskussion]; *Hilgendorf*, Klausurenkurs I [7] S 53, [11] S 87, [15] S 137; II, [2] S 12, [5] S 54, [9] S 114; III, [10] S 119; *Jäger*, AT § 4 Rn 119 und § 5 Rn 217; *Käßner/Seibert,* JuS 2006, 810; *Kindhäuser/Schumann/Lubig*, [9] S 205; *Kipp/Kummer*, Jura 2008, 792; *Kleinbauer/Schröder/Voigt,* Anfänger [9] S 125; *Kudlich,* Fälle AT [4] S 48, [11] S 150, [13] S 185; *ders*, JuS-Lernbogen 1999, L 85; *Kudlich/Litau*, JA 2012, 755; *Kühl/Hinderer*, Jura 2012, 488; *Kühl/Kneba*, JA 2011, 426; *Lotz*, JuS 2010, 982; *G. Merkel,* ZJS 2011, 376; *Neubacher/Bachmann*, JA-Übungsblätter 2010, 711; *Noltensmeier/Henn,* JA 2007, 772; *Norouzi,* JuS 2007, 146; *Rauda/Zenthöfer*, [8] S 48; *Rengier/Brand,* JuS 2008, 514; *Rengier/Braun,* JuS 2012, 999; *Rotsch*, Klausur [19] S 282; *Rudolphi*, Fälle AT [4] S 40; *Roxin/Schünemann/Haffke*, Klausurenlehre [5] S 102; *Saliger*, JuS 1995, 1004; *Schwabe,* AT [20] S 254; *Seier*, in: Seier, Die Anfängerklausur, [8] S 92, 98; *Schmelz*, Jura 2002, 391; *Schwind/Franke/Winter*, Übungen S 87, 121; *Simon*, JuS 2001, 639; *Steinberg*, in: Schlüter ua (Hrsg), Examensklausurenkurs, S 225; *Tiedemann*, Anfängerübung [2] S 172; *Zenger*, Ad Legendum 2013, 48.

Zum Problem des Verbotsirrtums, § 17:

Bergmann, ZJS 2011, 260; *Britz/Brück*, JuS 1996, 229; Ebert-*Bruckauf*, Fälle [5] S 88; Ebert-*Schütze*, Fälle [8] S 140; Ebert-*Seher*, Fälle [12] S 189; *Eser/Burkhardt*, AT [14] S 163; *Fabricius*, JuS 1991, 393; *Gropp/Küpper/Mitsch*, Fallsammlung [6] S 125; *Hardtung*, JuS 1996, 1088; *Hermle*, JuS 1987, 976; *Hilgendorf*, Klausurenkurs I, [15] S 137, [16] S 151; II [2] Rn 12; *Jahn*, JA-Übungsblätter 2002, 566; *Jescheck*, Fälle [55] S 71; *Kasiske,* JA 2007, 509; *Knauer*, JuS 2002, 53; *Kindhäuser/Schumann/Lubig* [9] S 205; *Konhäuser/Lindemann,* JuS 2011, 807; *Kudlich*, Fälle AT [1] S 9, [4] S 50; *ders,* JuS 2003, 243; *Kühl,* Jus 2007, 742; *G. Merkel,* ZJS 2011, 376; *Riemenschneider/Paetzold*, Jura 1996, 316; *Rotsch*, u.a., Klausur [20] S 296; *Roxin/Schünemann/Haffke*, Klausurenlehre [4] S 85; *Rudolphi*, Fälle AT [1] S 11; *Schwabe,* AT [19] S 242; *Schwind/Franke/Winter*, Übungen [2] S 115; *Steinberg/Lachenmaier,* ZJS 2012, 649; *Walter/Schwabenbauer,* JA 2012, 504.

Zum Problem des Doppelirrtums:

Ebert-*Bruckauf*, Fälle [6] S 105; *Gropp/Küpper/Mitsch*, Fallsammlung [6] S 123; *Hermle*, JuS 1987, 976; *Jäger*, AT § 5 Rn 219; *Kienapfel*, Strafrechtsfälle S 141; *Momsen/Sydow*, JuS 2001, 1194; *Stoffers*, Jura 1993, 376.

Fall 8

Nachts sind alle Katzen grau

C hatte eine größere Geldforderung gegen die Gesamtschuldner A und B. Mangels ausreichender Barmittel beschloss A, den C zu beseitigen. Er schrieb ihm einen Brief, dass er sich mit ihm am kommenden Abend im Stadtpark aussprechen wolle. Kurz vor diesem Zeitpunkt begab er sich zusammen mit B in den Park, um auf Katzen zu schießen. B war mit einer Pistole bewaffnet. **275**

Als C in der Ferne in der Dunkelheit auftauchte, rief A dem kurzsichtigen B zu: „Dort!" Dabei ging er davon aus, B werde diesen Ausspruch so deuten, dass dort eine Katze komme. Tatsächlich wusste B vom Brief des A und erkannte auch sofort die wahre Lage, feuerte aber trotzdem den von A erwarteten Schuss ab, der C tödlich traf. Denn auch B war froh über die Gelegenheit, den C loszuwerden, um auf diese Weise der Geldforderung zu entgehen.

Wie haben sich A und B strafbar gemacht?
Gegebenenfalls erforderliche Strafanträge gelten als gestellt.

Abwandlung:
Wie wäre zu entscheiden, wenn A geglaubt hätte, B könne – trotz seiner Kurzsichtigkeit – den C schemenhaft erkennen, B aber in Unkenntnis der wahren Situation davon ausging, er solle auf eine Katze schießen?

Gedankliche Strukturierung des Falles (Kurzlösung)

276 **A. Die Tötung des C im Grundfall (B ist bösgläubig)**

I. Strafbarkeit des B

1. § 212 I (+)

2. § 211 (+)

a) Heimtücke (+)

Problem Nr 34: Verlangt Heimtücke einen verwerflichen Vertrauensbruch? (Rn 278)

b) Habgier (+)

c) Sonstige niedrige Beweggründe (–)

3. §§ 223 I, 224 I Nr 2 (+), Nr 3 (–) und Nr 5 (+)

a) Objektiver Tatbestand Nr 2 (+), Nr 3 (–), Nr 5 (+)

b) Subjektiver Tatbestand (+)

4. Konkurrenzen und Ergebnis für B im TK A

§ 211

II. Strafbarkeit des A

1. §§ 212 I, 25 II (–)

• Tötung eines Menschen (+)

• Mittäterschaft, § 25 II (–)

2. §§ 212 I, 25 I Alt 2 (–)

Problem Nr 35: Vermeintliche mittelbare Täterschaft; unmittelbar Handelnder ist bösgläubig, Hintermann hält ihn für gutgläubig (Rn 284)

3. §§ 212 I, 22, 23 I, 25 I Alt 2 (+)

4. §§ 212 I, 26 (+)

a) Objektiver Tatbestand (+)

aa) Haupttat (+)

bb) Anstiftungshandlung (+)

b) Subjektiver Tatbestand (+)

aa) Vorsatz bzgl der Haupttat (+)

bb) Vorsatz bzgl der Anstiftungshandlung (+)

Problem Nr 35 [Fortsetzung]: Anstiftervorsatz als Minus im Tätervorsatz enthalten? (Rn 288)

c) Rechtswidrigkeit und Schuld (+)

d) Konkurrenz zum versuchten Totschlag

5. §§ 211, 26 (+)

a) Objektiver Tatbestand (+)

b) Subjektiver Tatbestand (+)

c) Akzessorietätslockerung

6. §§ 223 I, 224 I Nr 2 und Nr 5, 26 (+)

7. §§ 223 I, 224 I Nr 2 und Nr 5, 22, 23 I, 25 I Alt 2

8. Ergebnis für A im TK A

§§ 211, 26

B. Abwandlung (B ist gutgläubig)

I. Strafbarkeit des B

1. § 212 I (–)

Vorsatz zur Tötung eines Menschen fehlt, § 16 I 1

2. § 222 (+)

a) Tatbestand (+)

b) Rechtswidrigkeit (+)

c) Schuld (+)

3. §§ 303 I, III, 22, 23 I (+)

a) Tatentschluss (+)

b) Unmittelbares Ansetzen (+)

4. §§ 303 II, III, 22, 23 I (–)

5. Konkurrenzen und Ergebnis für B im TK B

§ 222 – § 52 – §§ 303 I, III, 22, 23 I

II. Strafbarkeit des A

1. §§ 212 I, 25 II (–)

Gemeinsamer Tatplan (–)

2. §§ 212 I, 25 I Alt 2 (–)

a) Objektiver Tatbestand (+)

b) Subjektiver Tatbestand (–)

3. §§ 212 I, 26 (–)

Vorsätzliche Haupttat (–)

Problem Nr 36: Fehlgeschlagene Anstiftung; vermeintlicher Täter ist gutgläubig, so dass objektiv mittelbare Täterschaft vorliegt (Rn 297)

4. §§ 212 I, 30 I (+)

5. §§ 211, 30 I (+)

6. §§ 223 I, 224 I Nr 2 und Nr 5, 30 I (–)

Verbrechen iSv § 12 I (–)

7. § 222 (–)

8. Ergebnis für A im TK B

§§ 211, 30 I

C. Gesamtergebnis

I. Im Grundfall:

B: § 211

A: §§ 211, 26

II. In der Abwandlung:

B: § 222 – § 52 – §§ 303 I, III, 22, 23 I

A: §§ 211, 30 I

Ausführliche Lösung von Fall 8

A. Die Tötung des C im Grundfall (B ist bösgläubig)

I. Strafbarkeit des B

1. § 212 I

Zum Aufbau bei der Prüfung von § 212 – § 211 s bereits Rn 54 f; ferner Fall 3 Rn 171 sowie Wessels/Beulke, AT Rn 863.

Dadurch, dass B den C niederschoss, könnte er sich wegen Totschlags strafbar gemacht haben. B hat den Tod des C äquivalent kausal und objektiv zurechenbar herbeigeführt. Im Grundfall war sein Verhalten zudem von Vorsatz getragen. B hat sich gem § 212 I schuldig gemacht. **277**

2. § 211

B könnte als Mörder gehandelt haben.

a) Heimtücke

In objektiver Hinsicht liegt ein Heimtückemord nahe, § 211 II 2. Gruppe.

Problem Nr 34: Verlangt Heimtücke einen verwerflichen Vertrauensbruch? **278**

(1) Die **Rechtsprechung und herrschende Lehre** versteht unter Heimtücke das Ausnutzen der Arg- und Wehrlosigkeit des Opfers in feindlicher Willensrichtung.

Es genügt, dass das Opfer sich eines Angriffs von Seiten des Täters nicht versieht, sich so infolge seiner Arglosigkeit dem Angriff schutzlos ausliefert, und dass der Täter dies bewusst und in tückischer Gesinnung für seine Tat ausnutzt.

(2) Dagegen verlangt eine **Mindermeinung im Schrifttum** über die Arg- und Wehrlosigkeit hinaus einen besonders verwerflichen Vertrauensbruch des Täters seinem Opfer gegenüber.

Argument: Ziel dieser Einschränkung ist eine restriktive Auslegung der Mordmerkmale, die hinsichtlich der absoluten Strafandrohung des § 211 I schon aus verfassungsrechtlichen Gründen geboten erscheint.

Gegenargument: Der Begriff des Vertrauens weist keine festen Konturen auf (Verstoß gegen Bestimmtheitsgrundsatz). Ferner führt dieser Ansatz dazu, dass anonyme, gedungene „Mörder" (Auftragskiller) mangels eines Vertrauensverhältnisses zum oder mangels Bekanntschaft mit dem Opfer nie heimtückisch handeln könnten. Den „Meuchelmord" aber insgesamt aus der Gruppe der Heimtückemorde auszuklammern, ist wenig sachgerecht. Es empfiehlt sich daher, mit der Rechtsprechung auf das Merkmal des besonders verwerflichen Vertrauensbruchs zu verzichten. Ausnahmefälle, in denen der Täter „zum Wohl des Opfers" handelt (zB aktive Sterbehilfe), können auch durch Verneinen der feindlichen Willensrichtung sachgerecht gelöst werden. Allenfalls ist zur Einschränkung des § 211 im subjektiven Bereich ein besonders tückisches, verschlagenes Vorgehen zu verlangen.

Zur Vertiefung: Wessels/Hettinger, BT1 Rn 107 ff.

279 Heimtückisch handelt nach der Formel der Rechtsprechung, wer die Arg- und Wehrlosigkeit des Opfers in feindlicher Willensrichtung zum Angriff ausnutzt. Im Stadtpark erwartete C keinen Hinterhalt. Zudem hätte er in der Dunkelheit und auf die Entfernung den Schützen nicht erkennen können. Er hat sich daher ahnungslos in den Zielbereich der Pistole begeben. B hat diese Arg- und Wehrlosigkeit ausgenutzt.

Dennoch wäre Heimtücke zu verneinen, würde man mit einem Teil des Schrifttums einen besonders verwerflichen Vertrauensbruch gegenüber C verlangen. B hatte weder C in diesen Hinterhalt gelockt, noch kann ein rein zivilrechtliches Schuldverhältnis zu einem besonderen Vertrauensverhältnis zwischen Gläubiger und Schuldner führen. Diese Auslegung kann jedoch den besonders verwerflichen Meuchelmord gerade nicht erfassen. Auf das Merkmal des besonderen Vertrauens zwischen Opfer und Täter sollte deshalb verzichtet werden.

Im vorliegenden Fall steht daher der Annahme von Heimtücke nichts entgegen. B war dem C unzweifelhaft feindlich gesonnen, als er ihn aus dem Hinterhalt erschoss und er hat auch in subjektiver Hinsicht besonders tückisch gehandelt.

Bei der Prüfungsreihenfolge bzgl der Mordmerkmale sollte wie folgt vorgegangen werden. Wird auf eine Trennung in objektiven-subjektiven Tatbestand verzichtet (wie hier im Text) so sollte mit den überwiegend objektiven (tatbestandsbezogenen, s Fall 3 Rn 152 ff) Merkmalen des § 211 II 2. Gruppe begonnen werden. Die subjektiven (täterbezogenen) Mordmerkmale des § 211 II 1. und 3. Gruppe werden erst danach geprüft (ebenso Steinberg, Ad Legendum 3/2009, 179, 185). Wird nach objektivem/subjektivem Tatbestand differenziert, so werden zumeist die Merkmale des § 211 II 2. Gruppe umfassend im objektiven, die des § 211 II 1. und 3. Gruppe im subjektiven Tatbestand geprüft. Eine Mindermeinung differenziert bei den Mordmerkmalen der § 211 II 2. Gruppe – insbes bei dem der Heimtücke – zwischen objektiven Elementen, die im objektiven Tatbestand und subjektiven Elementen, die im subjektiven Tatbestand zu prüfen sind (vgl. Cornelius, JA 2009, 426; Hettinger, JuS 2011, 913, 914; Kett-Straub, JuS 2007, 515 ff). Unstrittig ist, dass der Vorsatz bzgl der die Mordmerkmale begründenden Umstände – sofern er überhaupt der Prüfung bedarf – im subjektiven Tatbestand anzusprechen ist (Beispielsfall bei Rosenau/Zimmermann, JuS 2009, 541). Beim Mordversuch müssen alle Mordmerkmale im Tatentschluss (s Rn 78 f) geprüft werden – auch die Mordmerkmale des § 211 II 2. Gruppe (Beispielsfälle: Kasiske, Jura 2012, 740; Linke/Hacker, JA 2009, 350).

b) Habgier

280 B könnte des Weiteren aus dem Motiv der Habgier heraus gehandelt haben, § 211 II 1. Gruppe. Habgier ist ein ungezügeltes und rücksichtsloses Streben nach Gewinn um jeden Preis, gleichgültig, ob es dabei um einen Vermögenszuwachs oder um die Vermeidung von Aufwendungen als unmittelbare Folge der Tötungshandlung geht.

Das Vermögen des B war gegenwärtig mit einer beträchtlichen Forderung des C belastet. Dieser Belastung erhoffte B sich durch den Tod des C zu entledigen, dh zumindest rechnete er mit der Nichtgeltendmachung des Zahlungsanspruchs durch die Erben von C. Die Sorge um das eigene Vermögen war Hauptmotiv des Täters. Er wollte sich um den Preis eines Menschenlebens sanieren, handelte also habgierig.

c) Sonstige niedrige Beweggründe

In diesem Motivbündel könnten auch niedrige Beweggründe eine bestimmende Rolle gespielt haben, § 211 II 1. Gruppe. Niedrige Beweggründe sind alle Tatantriebe, die sittlich auf tiefster Stufe stehen und nach allgemein anerkannten Wertmaßstäben besonders verwerflich und geradezu verachtenswert sind. Wo ein Motivbündel vorliegt, müssen die vorherrschenden Beweggründe, die der Tat ihr Gepräge gegeben haben, die genannten Züge aufweisen (*Wessels/Hettinger, BT1 Rn 97*).

Hier hat B zwar aus triebhafter Eigensucht gehandelt, jedoch ergibt sich aus dem Sachverhalt nicht, dass über seine Gewinnsucht hinaus, die bereits durch das Merkmal der Habgier abgedeckt wird, besonders verwerfliche Motive vorgelegen hätten.

B ist also des Heimtücke- und Habgiermordes schuldig.

3. §§ 223 I, 224 I Nr 2, Nr 3 und Nr 5

a) Objektiver Tatbestand

B hat den C unter Einsatz einer Waffe, nämlich eines gebrauchsfertigen Werkzeugs, das **281**
nach der Art seiner Ausfertigung nicht nur geeignet, sondern auch allgemein dazu bestimmt ist, Menschen durch seine mechanische oder chemische Wirkung körperlich zu verletzen, in seiner körperlichen Integrität beeinträchtigt. §§ 223 I, 224 I Nr 2 sind somit erfüllt. Daneben könnte noch ein hinterlistiger Überfall iSv § 224 I Nr 3 stattgefunden haben. Ein Überfall ist jeder plötzliche, unerwartete Angriff auf einen Ahnungslosen. Hinterlist bedeutet in diesem Zusammenhang, dass der Täter seine wahre Absicht planmäßig berechnend verdeckt, um gerade dadurch dem Angegriffenen die Abwehr zu erschweren. Das bloße Ausnutzen des Überraschungsmoments genügt allein nicht, vielmehr müssen weitere Verschleierungsmaßnahmen getroffen worden sein (*BGH NStZ 2005, 40; Wessels/Hettinger, BT1 Rn 279*). Solche speziellen Vorkehrungen fehlen hier. Der Schuss aus dem Hinterhalt ist demnach nicht als hinterlistiger Überfall zu sehen. In dem Abfeuern der Waffe lag aber unzweifelhaft ein konkret lebensgefährdendes Vorgehen, so dass auch § 224 I Nr 5 erfüllt ist.

b) Subjektiver Tatbestand

Körperverletzungs- und Tötungsvorsatz könnten sich gegenseitig ausschließen. Wer tötet, wird nicht nur die Verletzung wollen. Der Tod ist jedoch denknotwendig Folge der tödlichen Verletzung. Deshalb ist der Körperverletzungsvorsatz entsprechend der Einheitstheorie im Tötungsvorsatz mitenthalten (*vgl Fall 1 Problem Nr 5 Rn 116*).

Insgesamt ist also eine gefährliche Körperverletzung nach den Nr 2 und Nr 5 zu bejahen, sie wird jedoch auf Konkurrenzebene im Wege der Subsidiarität von § 211 verdrängt.

4. Konkurrenzen und Ergebnis für B im TK A

§ 211 verdrängt den Totschlag (§ 212 I) im Wege der Spezialität. B ist wegen Mordes gem § 211 strafbar.

II. Strafbarkeit des A

1. §§ 212 I, 25 II

Zum Aufbau bei Mittäterschaft s Rn 88, 158 und 431 sowie Wessels/Beulke, AT Rn 882.

282 A könnte sich dadurch, dass er das Treffen im Stadtpark arrangierte und vor Ort dem B zurief: „Dort!", wegen Totschlags strafbar gemacht haben. C ist jedoch unmittelbar durch eine Handlung des B und nicht durch die Hand des A zu Tode gekommen. A könnte also nur als Täter aus § 212 I bestraft werden, wenn ihm dieses Fremdverhalten als eigenes zurechenbar wäre. Dies kommt hier in erster Linie gem § 25 II über die Figur der Mittäterschaft in Betracht, wenn sich das Gesamtgeschehen als bewusstes und gewolltes Zusammenwirken von A und B darstellt. Mindestvoraussetzung für eine solche Mittäterschaft wäre aber ein gemeinsamer Tatentschluss, erkennbar durch eine ausdrückliche oder stillschweigende Tatvereinbarung. An dieser fehlt es. A und B haben jeweils unabhängig voneinander ihren eigenen Tötungsvorsatz gefasst. Dass beide das gleiche Ziel verfolgten, war nur B, aber nicht A bekannt. Mittäter konnten sie folglich nicht sein.

2. §§ 212 I, 25 I Alt 2

Zum Aufbau bei mittelbarer Täterschaft s Rn 92 und 431 sowie Wessels/Beulke, AT Rn 883.

283 A könnte aber durch die Herbeiführung des Treffens im Park und durch den Ruf „Dort!" mittelbarer Täter nach § 25 I Alt 2 gewesen sein und sich deshalb das Verhalten des B zurechnen lassen müssen. Mittelbarer Täter ist, wer die Straftat „durch einen anderen" begeht, sich also lenkend eines Tatmittlers zur Tatausführung als einer Art „menschlichen Werkzeugs" bedient. In objektiver Hinsicht setzt das eine aus tatsächlichen oder rechtlichen Gründen tatbeherrschende Stellung des Hintermannes voraus, während der Tatmittler aufgrund eines „Defekts" nicht oder nicht voll verantwortlich handelt.

Wäre gemäß dem eigentlichen Tatplan B als vorsatzloses Tötungswerkzeug aufgetreten, hätte die Tat auch tatsächlich dem A kraft seines überlegenen Wissens zugerechnet werden können. Sein planvoll lenkender Wille hätte das Gesamtgeschehen als „seine Tat" erscheinen lassen.

Im konkreten Fall durchschaute B aber alles, so dass es zweifelhaft erscheint, ob der Hintermann gleichwohl als mittelbarer Täter eingestuft werden kann.

284 **Problem Nr 35: Vermeintliche mittelbare Täterschaft; unmittelbar Handelnder ist bösgläubig, Hintermann hält ihn für gutgläubig**

(1) Die **Rechtsprechung**, die Täterschaft und Teilnahme nach dem entsprechenden Beteiligtenvorsatz, also nach dem animus auctoris bzw animus socii abgrenzt (*vgl Fall 3 Problem Nr 13 Rn 159*), kann problemlos trotz eines voll verantwortlichen Tatmittlers mittelbare Täterschaft gem §§ 212 I, 25 I Alt 2 bejahen.

Argument: Es genügt, wenn sich aus der Sicht des Hintermannes die Tat als von ihm gesteuert darstellt, egal wie die tatsächlichen Verhältnisse sein mögen.

(2) Dagegen muss mit der **Tatherrschaftslehre** eine Strafbarkeit aus dem vollendeten Delikt schon im objektiven Tatbestand scheitern.

Argument: Der Wille zur tatbeherrschenden Rolle allein genügt nicht, wenn diese Tatherrschaft in der Realität fehlt. Das erscheint auch folgerichtig. Anders wären Täter- und Teilnehmerstellung beliebig austauschbar.

Wenn aber mit der Tatherrschaftslehre eine Bestrafung aus §§ 212 I, 25 I Alt 2 entfällt, ist innerhalb des Schrifttums umstritten, wie die Haftung des Hintermannes weiter begründet werden soll.

(a) ZT wird nur ein **Versuch der mittelbaren Deliktsbegehung** angenommen.

In der Vorstellung des „Hintermannes" lagen zumindest alle Voraussetzungen für die Tatverwirklichung als mittelbarer Täter vor.

Unmittelbares Ansetzen zum Versuch kann spätestens beim Ansetzen des (vermeintlich) vorsatzlos handelnden Werkzeugs bejaht werden (*vgl Fall 4 Problem Nr 23 Rn 194*).

Gegenargument: Der Nachteil der bloßen Versuchslösung ist, dass aus dem Schuldspruch nicht erkennbar wird, dass es unter Beteiligung des „Hintermannes" tatsächlich zu einer Rechtsgutverletzung kam.

(b) Es empfiehlt sich deshalb, mit der herrschenden Lehre im Schrifttum eine **vollendete Anstiftung** zum Delikt neben der Versuchsstrafbarkeit als mittelbarer Täter **in Erwägung zu ziehen** (*Fortsetzung Problem Nr 35 Rn 288*).

Zur Vertiefung: Wessels/Beulke, AT Rn 549.

Für die Rechtsprechung stellt sich in dieser Konstellation nur ein Vorsatzproblem. Ungeachtet der nicht tatbeherrschenden Rolle würde ihr der Wille zur Täterschaft in Form des § 25 I Alt 2 genügen, um A nach §§ 212 I, 25 I Alt 2 zu bestrafen. Aber eine reine Gesinnungsstrafbarkeit wird den Anforderungen an eine mittelbare Täterschaft nicht gerecht. Täter kann nur sein, wer das Geschehen tatsächlich lenkt. Bei der Abgabe des Todesschusses war das einzig B. A ist nicht nach §§ 212 I, 25 I Alt 2 zu bestrafen. 285

Er könnte allenfalls Versuchstäter nach §§ 212 I, 22, 23 I, 25 I Alt 2 sein.

3. §§ 212 I, 22, 23 I, 25 I Alt 2

Der vollendete Totschlag in mittelbarer Täterschaft ist hier daran gescheitert, dass B bösgläubig war, so dass A die Tatherrschaft für die Erfolgsherbeiführung fehlte. A wollte aber den Taterfolg herbeiführen. Indem er seine Einwirkung auf das vermeintliche Werkzeug abgeschlossen und das Werkzeug selbst auch zur Tatverwirklichung angesetzt hat, liegt nach allen Ansichten über den Versuchsbeginn bei mittelbarer Täterschaft (*vgl o Fall 4 Problem Nr 23 Rn 194*) ein unmittelbares Ansetzen zur eigentlichen Tatbestandsverwirklichung vor. Ein versuchter Totschlag ist damit gegeben. 286

Zweifelhaft erscheint allein, ob es dabei verbleiben kann. Bei diesem Ergebnis wäre nicht in ausreichendem Maße klargestellt, dass C tatsächlich zu Tode kam. Zur Betonung der tatsächlichen Rechtsgutverletzung ist deshalb zusätzlich (oder stattdessen) eine Strafbarkeit wegen Anstiftung zum Totschlag zu erwägen.

4. §§ 212 I, 26

In der Aufforderung „Dort!" könnte eine Anstiftung zum Totschlag zu sehen sein.

a) Objektiver Tatbestand

aa) Haupttat

B hat einen Totschlag gem § 212 I begangen (*s I 1 Rn 277*). Damit ist eine vorsätzliche und rechtswidrige Haupttat iSd § 26 gegeben.

bb) Anstiftungshandlung

287 A hat B aufgefordert, auf die sich nähernde Gestalt des C zu schießen. In dieser Aufforderung lag seine Anstifterhandlung, mit der B zur Begehung der Haupttat bestimmt wurde.

Ausgespart worden ist das Randproblem, welche Anforderungen im Einzelnen an die Anstiftungshandlung zu stellen sind. Wer diese Frage hier vertieft behandeln will, könnte kurz die verschiedenen in Rechtsprechung und Literatur vertretenen Ansichten skizzieren. Am Vorliegen einer – nach hA genügenden – „Willensbeeinflussung im Wege des offenen geistigen Kontakts" kann es keinen Zweifel geben. Einzelheiten s Fall 3 Problem Nr 14 Rn 161.

b) Subjektiver Tatbestand

aa) Vorsatz bzgl der Haupttat

Die Verwirklichung aller objektiven Tötungsmerkmale des § 212 I durch B gehörte zum Tatplan von A. A wollte, dass C zu Tode kommt, er wollte also eine Haupttat iS einer Tötungshandlung. Der Umstand, dass nach Meinung des A nur er selbst, nicht hingegen auch B vorsätzlich handelte, kann als unwesentliche Abweichung vom vorgestellten Kausalverlauf betrachtet werden.

bb) Vorsatz bzgl der Anstiftungshandlung

Fraglich erscheint hier aber der Vorsatz bzgl der Anstiftungshandlung, denn A wollte, dass B unvorsätzlich handelt, mithin wollte er eine mittelbare Täterschaft und keine Anstiftung.

288 **Problem Nr 35 [Fortsetzung von Problem Nr. 35 Rn 284]: Anstiftungsvorsatz als Minus mit im Tätervorsatz enthalten?**

Innerhalb der Tatherrschaftslehre wird zu Recht ein Anstiftervorsatz mit der Begründung bejaht, dass der Wille zur Anstiftung als ein „qualitatives Weniger" im Willen zur Täterschaft enthalten ist.

Argument: Wer eine Tat als eigene begehen will, dem kann ohne Verstoß gegen rechtsstaatliche Grundsätze wenigstens eine minder schwere Beteiligungsform zum Vorwurf gemacht werden.

Hätte der Beteiligte gewusst, dass die Täterschaft einem anderen zukam, so hätte er doch mindestens noch Anstifter sein wollen.

Möglich ist diese Konstruktion allerdings nur dort, wo das Gesetz für einen Anstifter nicht höhere Strafen vorsieht als für einen Täter. Im Verhältnis des § 160 zu § 154 und des § 271 zu § 348 ist die Umdeutung vom Täter- in einen Anstiftervorsatz zB ausgeschlossen. Dort ist die Strafandrohung für die Täterschaft gem § 160 bzw § 271 geringer als für die Anstiftung zu § 154 bzw § 348 (*s auch Wessels/Hettinger, BT1 Rn 783*).

Sind die Strafandrohungen von Täterschaft und Anstiftung jedoch (wie zumeist) gleich, steht der Weg über § 26 grundsätzlich offen.

Zur Vertiefung: Wessels/Beulke, AT Rn 549.

Der Vorsatz der mittelbaren Täterschaft ist der weitergehende, der auch das „Minus" des Anstiftungsvorsatzes automatisch mit enthält. Die Strafandrohung zu §§ 212 I, 25 I Alt 2 entspricht der zu §§ 212 I, 26. Wird der Tatentschluss zur mittelbaren Täterschaft bei A in das „qualitative Minus" eines Anstiftervorsatzes umgedeutet, hat das also keine schärfere Bestrafung des A zur Folge. Hätte A gewusst, dass B vorsätzlich tötete, so hätte er zumindest Anstifter zur Tötung des C sein wollen. Es erscheint deshalb sachgerecht, ihn aus §§ 212 I, 26 zur Verantwortung zu ziehen. **289**

c) Rechtswidrigkeit und Schuld

A handelte rechtswidrig und schuldhaft. Er hat sich gem §§ 212 I, 26 schuldig gemacht.

d) Konkurrenz zum versuchten Totschlag

Der Totschlagsversuch tritt im Wege der Gesetzeskonkurrenz (Subsidiarität) hinter die vollendete Anstiftung zurück *(Einzelheiten zum Konkurrenzverhältnis str; vgl LK-Rissing-van Saan, Vor § 52 Rn 98 ff, 125 ff, 138; Wessels/Beulke, AT Rn 790).*

5. §§ 211, 26

a) Objektiver Tatbestand

Die Haupttat des B stellte sich nicht nur als Totschlag, sondern auch als Heimtücke- und Habgiermord dar. Die Anstiftungshandlung des A („Dort!") ist auch für diese Haupttat äquivalent kausal geworden. **290**

b) Subjektiver Tatbestand

A wollte einen Mord an C. Allerdings wollte er den Mord in mittelbarer Täterschaft begehen, wohingegen objektiv eine Anstiftung vorlag. Auch insoweit ist aber davon auszugehen, dass der Anstiftungsvorsatz als Minus im Vorsatz der mittelbaren Täterschaft enthalten ist. Es muss genügen, dass A in seiner eigenen Person Mordmerkmale verwirklicht. A war habgierig und er wusste, dass die Tötungshandlung heimtückisch ausgeführt wurde. Der Umstand, dass es sich bei dem auch in der Person des B erfüllten Mordmerkmal der Habgier (*s I 2 Rn 280*) um ein besonderes persönliches Merkmal handelt, das dem A uU wegen §§ 28 II, 29 nicht zur Last gelegt werden könnte (*s Fall 3 Problem Nr 16 Rn 165*), ist für die Vorsatzproblematik des A hier nicht von Bedeutung. Vor allem aber ist die Heimtücke ein tatbezogenes (objektives) Mordmerkmal, das sowieso jedem Beteiligten bei Kenntnis zugerechnet wird, so also hier dem A, wenn man den Anstiftervorsatz als im weiterreichenden Vorsatz der mittelbaren Täterschaft mitenthalten ansieht.

c) Akzessorietätslockerung

Wegen des tatbezogenen Mordmerkmales der Heimtücke scheidet hier eine Akzessorietätslockerung, die stets nur bei täterbezogenen Merkmalen (zB bei Habgier) in Betracht kommt (§§ 28 I, II, 29), von vornherein aus.

Es liegt also eine Strafbarkeit nach §§ 211, 26 vor. Diese geht als lex specialis der Anstiftung zum Totschlag vor.

Abzusehen ist hier von einer Erörterung des Verhältnisses von § 211 zu § 212 und der davon abhängigen Frage, ob § 28 I, § 28 II oder § 29 für den Teilnehmer gilt (s Fall 3 Problem Nr 16 Rn 165). Darauf ist nur einzugehen, wenn die Frage für die Falllösung wirklich relevant wird, nämlich dann, wenn der Täter ein täterbezogenes Mordmerkmal aufweist, das beim Teilnehmer fehlt (oder umgekehrt). Sind hingegen beim Täter tatbezogene Mordmerkmale erkennbar, die der Teilnehmer auch kennt, so erfolgt die Zurechnung für den Mittäter problemlos über § 25 II, für den mittelbaren Täter über § 25 I 2. Alt und für den Teilnehmer über die §§ 26, 27. Einzelheiten s Rn 55 und Fall 3 Rn 150 ff.

6. §§ 223 I, 224 I Nr 2 und Nr 5, 26

A hat B auch dazu bestimmt, C durch den Schuss, also mittels einer Waffe und mittels einer das Leben gefährdenden Behandlung zu misshandeln und lebensgefährliche Gesundheitsschädigungen hervorzurufen.

§§ 223 I, 224 I, 26 werden im Ergebnis durch §§ 211, 26 verdrängt (Einheitstheorie).

7. §§ 223 I, 224 I Nr 2 und Nr 5, 22, 23 I, 25 I Alt 2

Der ebenfalls erfüllte Versuch der gefährlichen Körperverletzung in mittelbarer Täterschaft ist seinerseits zur Anstiftung zur gefährlichen Körperverletzung subsidiär, die ihrerseits – wie unter 6. dargelegt – in §§ 211, 26 aufgeht.

8. Ergebnis für A im TK A

A wird aus §§ 211, 26 bestraft.

B. Abwandlung (B ist gutgläubig)

I. Strafbarkeit des B

1. § 212 I

291 Indem B in Verkennung der Situation den C mit einem gezielten Schuss tötete, könnte er sich wegen Totschlags strafbar gemacht haben. B hielt, den Worten des A Glauben schenkend, die schemenhafte ferne Gestalt für eine Katze und unterlag damit einem Identitätsirrtum bzgl des anvisierten Objekts (error in obiecto vel persona). Die Strafbarkeit des B hängt somit davon ab, ob das vorgestellte und das tatsächlich getroffene Objekt tatbestandlich gleichwertig sind. Ist das der Fall, so bleibt die Objektsverwechslung rechtlich bedeutungslos. Bei nicht gleichwertigen Objekten findet § 16 I Anwendung, was eine Kombination von Versuchs- und Fahrlässigkeitsstrafbarkeit für den Täter zur Folge hat (*vgl Fall 3 Problem Nr 12 Rn 153*).

B stellte sich die Tötung eines Tieres, also einer Sache iSd Strafrechts (*vgl Fall 1 Problem Nr 1 Rn 104*) vor, getroffen wurde aber ein Mensch. Diese Objekte sind keinesfalls gleichwertig, womit der Irrtum von B gem § 16 I relevant wird.

Eine Strafbarkeit aus § 212 I entfällt gem § 16 I 1.

2. § 222

In Betracht kommt jedoch eine Strafbarkeit wegen fahrlässiger Tötung.

a) Tatbestand

Hierfür kommt es darauf an, ob B bei der Abgabe des tödlichen Schusses eine Sorgfalts- **292**
pflichtverletzung vorzuwerfen ist.

Der Umgang mit Schusswaffen verlangt besondere Vorsicht. Ein ohne klare Sicht in einem Stadtpark ins Dunkle abgefeuerter Schuss wird diesem erhöhten Sorgfaltsmaßstab nicht gerecht. Die Möglichkeit, einen anderen Menschen zu verletzen, lag für jeden ersichtlich auf der Hand. Auch auf Ratschläge eines Dritten darf der Schütze nicht ohne eigene Prüfung der Situation vertrauen, und schon gar nicht darf er als Kurzsichtiger aufs Geratewohl unidentifizierbare Schemen anvisieren.

B handelte bei Tötung des C objektiv fahrlässig.

b) Rechtswidrigkeit

B handelte auch rechtswidrig.

c) Schuld

B war die eigene Kurzsichtigkeit bekannt und er wusste als verständiger Mensch auch um die Gefährlichkeit eines Schusswaffeneinsatzes in städtischen Grünanlagen. Deshalb handelte er subjektiv sorgfaltswidrig. Das Vertrauen auf A entschuldigt ihn nicht, ebenso wenig wie andere Entschuldigungsgründe den Fahrlässigkeitsschuldvorwurf entfallen lassen.

B ist gem § 222 zu bestrafen.

3. §§ 303 I, III, 22, 23 I

Versuchte Sachbeschädigung ist gem §§ 303 III, 23 I Alt 2 strafbar. **293**

a) Tatentschluss

B stellte sich vor, eine Katze, dh eine Sache iSd Strafrechts, zu töten. Die Tötung eines Tieres wird dessen Substanzvernichtung gleichgestellt.

Zur Sacheigenschaft von Tieren im Strafrecht s Fall 1 Problem Nr 1 Rn 104.

Problematisch erscheint nur, ob B sich vorgestellt hat, auf fremde Tiere zu schießen oder ob er von einem herrenlosen Streuner ausging. Nach lebensnaher Sachverhaltsauslegung hat B in einem zentral gelegenen Stadtpark damit gerechnet, dass es sich nicht um eine herrenlose Katze handelt.

Er hat sich daher mindestens billigend damit abgefunden, fremdes Eigentum zu zerstören *(gegenteilige Sachverhaltsauslegung vertretbar).*

Sachverhaltsunklarheiten sind stets durch eine lebensnahe Interpretation zu klären. Von Alternativgutachten ist abzusehen. Wenn der Aufgabensteller selbst von Zweifeln in tatsächlicher Hinsicht ausgeht (bei Problemen von in dubio pro reo und Wahlfeststellung, vgl Wessels/Beulke, AT Rn 800 ff), so macht er das in der Aufgabenstellung unmissverständlich deutlich (ebenso Arzt, Strafrechtsklausur S 232 ff; Klaas/Scheinfeld, Jura 2010, 542; s auch Rn 5 ff und 81 sowie Rn 407).

b) Unmittelbares Ansetzen

Die Abgabe des Schusses ist unproblematisch auch ein Ansetzen zum Versuch der Sachbeschädigung.

B ist gem §§ 303 I, 22, 23 I strafbar.

4. §§ 303 II, III, 22, 23 I

Es könnte auch eine gem §§ 303 II, III, 23 I Alt 2, 12 II strafbare Sachbeschädigung in Form einer versuchten Veränderung des Erscheinungsbildes vorliegen. Verändern des Erscheinungsbildes einer Sache bedeutet, dass der Täter durch sein Verhalten die optisch wahrnehmbare Oberfläche der Sache in einen vom ursprünglichen abweichenden Zustand versetzt (*s Fall 1 Rn 108*). B wollte die Katze erschießen, nach lebensnaher Sachverhaltsauslegung sollte die Kugel also ein größeres Loch in das Fell reißen, so dass es zu einer optisch wahrnehmbaren Veränderung kommen sollte. Es würde sich auch um eine nicht nur unerhebliche und nicht nur vorübergehende Veränderung handeln *(gegenteilige Sachverhaltsinterpretation nicht ausgeschlossen).*
Die versuchte Sachbeschädigung nach § 303 II, III, 22, 23 I wird jedoch durch den Versuch des § 303 I verdrängt (Spezialität).

Die strittige Frage, ob § 303 I und II sich schon tatbestandlich gegenseitig ausschließen oder ob § 303 I den Abs 2 als lex specialis verdrängt, wenn nicht nur das Erscheinungsbild, sondern auch die Sache selbst oder deren Funktionalität beeinträchtigt wird (dafür Wessels/Hillenkamp, BT2 Rn 37; Satzger, Jura 2006, 428, 434; Beulke, Klausurenkurs III Rn 145) muss einem Anfänger nicht geläufig sein. Wer sie kennt, kann sie gleichwohl hier ganz kurz ansprechen, das Ergebnis aber offen lassen.

5. Konkurrenzen und Ergebnis für B im TK B

Die fahrlässige Tötung sowie die versuchte Sachbeschädigung erfolgten durch ein und dieselbe Handlung. Beide Vorschriften schützen unterschiedliche Rechtsgüter. Deshalb ist von Idealkonkurrenz (§ 52) auszugehen.

B ist also strafbar gem § 222 – § 52 – §§ 303 I, III, 22, 23 I.

II. Strafbarkeit des A

1. §§ 212 I, 25 II

A könnte sich dadurch, dass er das Treffen arrangierte und dem B „Dort!" zurief, wegen eines Totschlags strafbar gemacht haben. A selbst hat den Todesschuss nicht abgefeuert, vielmehr hat B geschossen. Dieses Verhalten könnte dem A gem § 25 II zugerechnet werden. A und B müssten dafür Mittäter sein. Das setzt zunächst voraus, dass sie aufgrund eines gemeinsamen Tatplans mit dem Ziel der Tötung des C gehandelt haben. Ausdrücklich wurde die Tat nie abgesprochen. Auch ein stillschweigendes Einverständnis kann aber genügen, wenn es denn tatsächlich vorliegt. Wenn aber nur A überhaupt erkannte, dass hier ein Mensch getötet wird, dann kann auch sein Irrtum über das Wissen des B von dieser Tatsache nicht eine in Wirklichkeit fehlende Willensübereinstimmung ersetzen. Eine Zurechnung von Tatbeiträgen über Mittäterschaft, § 25 II, scheidet aus. 294

2. §§ 212 I, 25 I Alt 2

a) Objektiver Tatbestand

Wenn A im vollen Bewusstsein der Tatumstände den B für sich hat handeln lassen, obwohl sich dieser in einem Irrtum über den Tatbestand des § 212 I befand (§ 16 I 1, *s I 1 Rn 291*), könnte er mittelbarer Täter gem § 25 I Alt 2 sein, der das Gesamtgeschehen kraft planvoll lenkenden Willens in der Hand hält. 295

Objektiv erscheint die Tat auch aufgrund des vorsatzlosen Handelns des B als Werk des A.

b) Subjektiver Tatbestand

Jedoch rechnete A, so sehr er auch den Taterfolg beabsichtigt hatte, nicht mit der Gutgläubigkeit des B und damit nicht mit seiner eigenen tatbeherrschenden Rolle. Vielmehr wollte er B nur zu einer vorsätzlichen rechtswidrigen Haupttat bestimmen, also Anstifter gem § 26 sein. Ein Anstiftervorsatz lässt sich auch nicht in das qualitative „Mehr" eines Tätervorsatzes umdeuten. Deshalb bleibt A aus §§ 212 I, 25 I Alt 2 straflos.

3. §§ 212 I, 26

Entsprechend dem Vorsatz des A kommt wegen des Arrangierens des Treffens und der Aufforderung „Dort!" eine Strafbarkeit als Anstifter in Betracht. Anstiftung verlangt jedoch laut § 26 objektiv eine vorsätzliche und rechtswidrige Haupttat, welche B mangels Vorsatzes nicht begangen hat. Fraglich ist, ob an diesem Erfordernis die Anstiftung zum Totschlag scheitert. 296

Problem Nr 36: Fehlgeschlagene Anstiftung; vermeintlicher Täter ist gutgläubig, so dass objektiv mittelbare Täterschaft vorliegt 297

(1) Eine **Mindermeinung** will im Ergebnis wegen vollendeter Anstiftung bestrafen.

Argument: Wenn die strafrechtliche Haftung wegen vollendeter Anstiftung nicht eingreift, bleibt nur eine Strafbarkeit wegen versuchter Anstiftung, § 30 I. Auf diese Weise wird jedoch der, der an sich Täter war, nur noch geringer als ein Anstifter, der er sein wollte, bestraft. Hinzu kommt, dass § 30 I überhaupt nur bei Verbrechen anwendbar ist, so dass bei Vergehen sogar eine totale Strafbarkeitslücke entsteht. Deshalb wird vorgeschlagen, das objektiv geschehene „Mehr" der mittelbaren Täterschaft nach § 25 I Alt 2 für das „Minus" der Anstiftung als vorsätzliche und rechtswidrige Haupttat iSv § 26 einzustufen. Für diese Lösung müsste eigentlich auch die Rechtsprechung offen sein, die bei der Abgrenzung von Täterschaft und Teilnahme vornehmlich auf den Willen des Tatbeteiligten abstellt (*s Fall 3 Problem Nr 13 Rn 159*).

(2) Die ganz **herrschende Lehre** lehnt hier jedoch zu Recht die vollendete Anstiftung ab.

Argument: Die §§ 26 und 27 verlangen ihrem ganz klaren Gesetzeswortlaut nach eine vorsätzliche Haupttat. Die objektiv seitens des Angestifteten stattgefundene Fahrlässigkeitstat und die objektiv gegebene mittelbare Täterschaft können dieses Erfordernis nicht ersetzen. Die Voraussetzung der vorsätzlichen Haupttat zu übergehen und dennoch aus §§ 26, 27 zu verurteilen, wäre eine verbotene Analogie zu Lasten des Täters. Die Strafbarkeitslücke des § 30 I bzgl Vergehen ist vom Gesetzgeber gewollt und daher hinzunehmen. Eine Lösung ist also allein über § 30 I zu suchen.

Zur Vertiefung: Wessels/Beulke, AT Rn 548.

298 Für die Bestrafung wenigstens nach vollendeter Anstiftung spricht, dass A bei der Tatausführung nicht „weniger", sondern „mehr" war als er sein wollte, nämlich Täter. Auch wird nur bei einer Anwendung des § 26 klar, dass eine Rechtsgutverletzung tatsächlich eintrat. Trotzdem ist die Lösung aus § 30 I zu suchen. Der Gesetzeswortlaut des § 26, der eine vorsätzliche Haupttat verlangt, während B hier bzgl der Todesfolge nur fahrlässig gehandelt hat, darf nicht zu Lasten des Täters übergangen werden; sonst läge eine Verletzung des strafrechtlichen Analogieverbots des Art 103 II GG vor.

Aus §§ 212 I, 26 kann A nicht bestraft werden.

4. §§ 212 I, 30 I

Totschlag ist gem § 12 I ein Verbrechen. § 30 I kann auf den Versuch des A, den B zu einer Tat iSv § 212 I anzustiften, Anwendung finden. A hat die §§ 212 I, 30 I verwirklicht.

5. §§ 211, 30 I

299 In der Vorstellung von A hat B auch objektiv heimtückisch, dh aus dem Hinterhalt heraus gehandelt, sowie aus Habgier. Auch A selbst hat habgierig gehandelt. Darauf kommt es jedoch nicht an, denn allein schon wegen des tatbezogenen Mordmerkmales der Heimtücke ist A aus §§ 211, 30 I strafbar. Es kann deshalb dahinstehen, ob für das täterbezogene Mordmerkmal der Habgier die §§ 28 I, II oder 29 anwendbar sind.

§§ 212 I, 30 I werden durch die spezielleren §§ 211, 30 I verdrängt.

Bei der Prüfung des Versuchs einer Beteiligung gem § 30 I ist der Versuchsaufbau zu wählen (Wessels/Beulke, AT, Rn 886; Hauf, AT S 98; Jäger, AT § 6 Rn 276; weitere Beispiele bei Gropp/Küpper/Mitsch, Fallsammlung [9] S 184; Jeßberger/Book, JuS 2010, 321; Krack/Schwarzer, JuS 2008, 144), die Verbrechensverabredung nach § 30 II ist hingegen wie ein Vollendungsdelikt zu prüfen, da das Erfolgsunrecht der Verbrechensverabredung bereits mit dem konspirativen Zusammenwirken der Beteiligten verwirklicht ist (vgl Jäger, AT § 6 Rn 282).

6. §§ 223 I, 224 I Nr 2 und Nr 5, 30 I

Normalerweise tritt die im Totschlag mitverwirklichte Körperverletzung nach der Einheitstheorie auf Konkurrenzebene zurück. Allerdings ist das Delikt des § 224 I kein Verbrechen gem § 12 I. Hier scheitert die versuchte Anstiftung zur gefährlichen Körperverletzung daher schon daran, dass die Voraussetzungen des § 30 I nicht erfüllt sind und A in dieser Hinsicht straflos bleiben muss.

7. § 222

A hat C nicht sorgfaltswidrig getötet, sondern er hat zielgerichtet, also vorsätzlich, auf diesen Taterfolg hin gehandelt. Vorsatz und Fahrlässigkeit schließen sich gegenseitig aus. Einschlägig ist daher nicht § 222, sondern vielmehr nur §§ 211, 30 I.

8. Ergebnis für A im TK B

A ist aus §§ 211, 30 I strafbar.

C. Gesamtergebnis

I. Grundfall

Im Grundfall ist B nach § 211, A nach §§ 211, 26 zu bestrafen.

II. Abwandlung

In der Abwandlung gelten für A die §§ 211, 30 I.

Bzgl B liegt eine fahrlässige Tötung in Tateinheit mit versuchter Sachbeschädigung vor: § 222 – § 52 – §§ 303 I, III, 22, 23 I.

Definitionen zum Auswendiglernen

Habgier	iSv **§ 211** ist ein ungezügeltes und rücksichtsloses Streben nach Gewinn um jeden Preis, gleichgültig, ob es dabei um einen Vermögenszuwachs oder um die Vermeidung von Aufwendungen als unmittelbare Folge der Tötungshandlung geht (*Wessels/Hettinger, BT1 Rn 94b*).
Waffe	iSv **§ 224 I Nr 2** ist ein gebrauchsfertiges Werkzeug, das nach Art seiner Anfertigung nicht nur geeignet, sondern auch allgemein dazu bestimmt ist, Menschen durch seine mechanische oder chemische Wirkung körperlich zu verletzen, sog Waffe im technischen Sinn (*Wessels/Hettinger, BT1 Rn 273*).
Überfall	iSv **§ 224 I Nr 3** ist jeder plötzliche, unerwartete Angriff auf einen Ahnungslosen (*Wessels/Hettinger, BT1 Rn 279*).
Hinterlistig	iSv **§ 224 I Nr 3** ist dieser Überfall, wenn der Täter seine wahre Absicht planmäßig berechnend verdeckt, um gerade dadurch dem Angegriffenen die Abwehr zu erschweren (*Wessels/Hettinger, BT1 Rn 279*).

Weitere einschlägige Musterklausuren

Zum Problem, ob Heimtücke einen verwerflichen Vertrauensbruch verlangt:

Busch, JuS 1993, 304; *Buttel/Rotsch*, JuS 1995, 1096; *Chowdhury/Meier/Schröder*, Fortgeschrittene [1] S 7; *Cornelius*, JA 2009, 425; *Dessecker*, Jura 2000, 594; *Dohmen*, Jura 2006, 143; *Dreher*, JA-Übungsblätter 2005, 789; Ebert-*Bruckauf*, Fälle [7] S 111; *Fahl*, Jura 1995, 654; *Gropp/Küpper/Mitsch*, Fallsammlung [7] S 133; *Görtz*, Jura 1991, 478; *Haverkamp/Kaspar*, JuS 2006, 895; *Hilgendorf*, Klausurenkurs I, [5] S 35; *Hirschmann*, Jura 2001, 71; *Käßner/Seibert*, JuS 2006, 810; *Kleinbauer/Schröder/Voigt*, Anfänger [10] S 152 und [11] S 167; *Kreuzner/Zetzmann*, ZJS 2011, 268; *Kunz*, Jura 1995, 483; *Linke/Steinhilber*, JA 2010, 192; *Maier/Ebner*, JuS 2007, 651; *Marxen*, BT [2a] S 12; *Otto/Bosch*, Übungen [2] S 86; *Perron/Bott/Gutfleisch*, Jura 2006, 706; *Petrovic/Hillenkamp*, StudZR 2006, 521; 426; *Reinbacher*, Jura 2007, 382; *Rengier/Brand*, JuS 2008, 514; *Rosenau/Zimmermann*, JuS 2009, 514; *Rotsch/Nolte/Peifer/Weitemeyer*, Klausur [20] S 300; *Saliger*, JuS 1995, 1004; *Scholz/Wohlers*, Klausuren und Hausarbeiten S 101; *Sowada*, Jura 1994, 37; *Sternberg-Lieben/von Ardenne*, Jura 2007, 149; *Stiebig*, JA 2009, 600; *Wagemann*, Jura 2006, 867; *Weißer*, JuS 2009, 135; *Wolters*, Fälle [1] S 1.

Zum Problem der vermeintlichen mittelbaren Täterschaft: unmittelbar Handelnder ist bösgläubig, Hintermann hält ihn für gutgläubig:

Buttel/Rotsch, JuS 1995, 1096; *Ernst*, ZJS 2010, 640; *Gropp/Küpper/Mitsch*, Fallsammlung [4] S 88; *Hilgendorf*, Klausurenkurs I, [17] S 163; *Krell*, ZJS 2010, 640; *Kudlich*, Fälle AT [6] S 73, [10] S 146; *Meurer/Kahle/Dietmeier*, [8] S 169; *Rengier*, Jura 1984, 212; *Samson*, Strafrecht St1 [39] S 209; *Schapiro*, JA-Übungsblätter 2005, 615; *Schwabe*, AT [12] S 152; *Seier*, JuS-Lernbogen 2000, L 86; *Zieschang*, JA 2008, 192.

Zum Problem der fehlgeschlagenen Anstiftung: vermeintlicher Täter ist gutgläubig, so dass objektiv mittelbare Täterschaft vorliegt:

Samson, Strafrecht St1 [40] S 218; *Seier*, JuS-Lernbogen 2000, L 87.

Fall 9

20 ist keine Glückszahl

Zwischen den seit 20 Jahren verheirateten Eheleuten Erna (E) und Anton (A) kommt es häufiger zu Auseinandersetzungen mit tätlichem Ausgang. Eines Tages gerät man sich wegen des mittäglichen, wenig gelungenen Schmorbratens in die Haare. Nach langem verbalem Streit will A seiner Ehefrau gerade eine kräftige Backpfeife versetzen und holt deshalb mit der Hand zu einem Schlag aus. Die E missversteht das Verhalten und glaubt an eine Versöhnungsgeste. Dazu hat sie aber keine Lust. Deshalb kommt sie A zuvor und stößt ihn vehement zurück. Dadurch gerät A ins Wanken, fällt nach hinten gegen ein scharfkantiges, fest in der Wand verankertes Bücherregal und zieht sich dabei – wie von E miteinkalkuliert und gewollt – eine leichte Prellung und mehrere Hautabschürfungen zu. **300**

Seine Kränkung und Wut über den Ausgang dieser Auseinandersetzung verwindet A lange nicht. Noch beim gemeinsamen Wochenendausflug in den Teutoburger Wald überlegt er, wie er sich an E rächen könnte. Da kommt es ihm gerade recht, als er sieht, wie die sehr kurzsichtige E – die vor lauter Eitelkeit ihre Brille zu Hause gelassen hat – auf eine Stelle zuschreitet, an der der Weg, von Wasser unterspült, bereits weggebrochen ist. Obwohl A erkennt, dass E in etwa 20 Sekunden bei der etwa 20 m entfernten Gefahrenstelle den Halt verlieren und mit Teilen des Pfades den mehrere Meter tiefen steilen Abhang hinabstürzen wird, ruft er sie nicht zurück. Er rechnet damit, dass sie sich bei dem Sturz Prellungen und Hautabschürfungen, vielleicht auch einen Knochenbruch zuziehen wird. Damit soll sein Rachedurst dann aber auch gestillt sein. Nach zehn weiteren Metern bemerkt jedoch auch der hinter den beiden in einigem Abstand laufende Sohn S die Gefahr, in der seine Mutter schwebt, und ruft ihr zu, sie solle augenblicklich anhalten. Aufgrund der Warnung bleibt E stehen und überspringt die gefährliche Stelle. E bleibt unverletzt.

Wegen der Anstrengungen während der Wanderung zieht sich E mit schweren Kopfschmerzen ins Bett zurück und bittet den A um ein Glas Wasser mit 20 Migränetropfen. A, noch immer auf Rache eingestimmt, greift bewusst eine falsche Arzneiflasche mit einem Mittel gegen Darmverstopfung. Er rechnet damit, dass die E bei einer Überdosis von 20 Tropfen einen Brechdurchfall erleiden wird. Als er bereits zehn Tropfen in das auf dem Nachttisch der E stehende Wasserglas geträufelt hat, klingelt das Telefon und A begibt sich in das Nachbarzimmer. Noch während des Telefonats beschließt A aus Mitleid mit E, die Tat nicht weiter fortzusetzen. Die bereits eingeträufelten zehn Tropfen werden seiner Meinung nach keinerlei gesundheitliche Folgen hervorrufen. Gerade als A in das Zimmer zurückkehrt, hat E das Glas ergriffen und – ohne dass A das noch verhindern konnte – das Wasser in einem Schluck getrunken. E empfindet das Getränk als so widerwärtig, dass sie sich sofort erbrechen muss.

Abwandlung des Geschehens am Krankenbett:

A füllt das Wasserglas für E mit zehn Tropfen in dem Irrglauben, die Menge könnte bereits den Brechdurchfall auslösen. Als er bei E keinerlei Wirkung bemerkt, wird ihm (zu Recht) deutlich, dass er die Dosis verdoppeln muss. Er überredet deshalb die E zu einem zweiten Trunk, in den er weitere zehn Tropfen des Mittels gegen Darmverstopfung träufeln will. Nach fünf Tropfen besinnt er sich jedoch der glücklicheren Tage mit E und beschließt, seine Rache nicht weiterzuverfolgen. E trinkt das Glas mit den fünf Tropfen. Wie von A erhofft, machen sich keinerlei gesundheitliche oder sonstige Konsequenzen bemerkbar.

Haben sich A und E strafbar gemacht?
Erforderliche Strafanträge gelten als gestellt.

Gedankliche Strukturierung des Falles (Kurzlösung)

301

A. Der Schlagabtausch

I. Strafbarkeit des A

1. § 223 I (–)
Keine Tatvollendung

2. §§ 223 I, II, 22, 23 I (+)
a) Vorprüfung (+)
b) Tatentschluss (+)
c) Unmittelbares Ansetzen (+)
d) Rechtswidrigkeit (+)
Für § 32 fehlt ein gegenwärtiger Angriff der E auf A
e) Schuld (+)
f) Strafantrag, § 230 I (+)

3. §§ 224 I Nr 2 und Nr 5, II, 22, 23 I (–)
a) Vorprüfung (+)
b) Tatentschluss (–)
aa) § 224 I Nr 2 (–)
bb) § 224 I Nr 5 (–)

4. Ergebnis für A im TK A
§§ 223 I, II, 22, 23 I

II. Strafbarkeit der E

1. § 223 I (–)
a) Objektiver Tatbestand (+)
b) Subjektiver Tatbestand (+)
c) Rechtswidrigkeit (–)
Notwehr gem § 32 (–)
aa) Notwehrlage (+)
bb) Notwehrhandlung (+)
cc) Subjektives Rechtfertigungselement (–)

Problem Nr 37: Fehlen des subjektiven Rechtfertigungselements (Rn 307)

2. §§ 223 I, II, 22, 23 I (+)
a) Tatentschluss (+)
b) Unmittelbares Ansetzen (+)
c) Rechtswidrigkeit (+)
d) Schuld (+)

3. §§ 224 I Nr 2 (+) und Nr 5 (–), II, 22, 23 I
Scharfkantiges Bücherregal
a) § 224 I Nr 2 (+)

Problem Nr 38: Können unbewegliche Gegenstände gefährliche Werkzeuge iSd § 224 I Nr 2 sein? (Rn 311)

b) § 224 I Nr 5 (–)

4. Ergebnis für E im TK A
§§ 224 I Nr 2, II, 22, 23 I

B. Der Ausflug (Strafbarkeit des A)

1. § 212 I (–)

2. §§ 212 I, 22, 23 I (–)

3. §§ 223 I, II, 22, 23 I (–)
Kein positives Tun

4. §§ 223 I, II, 22, 23 I, 13 I (+)
a) Strafbarkeit des Versuchs (+)
b) Tatentschluss (+)
- Vorsatz bzgl Verletzungsfolgen durch einen Sturz (+)
- Vorsatz bzgl der Garantenstellung nach § 13 I aus enger natürlicher Verbundenheit (+)

c) Unmittelbares Ansetzen (+)

Problem Nr 39: Versuchsbeginn beim Unterlassungsdelikt (Rn 315)

d) Rechtswidrigkeit (+) und Schuld (+)
e) Rücktritt nach § 24 I 1 Alt 1 (–)

5. §§ 224 I Nr 2 und Nr 5, II, 22, 23 I, 13 I (–)
a) Tatentschluss (–)
aa) § 224 I Nr 2 (–)
bb) § 224 I Nr 5 (–)
b) Ergebnis

6. Ergebnis für A im TK B
§§ 223 I, II, 22, 23 I, 13 I

C. Die Brechtropfen (Strafbarkeit des A)

1. §§ 223 I, 25 Alt 2 (+)
a) Objektiver Tatbestand (+)
- Üble und unangemessene Behandlung (+)
- Gesundheitsschädigung (+)
- Mittelbare Täterschaft (+)

b) Subjektiver Tatbestand (+)
c) Rechtswidrigkeit (+) und Schuld (+)
d) Rücktritt nach § 24 I 1 Alt 1 (–)

Problem Nr 40: Strafbarkeit des Täters bei Irrtum über die Wirksamkeit des bereits Getanen – Rücktritt trotz Erfolgseintritts? (Rn 319)

2. §§ 224 I Nr 1 (–) und Nr 5 (–), 25 I Alt 2
a) § 224 I Nr 1 (–)
b) § 224 I Nr 5 (–)

3. Ergebnis für A im TK C
§§ 223 I, 25 I Alt 2

D. Abwandlung (Strafbarkeit des A)

1. §§ 223 I, II, 22, 23 I, 25 I Alt 2 (–)
a) Vorprüfung (+)
b) Tatentschluss (+)
c) Unmittelbares Ansetzen (+)

d) Rücktritt vom Versuch, § 24 I 1 Alt 1 (+)
   aa) Fehlgeschlagener Versuch (–)
   bb) Unbeendeter Versuch (+)
   cc) Freiwilligkeit (+)

Problem Nr 41: Rücktritt bei mehraktigem Geschehen (Rn 323)

2. §§ 224 I Nr 1 und Nr 5, II, 22, 23 I, 25 I Alt 2 (–)

3. Ergebnis für A im TK D
A ist straflos.

E. Gesamtergebnis

I. Grundfall

1. Strafbarkeit des A
§§ 223 I, II, 22, 23 I
– § 53 I –
§§ 223 I, II, 22, 23 I, 13 I
– § 53 I –
§§ 223 I, 25 I Alt 2

2. Strafbarkeit der E
§§ 224 I Nr 2, II, 22, 23 I

II. Abwandlung
Strafbarkeit des A
A ist straflos.

Ausführliche Lösung von Fall 9

A. Der Schlagabtausch

I. Strafbarkeit des A

1. § 223 I

Indem A mit der Hand zu einem Schlag gegen seine Ehefrau E ausholte, könnte er sich wegen Körperverletzung strafbar gemacht haben. Körperverletzung in Form der körperlichen Misshandlung ist jede substanzverletzende Einwirkung auf den Körper des Opfers sowie jede üble, unangemessene Behandlung, durch die das körperliche Wohlbefinden oder die körperliche Unversehrtheit mehr als nur unerheblich beeinträchtigt wird. **302**

Auch Ohrfeigen fallen als schmerzhafte und zT auch erniedrigende, üble und unangemessene Behandlung hierunter. Allerdings hat A die angestrebte Einwirkung auf E nicht zu Ende führen können. Die E ist ihm noch rechtzeitig in den Arm gefallen. Eine vollendete Körperverletzung liegt somit nicht vor.

2. §§ 223 I, II, 22, 23 I

a) Vorprüfung

Der Versuch der Körperverletzung ist gem §§ 223 II, 23 I Alt 2 strafbar. **303**

b) Tatentschluss

Tatziel des A war die üble und unangemessene Beeinträchtigung der E in ihrer körperlichen Unversehrtheit. Dabei handelte A in der Vorsatzform der Absicht. Auf den Erfolg kam es ihm gerade an.

Der Gesundheitsschädigungsvorsatz wird hier absichtlich nicht geprüft, da er offensichtlich nicht vorliegt.

c) Unmittelbares Ansetzen

Mit dem Versuch beginnt, wer subjektiv die Schwelle zum „Jetzt-geht-es-los“ überschritten und objektiv zur tatbestandsmäßigen Angriffshandlung angesetzt hat.

Wenn A mit der Hand zum Schlag ausholt, hat er damit die unmittelbar letzte Handlung vor der eigentlichen Tatbestandserfüllung verwirklicht. Das Rechtsgut ist auch unmittelbar gefährdet. Nach der heute anerkannten Auslegung des § 22 (*s dazu Fall 4 Problem Nr 18 Rn 178*) ist damit ein unmittelbares Ansetzen zur Körperverletzung zu bejahen.

d) Rechtswidrigkeit

Möglicherweise könnte aufgrund des vorangegangenen Streits zugunsten des A ein Rechtfertigungsgrund eingreifen. Immerhin könnte E ihn im Laufe der Auseinandersetzung iSd § 185 beleidigt haben.

Allerdings bietet der Sachverhalt für diesen Tatbestand keine Anhaltspunkte.

Zudem wäre eine tatsächlich bewirkte Ehrverletzung des A zum Zeitpunkt des Zuschlagens schon abgeschlossen und damit nicht mehr gegenwärtig. Die nachträgliche Zurechtweisung des Beleidigers mithilfe einer Körperverletzungshandlung ist auch kein geeignetes Mittel zur Abwehr der Ehrkränkung. Außerdem wären im Rahmen einer bisher rein verbalen Auseinandersetzung mildere Mittel denkbar.

Damit greifen weder § 32 noch andere Rechtfertigungsgründe ein.

e) Schuld

A handelte auch schuldhaft.

f) Strafantrag, § 230 I

Die einfache Körperverletzung ist gem § 230 I ein Antragsdelikt. Ein Antrag liegt laut Sachverhalt vor.

Damit hat sich A wegen einer versuchten Körperverletzung strafbar gemacht.

3. §§ 224 I Nr 2 und Nr 5, II, 22, 23 I

a) Vorprüfung

304 Die gefährliche Körperverletzung unterliegt nach §§ 224 II, 23 I Alt 2 der Versuchsstrafbarkeit.

b) Tatentschluss

Der Tatentschluss des A müsste sich dann auf die Begehung der Körperverletzung in einer der in § 224 I aufgezählten Tatformen gerichtet haben.

aa) § 224 I Nr 2

Gefährliches Werkzeug iSd Nr 2 ist jeder Gegenstand, der nach seiner Beschaffenheit und der Art seiner Verwendung als Angriffs- oder Verteidigungsmittel im konkreten Fall geeignet ist, erhebliche Verletzungen zuzufügen. Diesem Erfordernis kann die offene Handfläche als Körperteil nicht genügen. Sogar bei einer Faust wäre die Werkzeugeigenschaft noch zu verneinen gewesen (*s bereits Fall 5 Rn 223*). Die Nr 2 liegt nicht vor.

bb) § 224 I Nr 5

Für eine das Leben gefährdende Behandlung nach Nr 5 soll nach einer Ansicht schon die nur abstrakte Gefährdung des Lebens des Opfers genügen, während die Gegenmeinung fordert, dass das Leben des Opfers konkret in Gefahr gebracht werden muss (*Wessels/Hettinger, BT1 Rn 282*). Für den Schlag mit der offenen Hand kann weder eine abstrakte noch eine konkrete Lebensgefährdung bejaht werden. Auch die Nr 5 liegt somit nicht vor.

Im Ergebnis sind die §§ 224 I Nr 2 und Nr 5, II, 22, 23 I zu verneinen.

4. Ergebnis für A im TK A

A ist nur nach §§ 223 I, II, 22, 23 I strafbar.

II. Strafbarkeit der E

1. § 223 I

Dadurch, dass E den A vehement zurückstieß, so dass dieser hinfiel und sich Prellungen und Hautabschürfungen zuzog, könnte sich E wegen vollendeter Körperverletzung strafbar gemacht haben.

a) Objektiver Tatbestand

Das geschilderte Vorgehen stellt eine üble, unangemessene Behandlung dar, die das kör- **305**
perliche Wohlbefinden mehr als unerheblich beeinträchtigt.

Der Stoß kann auch eine Gesundheitsschädigung iSd § 223 darstellen. Gesundheitsschädigung bedeutet das Hervorrufen, Steigern oder Aufrechterhalten eines vom Normalzustand der körperlichen Funktionen des Opfers nachteilig abweichenden krankhaften Zustandes körperlicher oder seelischer Art. Prellungen sind eine solche Abweichung vom Regelzustand.

b) Subjektiver Tatbestand

Diese Misshandlung des A, inklusive der durch den Sturz hervorgerufenen Folgen, verwirklichte E bewusst und gewollt, also vorsätzlich.

c) Rechtswidrigkeit

E könnte allerdings in Notwehr gem § 32 gehandelt haben.

aa) Notwehrlage

Eine Notwehrlage setzt einen gegenwärtigen rechtswidrigen Angriff des von der Abwehrmaßnahme Betroffenen auf den Täter voraus.

Die versuchte Körperverletzung des A an E war ein solcher rechtswidriger Angriff. Gegenwärtig ist der Angriff, der unmittelbar bevorsteht, schon begonnen hat oder noch fortdauert. Hier holte A gerade im Zeitpunkt der Abwehrmaßnahme zur Körperverletzung aus. Sein Angriff war damit noch gegenwärtig.

bb) Notwehrhandlung

Des Weiteren müsste die Gegenmaßnahme erforderlich sowie geboten gewesen sein. **306**
Erforderlich iSv § 32 ist die Verteidigungshandlung, die zur Angriffsabwehr geeignet ist, dh die grundsätzlich dazu in der Lage ist, den Angriff entweder ganz zu beenden oder ihm wenigstens ein Hindernis in den Weg zu stellen, und die das mildeste zur Verfügung stehende Gegenmittel darstellt.

Indem E den A zurückstieß, konnte sie den Angriff wirksam abwenden. Weniger einschneidende Mittel standen E nicht zur Verfügung.

Bei Tätlichkeiten innerhalb einer Familie ist außerdem die Gebotenheit der Handlung zu beachten. Schon im Grundsatz darf eine Abwehr nicht in krassem Missverhältnis zum drohenden Schaden stehen. Bei Personen mit enger familiärer Beziehung ist das Notwehrrecht darüber hinaus nach hA noch weiteren sozialethischen Einschränkungen unterworfen (*Wessels/Beulke, AT Rn 345*).

Allerdings gehen diese Einschränkungen auch nicht soweit, dass E die Ohrfeige erdulden müsste. Sie dürfte nur nicht zu Gegenmitteln greifen, die A an Leib und Leben in gravierendem Maße gefährden würden. Das hat sie vorliegend aber nicht getan. Ein krasses Missverhältnis zwischen dem durch den Angriff auf E drohenden und dem nun eingetretenen Schaden ist zu verneinen.

cc) Subjektives Rechtfertigungselement

Fraglich ist vielmehr, ob E in Verteidigungsbewusstsein und mit Verteidigungswillen handelte. Während auf das Kriterium des Verteidigungswillens nach einem großen Teil der Lehre verzichtet werden kann, wird ein Handeln des Täters in Kenntnis der Notwehrlage einhellig gefordert. Im Fall aber handelte E in Unkenntnis der Körperverletzungsabsicht des A. Bei ihr ist ein Verteidigungsbewusstsein eindeutig nicht gegeben.

Umstritten ist nun, wie die Tat bei fehlendem Notwehrbewusstsein zu behandeln ist.

307 **Problem Nr 37: Fehlen des subjektiven Rechtfertigungselements**

Handelt der Täter in Unkenntnis seiner Notwehrlage, so scheidet nach allen Ansichten eine Rechtfertigung seiner Tat aus. Umstritten ist nur, ob wegen Versuchs oder wegen Vollendung bestraft werden soll.

(1) Ein Teil der **Literatur** und die **Rechtsprechung** schließen hier das Vorliegen einer „Verteidigung" gänzlich aus und kommen zur Strafbarkeit aus dem vollendeten Delikt.

Argument: Eine „Verteidigung" iSd § 32 II kann schon begrifflich nicht mehr vorliegen, wenn der Täter der Rechtsordnung nicht zum Durchbruch verhelfen will. Dem Rechtsbewährungsprinzip genügt dann auch nicht mehr, dass objektiv ein von der Rechtsordnung geduldeter Erfolg eingetreten ist. Vielmehr dürfen für das Eingreifen eines Rechtfertigungsgrundes Erfolgs- und Handlungsunrecht nicht gegeben sein. Derjenige, der sich in Angriffsabsicht gegen das Recht wendet und so einen Taterfolg herbeiführt, kann nur aus dem vollendeten Delikt strafbar sein.

Dafür spricht auch die Umkehrung der Regelung des Tatbestandsirrtums nach § 16 I. Tatbestandsmerkmale, die der Täter nicht kennt, dürfen ihm danach nicht zur Last gelegt werden. Umgekehrt können ihn dann auch nicht Tatsachen iRd Rechtfertigung entlasten, die zwar objektiv zu seinen Gunsten vorliegen, ihm aber unbekannt sind.

(2) Gegen diese Vollendungslösung wendet sich die überzeugende **hM** in der **Literatur**.

Argument: Die Rechtsprechung erkennt zwar den Unterschied zwischen Handlungs- und Erfolgsunrecht und verneint dann korrekt eine Rechtfertigung, führt diesen Ansatz aber nicht konsequent zu Ende. Liegt nur Handlungsunrecht des Täters vor und wird der Erfolg gleichzeitig von der Rechtsordnung gebilligt, so ist ein typischer Fall des Versuchs gegeben, nämlich der Unterfall des aus rechtlichen Gründen untauglichen Versuchs.

Das Rechtsbewährungsinteresse und die Berufung auf den Begriff der „Verteidigung" in § 32 II schließen nur eine Rechtfertigung aus, gebieten aber nicht gleichzeitig, aus der vollendeten Tat zu bestrafen. Auch genügt eine Versuchsstrafbarkeit zur angemessenen Sanktionierung der Tat. Und die wenigen Strafbarkeitslücken, die nach dem Gesetz für einige Vergehen bestehen, bei denen der Versuch nicht mit Strafe bedroht ist, sind als gesetzgeberische Entscheidung hinzunehmen. Dort ist die Strafwürdigkeit des Verhaltens eben verneint worden.

Zur Vertiefung: Kühl, AT § 6 Rn 14 ff; Hillenkamp, AT 4. Problem S 30 ff; Wessels/Beulke, AT Rn 278 ff.

Rechtsprechung und herrschende Lehre würden E wegen eines vollendeten Delikts bestrafen. Unter Umkehrung der Regelung zum Tatbestandsirrtum in § 16 I könne den Täter die Unkenntnis der ihn begünstigenden Umstände nicht entlasten. **308**

Damit wird jedoch die Unterscheidung in Erfolgs- und Handlungsunrecht verkannt. Für E kann nur die rechtswidrige Gesinnung strafbar sein, nicht jedoch der erlaubte Erfolg. Nach richtiger Ansicht ist E deshalb nur wegen des versuchten Delikts strafbar.

Damit ist E hier zwar nicht gerechtfertigt, jedoch kommt auch eine Strafbarkeit aus dem vollendeten § 223 nicht in Betracht.

2. §§ 223 I, II, 22, 23 I

Hier wird aus Gründen der Übersichtlichkeit für die Versuchsprüfung eine neue Ziffer reserviert (2. §§ 223 II, 22, 23 I). Dies ist aber nicht zwingend. Ebensogut hätte die Prüfung der versuchten Körperverletzung auch sofort unter Ziff 1 fortgesetzt werden können (so zB Ernst, ZJS 2011, 382; Seier/Herrmann, JuS 2012, 327, 329).

Die versuchte Körperverletzung ist strafbar, §§ 223 II, 23 I Alt 2. **309**

a) Tatentschluss

E beabsichtigte, A wegzustoßen, und nahm dabei auch mindestens bedingt vorsätzlich einen Sturz des A mit Verletzungsfolgen in Kauf.

b) Unmittelbares Ansetzen

E hat mit Ausführung der Tathandlung auch nach der strengsten Ansicht, der formell-objektiven Theorie, die Schwelle zum unmittelbaren Ansetzen zur Tat überschritten.

c) Rechtswidrigkeit

Eine Rechtfertigung aus § 32 scheitert nach dem oben (*1. c) cc), Rn 307*) Gesagten daran, dass hier die Täterin in einer von der Rechtsordnung nicht gebilligten Gesinnung handelte. Dies gilt sinngemäß auch für die subjektiven Komponenten aller anderen Rechtfertigungsgründe. Eine Rechtfertigung kommt somit unter keinem Gesichtspunkt in Betracht.

d) Schuld

E handelte schuldhaft.

E hat sich gem §§ 223 I, II, 22, 23 I strafbar gemacht.

3. §§ 224 I Nr 2 und Nr 5, II, 22, 23 I

a) § 224 I Nr 2

310 A ist auf Grund des vehementen Zurückschubsens durch E gegen das scharfkantige Bücherregal gestürzt. Dieser fest in der Wand verankerte Gegenstand könnte ein gefährliches Werkzeug sein, also ein Gegenstand, der nach seiner Beschaffenheit und Art seiner Verwendung als Angriffs- oder Verteidigungsmittel im konkreten Fall geeignet ist, erhebliche Verletzungen zuzufügen.

Strittig ist aber, ob auch unbewegliche Gegenstände als gefährliche Werkzeuge gelten dürfen.

311 **Problem Nr 38: Können unbewegliche Gegenstände gefährliche Werkzeuge iSd § 224 I Nr 2 sein?**

(1) Nach der **Rechtsprechung** und einem **Teil des Schrifttums** ist dies zu verneinen. Nur bewegliche Gegenstände können demnach begrifflich als Werkzeuge aufgefasst werden.

Argument: Der natürliche Sprachgebrauch und das allgemeine Sprachempfinden fassen unter den Begriff des „Werkzeugs" nur Gegenstände, die durch menschliche Einwirkung gegen einen Körper in Bewegung gesetzt werden können, wobei es allerdings egal sein soll, ob der Gegenstand leicht oder schwer handhabbar ist und ob der Gegenstand auf das Opfer oder das Opfer auf ihn zubewegt wird.

Auch bestehe kein Bedarf für eine Ausdehnung der Strafbarkeit nach § 224 I Nr 2 über seinen Wortlaut hinaus. In schweren Fällen greife sowieso § 224 I Nr 5 ein und ansonsten sollte eine Strafbarkeit nach § 223 genügen.

(2) Gegen diese Lösung wendet sich zu Recht der **überwiegende Teil der Literatur**.

Argumente: Allein auf den natürlichen Sprachgebrauch abzustellen genügt nicht, denn das Gesetz bzw die Rechtslehre verwendet viele Begriffe in technischem Sinne und auch in verschiedenen Bereichen unterschiedlich. So ist ein „Werkzeug" iSd § 25 I Alt 2 der mit einem Manko behaftete Vordermann. Deswegen muss dann auch bei § 224 I Nr 2 nicht zwingend von einem beweglichen Gegenstand ausgegangen werden.

Auch ist nach dem Zweck des § 224 I Nr 2 insgesamt die Zuhilfenahme eines Gegenstandes zur Verletzung von Menschen unter Strafe gestellt, egal, wie beweglich er beschaffen ist.

Außerdem ist die Rechtsprechung dahingehend unschlüssig, dass sie erlaubt, das Opfer auch auf den Gegenstand zuzubewegen. Das aber wird idR sowieso nur dort der Fall sein, wo der Gegenstand unbeweglich oder zu schwer zu bewegen ist.

Hinzu kommt, dass sich die Rechtsprechung schon in der weiteren Auslegung des Begriffs „Werkzeug" von dem natürlichen Sprachgebrauch entfernt hat. So fasst sie etwa auch Tiere und Chemikalien darunter.

Zur Vertiefung: Wessels/Hettinger, BT1 Rn 274; Stree, Jura 1980, 281, 284.

312 Nach der Rechtsprechung könnte E nicht gem § 224 I Nr 2 bestraft werden. Sie versteht „Werkzeug" entsprechend dem natürlichen Sprachgebrauch nur als beweglichen Gegenstand.

Wegen der völlig vergleichbaren Wirkung kann es jedoch keinen Unterschied machen, ob das Opfer gegen den Gegenstand oder der Gegenstand gegen das Opfer gestoßen wird. Der Wortlaut des § 224 I Nr 2 steht dieser Interpretation nicht entgegen. Mit der Gegenansicht sind also auch unbewegliche Gegenstände in den Schutzbereich des § 224 I Nr 2 einzubeziehen. Hier ist das scharfkantige Regal zur Bewirkung erheblicher Verletzungen durchaus geeignet.

E wollte diesen Einsatz des gefährlichen Werkzeugs und kann somit nach §§ 224 I Nr 2, II, 22, 23 I bestraft werden.

b) § 224 I Nr 5

Außerdem kann ein Sturz gegen die scharfen Kanten sogar lebensbedrohliche Verletzungen, insbes im Kopfbereich des Betroffenen hervorrufen. Jedoch ist insoweit ein Tatentschluss bei E nicht ersichtlich.

Im Ergebnis sind also nur §§ 224 I Nr 2, II, 22, 23 I zu bejahen.

§§ 224 I Nr 2, II, 22, 23 I verdrängen wegen Gesetzeskonkurrenz im Wege der Spezialität §§ 223 I, II, 22, 23 I.

Diese Konkurrenzentscheidung ist sinnvoll und zeigt besondere Sorgfalt (ebenso zB Hilgendorf, Klausurenkurs I [11] Rn 36); vertiefend o Rn 214.

4. Ergebnis für E im TK A

E hat sich aus §§ 224 I Nr 2, II, 22, 23 I strafbar gemacht.

B. Der Ausflug (Strafbarkeit des A)

1. § 212 I

A könnte sich dadurch, dass er E auf den steilen Abhang zulaufen ließ, wegen Tot- **313**
schlags strafbar gemacht haben.

Der Tod der E trat nicht ein, vollendeter Totschlag liegt nicht vor.

2. §§ 212 I, 22, 23 I

Für einen Totschlagsversuch fehlt es schon am Tötungsvorsatz des A. Damit erübrigt sich auch die Unterscheidung, ob A hier Begehungs- oder Unterlassungstäter bei einer bestehenden Garantenpflicht gegenüber E wäre.

3. §§ 223 I, II, 22, 23 I

Indem A die E auf den Abhang zulaufen ließ, könnte er jedoch eine versuchte Körperverletzung begangen haben. Konkrete Körperverletzungsfolgen sind noch nicht eingetreten. Es kommt nur ein Versuch des § 223 in Betracht. Der Versuch ist gem §§ 223 II, 23 I Alt 2 strafbar.

A hatte bei seinem Verhalten konkrete körperliche Misshandlungen der E durch den Sturz selbst sowie Gesundheitsschädigungen in Form von Prellungen, Hautabschürfungen und Brüchen ins Auge gefasst.

Fraglich ist nur, ob A ein positives Tun anstrebte. Abzugrenzen ist das positive Tun vom Unterlassen nach dem Schwerpunkt desjenigen Verhaltens, das konkret als Anknüpfungspunkt der Strafbarkeit herangezogen werden soll (*Wessels/Beulke, AT Rn 700*).

Positives Tun in der Form, dass A die E in irgendeiner Weise dazu veranlasst hätte, sich auf den unsicheren Pfad zu begeben, ist aus dem Sachverhalt nicht ersichtlich. Anknüpfungspunkt der Strafbarkeit kann daher nur das Versäumen der rechtzeitigen Warnung vor einer weiteren Begehung des Pfades sein. Der Schwerpunkt der Tat liegt folglich in einem Unterlassen. Eine Strafbarkeit nach dem Begehungsdelikt kann nicht bejaht werden.

4. §§ 223 I, II, 22, 23 I, 13 I

a) Strafbarkeit des Versuchs

314 Die Strafbarkeit des Versuchs gem §§ 223 II, 23 I Alt 2 gilt auch für die Begehung durch Unterlassen.

Zum Aufbau des versuchten unechten Unterlassungsdelikts s Rn 84.

b) Tatentschluss

A rechnete bewusst auch mit körperlichen Verletzungsfolgen, als er sich entschloss, dem Geschehen seinen Lauf zu lassen und E nicht vor der Gefahrenzone zu warnen. Nach dem Sachverhalt ist sogar davon auszugehen, dass er bzgl der Gesundheitsschädigung durch Prellungen und ähnlichen Folgen mit Absicht im technischen Sinn gehandelt hat.

Zu prüfen bleibt nur, ob er als Garant gegen eine Handlungspflicht verstoßen haben könnte.

Die Garantenstellung ist Teil des objektiven Tatbestands, weswegen sie im Rahmen des Versuchs beim Tatentschluss zu prüfen ist (s auch Rn 78, 84 und 242 ff).

Eine Garantenstellung iSd § 13 könnte sich hier aus enger natürlicher Verbundenheit ergeben.

Ehegatten schulden sich gegenseitige Hilfe und Fürsorge. Diese Pflicht entfällt nach hA auch nicht bei Zerrüttung der Ehe, wie es hier der Fall zu sein scheint. Zumindest nicht, wenn beide Ehegatten noch nicht getrennt leben (*Wessels/Beulke, AT Rn 718*). Die Umstände, die für A eine Garantenstellung begründeten, waren diesem auch durchaus bewusst. Vorsatz liegt auch in dieser Hinsicht vor.

Eine Garantenstellung aus Ingerenz wäre dagegen abzulehnen. Der Sachverhalt lässt nicht erkennen, dass A die E durch vorangegangenes pflichtwidriges Tun in diese Lage gebracht hätte.

c) Unmittelbares Ansetzen

Problematischer ist die Frage, ob und wenn ja, wann A zur Tat unmittelbar angesetzt hat.

Anders als beim Begehungsdelikt kann hier nicht auf den Zeitpunkt einer bestimmten, nach außen erkennbar gewordenen Willensbetätigung abgestellt werden, denn das Unterlassen zeichnet sich gerade dadurch aus, dass A trotz einer Pflicht zum Tätigwerden weiterhin nichts tut. Die Abgrenzung zur straflosen Vorbereitungshandlung ist dementsprechend sehr umstritten.

Problem Nr 39: Versuchsbeginn beim Unterlassungsdelikt 315

(1) Nach einem kleinen Teil der **Literatur** soll schon das Verstreichenlassen der ersten Rettungsmöglichkeit für den Versuchsbeginn genügen.

Argument: Im Sinne des gefährdeten Rechtsguts ist schon die erste Chance zur Rettung zu nutzen. Der Garant kann idR auch nicht sicher sein, ob sich ihm später noch weitere Chancen bieten werden.

Außerdem ist Sinn der Garantenstellung, dem Täter schon ab dem Zeitpunkt der Pflichtentstehung ein Eingreifen zu gebieten. Schon der Entschluss des Täters, die Gefahr sich zum Erfolg entwickeln zu lassen, entspricht dem „Jetzt-geht-es-los"-Gedanken beim Begehungsdelikt. Auch dort wird nach dem Überschreiten dieser Schwelle nicht noch verlangt, dass der Täter den Erfolgseintritt selbst abwartet.

Schließlich bestehen für spätere Ansatzzeitpunkte kriminalpolitische Bedenken. Der Rechtsgüterschutz könnte zu spät einsetzen. Das Bestehen der Eingriffspflicht an sich muss daher genügen.

Gegenargument: Wenn nur das Entstehen der Garantenpflicht ausschlaggebend ist, dann ist eine sinnvolle Unterscheidung zwischen Vorbereitungsstadium und Versuch nicht mehr möglich. Auch knüpfen die Mehrzahl der Garantenpflichten an ständige Umstände – etwa die enge persönliche Lebensgemeinschaft oder Beherrschung einer ständigen Gefahrenquelle – an. Dh jeder dieser Garanten wäre potenzieller Unterlassungstäter, sollte ein Rechtsgut einem Risiko aus diesem Bereich ausgesetzt werden. Auch käme diese Ausdehnung der Strafbarkeit schon der bloßen Gesinnungsstrafbarkeit nahe.

Entscheidend muss vielmehr sein, ob eine Rettungsmaßnahme konkret geboten ist, nicht ob sie in diesem Augenblick schon möglich wäre. Dabei ist die Sicht des Täters maßgeblich.

(2) Die **extreme Gegenmeinung** lässt den Versuch erst beginnen, wenn der Täter die aus seiner Sicht letzte Rettungsmöglichkeit verstreichen lässt.

Argument: Die Rechtsordnung verlangt nur die rechtzeitige Erfolgsabwendung. Deswegen muss auch die Rettung im letzten Augenblick genügen. Der Garant hat nach der Rechtsordnung die Wahl zwischen den ihm zur Verfügung stehenden Rettungszeitpunkten. Erst im letzten Moment kann man wirklich von einer Gebotenheit der Rettung sprechen.

Gegenargument: Dieser Ansatz setzt das Opfer erheblich größerer Gefahr aus.

Die Garantenpflicht kann auch nicht nur die Erfolgsabwendung selbst gebieten wollen, sondern der Garant soll möglichst schon verhindern, dass das Rechtsgut überhaupt erhöhten Risiken ausgesetzt wird. Auch wäre im Regelfall ein Rücktritt bei dieser Lösung de facto ausgeschlossen.

(3) Es empfiehlt sich daher, mit der **hM** auch beim Unterlassungsdelikt die Regelungen zum unmittelbaren Ansetzen beim Begehungsdelikt (*Fall 4 Problem Nr 18 Rn 178*) anzuwenden.

Demnach ist der Zeitpunkt ausschlaggebend, in dem für das geschützte Rechtsgut eine unmittelbare Gefahr entsteht. Dabei entscheidet die Tätersicht darüber, ob die Gefahr schon in ein akutes Stadium getreten ist, bzw ob der Täter in diesem Zeitpunkt den Geschehensablauf und somit auch jegliche Rettungsmöglichkeiten aus der Hand gibt.

UU kann damit der Versuch schon beim Verstreichenlassen der ersten Rettungsmöglichkeit beginnen, soweit jedes Versäumnis das Risiko für das geschützte Rechtsgut weiter erhöht.

Argument: Ausschlaggebend ist allein die Gebotenheit der Rettungshandlung, womit dem Rechtsgüterschutz genügt wird. Gleichzeitig aber erlaubt diese Lösung auch eine sinnvolle Anwendung der Rücktrittsmöglichkeiten nach § 24 I, parallel zu ihrer Verwendung beim Begehungsdelikt. Zudem wird klargestellt, dass der Garant nicht nur den Erfolgseintritt zu verhindern verpflichtet ist, sondern auch schon für eine schnelle Gefahrenminderung Verantwortung trägt.

Zur Vertiefung: Wessels/Beulke, AT Rn 741; Hillenkamp, AT 14. Problem S 107 ff.

316 Wäre auf das Verstreichenlassen der ersten Rettungsmöglichkeit abzustellen, so hätte A schon in dem Moment zum Versuch angesetzt, in dem er von der Gefahrenlage Kenntnis erlangte. Hierbei würde jedoch die Versuchsstrafbarkeit des Täters bedenklich weit in das Vorbereitungsstadium vorverlagert.

Gleichzeitig kann aber dem Rechtsgüterschutz nicht genügt werden, wenn erst mit dem Verstreichenlassen der letzten Rettungsmöglichkeit – das wäre hier das Erreichen der Gefahrenstelle durch E – das unmittelbare Ansetzen zum Versuch bejaht würde.

Entscheidend ist nach zutreffender Ansicht vielmehr der Zeitpunkt, in dem A durch die Nichtvornahme der Rettungshandlung die körperliche Unversehrtheit der E schon konkreter Gefährdung ausgesetzt hat.

Ein solches erhöhtes Verletzungsrisiko bestand hier schon in dem Moment, in dem A sich der Gefahr für E bewusst wurde. Die Entfernung zur Gefahrenstelle (20 m) war nur noch gering, die verbleibende Restzeit von etwa 20 Sekunden sehr kurz. Es war nicht mehr gewährleistet, dass eine spätere Warnung den Schaden mit absoluter Sicherheit hätte vermeiden können (Verständigungsprobleme uä). Dh A war verpflichtet, sofort eine Warnung auszusprechen. Schon das Verstreichenlassen dieser ersten Rettungsmöglichkeit war durch ihn als Garanten pflichtwidrig. Er hat unmittelbar zum Versuch des Unterlassungsdelikts angesetzt *(ablehnende Ansicht ebenfalls vertretbar).*

d) Rechtswidrigkeit und Schuld

A handelte rechtswidrig und schuldhaft.

e) Rücktritt nach § 24 I 1 Alt 1

Ein Rücktritt vom Versuch nach § 24 I ist zu verneinen. Aufgrund des rechtzeitigen Eingreifens des Sohnes S konnte der Täter sein Ziel, der E körperliche Schäden zuzufügen, nicht mehr erreichen. Aus seiner Sicht war der Versuch damit schon fehlgeschlagen.

A hat sich gem §§ 223 I, II, 22, 23 I, 13 I strafbar gemacht.

5. §§ 224 I Nr 2 und Nr 5, II, 22, 23 I, 13 I

a) Tatentschluss

317 Auch könnte sich der Tatentschluss des A auf die Begehung der Tat in einer der Tatmodalitäten des § 224 I bezogen haben.

aa) § 224 I Nr 2

Den abbröckelnden Pfad als gefährliches Werkzeug zu betrachten, dh als Werkzeug, das nach seiner Beschaffenheit und nach der konkreten Art seiner Verwendung geeignet ist, erhebliche Verletzungen hervorzurufen, scheidet aus.

Zwar ist umstritten, ob unbewegliche Gegenstände nicht ebenso als gefährliches Werkzeug gelten könnten (*s Problem Nr 38 Rn 311*), in diesem Fall lässt sich jedoch nicht von einer konkret verletzungsgeeigneten Art der Verwendung des Pfades durch A sprechen, denn genutzt wurde der Pfad in der für ihn bestimmten Art der Verwendung durch einen Spaziergänger.

bb) § 224 I Nr 5

Allerdings könnte eine das Leben der E gefährdende Behandlung iSd § 224 I Nr 5 vorliegen.

Die Form der Körperverletzungshandlung des Täters müsste dann zumindest abstrakt – nach strengerer Auslegung konkret – dazu geeignet sein, lebensbedrohliche Folgen für das Opfer hervorzurufen. Ein mehrere Meter tiefer Sturz einen Geröllabhang hinab kann schwerere Verletzungen mit sich bringen als nur ein paar Knochenbrüche. Auch ein Genickbruch, Verletzungen des Rückgrates oder innere Blutungen sind mögliche Folgen. Es ist deshalb sogar eine objektiv konkret lebensgefährdende Behandlung zu bejahen.

Fraglich ist nur, ob A diese Möglichkeiten überhaupt in seinen Vorsatz aufgenommen hatte. Für Vorsatz in Form des dolus eventualis genügt zwar, dass der Täter sich des eventuellen Eintritts dieser Folgen bewusst war und sich mit ihm abgefunden hatte (*s Fall 1 Problem Nr 2 Rn 107*). Irrelevant ist, ob er sie tatsächlich herbeiführen wollte oder auf ihr Ausbleiben hoffte. Jedoch ist nach dem Sachverhalt nicht ersichtlich, dass A die Möglichkeit schwererer Verletzungen überhaupt erkannt hat. Dolus eventualis des A ist demnach zu verneinen.

b) Ergebnis

Im Ergebnis liegt kein Versuch einer gefährlichen Körperverletzung an E vor.

6. Ergebnis für A im TK B

Im Tatkomplex B hat sich A nur gem der §§ 223 I, II, 22, 23 I, 13 I strafbar gemacht.

C. Die Brechtropfen (Strafbarkeit des A)

1. §§ 223 I, 25 I Alt 2

A könnte sich durch die Verabreichung des Wasserglases mit den zehn Tropfen einer körperlichen Misshandlung schuldig gemacht haben.

a) Objektiver Tatbestand

318 Wenn der Täter einen Brechdurchfall durch Zuführung nicht objektiv notwendiger bzw nur für bestimmte andere Anwendungen vorgesehener Arzneimittel verursacht, so ist darin eine üble und unangemessene Behandlung zu sehen, die das körperliche Wohlbefinden des anderen mehr als nur unerheblich beeinträchtigt.

Davon wird ebenfalls das sofortige Erbrechen nach Einnahme des Mittels erfasst, selbst wenn dies nicht unmittelbar durch die Einwirkung des Mittels auf den Stoffwechsel des Opfers zurückzuführen ist, sondern nur auf natürliche körperliche Abwehrfunktionen gegen solche zugeführten Stoffe.

Ebenso wird durch die Auslösung des Brechreizes ein vom Normalzustand der körperlichen Funktionen der E nachteilig abweichender, krankhafter Zustand hervorgerufen. Somit ist auch eine Gesundheitsschädigung gegeben.

Die Wirkung der Medizin wurde jedoch unmittelbar nicht schon durch das Träufeln der Tropfen in das Wasserglas, sondern erst durch die Einnahme des Getränks durch das Opfer selbst herbeigeführt. Da E aber gutgläubig war, liegt ein Fall der mittelbaren Täterschaft vor (*s Fall 4 Problem Nr 22 Rn 192*). Das Opfer wird als Tatmittler gegen sich selbst eingesetzt (*Wessels/Beulke, AT Rn 539a*). Zumindest liegt eine Konstellation vor, deren Struktur mit der der mittelbaren Täterschaft „verwandt" ist (*vgl BGHSt 43, 177, 180; Jahn, JA 2002, 561; Otto, NStZ 1998, 241*). A muss sich also das Tun der E gem § 25 I Alt 2 zurechnen lassen.

b) Subjektiver Tatbestand

Zunächst wollte A durch die Medikamentenvergabe einen Brechdurchfall hervorrufen. Der Umstand, dass E sich schon vor oder bei dem Herunterschlucken der Medizin erbrochen hat, stellt eine unwesentliche Abweichung vom vorgestellten Kausalverlauf dar, die als vom Vorsatz abgedeckt einzustufen ist.

Fraglich erscheint hier jedoch, ob der Tatvorsatz später weggefallen ist. A änderte im Laufe des Tatgeschehens seine Meinung und glaubte nunmehr durch bloßes Nichtweiterhandeln (Verzicht auf weitere zehn Tropfen) den Erfolg zu vermeiden.

Der Tatvorsatz muss jedoch nur im Zeitpunkt der Vornahme der tatbestandlichen Ausführungshandlung vorliegen (*Wessels/Beulke, AT Rn 206*). Es genügt also, dass A beim Einträufeln der Medizin vorsätzlich handelte.

c) Rechtswidrigkeit und Schuld

Rechtswidrigkeit und Schuld liegen vor.

d) Rücktritt nach § 24 I 1 Alt 1

Zur Frage, ob auf § 24 I oder II abgestellt werden soll, s Rn 184.

Problem Nr 40: Strafbarkeit des Täters bei Irrtum über die Wirksamkeit des bereits Getanen – Rücktritt trotz Erfolgseintritts? 319

(1) ZT wird in der **Literatur** ein **Vollendungsvorsatz verneint**, wenn der Erfolg schon während eines unbeendeten Versuchs eintritt.

Argument: Der Vollendungsvorsatz ist in dieser Konstellation schon vor Eintritt des Vollendungserfolges entfallen. Man kann auch von einer wesentlichen Abweichung vom vorgestellten Kausalverlauf bzw von einem gänzlich atypischen Kausalverlauf sprechen, der uU sogar die objektive Zurechnung entfallen lassen könnte (vgl zu diesem Aspekt *Wessels/Beulke, AT Rn 196 und o Rn 124*). Es verbleibt nach dieser Ansicht bei einem unbeendet-tauglichen Versuch. Überwiegend wird die Rücktrittsmöglichkeit von diesem Versuch für möglich gehalten (in sich sehr umstritten).

(2) Gegen diese Lösung des Wegfalls des Vorsatzes wendet sich zu Recht die ganz **hL**. Wie oben (*Rn 318*) bereits ausgeführt, genügt der Vorsatz im Zeitpunkt der tatbestandlichen Ausführungshandlung. Bzgl der Abweichung des tatsächlichen vom vorgestellten Kausalverlauf handelt es sich eben doch nur um eine unwesentliche und deshalb unbeachtliche Abweichung. Schließlich hat der Täter das Ziel erreicht, das er bei dem ersten Teil der Tathandlung noch insgesamt erstrebte. Der vermeintlich noch unbeendete Versuch ist also vom Vollendungsvorsatz getragen. Trotz der Bejahung des Vollendungsvorsatzes und trotz des Erfolgseintritts **bejaht** nun aber eine **weitere Mindermeinung** im Schrifttum die **Möglichkeit eines Rücktritts** vom Versuch gem § 24 I 1 Alt 1 zumindest in dem Falle, dass der Täter vor Erfolgseintritt von der Tat zurückgetreten ist.

Argument: Der Vollendungsvorsatz des Täters ist noch vor Eintritt des Erfolges weggefallen. Deshalb befindet sich die Tat noch im Stadium eines unbeendeten (bei anderer Tatgestaltung auch eines beendeten) Versuchs, so dass der Täter nach allgemeinen Rücktrittsregeln Straffreiung erlangen kann.

(3) Auch dagegen wendet sich zu Recht die **herrschende Ansicht** (*Wessels/Beulke, AT Rn 627*), die aus dem **vollendeten Vorsatzdelikt** und dann auch konsequent **ohne Rücktrittsmöglichkeit** nach § 24 I 1 Alt 1 bestraft.

Argument: Der Erfolg ist als Konsequenz des vom Vorsatz getragenen Handelns des Täters eingetreten. In den Fällen, in denen es zur Tatvollendung kommt und in denen der Eintritt des Erfolges nicht auf einem atypischen Kausalverlauf, sondern auf dem regelmäßigen Verlauf der Dinge beruht, verbleibt für einen Versuch kein Raum. Deshalb muss auch ein Rücktritt ausscheiden. Der bloße Rücktrittswille ist bedeutungslos. Realisiert sich der Erfolg, dann ist sowohl das Handlungs- als auch das Erfolgsunrecht zu bejahen. Aus der den § 24 prägenden Wertung ist zu entnehmen, dass derjenige, der tatbestandsmäßig, rechtswidrig und schuldhaft handelt, das volle Strafbarkeitsrisiko tragen soll. Der „fehlgeschlagene" Rücktritt muss deshalb zu Lasten des Täters gehen und zwar sowohl beim beendeten als auch beim unbeendeten Versuch.

Bemüht sich der Täter dann noch, die Vollendung zu verhindern, so kann das lediglich bei der Strafzumessung nach § 46 berücksichtigt werden.

Zur Vertiefung: Wessels/Beulke, AT Rn 627; Küper, ZStW 112 [2000], 1, 30.

Im Schrifttum wird zT auf die Bestrafung aus dem versuchten Delikt iVm der Anwendung der Rücktrittsregeln des § 24 I 1 Alt 1 zurückgegriffen, so dass A straffrei würde. 320

Diese Ansicht ist abzulehnen. Wenn es zu einer vom Vorsatz getragenen Tatausführung kommt und die Realisierung des Taterfolges letztlich auch darauf ohne atypische

Kausalverläufe zurückzuführen ist, ist eine Versuchslösung fehl am Platz. Damit ist ein strafbefreiender Rücktritt bei A zu verneinen.

A hat sich nach §§ 223 I, 25 I Alt 2 strafbar gemacht.

2. §§ 224 I Nr 1 und Nr 5, 25 I Alt 2

a) §§ 224 I Nr 1, 25 I Alt 2

321 Gift wird definiert als organischer oder anorganischer Stoff, der unter bestimmten Bedingungen (Einnahme, Einatmen, Aufnahme durch die Haut) durch chemische oder chemisch-physikalische Wirkung die Gesundheit zu „schädigen" geeignet ist (*Wessels/Hettinger, BT1 Rn 263*).

Die Handlung besteht im „Beibringen" des Stoffs, dh der Täter muss das Gift derart mit dem Körper des Opfers in Verbindung bringen, dass es seine gesundheitsschädigende Wirkung entfalten kann. Die Zuführung des Stoffs in den Körper über die Nahrung ist dabei der klassische Grundfall, so dass der Streit, ob das Gift seine Wirkung im Innern des Körpers entfalten muss, hier nicht relevant wird.

Auch ein falsch angewandtes oder in zu hohen Mengen dosiertes Arzneimittel kann Krankheits- oder Überempfindlichkeitsreaktionen des Opfers hervorrufen, bis hin zu tödlichen toxischen Schocks oder Kreislauf- bzw Herzversagen. Die Herbeiführung eines Brechdurchfalls mithilfe des überdosierten Verstopfungsmittels könnte damit unter diese Alternative fallen.

Umstritten ist allerdings, ob der Stoff eine erhebliche Körperverletzung verursachen muss, die einen Zustand iSd § 226 erwarten lässt. Nach dem jetzigen Wortlaut der Vorschrift ist das nicht Voraussetzung. Vor allem wurde eine derartige Einschränkung des Tatbestandes im Gesetzgebungsverfahren vorgesehen und erst später wieder verworfen. Damit wäre von einer einschränkenden Auslegung abzusehen.

Dagegen spricht aber die hohe Strafandrohung des § 224 I. Nicht jede, noch so geringe Überempfindlichkeitsreaktion, wie etwa Niesen oder ein Hautausschlag, erfüllt das in § 224 I vorausgesetzte Handlungsunrecht. Deshalb ist wie in § 224 I Nr 2 für das „gefährliche Werkzeug" die Gefahr einer erheblichen Gesundheitsbeeinträchtigung zu verlangen, etwa Dauerschäden oder sehr ernst zu nehmende Krankheitsfolgen (*Wessels/Hettinger, BT1 Rn 267*).

Dauerschäden oder schwerwiegende gesundheitliche Folgen sind bei einer einmaligen Überdosierung nicht zu erwarten. Objektiv ist es ja auch zu einer noch weit geringeren Körperreaktion der E gekommen, das Mittel hat nur ihren natürlichen Abwehrmechanismus aktiviert. Ein einmaliges Erbrechen mag zwar unangenehm sein, wird aber nicht von erheblichen gesundheitlichen Schäden begleitet.

Eine Giftbeibringung liegt somit objektiv nicht vor.

b) §§ 224 I Nr 5, 25 I Alt 2

Eine das Leben gefährdende Behandlung muss zumindest abstrakt geeignet sein, das Leben des Opfers in Gefahr zu bringen (*s Rn 304*). Entsprechend dem zuvor Gesagten liegt eine solche Einwirkung auf E nicht vor.

A hat sich nicht nach §§ 224 I, 25 I Alt 2 strafbar gemacht.

3. Ergebnis für A im TK C

A hat sich wegen einer Körperverletzung an E nach §§ 223 I, 25 I Alt 2 strafbar gemacht.

D. Abwandlung (Strafbarkeit des A)

1. §§ 223 I, II, 22, 23 I, 25 I Alt 2

Dadurch, dass A zunächst zehn Tropfen in das erste Wasserglas und später nochmals fünf Tropfen in das zweite Wasserglas träufelte, könnte er sich wegen einer versuchten Körperverletzung strafbar gemacht haben.

a) Vorprüfung

Der Taterfolg ist nicht eingetreten. Der Versuch der Körperverletzung ist nach §§ 223 II, **322**
23 I Alt 2 strafbar.

b) Tatentschluss

A wollte bei E durch die Einnahme der Tropfen gegen Darmverstopfung eine körperliche Misshandlung und eine Gesundheitsschädigung herbeiführen (*Rn 318*). E sollte als gutgläubige Tatmittlerin gegen sich selbst eingesetzt werden. Ein Tatentschluss war somit gegeben.

c) Unmittelbares Ansetzen

Mit dem Überreichen des ersten Wasserglases an E hat A mit der tatbestandlichen Ausführungshandlung begonnen. Die Hingabe des zweiten Glases setzt diese Ausführungshandlung fort.

d) Rücktritt vom Versuch, § 24 I 1 Alt 1

A könnte durch die Aufgabe der weiteren Ausführung von der Tat zurückgetreten sein.

aa) Fehlgeschlagener Versuch

Voraussetzung dafür wäre zunächst, dass der Versuch nicht schon fehlgeschlagen ist *(zum Fehlschlag generell s Rn 179)*.

Einen bereits fehlgeschlagenen Versuch kann man nicht mehr aufgeben bzw seine Vollendung nicht mehr „verhindern“ (nach aA ist die Frage des Fehlschlagens ein Aspekt der „Freiwilligkeit“ des Rücktritts). Ein Fehlschlag könnte hier darin liegen, dass A mit dem Hinstellen des ersten Wasserglases vergeblich versucht hat, den Erfolg des § 223 I herbeizuführen.

Würde man die beiden Handlungsakte (erstes und zweites Wasserglas) jeweils gesondert behandeln, so müsste man auch tatsächlich zu einem fehlgeschlagenen Versuch bzgl des Hinstellens des ersten Glases und zu einem erneuten Versuch bzgl des zweiten Wasserglases gelangen. Nur von diesem zweiten Versuch wäre A dann strafbefreiend zurückgetreten. Die Strafbarkeit wegen des ersten Versuchs bliebe aber bestehen. Ob eine solche getrennte Bewertung angemessen ist, ist umstritten.

323 **Problem Nr 41: Rücktritt bei mehraktigem Geschehen**

(1) Die **Einzelaktstheorie** besagt, dass unabhängig von der Tätervorstellung zu Beginn oder am Ende der Ausführung jede einzelne, auf den Erfolg gerichtete und vom Täter bereits für sich als geeignet angesehene Handlung einen selbstständigen Versuch darstellt. Ein solcher Versuch würde von einem späteren Rücktritt eines anderen Versuchs daher nicht erfasst.

Argument: Der Zufall darf dem Täter die Rücktrittsmöglichkeit nicht wieder eröffnen, wenn zB der erste Schuss daneben geht. Dann wäre der Versuch bereits beendet, so dass nach der Wertung des § 24 I 1 Alt 1 der Täter schon die Vollendung verhindert haben müsste.

(2) Nach der **Tatplantheorie** entscheidet die Tätervorstellung bei Beginn der Tat. Hat der Täter einen fest umrissenen Tatplan von vornherein auf einen einzelnen Tätigkeitsakt beschränkt, ist der Versuch nach Vornahme dieses Aktes fehlgeschlagen und ein Rücktritt ausgeschlossen.

Argument: Wie auch sonst beim Versuch ist primär auf die Vorstellung des Täters abzustellen (vgl § 22: nach seiner Vorstellung von der Tat).

(3) Die **Gesamtbetrachtungslehre** geht davon aus, dass der Täter auch nach einem oder mehreren erfolglosen („fehlgeschlagenen") Teilakten die Möglichkeit behält, vom Versuch *insgesamt* zurückzutreten. Abzustellen ist auf den **Rücktrittshorizont** im Moment der letzten Ausführungshandlung.

Argument: Die Tatplantheorie „prämiert" die besondere kriminelle Energie eines Täters, dem es zu Beginn der Tat gleichgültig ist, wie er an das Ziel gelangen kann. Für ihn wäre ein Rücktritt leichter als für denjenigen, der sich nur eine bestimmte Begehungsart vorstellt. Die Einzelaktstheorie verbannt dagegen unnötig die Rücktrittsmöglichkeiten. Wer durch sein Verhalten zeigt, dass sein verbrecherischer Wille nicht stark genug ist, das Verbrechen zu Ende zu führen, soll auf den Boden der Legalität zurückkehren dürfen. Dem Täter muss möglichst auch im fortgeschrittenen Versuchsstadium eine „Goldene Brücke" zur Umkehr gebaut werden. Deshalb ist es auch aus dem Gesichtspunkt des Opferschutzes sinnvoll, mehrere Versuchsakte als Einheit zu betrachten, sofern eine zeitliche und örtliche Verbindung existiert. So wird der Täter auch beim späteren Teilakt noch zum Rücktritt motiviert. Er kann sich insgesamt noch Straffreiheit „erarbeiten".

Zur Vertiefung: Wessels/Beulke, AT Rn 631 ff; Hillenkamp, AT 18. Problem S 134 ff.

324 Die Einzelaktstheorie behandelt hier das Darreichen des ersten – mit zehn Tropfen gefüllten – Wasserglases als fehlgeschlagenen Versuch. Dies würde aber die Rücktrittsmöglichkeiten und somit auch den Opferschutz zu stark beschränken.

Im Sinne der Gesamtbetrachtungslehre sind vielmehr verschiedene Handlungsakte zu einer rücktrittsfähigen Einheit zusammenzufassen, sofern sie einen einheitlichen Lebensvorgang mit enger örtlicher und zeitlicher Nähe (entsprechend den Regeln der natürlichen Handlungseinheit) betreffen. Davon ist hier bzgl der Verabreichung des zweiten Wasserglases auszugehen.

bb) Unbeendeter Versuch

Auch für die Frage, ob es sich bei der Darreichung der Wassergläser um einen unbeendeten oder beendeten Versuch handelt, ist nicht etwa vom ursprünglichen Tatplan auszugehen. Ein solches Vorgehen würde den alle Alternativen minutiös planenden Täter bevorzugen. Vielmehr ist der Rücktrittshorizont nach Abschluss der letzten Ausführungshandlung maßgebend.

A nahm bei der Zubereitung des zweiten Wasserglases an, mit 15 Tropfen habe er noch nicht alles getan, um den Körperverletzungserfolg herbeizuführen. Deshalb liegt ein unbeendeter Versuch vor.

Es genügt daher für den Rücktritt des A, von weiteren Ausführungshandlungen abzusehen, § 24 I 1 Alt 1.

cc) Freiwilligkeit

A nahm auch freiwillig, dh aus autonomen, selbstbestimmten Motiven *(vgl Fall 4 Problem Nr 19 Rn 180)*, von der Vollendung der Tat Abstand. Aus dem Sachverhalt ist nicht ersichtlich, dass A Entdeckung oder das Eingreifen Dritter – zB des S – befürchten musste.

A ist strafbefreiend vom Versuch des § 223 I zurückgetreten.

2. §§ 224 I Nr 1 und Nr 5, II, 22, 23 I, 25 I Alt 2

Bereits oben *(Rn 321)* wurde festgestellt, dass das geplante Verabreichen des Medikaments nicht unter § 224 I Nr 1 oder Nr 5 fallen würde.

3. Ergebnis für A im TK D (Abwandlung)

A hat sich nicht strafbar gemacht.

E. Gesamtergebnis

I. Grundfall

1. Strafbarkeit des A

§§ 223 I, II, 22, 23 I
– § 53 I –
§§ 223 I, II, 22, 23 I, 13 I
– § 53 I –
§§ 223 I, 25 I Alt 2

2. Strafbarkeit der E

§§ 224 I Nr 2, II, 22, 23 I

II. Abwandlung

Strafbarkeit des A

A ist straflos.

Definitionen zum Auswendiglernen

Eine das Leben gefährdende Behandlung	iSv **§ 224 I Nr 5** liegt vor, wenn die Verletzungshandlung nach den konkreten Umständen objektiv geeignet ist, das Leben des Opfers in Gefahr zu bringen (*Wessels/Hettinger, BT1 Rn 282).*
Gift	iSv **§ 224 I Nr 1** ist ein organischer oder anorganischer Stoff, der unter bestimmten Bedingungen (etwa Einatmen, Aufnahme über die Haut) durch chemische oder chemisch-physikalische Wirkung geeignet ist, zumindest eine erhebliche Gesundheitsschädigung zu bewirken (*Wessels/Hettinger, BT1 Rn 263, 267).*
Beigebracht	ist das Gift iSv **§ 224 I Nr 1**, wenn der Täter das Gift derart mit dem Körper des Opfers in Verbindung gebracht hat, dass es seine gesundheitsschädigende Wirkung entfalten kann (*Wessels/Hettinger, BT1 Rn 265).*

Weitere einschlägige Musterklausuren

Zum Problem des fehlenden Verteidigungswillens:

Börgers/Grunewald, ZJS 2008, 521; *Britz*, JuS 2002, 467; Ebert-*Bruckauf*, Fälle [5] S 91; *Ernst,* ZJS 2011, 382; *Gropp/Küpper/Mitsch*, Fallsammlung [3] S 62; *Hilgendorf*, Klausurenkurs I [14] S 123; *Kühl/Hinderer,* Jura 2012, 488; *Jäger*, AT § 4 Rn 130; *Kleinbauer/*Schröder/*Voigt*, Anfänger [10] S 152; *Petrovic/Hillenkamp*, StudZR 2006, 521; *Putzke,* Jura 2009, 147; *Seier*, JuS-Lernbogen 1989, L 85; *ders*, in: Seier, Die Anfängerklausur, [7] S 83, 88; *Seier/Herrman,* JuS 2012, 327; *Sennwitz/Haas*, StudZR 2012, 289; *Theile*, ZJS 2009, 545;.

Zum Problem der unbeweglichen Gegenstände als gefährliche Werkzeuge iSd § 224 I Nr 2:

Bott/Kühn, Jura 2009, 72; *Britz/Jung*, JuS 2000, 1194; *Gropp/Küpper/Mitsch*, Fallsammlung [8] S 155; *Kühl/Hinderer*, JuS 2009, 919; *Marxen*, BT [3a] S 21; *Sölter/Laue,* StudZR 2011, 303.

Zum Problem des Versuchsbeginns beim Unterlassungdelikt:

Ebert-*Seher*, Fälle [14] S 221; *Gropp/Küpper/Mitsch*, Fallsammlung [2] S 33; *Haas*, Ad Legendum 2012, 119; *Haverkamp/Kaspar*, JuS 06, 895; *Heger*, JA 2008, 859; *von Heintschel-Heinegg/ Kudlich*, JA-Übungsblätter 2001, 134; *Kindhäuser/Schumann/Lubig*, [3] S 100; *Kleinbauer/ Schröder/Voigt*, Anfänger [12] S 189; *Kudlich*, Fälle AT [9] S 121, [10] S 136; *Kudlich/Schuhr*, JA-Übungsblätter 2007, 349; *Lindheim/Uhl*, JA 2009, 783; *Neubacher/Bachmann*, Jura 2010, 154; *Otto/Bosch*, [9] S 202; *Otto/Brammsen*, Jura 1986, 37; *Rauda/Zenthöfer*, [23], S 129; *Stoffers*, Jura 1993, 376.

Zum Problem des Rücktritts trotz Erfolgseintritts:

Gropp, Jura 1988, 542; *Hilgendorf*, Klausurenkurs I [12] S 103; *Saal*, JA-Übungsblätter 1998, 563; *Schmidt*, JA-Übungsblätter 1992, 84; *Wolters*, Fälle [2] S 27.

Zum Problem des Rücktritts bei mehraktigem Geschehen:

Bakowitz/Bülte, StudZR 2009, 149; *Beulke*, Klausurenkurs III [4] Rn 173; *Borchert/Hellmann*, Jura 1982, 658; *Busch*, JuS 1993, 304; Ebert-*Schütze*, Fälle [4] S 73; Ebert-*Uehling*, Fälle [10] S 159; *Esser/Krichl*, JA 2008, 787; *Hertel*, Jura 2011, 391; *Hilgendorf*, Klausurenkurs I [12] S 103; *Jäger*, AT § 8 Rn 323; *Kindhäuser/Schumann/Lubig* [1] S 67; *Kleinbauer/Schröder/Voigt*, Anfänger [11] S 167; *Krack/Schwarzer*, JuS 2008, 140; *Krahl*, JuS 2003, 58; *Krell*, Jura 2012, 150; *Kudlich*, Fälle AT [7] S 102; *Kühl/Kneba*, JA 2011, 426; *Langer*, Jura 2003, 138; *Mitsch*, Jura 1991, 373; *Perron/Bott/Gutfleisch*, Jura 2006, 706; *Schuster* Jura 2008, 228; *Schwabe*, AT [16] S 202; *Stein/Schneider*, Ad Legendum 2011, 45.

Fall 10

Tristan und Isolde

325 Es waren einmal die Musikstudenten Tristan (T) und Isolde (I), die lebten zusammen und hatten sich sehr lieb. Auch ihre Tiere waren ihnen sehr ans Herz gewachsen. Tristan hatte den wunderschönen Goldfisch Freya (F) und Isolde den stolzen Kater Wotan (W) in die Wohngemeinschaft eingebracht. Dann aber zogen Gewitterwolken auf, weil Isolde den Sportstudenten Siegfried (S) kennen und lieben lernte. Rasend vor Eifersucht ergriff T eines Tages Wotan, hielt ihn aus dem Fenster der im ersten Stock gelegenen Wohnung und erklärte Isolde wahrheitsgemäß, dass er fest entschlossen sei, den W jetzt fallen zu lassen. Sein Ziel war in erster Linie, Isolde aus Rache für ihre Untreue seelische Schmerzen zuzufügen. Dazu hielt er sein Vorgehen für ein probates Mittel. Trotz des Wissens, dass Katzen auch Stürze aus größerer Höhe unbeschadet überstehen können, hielt er eine Verletzung des W, angesichts der harten Pflastersteine unter dem Fenster, für sehr wahrscheinlich. Auf die Verletzung des W kam es ihm zwar nicht an, andererseits nahm er das Verletzungsrisiko jedoch billigend in Kauf und fand sich mit dem Erfolg ab. Kurz bevor T den W losließ, sah er das schmerzverzerrte Gesicht der I, die um das Leben ihres Katers fürchtete. Er erkannte, dass er sein Ziel eigentlich bereits erreicht hatte und nahm von seinem Plan Abstand, weil er meinte, für heute sei der Rache Genüge getan. Er blieb aber trotzdem fest entschlossen, seinen Plan in den nächsten Wochen zu verwirklichen, um Isolde erneut seelische Schmerzen zuzufügen, die seiner Herzenspein entsprachen.

Isolde erzählte ihrer Badmintonpartnerin Brunhilde (B) von der erlittenen Schmach. Brunhilde meinte dazu: „Wotan mag doch bestimmt Fischstäbchen.“ Sie bezweckte mit dieser Aussage, dass Isolde der Freya durch ihren Kater den Garaus machen werde. Isolde griff die Anregung ihrer Freundin begeistert auf. Die Realisierung schien ihr besonders leicht, mochte doch Wotan die Freya zum Fressen gern und musste deshalb ständig vom Zimmer des Tristan und dessen Aquarium ferngehalten werden. Am nächsten Morgen verließ Isolde als Letzte die Wohnung, nachdem sie die Tür zum Zimmer des Tristan schon zuvor einen Spalt geöffnet hatte. Sie hoffte, dass Wotan zu seiner normalen Essenszeit am Nachmittag die leckere Freya verspeisen würde. In der Uni angekommen, überkam Isolde jedoch Mitleid mit dem Geschöpf und sie sann auf dessen Rettung. Die Idee, selbst nach Hause zu gehen, verwarf sie angesichts der spannenden Vorlesung über den Tristanakkord. Deshalb schickte sie dem Nachbarn Alberich (A), der einen Ersatzschlüssel zur Wohnung verwahrte und von dem sie wusste, dass er noch am späten Vormittag nach Hause kommen würde, eine SMS und bat ihn, Wotan in ihrem Zimmer einzusperren. Alberich führte diesen Auftrag eine Stunde später gerne aus, und zwar noch bevor Wotan das Schlafgemach der Isolde verlassen hatte.

All diese Aufregungen brachten Tristan und Isolde zur Besinnung. Sie entdeckten ihre alte Liebe neu, wurden ein glückliches Paar und wenn sie nicht gestorben sind, dann leben sie noch heute.

Haben sich Tristan, Isolde und Brunhilde nach dem StGB strafbar gemacht?
Erforderliche Strafanträge sind gestellt.

Gedankliche Strukturierung des Falles (Kurzlösung)

326

A. Anschlag auf Wotan

Strafbarkeit des T

1. **§ 223 I (–)**
   - Taterfolg (–), seelische Schmerzen weder körperliche Misshandlung noch pathologischer Zustand
2. **§ 240 I (–)**
   - Taterfolg (–)
3. **§ 303 I (–)**
   - Taterfolg (–)
4. **§§ 303 I, III, 22, 23 I (–)**
   a) Vorprüfung (+)
   - Tat nicht vollendet (+)
   - Versuch strafbar, §§ 303 I, III, 22, 23 I Alt 2 (+)

   b) Tatentschluss (+)
   - Beschädigungsvorsatz (+)
   - Sache (+)

   c) Unmittelbares Ansetzen (+)
   - Konkrete unmittelbare Gefährdung (+)

   d) Rechtswidrigkeit und Schuld (+)
   - Eifersucht als Rechtfertigungs- oder Entschuldigungsgrund (–)

   e) Rücktritt, § 24 I Alt 1 (+)
      aa) Fehlgeschlagener Versuch (–)

Problem Nr 42: Ist ein Rücktritt noch möglich, wenn der Täter sein außertatbestandliches Ziel bereits erreicht hat? (Rn 333)

      bb) Unbeendeter Versuch (+)
   - Unbeendet: noch nicht alles Erforderliche getan (aus Sicht des Täters) (+)
   - Aufgeben der Tatausführung, § 24 I 1 Alt 1 (+)

Problem Nr 43: Muss der Täter die Tat endgültig aufgeben wollen? (Rn 336)

      cc) Freiwilligkeit (+)

   f) Ergebnis
5. **§§ 303 II, III, 22, 23 I (–)**
6. **Ergebnis für T im TK A**
   T ist straflos.

B. Anschlag auf Freya

I. Strafbarkeit der I

1. **§ 303 I (–)**
   - Taterfolg (–)
2. **§§ 303 I, III, 22, 23 I (–)**
   a) Vorprüfung (+)
   b) Tatentschluss (+)
   c) Unmittelbares Ansetzen (+)
   - Aus-der-Hand-Geben des Geschehens

   d) Rechtswidrigkeit und Schuld (+)
   e) Rücktritt, § 24 II (+)
      aa) Fehlgeschlagener Versuch (–)
      bb) Verhinderung der Tatvollendung (+)

Problem Nr 44: Muss der Täter das Optimum tun, um die Vollendung zu verhindern? (Rn 344)

      cc) Freiwilligkeit (+)

   f) Ergebnis
3. **§§ 303 II, III, 22, 23 I (–)**
4. **Ergebnis für I im TK B**
   I ist straflos.

II. Strafbarkeit der B

1. **§§ 303 I, III, 22, 23, 26 (+)**
   a) Objektiver Tatbestand (+)
      aa) Teilnahmefähige Haupttat (+)
      bb) Anstiftungshandlung (+)
   b) Subjektiver Tatbestand (+)
      aa) Vorsatz bzgl Haupttat (+)
      bb) Vorsatz bzgl Anstiftungshandlung (+)
   c) Rechtswidrigkeit und Schuld (+)
   d) Rücktritt, § 24 II (–)
   e) Ergebnis
2. **§§ 303 II, III, 22, 23 I, 26 (–)**
3. **Ergebnis für B im TK B**
   §§ 303 I, III, 22, 23 I, 26

C. Gesamtergebnis

T: straflos
I: straflos
B: §§ 303 I, III, 22, 23, 26

Ausführliche Lösung von Fall 10

A. Anschlag auf Wotan

Strafbarkeit des A

1. § 223 I

327 Indem T die I dadurch in Angst und Schrecken versetzte, dass er erklärte, W in die Tiefe fallen zu lassen, könnte er sich einer vollendeten Körperverletzung gegenüber I strafbar gemacht haben.

Unter einer körperlichen Misshandlung iSv § 223 I Alt 1 versteht man jede üble, unangemessene Behandlung, die das körperliche Wohlbefinden oder die körperliche Unversehrtheit mehr als nur unerheblich beeinträchtigt. Zwar ist es denkbar, dass ganz massives Erschrecken einer Person, welches nahe an eine Ohnmacht führt, das körperliche Wohlbefinden mehr als nur unerheblich beeinträchtigt; allein das Hervorrufen von Angst und Schrecken, also das bloße Beeinträchtigen des seelischen Wohlbefindens, überschreitet aber noch nicht die Erheblichkeitsschwelle der ersten Alternative des § 223.

Eine Gesundheitsschädigung iSv § 223 I Alt 2 ist das Hervorrufen, Steigern oder Aufrechterhalten eines vom Normalzustand der körperlichen Funktionen des Opfers nachteilig abweichenden krankhaften Zustandes körperlicher oder seelischer Art.

Zwar erfasst die zweite Alternative des § 223 I auch Störungen des seelischen Befindens. Es müsste sich jedoch um einen pathologischen Zustand handeln, an dem es hier fehlt.

Eine Körperverletzung scheidet also bereits im objektiven Tatbestand aus.

2. § 240 I

328 Indem T bei seiner Freundin ein Erbleichen herbeiführte, könnte er in die Freiheit der Willensbildung oder Willensbetätigung der I eingriffen und sich daher einer vollendeten Nötigung strafbar gemacht haben. Hierzu müsste bei der I zunächst ein Nötigungserfolg eingetreten sein, was eine konkrete Beeinträchtigung ihres Willens erfordert. Daran fehlt es hier jedoch, da die I lediglich erbleichte, also reflexartig und körperlich unkontrolliert reagierte und somit gar nicht handelte. Dies entsprach auch dem, was T anstrebte.

Eine Nötigung scheidet somit aus.

3. § 303 I

329 T hat dem W kein Haar gekrümmt, so dass eine vollendete Sachbeschädigung ausscheidet.

4. §§ 303 I, III, 22, 23 I

Indem T den W aus dem Fenster hielt, um ihn auf das Pflaster fallen zu lassen, könnte er eine versuchte Sachbeschädigung begangen haben.

a) Vorprüfung

Die Tat ist nicht vollendet. Der Versuch ist gem §§ 303 III, 23 I Alt 2 strafbar.

b) Tatentschluss

T müsste Vorsatz hinsichtlich des Beschädigens oder Zerstörens einer fremden Sache **330**
gehabt haben. Fraglich ist jedoch, ob Kater W eine Sache darstellt. Gem § 90a S 1 BGB sind Tiere im Zivilrecht keine Sachen, wobei nach § 90a S 3 BGB die für Sachen geltenden Vorschriften entsprechend anzuwenden sind. Eine solche Vorgehensweise würde aber dem Analogieverbot des Strafrechts widersprechen. Vielmehr ist der strafrechtliche Sachenbegriff ein anderer als der zivilrechtliche. Im Strafrecht soll der Eigentümer geschützt werden. Würde man Tiere nun vom Sachenbegriff ausnehmen, wäre der Eigentumsschutz nur sehr lückenhaft. Der strafrechtliche Sachenbegriff umfasst somit auch Tiere (*vgl Fall 1 Problem Nr 1 Rn 104*). Da der Kater W im Eigentum der I stand, war er für T eine fremde Sache.

Des Weiteren müsste T Vorsatz bzgl des Zerstörens oder Beschädigens gehabt haben. Zerstört wird eine Sache, wenn sie in ihrer Existenz vernichtet oder ihre Brauchbarkeit völlig aufgehoben wird. Angesichts des Umstandes, dass eine Katze einen Sturz aus dem ersten Stock erfahrungsgemäß überlebt, kann von einem solchen Vernichtungswillen nicht ausgegangen werden.

Beschädigt ist eine Sache, wenn der Täter auf die Sache als solche in einer Weise körperlich eingewirkt hat, dass ihre Unversehrtheit oder bestimmungsgemäße Brauchbarkeit mehr als nur unerheblich beeinträchtigt und im Vergleich zu ihrer bisherigen Beschaffenheit nachteilig verändert worden ist. T wollte den W aus dem Fenster werfen und nahm eine Verletzung des Katers, zB einen Beinbruch, billigend in Kauf. Er fand sich mit dem Ergebnis ab. T hatte somit bzgl des Beschädigens bedingten Vorsatz *(zur hier nicht problematischen Abgrenzung von dolus eventualis und bewusster Fahrlässigkeit s Fall 1 Problem Nr 2 Rn 107).*

c) Unmittelbares Ansetzen

T müsste zur Tat unmittelbar angesetzt haben, § 22. Dazu ist subjektiv erforderlich, dass **331**
der Täter die Schwelle zum „Jetzt-geht-es-los" übertritt. Objektiv müsste das Tatobjekt als konkret gefährdet erscheinen, so dass bei ungehindertem Fortlauf des Geschehens die Handlung unmittelbar in die Tatbestandsverwirklichung einmündet *(bzgl Abgrenzung s Fall 4 Problem Nr 18 Rn 178).*

T hielt die Katze bereits aus dem Fenster. Für das Fallen und die daraus unter Umständen resultierenden Verletzungen waren außer dem Loslassen keine weiteren Zwischenhandlungen mehr erforderlich, und die Sache war somit auch in höchstem Maße gefährdet. T hat folglich unmittelbar angesetzt.

d) Rechtswidrigkeit und Schuld

Der Umstand, dass T sich zu dieser Handlung von seiner Eifersucht gegenüber I treiben ließ, stellt weder einen Rechtfertigungs- noch einen Entschuldigungsgrund dar. T handelte rechtswidrig und schuldhaft.

e) Rücktritt, § 24 I Alt 1

332 Als I erbleichte, ließ T von seinem Vorhaben ab. Er könnte daher strafbefreiend gem § 24 I Alt 1 vom Versuch zurückgetreten sein.

aa) Fehlgeschlagener Versuch

Die Tat dürfte nicht fehlgeschlagen sein, dh die Erfolgsherbeiführung muss nach Vorstellung des Täters ohne zeitlich relevante Zäsur und mit den ihm zur Verfügung stehenden Mitteln noch möglich sein.

Dem Täter ist die Erfolgsherbeiführung noch möglich, wenn er sich vorstellt, im unmittelbaren Anschluss an sein Vorgehen mit weiteren Mitteln die Tat vollenden zu können. T hielt im Moment der Aufgabe des Tatplans W immer noch in der Hand und hätte ihn fallen lassen können, so dass für ihn eine Fortsetzung der Tat möglich gewesen wäre.

Problematisch ist, dass T sein eigentliches Ziel bereits erreicht hatte. Er wollte nämlich W auf die Straße werfen, um der I seelische Schmerzen zuzufügen. Das gelang ihm aber bereits mit dem Versuch der Tat. Eine Vollendung war nicht mehr nötig. T hatte sein außertatbestandliches Ziel bereits erreicht. Ob in solchen „Denkzettelfällen" ein Rücktritt noch möglich ist, wird unterschiedlich beurteilt.

333 **Problem Nr 42: Ist ein Rücktritt noch möglich, wenn der Täter sein außertatbestandliches Ziel bereits erreicht hat?**

(1) Ein **Teil der Literatur** und die **ältere Rechtsprechung** halten einen Rücktritt in solchen Fällen für ausgeschlossen.

Argument: Es erscheint unbillig, dem Täter Straffreiheit dafür zu gewähren, dass er auf den Boden der Legalität zurückgekehrt ist, obwohl er sein Ziel bereits erreicht hat und die Tatausführung für ihn ohnehin keinen Sinn mehr ergibt.

(2) Der **Große Senat des BGH** und die **hL** gewähren dem Täter zu Recht die Möglichkeit eines strafbefreienden Rücktritts. (aA noch *Wessels/Beulke*, AT Rn 635).

Argument: „Tat" iSv § 24 I 1 meint nur die tatbestandsmäßige Handlung unter Einschluss des tatbestandsmäßigen Erfolges. Der Entschluss, die Tat aufzugeben, bezieht sich allein auf die Tatbestandsmerkmale. Außertatbestandliche Ziele, Motive und Absichten müssen unberücksichtigt bleiben. Zudem darf der mit dolus eventualis handelnde Täter nicht schlechter gestellt werden als der absichtlich handelnde, der aufgrund seines umfassenderen Tatplans und des darum noch nicht vollständig erreichten Erfolges stets noch zurücktreten kann. Schließlich sprechen der Opferschutz und die Erhaltung des gefährdeten Rechtsguts für die Möglichkeit eines Rücktritts.

Zur Vertiefung: Wessels/Beulke, AT Rn 634; Joecks, St-K, § 24 Rn 29 ff.

334 Gegen die Bejahung eines strafbefreienden Rücktritts spricht, dass es an einer honorierbaren Verzichtsleistung des T fehlt. Er hat ja sein primäres Ziel schon erreicht. In diesem Sinne haben sich auch die ältere Rechtsprechung und weite Teile des Schrifttums ausgesprochen. Andererseits ist diese Interpretation nur schwer mit dem Gesetzeswortlaut vereinbar. Der Begriff der „Tat" iSd § 24 meint die in den Straftatbeständen umschriebene tatbestandliche Handlung und den tatbestandlichen Erfolg. Das ist hier die Beeinträchtigung des W durch das Werfen auf die Straße mit der Folge von Verletzungen. Die

Tatsache, dass T sein außertatbestandliches Ziel, der I seelische Schmerzen zuzufügen, bereits durch den Versuch der Tat erreicht hatte, hat damit nichts zu tun und kann deshalb für die strafrechtliche Wertung im Rahmen des Rücktritts keine Rolle spielen. Für eine Rücktrittsmöglichkeit spricht auch der Opferschutz. Wenn sich T trotz seines Aufhörens sowieso schon wegen eines fehlgeschlagenen Versuchs strafbar gemacht hätte, gäbe es für ihn nur einen sehr viel geringeren Anreiz, den W in Ruhe zu lassen, als bei Eröffnung der völligen Straflosigkeit im Falle des Nichtweiterhandelns. Die besseren Argumente sprechen also gegen die Annahme eines fehlgeschlagenen Versuchs. Ein Rücktritt bleibt trotz außerplanmäßiger Zielerreichung möglich.

Die hier gewählte Konstellation entspricht nicht den klassischen Denkzettelfällen (wie BGHSt 39, 221), bei denen das „Angriffsobjekt" und das „Denkzettelobjekt" identisch sind. ME kann man die Gedanken zu den Denkzettelfällen gleichwohl auf den vorliegenden Fall übertragen, weil der Rechtsgutsinhaber der Sachbeschädigung (Eigentümerin I) zugleich auch das „Denkzettelobjekt" ist.

bb) Unbeendeter Versuch

§ 24 I stellt unterschiedliche Anforderungen an einen Rücktritt je nachdem, ob der Ver- **335**
such unbeendet oder beendet ist.

Unbeendet ist ein Versuch, wenn der Täter nach seiner Vorstellung noch nicht alles Erforderliche für die Erfolgsherbeiführung getan hat. Zwar hat T sein außertatbestandliches Ziel, I seelische Schmerzen zuzufügen, bereits erreicht. Jedoch muss sich die Frage, ob der Versuch unbeendet oder beendet ist, auch hier auf die tatbestandsmäßige Handlung beziehen. Nach Vorstellung des T hätte er den W noch fallen lassen, für die Tatvollendung also noch einen zusätzlichen Schritt tätigen müssen. Der Versuch ist unbeendet. T kann von der Tat zurücktreten, wenn er die weitere Tatausführung aufgibt.

Hier ist es problematisch, ob T wirklich die weitere Tatausführung „aufgegeben" hat. Aufgeben bedeutet, von der weiteren Realisierung des Entschlusses, den gesetzlichen Tatbestand zu verwirklichen, aufgrund eines entsprechenden „Gegenentschlusses" Abstand zu nehmen. Zwar hatte T für den damaligen Tag von seinem Plan Abstand genommen, sich jedoch vorbehalten, sein Werk in den nächsten Wochen zu vollenden.

Problem Nr 43: Muss der Täter die Tat endgültig aufgeben wollen? **336**

(1) Nach **einer Ansicht**, die insbesondere von der früheren Rechtsprechung vertreten wurde, muss der Täter die Durchführung seines kriminellen Entschlusses „im Ganzen und endgültig" aufgeben.

Argument: Der Rücktritt ist ein strafbefreiendes Privileg und fordert als solches nicht lediglich den Aufschub der Tat bis zu einem günstigeren Zeitpunkt. Es besteht kein Grund, einen Täter zu schonen, der einen Angriff abbricht, um ihn später erfolgreich auszuführen. Dadurch würde kriminelles Kalkül honoriert.

Der Täter bleibt durch sein Festhalten an der Durchführung weiterhin gefährlich und somit strafwürdig, auch wenn er für den Moment von der Tat absieht.

(2) Nach **anderer Ansicht** soll bereits das Abstandnehmen von der konkreten Ausführungshandlung zur Strafaufhebung führen.

Argument: Der Wortlaut verlangt nur die Aufgabe der „weiteren Ausführung der Tat" und meint damit die konkret begonnene Handlung. Bezöge sich das Abstandnehmen auch auf künftige Handlungsakte, müsste § 24 I 1 Alt 1 die endgültige Aufgabe der Vollendungsabsicht verlangen.

Der Plan, die Tat später nochmals zu versuchen, ist zwar verwerflich, aber erst strafwürdig, wenn er ins Versuchsstadium gelangt. Bis zu diesem Zeitpunkt ist es immer noch möglich, dass der Täter in die Legalität zurückfindet.

(3) Die **herrschende Meinung** vertritt richtigerweise eine **vermittelnde Ansicht**, nach der zwar nur zu fordern ist, dass der Täter von der konkreten Tat, wie sie durch den einschlägigen Straftatbestand gekennzeichnet ist, Abstand nimmt, bei der jedoch ein Rücktritt entfällt, wenn sich der Täter Fortsetzungsakte vorbehält, die im Falle ihrer Realisierung nur als unselbstständige Teilakte der zuvor begonnenen Straftat zu werten wären, die also mit der schon verwirklichten Tathandlung einen einheitlichen Lebensvorgang bilden würden.

Argument: Eine Aufgabe des kriminellen Entschlusses im Ganzen (s Meinung (1)) ist nicht erforderlich, da dies dem Rücktritt zu enge Grenzen setzen würde.

Die Meinung (2) fordert hingegen zu wenig, indem sie nur die Aufgabe einer bestimmten Begehungsweise voraussetzt und einen Rücktritt auch zulässt, wenn der Täter eine Art der Tatbegehung durch eine gleichwertige andere ersetzt.

Die vermittelnde Meinung ist vorzugswürdig, weil sie die Rücktrittsanforderungen nach dem vom Gesetzgeber formulierten Straftatbestand bestimmt und so den Besonderheiten des jeweiligen Delikts am besten Rechnung trägt. Dieser Mittelweg führt zu einer ausgewogenen Berücksichtigung der beiderseitigen Interessen.

Zur Vertiefung: Wessels/Beulke, AT Rn 641.

337 Gemäß § 24 I 1 Alt 1 muss der T von der Ausführung der Tat Abstand nehmen. Dies kann nicht bedeuten, dass er seinen kriminellen Entschluss im Ganzen und endgültig aufgeben muss. Andererseits reicht es nicht aus, dass T nur von einer bestimmten Ausführungshandlung ablässt und auf eine andere umsteigt. Richtigerweise ist vielmehr darauf abzustellen, ob er von der konkreten Tat, wie sie durch den Tatbestand umschrieben ist, Abstand nimmt. T setzte den Kater wieder ab und warf ihn nicht in den Abgrund. Er behielt sich lediglich vor, seine Tat in den nächsten Wochen, also erst in Zukunft zu vollenden. Eine solche erneute Handlung, die erst einige Wochen später erfolgen sollte und zu deren Ausführung T den W erneut einfangen und dann aus dem Fenster werfen müsste, stellt sich aber als ein selbstständiger Teilakt dar und bildet mit dem jetzigen Geschehen keinen einheitlichen Lebensvorgang. T hat die Tatausführung somit aufgegeben.

cc) Freiwilligkeit

338 T müsste freiwillig zurückgetreten sein. Nach herrschender Meinung bestimmt sich die Freiwilligkeit danach, ob der Täter aus heteronomen (dann unfreiwillig) oder aus autonomen (dann freiwillig) Gründen die Tat nicht zur Vollendung gebracht hat. T gab die Tat auf, weil er glaubte, für den heutigen Tag sei der Rache Genüge getan. Das spricht für die Bejahung der Freiwilligkeit.

Auf der anderen Seite hat T sein außertatbestandliches Ziel, der I seelische Schmerzen zuzufügen, bereits erreicht. Folgt man der Verbrechervernunft, ist ein Weiterhandeln für ihn sinnlos geworden, so dass er zum Aufgeben der Tat durch äußere Umstände bestimmt worden sein könnte und eine Freiwilligkeit damit ausschiede.

Allerdings hätte T, auch wenn I bereits erbleichte, die Sachbeschädigung immer noch beenden können. Die Entscheidung, dass ein Weiterhandeln für ihn nichts mehr bringt, wurde nicht von außen bestimmt, sondern beruhte auf seiner eigenen Überlegung. Er handelte somit aus autonomen Gründen, mithin freiwillig *(ausführlich zur Freiwilligkeit s Fall 4 Problem Nr 19 Rn 180).*

Die Denkzettelproblematik, die oben im Rahmen des fehlgeschlagenen Versuchs behandelt wurde, wird im Schrifttum zT auch unter der Rubrik „Aufgeben der Tat" (s Rn 335) oder hier bei der „Freiwilligkeit" erörtert. Auf das Ergebnis hat dies keinen Einfluss.

f) Ergebnis

T ist strafbefreiend zurückgetreten.

5. §§ 303 II, III, 22, 23 I

Es könnte auch eine versuchte Sachbeschädigung gem §§ 303 II, III, 23 I Alt 2 vorliegen. Der Rücktritt des T (s o) erfasst aber auch diesen Straftatbestand.

6. Ergebnis für T im Tatkomplex A

T ist straflos. **339**

B. Anschlag auf Freya

I. Strafbarkeit der I

1. § 303 I

Zwar sollte der Goldfisch Freya (F) sterben, dazu ist es aber nicht gekommen, vielmehr **340**
schwimmt F noch heute quicklebendig im Glas herum. Der Taterfolg ist somit nicht eingetreten.

2. §§ 303 I, III, 22, 23 I

I könnte dadurch, dass sie die Tür zum Zimmer des T öffnete und damit den Zugang des W zu F ermöglichte, eine versuchte Sachbeschädigung gem §§ 303 I, III, 22, 23 I begangen haben.

a) Vorprüfung

Die Strafbarkeit des Versuches ergibt sich aus §§ 303 III, 23 I Alt 2. **341**

b) Tatentschluss

I wollte, dass W den F auffrisst. F stellt als Fisch nach dem strafrechtlichen Sachenbegriff eine Sache dar (*vgl Rn 330*). Durch das Auffressen sollte F in seiner Existenz vernichtet, also zerstört werden. Der Tod sollte durch eine Handlung der I, nämlich das

Öffnen der Zimmertür, in die Wege geleitet und damit kausal herbeigeführt werden. Kater W, der seinem natürlichen Fresstrieb nachgehen sollte, wurde hier gezielt als Tatwerkzeug für die von I geplante Sachbeschädigung eingesetzt.

I rechnete allerdings damit, dass W erst zu seiner normalen Essenszeit am Nachmittag die F fressen würde. Jedoch lassen nur Bedingungen, die sich auf die Entscheidung zur Tatbegehung als solche beziehen, den Tatentschluss entfallen. Zeitliche Bedingungen bleiben ohne Bedeutung.

Problematisch könnte noch sein, dass I nicht sicher wusste, ob W die F frisst. Da es I darauf ankam, dass W der F den Garaus macht, ändert diese Unsicherheit bzgl der Erfolgsherbeiführung nichts an der Vorsätzlichkeit: Ein Täter handelt immer absichtlich, also mit dolus directus 1. Grades, soweit es ihm auf den Erfolg ankommt. Gleichgültig ist insofern, ob er dabei die Realisierung des Ziels für sicher oder nur für möglich hält. Isolde hatte also Tatentschluss bzgl § 303.

c) Unmittelbares Ansetzen

342 Fraglich ist jedoch, ob I zum Versuch bereits unmittelbar ansetzte, ob sie also subjektiv die Schwelle zum „Jetzt-geht-es-los" überschritt und ob das von ihr in die Wege geleitete Geschehen objektiv in die Tatausführung unmittelbar einmündete. Zwar öffnete I die Tür zum Zimmer des T und ließ W in der Wohnung allein, so dass aus ihrer Sicht keine eigenen Zwischenakte mehr erforderlich waren. Der Kater befand sich aber in einem ganz anderen Zimmer als der Fisch. Es erscheint daher zweifelhaft, ob das Rechtsgut des T bereits unmittelbar gefährdet war. Bis zum Gefressenwerden der F hätten ferner auch noch mehrere Stunden vergehen können, ohne dass I darauf Einfluss gehabt hätte. Letztlich entscheidend muss jedoch sein, dass sie das Geschehen aus der Hand gab. Zwar kann W als Tier kein menschliches Werkzeug und somit kein Tatmittler sein, aber ein Vergleich mit den Anforderungen an das unmittelbare Ansetzen des mittelbaren Täters bestärkt die Annahme des Ansetzens im Sinne des § 22: Die herrschende Meinung bejaht dort den Versuchsbeginn, wenn der Hintermann das Tatgeschehen „aus der Hand gegeben", das Werkzeug also aus seinem Einwirkungsbereich entlassen hat. I hat durch das Öffnen der Tür und das anschließende Verlassen der Wohnung genau dies getan. W konnte jederzeit seinem Jagd- und Fresstrieb nachgehen. Nach dem Plan der I sollte dies spätestens am Nachtmittag – also noch zeitnah – geschehen. I hat dadurch eine konkrete Gefahr für F begründet. Ein unmittelbares Ansetzen zur Tat ist daher gegeben *(Näheres zur Abgrenzung Vorbereitungshandlung und Versuch s Fall 4 Problem Nr 18 Rn 178).*

d) Rechtswidrigkeit und Schuld

Die erlittene Schmach der I stellt keinen Rechtfertigungs- oder Entschuldigungsgrund für die versuchte Rache der I dar. Rechtswidrigkeit und Schuld liegen vor.

e) Rücktritt, § 24 II

343 Da der Nachbar A auf Grund einer von I geschickten SMS die Todesgefahr für F beseitigte, könnte I vom Versuch der Sachbeschädigung strafbefreiend zurückgetreten sein.

An der Tat waren sowohl I als auch B beteiligt, so dass ein Rücktritt grundsätzlich nach § 24 II zu beurteilen ist.

Allerdings trat vordergründig nur I auf. Sie allein bestimmte, wie sich die Tat abspielt. I handelte wie ein Alleintäter. In solchen Fällen, in denen es einen Alleintäter gibt und die anderen Personen lediglich Anstifter oder Gehilfen sind, kann für die Voraussetzungen des Rücktritts auch auf § 24 I zurückgegriffen werden (vgl Hinweis unter Rn 184). Auf das Ergebnis ist das ohne Einfluss.

aa) Fehlgeschlagener Versuch

Wiederum dürfte der Versuch der Sachbeschädigung nicht fehlgeschlagen sein (*s Rn 332*).Vorliegend ist kein Umstand ersichtlich, welcher die Herbeiführung des tatbestandlich erstrebten Erfolges ohne zeitlich relevante Zäsur verhindert haben würde. Der Versuch der Sachbeschädigung ist demnach nicht fehlgeschlagen.

bb) Verhinderung der Tatvollendung

Die Tür zwischen den Zimmern war geöffnet, so dass W ohne Hindernisse zum Aquarium gelangen konnte. Aus Sicht der I war alles Erforderliche getan, so dass die nahe liegende Möglichkeit des Erfolgseintritts bestand. Nach § 24 II 1 muss I die Tatvollendung verhindern, dh sie muss aktive Gegenmaßnahmen ergreifen, wenn sie in den Genuss des Rücktrittsprivilegs kommen will (ebenso § 24 I 1 Alt 2).

Im vorliegenden Fall hat A und nicht I den W von Fs Zimmer ausgesperrt und so den Erfolgseintritt verhindert. Es ist jedoch unbestritten, dass der Täter auch Dritte zur Erfolgsverhinderung einschalten kann. Das Rücktrittsbemühen des Täters muss wenigstens mitursächlich sein. Da A nur wegen der SMS der I die Nachbarwohnung aufsuchte und die F rettete, ist das Ausbleiben des Taterfolgs auf I zurückzuführen. Die Hilfe des A bei der Erfolgsverhinderung ist der I somit zurechenbar.

Gleichwohl ergibt sich möglicherweise ein Problem aus der Tatsache, dass I nicht die sicherste Möglichkeit ausgeschöpft hat, um eine Rechtsgutsverletzung zu vermeiden: I hätte selbst nach Hause gehen können, um die Tür zu schließen. Stattdessen vertraute sie darauf, dass A ihre SMS las, Zeit fand und bereit war, ihre Bitte zu erfüllen. Sie selbst wollte dagegen nicht auf ihre spannende Vorlesung über den Tristanakkord verzichten, obwohl ein Tätigwerden ihrerseits den Erfolg sehr viel sicherer vermieden hätte. Fraglich ist, ob diese etwas halbherzige Erfolgsverhinderung für einen Rücktritt ausreicht.

Problem Nr 44: Muss der Täter das Optimum tun, um die Vollendung zu verhindern? 344

(1) Nach **einer Ansicht** muss der Täter die optimale oder sicherste Möglichkeit zur Erfolgsverhinderung ergreifen.

Argument: Andernfalls ergeben sich Wertungswidersprüche. Selbst § 24 I 2 bzw § 24 II 2 Alt 1, die den untauglichen und damit ungefährlichen Versuch betreffen, verlangen ein „ernsthaftes“ Bemühen um die Erfolgsverhinderung. Dann muss das erst recht für den gefährlichen, tauglichen Versuch gelten.

(2) Die **herrschende Lehre** vertritt dagegen, dass es vollkommen ausreicht, wenn der rücktrittswillige Täter bewusst und gewollt eine neue Kausalreihe in Gang setzt, die für das Ausbleiben des Erfolgs wenigstens mitursächlich wird.

Argument: § 24 I 1 Alt 2 bzw § 24 II 1 verlangen ihrem Wortlaut nach nur, dass der Täter die Vollendung verhindert, ohne besondere qualitative Anforderungen an die Verhinderungshandlung zu stellen. Es verbietet sich, die Voraussetzungen des § 24 (täterbegünstigende Vorschrift) zulasten des Täters enger auszulegen, als es der Wortlaut vorgibt. Gegen Ansicht (1) spricht zudem der Aspekt des Opferschutzes. Gerade weil der Versuch im Falle von § 24 I 1 Alt 2 bzw § 24 II 1 tauglich ist, ist er auch gefährlicher. Dem Täter müssen durch geringere Anforderungen an die Rücktrittshandlung stärkere Anreize zum Rücktritt gesetzt werden. Im Falle des untauglichen Versuches ist dies nicht nötig.

(3) Auch nach **Ansicht der Rechtsprechung** muss der Täter nicht die optimale oder sicherste Möglichkeit ergreifen. Er muss aber zumindest in subjektiver Hinsicht seinen Tatvorsatz endgültig aufgeben und die von ihm gewählte Rettungshandlung für geeignet halten, die Tatvollendung zu verhindern. In die gleiche Richtung geht die Meinung eines **Teils der Literatur**, die zutreffenderweise verlangt, dass der Täter durch sein Verhalten zumindest zum Ausdruck bringt, dass er das erschütterte Vertrauen in die allgemeine Normgeltung wieder „stabilisieren" möchte und die Vollendung oder Nichtvollendung der Tat nicht dem Zufall überlässt. Bei Inanspruchnahme fremder Hilfe muss das Verhindern des Taterfolgs dem Täter als „sein Werk" zugerechnet werden können.

Argument: Durch diese zusätzlichen subjektiven Anforderungen wird sichergestellt, dass dem Täter der Rücktritt nur dann gewährt wird, wenn er es auf die Erfolgsverhinderung angelegt und sich so nach außen erkennbar auf die Seite des Rechts gestellt hat. Nur bei dieser Ansicht ist es ausgeschlossen, dass dem Täter der Rücktritt schon bei einer bloß zufälligen Erfolgsverhinderung zugute kommt, wie das bei Ansicht (2) der Fall wäre.

Zur Vertiefung: Wessels/Beulke, AT Rn 644.

345 Diejenigen Stimmen, die vom Täter verlangen, die optimale oder sicherste Maßnahme zur Erfolgsverhinderung zu ergreifen, billigen I hier keinen Rücktritt zu, da sie aus purem Egoismus eine unsichere Variante wählte. Diese Meinung, die sich auf einen Erst-Recht-Schluss zu § 24 I 2 bzw § 24 II 2 Alt 1 stützt, überzeugt jedoch nicht, da sie verkennt, dass bei einem tauglichen Versuch das Opferschutzargument eine größere Rolle spielt als bei einem untauglichen.

Nach herrschender Meinung ist dagegen jede Art von Erfolgsverhinderung ausreichend, so dass I hier wirksam zurückgetreten ist. Aber auch für den dritten Meinungsstrang, der zusätzlich fordert, dass der Täter eine aus seiner Sicht geeignete Rettungshandlung ergreift und durch seine „Umkehrleistung" das Vertrauen in die Rechtsordnung wieder stärkt, ist im vorliegenden Fall eine ausreichende Rücktrittshandlung gegeben, denn durch die SMS signalisierte I deutlich, dass sie von einer Sachbeschädigung abrücken und auf die Seite des Rechts zurückkehren will.

Die etwas halbherzige Art, die Zerstörung des Fisches zu verhindern, schadet somit nicht. I hat die Anforderungen an eine Rücktrittshandlung iSv § 24 II erfüllt.

cc) Freiwilligkeit

I müsste freiwillig, also aus autonomen Gründen zurückgetreten sein. Ihr Antrieb, die drohende Sachbeschädigung doch noch aufzuhalten, resultierte aus Mitleid mit F, also aus einer autonomen Motivation. Somit handelte sie auch freiwillig *(zum Problem der Freiwilligkeit s Fall 4 Problem Nr 19 Rn 180).*

f) Ergebnis

I ist von der versuchten Sachbeschädigung strafbefreiend zurückgetreten.

3. §§ 303 II, III, 22, 23 I

Es könnte auch eine gem §§ 303 II, III, 23 I Alt 2 strafbare versuchte Sachbeschädigung in Form einer versuchten Veränderung des Erscheinungsbildes vorliegen. Verändern des Erscheinungsbildes einer Sache bedeutet, dass der Täter durch sein Verhalten die optisch wahrnehmbare Oberfläche der Sache in einen vom ursprünglichen abweichenden Zustand versetzt (*s Fall 1 Rn 108*). W sollte F auffressen. Wenn eine Katze einen Fisch ins Maul nimmt, um ihn zu verspeisen, wird bereits durch die Einwirkung der Zähne das Erscheinungsbild verändert. Es würde sich auch um eine nicht nur unerhebliche und nicht nur vorübergehende Veränderung handeln. Der Vorsatz bezieht sich also auch auf eine Erscheinungsbildveränderung iSv § 303 II (*vgl o Fall 8 Rn 293*). Sie handelte rechtswidrig und schuldhaft.

Aber auch insoweit greift der Rücktritt gem § 24 II.

An dieser Stelle wurden Tatbestand, Rechtswidrigkeit und Schuld der versuchten Sachbeschädigung gem § 303 II festgestellt und dann erst der Hinweis auf § 24 II eingefügt. Dieses Vorgehen wurde gewählt um später iRd Teilnahmestrafbarkeit der B an eine Haupttat anknüpfen zu können und somit dort eine Inzidentprüfung zu vermeiden.

4. Ergebnis für I im Tatkomplex B

I ist straflos.

II. Strafbarkeit der B

1. §§ 303 I, III, 22, 23 I, 26

Indem Brunhilde (B) zu I meinte: „Wotan mag doch bestimmt Fischstäbchen", könnte **346**
sie sich einer Anstiftung zur versuchten Sachbeschädigung iSv § 303 I strafbar gemacht haben.

a) Objektiver Tatbestand

Es müsste objektiv eine vorsätzliche, rechtswidrige Haupttat vorliegen, zu der B den Haupttäter angestiftet hat.

aa) Teilnahmefähige Haupttat

I hat tatbestandsmäßig und rechtswidrig eine versuchte Sachbeschädigung begangen (*s Rn 340 ff*). Die Tatsache, dass diese Haupttat im Versuchsstadium stecken geblieben ist, schadet ebenso wenig wie der Umstand, dass I strafbefreiend zurückgetreten ist. Voraussetzung einer teilnahmefähigen Haupttat ist nur, dass der Täter vorsätzlich eine rechtswidrige Tat (Vollendung oder Versuch) begangen hat (vgl § 26 iVm § 11 I Nr 5). Dies ist hier der Fall.

bb) Anstiftungshandlung

Fraglich ist, ob eine Anstiftungshandlung vorliegt, obwohl B zur I lediglich gesagt hat, „Wotan mag doch bestimmt Fischstäbchen." § 26 schreibt vor, dass der Anstifter den Haupttäter zur Tat bestimmt. Umstritten ist, wie dieser Begriff des „Bestimmens" auszulegen ist *(s Fall 3 Problem Nr 14 Rn 161)*.

347 Würde man für ein „Bestimmen" iSv § 26 jede Verursachung des Tatentschlusses genügen lassen, könnte man im vorliegenden Fall unproblematisch eine Anstiftungshandlung bejahen, da der Ausspruch der B („Wotan mag doch bestimmt Fischstäbchen.") für Is Tatbegehung kausal war. Aber auch nach der überzeugenden herrschenden Ansicht, die unter „Bestimmen" das Hervorrufen des Tatentschlusses durch eine Willensbeeinflussung im Wege des offenen geistigen Kontakts versteht, liegt hier aufgrund des Gesprächsverlaufs eine Anstiftungshandlung vor. Lediglich wer für ein „Bestimmen" einen gemeinsamem Tatentschluss in Form eines „Unrechtspaktes" oder eine „Motivherrschaft" des Anstifters postuliert, dürfte in diesem Fall eine Anstiftung ablehnen, da die Willensbeeinflussung durch B eher salopp und nebulös geschah und weder ein kollusives Zusammenwirken noch ein starker Motivdruck bestand. Der vorliegende Fall zeigt aber gerade die Schwäche dieser Auslegungsvarianten: Aufgrund überzogener Anforderungen an die Anstiftungshandlung könnte der eigentliche Tatveranlasser nicht als solcher bestraft werden. Dies ist wenig überzeugend, weshalb diesen Argumenten nicht gefolgt werden kann.

B hat also I zur Sachbeschädigung bestimmt.

b) Subjektiver Tatbestand

aa) Vorsatz bzgl der Haupttat

B müsste Vorsatz im Hinblick auf die von I ausgeführte Haupttat gehabt haben. Der Anstifter muss dabei jedoch die exakten Tatumstände nicht kennen, sondern es genügt, dass er eine bestimme Angriffsrichtung vorgibt und eine einigermaßen genaue Vorstellung von der Tat hat. Die Einzelheiten der Tatgestaltung (wie Ort, Zeit, konkrete Art der Begehungsweise) bleiben dem Täter überlassen. Weil mit dem Fischstäbchen-Begriff der Verzehr konkludent angesprochen wurde, ist davon auszugehen, dass B von der Vernichtung der F ausging.

bb) Vorsatz bzgl der Anstiftungshandlung

B bezweckte mit ihrer Aussage, I zur Tat anzuhalten. Sie hatte somit den erforderlichen Doppelvorsatz.

c) Rechtswidrigkeit und Schuld

B handelte rechtswidrig und schuldhaft.

d) Rücktritt, § 24 II

348 Bei B selbst sind keine Umstände ersichtlich, welche darauf hindeuten würden, dass sie von ihrem Vorhaben Abstand genommen und sich bemüht hätte, den tatbestandlichen

Erfolg abzuwenden. Da § 24 ein persönlicher Strafaufhebungsgrund ist, kommt der B der Rücktritt der I nicht zugute, § 28 II.

e) Ergebnis

§§ 303 I, III, 22, 23 I, 26 sind erfüllt. Strafantrag ist gestellt.

2. §§ 303 II, III, 22, 23 I, 26

B hat auch zu der von I tatbestandsmäßig und rechtswidrig begangenen versuchten Sachbeschädigung iSv § 303 II angestiftet. Diese Anstiftung wird jedoch durch die Anstiftung zu § 303 I im Wege der Gesetzeskonkurrenz verdrängt (*s Fall 8 Rn 293*).

3. Ergebnis für B im Tatkomplex B

B hat sich wegen Anstiftung zur versuchten Sachbeschädigung strafbar gemacht.

C. Gesamtkonkurrenzen

Während Tristans und Isoldes Zukunft nicht von strafrechtlichen Sanktionen bedroht **349**
wird, ist Brunhilde wegen Anstiftung zum Versuch der Sachbeschädigung gem §§ 303 I, III, 22, 23 I, 26 strafbar.

Definitionen zum Auswendiglernen

Aufgeben	der Tat iSd **§ 24** bedeutet, von der weiteren Realisierung des Entschlusses, den gesetzlichen Tatbestand zu verwirklichen, aufgrund eines entsprechenden „Gegenentschlusses“ Abstand zu nehmen (*Wessels/Beulke, AT Rn 641*)
Freiwillig	ist der Rücktritt iSv **§ 24**, wenn er nicht durch zwingende Hinderungsgründe veranlasst wird (sog heteronome Gründe), sondern der eigenen autonomen Entscheidung des Täters entspringt (*Wessels/Beulke, AT Rn 651*)

Weitere einschlägige Musterklausuren

Zum Problem des Aufgebens der Tatausführung iSv § 24 I 1 Alt 1:

Ebert-*Uehling*, Fälle [9], 10, 150; *Heghmanns/Kusnik,* Ad Legendum 2010, 275; *Krahl*, JuS 2003, 57; *Kudlich*, JuS 1999, 356: Fall 13; *Langer*, JuS 1987, 896; *Marxen* AT Fall [22b], 201; *Rosenau/ Klöhn*, Jura 2000, 427; *Schwabe*, AT [17] S 217; *Wolters*, Fälle [4] 77, 86.

Zum Problem des Verhinderns der Tatvollendung iSv § 24 I 1 Alt 2:

Bock, JuS 2006, 603; *Busch*, JuS 1993, 304; *Dreher*, JA 2005, 789; *Haas,* Ad Legendum 2012, 119; *Hardtung*, JuS 1990, 302; *Haverkamp/Kaspar*, JuS 2006, 895; *Krell*, ZJS 2010, 640; *Kudlich,* Fälle AT [10] S 142; *Kühl/Kneba*, JA 2011, 426; *Marxen*, AT [22c] 202; *Pape*, Jura 2008, 150;

Rengier, JuS 1991, 938 ff; *Rönnau/Nebendahl*, JuS 1990, 745; *Rotsch/Nolte/Peifer/Weitemeyer*, Klausur [21] 313, 317; *Rotsch*, JuS 2002, 887; *Samson*, St 1 [Fall 34], 168; *Walter/Schneider*, JA 2008, 262.

Zum Problem des Rücktritts, wenn der Täter sein außertatbestandliches Ziel bereits erreicht hat:

Bakowitz/Bülte, StudZR 2009, 149; *Bock*, JuS 2006, 603; *Gropengießer*, JuS 1997, 1010; *Hilgendorf*, Klausurenkurs I [12] S 103; *Hirschmann*, Jura 2001, 711; *Krell*, Jura 2012, 150; *Kühl/Schramm*, JuS 2003, 681; *Lewinski*, JuS 2006, 431; *Niehaus*, ZJS 2010, 396; *Otto/Bosch*, Übungen [6] S 148; *Perron/Bott/Gutfleisch*, Jura 2006, 706; *Rotsch*, JuS 2002, 887; *Schuster*, Jura 2008, 228; *Stein/Schneider*, Ad Legendum 2011, 45; *Walter/Schneider*, JA 2008, 262.

3. Kapitel

Die Hausarbeit aus der Anfängerübung

Fall 11

Morgenstund hat (nicht immer) Gold im Mund

A und B, zwei Taschendiebe, sind wieder einmal knapp bei Kasse und für jeden Tipp dankbar, wie man schnell zu etwas Geld kommen kann. X, die Ex-Freundin des A, hat in den letzten Tagen bei ihren allmorgendlichen Waldläufen einen jungen Mann, den Z, gesehen, der, während er Gymnastikübungen durchführte, seinen Sportrucksack, der sichtbar eine Geldbörse, ein Handy und einen Walkman beinhaltete, unbeaufsichtigt auf eine nahe gelegene Bank legte. X, die dem A noch einen letzten Gefallen tun will, teilt ihre Beobachtungen dem A und dem B mit. Diese beschließen, den Rucksack des Z zu entwenden. Y, die Schwester der X, zeigt den beiden die genaue Lage der besagten Bank im Wald, obwohl A und B der Weg bereits aufgrund der Beschreibungen der X klar ist. Y ist an der Tatausführung nicht interessiert. A, der „Kopf" des Gaunerduos, entwickelt die Strategie, wie man sich am besten des Rucksacks des Z bemächtigen könnte: B solle hinter einem Baum neben der Bank warten und den Rucksack entwenden, während Z seine Liegestützen durchführt. Anschließend soll B den A zum Zwecke der Beuteteilung in ihrer Stammkneipe treffen, wo dieser während der Tatausführung warten werde. Gewalt soll – wie sonst auch – in keinem Fall angewandt werden. **350**

B handelt zunächst wie abgesprochen. Doch als er den Tragegriff des Rucksacks ergriffen hat, wird Z auf ihn aufmerksam. Vor Schreck lässt B den Griff sofort wieder los. Der Rucksack fällt daraufhin eine Böschung hinunter und verschwindet – für B unsichtbar – hinter einem Busch. B will jetzt nur noch fliehen. Noch bevor B wegrennen kann, stürzt sich jedoch der ob der Dreistigkeit des Handelns des B erboste Z auf den B, um ihn zu verprügeln. Der nunmehr auf dem Boden unter dem Z liegende B gerät in panische Angst, insbesondere als Z beginnt, ihn zu würgen. B zieht ein Butterfly-Messer mit einer 15 cm langen Klinge, das er zur Sicherheit mitgenommen hat und das er auch einsetzen möchte, falls es erforderlich sein sollte, von dessen Existenz alle anderen Beteiligten aber nichts wissen, aus der Tasche, sticht es dem Z seitlich in den Hals und fügt ihm so eine tödliche Wunde zu. Dass er den Z mit dem Stich töten könnte, nahm B bewusst in Kauf. Trotz seines Schreckzustandes ist sich der in Handgreiflichkeiten versierte B bewusst, dass er sich gegen den Z auch auf weniger einschneidende Weise hätte verteidigen können. B verlässt nunmehr den Tatort.

In der Stammkneipe erzählt B dem A, was vorgefallen ist. Beide sind sich sofort einig, dass allein X schuld an dem Schlamassel sei. Sie beschließen, ihre gegen die X gerichtete Wut mit Alkohol zu ertränken. A will sich „so voll laufen lassen", dass er „unzurechnungsfähig" wird und der X mal richtig eine Tracht Prügel verpassen kann, gegebenenfalls auch unter Mitwirkung des B, ohne dafür belangt werden zu können. B möchte den Alkohol nur nutzen, um sich zu besänftigen und den Schreck hinunterzuspülen. Er weiß allerdings aus seinen bisherigen Erfahrungen mit alkoholischen Getränken, dass er zu Tätlichkeiten neigt, wenn er zu viel davon zu sich nimmt. Ihm ist bewusst, dass sein Hass auf X, gepaart mit der alkoholbedingten Enthemmung, dazu führen könnte, dass er der X eine Abreibung verpasst. Er vertraut aber letztendlich darauf, diesmal friedlich zu bleiben. A und B kippen ein Bier nach dem anderen in sich hinein, bis nach etwa drei Stunden die X, wie von A und B erwartet, mit ihrem neuen Freund die Kneipe betritt. A und B, die inzwischen die Kontrolle über ihr Verhalten verloren haben, sehen nunmehr die Stunde der Abrechnung gekommen und stürzen sich erheblich schwankend auf X und verprügeln diese heftig, ohne ihr aber gravierende Verletzungen zuzufügen.

Wie nachfolgende Untersuchungen ergeben, betrug die Blutalkoholkonzentration zum Zeitpunkt der Prügelei bei A 3,4‰ bzw bei B 3,5‰. A und B meinen, bei einer so hohen BAK könne ihnen ihr Verhalten nicht mehr zur Last gelegt werden. Dies sei sogar verfassungsrechtlich abgesichert.

Wie haben sich A, B, X und Y strafbar gemacht?

351 *Zu den* ***wichtigsten Formalien*** *einer Strafrechtshausarbeit (weiterführend Dietrich, Jura 1998, 142; Putzke, Arbeiten, S 32 ff; Schimmel, Richtig formulieren, Rn 277 ff):*

Die Einhaltung von Formalien sollte nie zum Selbstzweck ausarten; jedoch sollte eine gute und ansprechende äußere Form dazu genutzt werden, den wissenschaftlichen Charakter einer Hausarbeit herauszustellen und dem Korrektor das Lesen so einfach wie möglich zu machen.

Die Hausarbeit ist daher auf DIN A 4-Papier abzugeben, das nur einseitig beschrieben wird. Empfohlen wird die Verwendung eines Computers mit Textverarbeitungsprogramm; dies erleichtert die Erstellung eines Inhaltsverzeichnisses und die fortlaufende Nummerierung der Seiten und Fußnoten. Im universitären Alltag ist dies inzwischen eine Selbstverständlichkeit geworden. Die einzelnen Seiten sind mindestens in einem Schnellhefter zusammenzufassen, wenn man sie nicht sogar binden lässt. Manche Studenten nehmen bewusst von einer Spiralbindung Abstand, weil es Korrektoren angeblich bevorzugen, die Gliederung zur besseren Übersicht neben die Hausarbeit legen zu können. Ich vermag hier kein Problem zu erkennen.

Auf der ersten Seite, dem Deckblatt, trägt der Bearbeiter seinen Namen, seine Adresse, sein Fachsemester und die Matrikelnummer ein, ferner in der Mitte der Seite die Veranstaltung (Grundkurs im Strafrecht/Semester) sowie den Namen des Dozenten. Schließlich wird die Bezeichnung der Arbeit angegeben (1. Hausarbeit).

Auf Seite 2 folgt der Aufgabentext. Dieser sollte nochmals abgetippt werden (was leider mehrheitlich nicht gemacht wird), nicht nur, damit die Hausarbeit ein einheitliches Bild abgibt, sondern auch, damit der Bearbeiter den Sachverhalt wirklich verinnerlicht und keine kleinen Details vergisst. Zudem macht ein „bearbeiteter" Sachverhalt mit Unterstreichungen und Skizzen auf den Korrektor keinen guten Eindruck.

Im Anschluss findet sich das Inhaltsverzeichnis. Es muss alle Überschriften aus dem Gutachten enthalten, aber auch nur diese. Tatkomplexe, Strafbarkeit der Personen und Tatbestände müssen angeführt werden, allerdings sollte man keine Kurzfassung der Arbeit liefern. Geschickt ist es, auch die jeweiligen Hauptprobleme bereits in der Gliederung kenntlich zu machen. Die Gliederungspunkte in Inhaltsverzeichnis und Gutachten müssen dieselben sein, auf 1. muss immer 2. folgen, auf ein a) immer ein b). Gegliedert werden kann, zB in A I. 1. a) aa) (s auch o Rn 102) etc. Selbstverständlich sind auch andere Systeme zulässig (zB 1 – 1.1 – 1.1.1). Direkte Fragen in den Überschriften, ebenso wie im Gutachtentext, sind unzulässig.

Auf der nächsten Seite beginnt das Literaturverzeichnis. Zu achten ist auf eine genaue und vor allem einheitliche Zitierweise. Es sollten nur die neuesten Auflagen verwendet werden. Die Rechtsprechung ist nicht im Literaturverzeichnis aufzuführen. Bis hierher sind die Seiten in römischen Ziffern zu nummerieren, beginnend mit II auf der zweiten Seite.

An die Formalia schließt sich das eigentliche Gutachten an. Es ist übersichtlich zu gestalten. Auf den Seiten des Gutachtens (nach überwiegender Ansicht nicht bei der Gliederung und nicht beim Literaturverzeichnis) ist links 1/3 als Rand freizuhalten. Die Seitennummerierung ist arabisch und beginnt mit der ersten Seite des Gutachtens. Die Vorgaben des Aufgabenstellers sind zu beachten.

Zitate sind immer da anzubringen, wo Meinungen wiedergegeben werden, ansonsten wird der Eindruck erweckt, was man sagt, stamme von einem selbst. Die Formulierung des Autors darf grundsätzlich nicht wörtlich wiedergegeben werden; wird der Wortlaut dennoch übernommen, so ist das Zitierte in Anführungsstriche zu setzen.

Eine Quellenangabe ist immer nur dann zulässig, wenn eine abstrakte Aussage gemacht wird, dagegen nicht, wenn die Meinung auf den konkreten Sachverhalt angewandt wird. ZB: „Der A hat den B in konkrete Lebensgefahr gebracht und somit den § 224 I Nr 5 verwirklicht (Fischer, § 224 Rn 12)". Herr Fischer kennt den Sachverhalt nicht. In diesem Fall muss man zumindest mit „vgl" arbeiten oder noch besser das Zitat gänzlich weglassen.

Verweisungen im Text sind nur auf Vorangegangenes zulässig, also nur „s o", nicht jedoch auf Nachfolgendes. „S u" macht einen Aufbaufehler deutlich. Das gilt selbstverständlich nicht nur für Hausarbeiten, sondern auch für Klausuren (s auch o Rn 14).

Die Arbeit ist am Ende zu unterschreiben.

Zu weiteren Formalien der Hausarbeit s ferner: Dietrich, Jura 1998, 142; Jahn, JA 2002, 481; Kern/Langer, Strafrechtsfälle S 79 ff; Kindhäuser/Schumann/Lubig, S 61 ff; Kosman, Wie schreibe ich juristische Hausarbeiten?; Möllers, JuS 2002, 828; Otto/Bosch, Übungen S 26 ff; Putzke, Arbeiten, S 32 ff; Schwind/Franke/Winter, Übungen S 1 ff; Schimmel/Weinert/Basak, Juristische Themenarbeiten, Rn 710 ff; Scholz/Wohlers, Klausuren und Hausarbeiten S 68 ff; Walter, S 244 ff.

Gedankliche Strukturierung des Falles (Inhaltsverzeichnis und Kurzlösung)

352 *Aus didaktischen Gründen wird hier – wie bei den vorangegangenen Fällen – nicht nur ein Inhaltsverzeichnis, sondern auch eine Kurzlösung des Falles abgedruckt. Wer eine Hausarbeit im Rahmen einer Übung oder im Rahmen des Examens erstellen muss, hat hingegen seinen Ausführungen nur ein Inhaltsverzeichnis voranzustellen, das nicht zugleich einer Lösungsskizze entspricht. Das bedeutet, dass für ein Inhaltsverzeichnis im „Ernstfall" aus der folgenden Kurzlösung alle Ergebnismitteilungen (+ bzw –) herauszustreichen wären. Ebenso unterbleibt darin natürlich der Hinweis darauf, dass es sich um ein „Problem" handelt. Damit der Leser den Unterschied zwischen einem Inhaltsverzeichnis und einer Lösungsskizze erkennen kann, ist im Folgenden, wie bei den übrigen Fällen, all das, was bei der abzugebenden Arbeit weggelassen werden müsste, in Klammern gesetzt oder kursiv geschrieben.*

Dazu noch ein wichtiger Hinweis: Höchst uneinheitlich sind die Ansichten der Prüfer darüber, ob die Gliederung bereits die Ergebnisse der Hausarbeit erkennen lassen darf. ME steigert dies das Verständnis, so dass ich mich dafür ausspreche (zB „Ergebnis: §§ 244 I Nr 1a, 22, 23 I"; so anscheinend auch Tiedemann, Anfängerübung [8] S 204). Der Student muss aber wissen, dass viele Prüfer hier – bedauerlicherweise – anders denken und in der Gliederung nur den Prüfungspunkt („Ergebnis") wünschen.

Im Ernstfall ist das Inhaltsverzeichnis hinter jedem Gliederungspunkt mit Seitenangaben zu versehen, die auch stimmen müssen! Seitenbegrenzungen in der Aufgabenstellung sollten immer respektiert werden. Die vorliegende Musterlösung von Fall 11 entspricht ohne die kursiv gedruckten Hinweise in etwa dem üblicherweise zulässigen Maximalumfang.

353 **A. Das Ergreifen des Rucksacks**

I. Strafbarkeit des B

1. § 242 I (–)
- a) Objektiver Tatbestand (–)
- b) Ergebnis
  Nicht strafbar

2. §§ 242 I, II, 22, 23 I (+)
Keine Vollendung, Versuch gem §§ 242 II, 23 I Alt 2 strafbar
- a) Tatentschluss (+)
- b) Unmittelbares Ansetzen (+)
- c) Rechtswidrigkeit und Schuld (+)
- d) Rücktritt gem § 24 II (–)
- e) Strafzumessung, § 243 I 2 Nr 3 (+)

3. §§ 244 I Nr 1a, Nr 2, II, 22, 23 I (+)
Keine Vollendung, Versuch gem §§ 244 II, 23 I Alt 2 strafbar
- a) Tatentschluss (+)
  - § 244 I Nr 2 (–)
  - § 244 I Nr 1a (+)
- b) Unmittelbares Ansetzen (+)
- c) Rücktritt gem § 24 II (–)
- d) Konkurrenz zu §§ 242 I, II, 22, 23 I

4. Ergebnis für B im TK A
§§ 244 I Nr 1a, II, 22, 23 I

II. Strafbarkeit des A

1. §§ 242 I, II, 22, 23 I, 25 II (+)
- a) Tatentschluss (+)

Problem Nr 45: Mittäterschaft bei Tatbeitrag im Vorbereitungsstadium (Rn 378)

- b) Unmittelbares Ansetzen (+)

Problem Nr 46: Anfang der Ausführungshandlung iSv § 22 bei Mittäterschaft (Rn 380)

- c) Rechtswidrigkeit und Schuld (+)
- d) Strafzumessung, § 243 I 2 Nr 3 (+)

2. §§ 244 I Nr 1a, II, 22, 23 I, 25 II (–)
Tatentschluss (–)

3. Ergebnis für A im TK A
§§ 242 I, II, 22, 23 I, 25 II iVm § 243 I 2 Nr 3

III. Strafbarkeit der X
1. §§ 242 I, II, 22, 23 I, 25 II (–)
Tatentschluss (–)
2. §§ 242 I, II, 22, 23 I, 26 (+)
a) Objektiver Tatbestand (+)
aa) Vorsätzliche rechtswidrige Haupttat (+)
bb) Anstiftungshandlung (+)
b) Subjektiver Tatbestand (+)
aa) Vorsatz bzgl Haupttat (+)
bb) Vorsatz bzgl Anstiftungshandlung (+)
c) Rechtswidrigkeit und Schuld (+)
d) Strafzumessung, § 243 I 2 Nr 3 (–)
3. §§ 244 I Nr 1a, II, 22, 23 I, 26 (–)
Vorsatz bzgl der Haupttat (–)
4. Ergebnis für X im TK A
§§ 242 I, II, 22, 23 I, 26

IV. Strafbarkeit der Y
1. §§ 242 I, II, 22, 23 I, 27 (+)
a) Objektiver Tatbestand (+)
aa) Vorsätzliche rechtswidrige Haupttat (+)
bb) Beihilfehandlung (+)

Problem Nr 47: Kausalität der Beihilfe (Rn 389)

b) Subjektiver Tatbestand (+)
c) Rechtswidrigkeit und Schuld (+)
d) Strafzumessung, § 243 I 2 Nr 3 (–)
2. §§ 244 I Nr 1a, II, 22, 23 I, 27 (–)
Vorsatz bzgl der Haupttat (–)
3. Ergebnis für Y im TK A
§§ 242 I, II, 22, 23 I, 27

354 **B. Der Messerstich**

I. Strafbarkeit des B
1. § 212 I (–)
a) Objektiver Tatbestand (+)
b) Subjektiver Tatbestand (+)
c) Rechtswidrigkeit (+)
§ 32 (–)
aa) Notwehrlage (+)
bb) Verteidigungshandlung (–)
d) Schuld (–)
§ 33 (+)
aa) Notwehrlage (+)
bb) Asthenischer Affekt (+)
cc) Bewusstsein der Notwehrüberschreitung

Problem Nr 48: Bewusste Notwehrüberschreitung bei § 33 (Rn 398)

dd) Kausalität des Affekts (+)
ee) Einschränkungen (–)

Problem Nr 49: Scheidet eine Anwendung von § 33 aus, wenn der Täter die Notwehrlage provoziert hat? (Rn 400)

2. §§ 223 I, 224 I Nr 2, Nr 5 (–)
3. Ergebnis für B im TK B
Straflos

II. Strafbarkeit von A, X und Y (–)

C. In der Kneipe 355

I. Strafbarkeit des A
1. § 223 I (+)
a) Objektiver Tatbestand (+)
b) Subjektiver Tatbestand (+)
c) Rechtswidrigkeit (+)
d) Schuld (+)
aa) § 20 (+)
bb) Actio libera in causa (+)

Problem Nr 50: Vorsätzliche actio libera in causa, alic (Rn 409)

cc) Irrtum gem § 17 (+)
e) Strafzumessung, §§ 17 S 2, 49 I
f) Strafantrag, § 230 I (+)
2. § 224 I Nr 4 (+)
a) Objektiver Tatbestand (+)
b) Subjektiver Tatbestand (+)
c) Schuld (+)
d) Konkurrenz zu § 223 I
3. § 323a I (–)
a) Tatbestandsmäßigkeit (+)
b) Objektive Bedingung der Strafbarkeit (–)
4. Ergebnis für A im TK C
§ 224 I Nr 4

II. Strafbarkeit des B
1. §§ 223 I, 224 I Nr 4 (–)
a) Tatbestandsmäßigkeit (+)
b) Rechtswidrigkeit (+)
c) Schuld (–)
aa) § 20 (+)
bb) Actio libera in causa (–)
2. § 229 (+)
a) Fahrlässigkeit (+)

Problem Nr 51: Fahrlässige actio libera in causa (Rn 421)

b) Strafantrag, § 230 I (+)
3. § 323a I (+)
a) Tatbestandsmäßigkeit (+)
b) Objektive Bedingung der Strafbarkeit (+)
c) Rechtswidrigkeit und Schuld (+)
d) Strafantrag

4. Konkurrenz § 229 – § 323a I
5. Ergebnis für B im TK C
§ 229 – § 52 – § 323a I

356 **D. Konkurrenz der Straftaten der verschiedenen Tatkomplexe zueinander**

E. Gesamtergebnis

A: §§ 242 I, II, 22, 23 I, 25 II iVm
§ 243 I 2 Nr 3
– § 53 I –
§ 224 I Nr 4
B: §§ 244 I Nr 1a, II, 22, 23 I
– § 53 I –
§ 229 – § 52 – § 323a I
X: §§ 242 I, II, 22, 23 I, 26
Y: §§ 242 I, II, 22, 23 I, 27

357 *Zumindest beim Gesamtergebnis halte ich es für nahezu unerlässlich, nicht nur den Gliederungspunkt aufzulisten („Strafbarkeit des B"), sondern auch das Ergebnis mitzuteilen („§§ 244 I Nr 1a, II, 22, 23 I – § 53 I – §§ 229; 323a; § 52"). Nur so kann der Korrektor auf einen Blick erkennen, ob der Verfasser die Aufgabe sinnvoll gelöst hat. Der Bearbeiter muss sich aber hier erkundigen, ob diese Vorgehensweise auch lokal akzeptiert wird.*

Schrifttumsverzeichnis

358 *Höchst unterschiedlich sind die Ansichten darüber, wie das Schrifttumsverzeichnis gegliedert werden soll. Manche bevorzugen die Aufteilung „1) Lehrbücher und Monographien, 2) Aufsätze und 3) Anmerkungen". Ganz herrschend ist jedoch der einfach alphabetische Aufbau (so zB Otto/Bosch, Übungen S 28; Schwind/Franke/Winter, Übungen S 11, 71 und 137; Scholz/Wohlers, Klausuren und Hausarbeiten S 110). Letztlich ist das aber nur eine Geschmacksfrage und man sollte sich nach den örtlichen Usancen erkundigen. Im Zweifel ist die alphabetische Reihenfolge zu wählen. Unstreitig ist hingegen, dass Urteile nicht aufgeführt werden, wohl aber jeder Titel, der in den Fußnoten des Textes auftaucht. Andererseits finden in juristischen Arbeiten im Schrifttumsverzeichnis keine Beiträge Erwähnung, die der Verfasser zwar gelesen und uU sogar inhaltlich ausgewertet, in den Fußnoten jedoch nicht eingefügt hat. Bei Kommentaren, Lehrbüchern und Monographien wird der Erscheinungsort heute zumeist weggelassen. Unbedingt sind hingegen die Auflage und das Erscheinungsjahr aufzulisten. Die Angabe der Vornamen ist für die Benutzer (Auffinden in der Bibliothek) eine große Hilfe. Bei mehreren Autoren einer Quelle (zB Wessels/Beulke) kann man auf die Vornamen verzichten. Bei häufiger zitierten Werken sollte angegeben werden, wie sie im Text verkürzt zitiert werden.*

359

Ambos, Kai	Der Anfang vom Ende der actio libera in causa, NJW 1997, 2296 ff
Arzt/Weber/Heinrich/ Hilgendorf	Strafrecht Besonderer Teil, 2. Aufl 2009 (zitiert: *Arzt/Weber/Heinrich/ Hilgendorf*, BT § Rn)
Barton/Jost (Hrsg.)	Anwaltsorientierung im rechtswissenschaftlichen Studium, 2002
Baumann, Jürgen	Täterschaft und Teilnahme, JuS 1963, 125 ff
Baumann/Weber/Mitsch	Strafrecht Allgemeiner Teil, 11. Aufl 2003 (zitiert: *Baumann/Weber/Mitsch*, AT § Rn)
Beck'scher Online-Kommentar	Strafgesetzbuch, Kommentar; *von Heintschel/Heinegg* (Hrsg), Stand: 1.12. 2012 (zitiert: BeckOK-*Bearbeiter*, § Rn)
Beulke, Werner	Anmerkung zum Urteil des OLG Köln vom 05.09.1978, JR 1980, 422 ff
Beulke, Werner	Klausurenkurs im Strafrecht I, 6. Aufl 2013 (zitiert: *Beulke*, Klausurenkurs I [Fall Nr] Rn)

Beulke, Werner	Klausurenkurs im Strafrecht II, 2. Aufl 2010 (zitiert: *Beulke*, Klausurenkurs II [Fall Nr] Rn)
Beulke, Werner	Klausurenkurs im Strafrecht III, 4. Aufl 2013 (zitiert: *Beulke*, Klausurenkurs III [Fall Nr] Rn)
Beulke, Werner	Strafprozessrecht, 12. Aufl 2012 (zitiert: *Beulke*, StPO Rn)
Bloy, René	Die Beteiligungsform als Zurechnungstypus, 1985
Bockelmann/Volk	Strafrecht Allgemeiner Teil, 4. Aufl 1987 (zitiert: *Bockelmann/Volk,* S)
Bringewat, Peter	Grundbegriffe des Strafrechts, 2. Aufl 2008 (zitiert: *Bringewat*, Grundbegriffe, Rn)
Buser, Torsten	Zurechnungsfragen beim mittäterschaftlichen Versuch, 1998
Dölling/Duttge/Rössner (Hrsg)	Gesamtes Strafrecht, StGB/StPO/Nebengesetze, Handkommentar, 2. Aufl 2011 (zitiert: HK-GS-Bearbeiter)
Dreher, Eduard	Kausalität der Beihilfe, MDR 1972, 553 ff
Ebert, Udo	Strafrecht Allgemeiner Teil, 3. Aufl 2001 (zitiert: *Ebert,* S)
Ebert, Udo (Hrsg.)	Strafrecht Allgemeiner Teil, 16 Fälle mit Lösungen, 2. Aufl 2008 (zitiert: Ebert-*Bearbeiter*, Fälle [Fall Nr] S)
Engisch, Karl	Anmerkung zum Urteil des BGH vom 22.04.1955, NJW 1955, 1688 f
Engländer, Armin	Anmerkung zum Urteil des BGH vom 26.10.2000, JR 2001, 78 f
Erb, Volker	Aus der Rechtsprechung des BGH zur Notwehr seit 1999, NStZ 2004, 3 69
Eser/Burkhardt	Strafrecht I, Juristischer Studienkurs, 4. Aufl 1992 (zitiert: *Eser/Burkhardt*, AT [Fall Nr])
Fischer, Thomas	Strafgesetzbuch, 60. Aufl 2013 (zitiert: *Fischer*, § Rn)
Frister, Helmut	Strafrecht Allgemeiner Teil, 5. Aufl 2011, (zitiert: *Frister*, AT Kap Rn)
Geppert, Klaus	Notwehr und Irrtum, Jura 2007, 33 ff
Geppert, Klaus	Die Volltrunkenheit (§ 323a StGB), Jura 2009, 40 ff
Gössel, Karl Heinz	Strafrecht Besonderer Teil, Band 2, 1996 (zitiert: *Gössel,* BT 2 § Rn)
Gössel/Dölling	Strafrecht Besonderer Teil, Band 1, 2. Aufl 2004 (zitiert: *Gössel/Dölling* BT1 § Rn)
Gropp, Walter	Strafrecht Allgemeiner Teil, 3. Aufl 2005 (zitiert: *Gropp,* AT § Rn)
Haft, Fritjof	Strafrecht Allgemeiner Teil, 9. Aufl 2004 (zitiert: *Haft,* AT S)
Haft/Hilgendorf	Strafrecht Besonderer Teil I, 9. Aufl 2009 (zitiert: *Haft/Hilgendorf,* BTI S)
Heinrich, Bernd	Strafrecht Allgemeiner, 3. Aufl 2012 (zitiert: *Heinrich,* AT Rn)
Herzberg, Rolf Dietrich	Täterschaft, Mittäterschaft und Akzessorietät der Teilnahme, ZStW 99 [1987], 49 ff
Hettinger, Michael	Die actio libera in causa: Strafbarkeit wegen Begehungstat trotz Schuldunfähigkeit, 1988
Hettinger, Michael	Zur Strafbarkeit der fahrlässigen actio libera in causa, GA 1989, 1 ff
Hirsch, Hans Joachim	Zur Frage der Haltung des BGH zur actio libera in causa, JR 1997, 391 ff
Hohmann/Sander	Strafrecht Besonderer Teil I, 3. Aufl 2011 (zitiert: *Hohmann/Sander,* BT1 § Rn)
Hoyer, Andreas	Strafrecht Allgemeiner Teil I, 1996 (zitiert: *Hoyer,* S)
Hruschka, Joachim	Die actio libera in causa bei Vorsatztaten und bei Fahrlässigkeitstaten – Zur neuesten Rechtsprechung des BGH, JZ 1997, 22 ff
Jäger, Christian	Examens-Repetitorium Strafrecht Allgemeiner Teil, 6. Aufl 2013 (zitiert: *Jäger*, AT § Rn)
Jäger, Christian	Examens-Repetitorium Strafrecht Besonderer Teil, 5. Aufl 2013 (zitiert: *Jäger*, BT § Rn)
Jakobs, Günther	Strafrecht Allgemeiner Teil, 2. Aufl 1991 (zitiert: *Jakobs,* AT Abschn S)
Jescheck/Weigend	Lehrbuch des Strafrechts Allgemeiner Teil, 5. Aufl 1996 (zitiert: *Jescheck/Weigend,* AT § Abschn)
Joecks, Wolfgang	Studienkommentar StGB, 10. Aufl 2012 (zitiert: *Joecks,* St-K § Rn)
Kindhäuser, Urs	Lehr- und Praxiskommentar, 5. Aufl 2013 (zitiert: *Kindhäuser,* LPK § Rn)
Kindhäuser, Urs	Strafrecht Allgemeiner Teil, 5. Aufl 2011 (zitiert: *Kindhäuser,* AT Rn)
Kindhäuser, Urs	Strafrecht Besonderer Teil II, 6. Aufl 2011 (zitiert: *Kindhäuser,* BT2 § Rn)
Kindhäuser, Urs	Strafrechts-Repetitorium, Besonderer Teil I, 2. Aufl 2003 (zitiert: *Kindhäuser,* Rep S)
Köhler, Michael	Strafrecht Allgemeiner Teil, 1997 (zitiert: *Köhler,* S)

Krey/Esser	Deutsches Strafrecht Allgemeiner Teil, 5. Aufl 2012 (zitiert: *Krey/Esser,* AT Rn)
Krey/Hellmann/Heinrich	Strafrecht Besonderer Teil, Band 1, 15. Aufl 2012 (zitiert: *Krey/Hellmann/Heinrich,*BT1 Rn)
Krey/Hellmann/Heinrich	Strafrecht Besonderer Teil, Band 2, 16. Aufl 2012 (zitiert: *Krey/Hellmann/Heinrich,* BT2 Rn)
Kudlich, Hans	Prüfe dein Wissen, Rechtsfälle in Frage und Antwort, Strafrecht Allgemeiner Teil, 3. Aufl 2009 (zitiert: *Kudlich,* PdW AT [Nr der Frage] S)
Kudlich, Hans	Prüfe dein Wissen, Rechtsfälle in Frage und Antwort, Strafrecht Besonderer Teil I, 2. Aufl. 2007 (zitiert: *Kudlich,* PdW BTI [Nr der Frage] S)
Kudlich, Hans	Prüfe dein Wissen, Rechtsfälle in Frage und Antwort, Strafrecht Besonderer Teil II, 2. Aufl 2009 (zitiert: *Kudlich,* PdW BTII [Nr der Frage] S)
Kudlich, Hans	Beisichführen eines gefährlichen Werkzeugs, JA 2006, 249 ff
Kühl, Kristian	Strafrecht Allgemeiner Teil, 7. Aufl 2012 (zitiert: *Kühl,* § Rn)
Kühl, Kristian	Grundfälle zu Vorbereitung, Versuch, Vollendung und Beendigung, JuS 1981, 193 ff
Küper, Wilfried	Strafrecht Besonderer Teil, Definitionen mit Erläuterungen, 8. Aufl 2012 (zitiert: *Küper,* BT S)
Küper, Wilfried	Versuchsbeginn und Mittäterschaft, 1978 (zitiert: *Küper,* Versuchsbeginn S)
Küpper, Georg	Strafrecht Besonderer Teil 1, 3. Aufl 2006 (zitiert: *Küpper,* BT 1 § Rn)
Lackner/Kühl	Strafgesetzbuch, 27. Aufl 2011 (zitiert: *Lackner/Kühl,* § Rn)
Leipziger Kommentar	Leipziger Kommentar Strafgesetzbuch, Band 1 12. Aufl 2007, Band 2 12. Aufl 2006, Band 6 11. Auflage 2005, Band 8 11. Aufl 2005 (zitiert: LK-*Bearbeiter,* § Rn)
Leupold, Henning	Die Tathandlung der reinen Erfolgsdelikte und das Tatbestandsmodell der „actio libera in causa“ im Lichte verfassungsrechtlicher Schranken, 2005 (zitiert: *Leupold,* S)
Marxen, Klaus	Kompaktkurs Strafrecht AT, 2003 (zitiert: *Marxen,* AT [Fall Nr] S)
Marxen, Klaus	Kompaktkurs Strafrecht BT, 2004 (zitiert: *Marxen,* BT [Fall Nr] S)
Matt, Holger	Strafrecht Allgemeiner Teil I, 1996 (zitiert: *Matt,* S)
Matt/Renzikowski	Strafgesetzbuch, Kommentar, 2013 (zitiert: Matt/Renzikowski-*Bearbeiter*, § Rn)
Maurach/Gössel/Zipf	Strafrecht Allgemeiner Teil, Teilband 2, 7. Aufl 1989 (zitiert: *Maurach/Gössel/Zipf,* § Rn)
Maurach/Schroeder/Maiwald	Strafrecht Besonderer Teil, Teilband 1, 10. Aufl 2009 (zitiert: *Maurach/Schroeder/Maiwald,* § Rn)
Mayer, Hellmuth	Strafrecht Allgemeiner Teil, 1967
Meurer, Dieter	Grundkurs Strafrecht II Allgemeiner Teil, 4. Aufl 1999 (zitiert: *Meurer,* S)
Mitsch, Wolfgang	Strafrecht Besonderer Teil 2, Teilband 1, 2. Aufl 2002 (zitiert: *Mitsch, Wolfgang,* BT2/1 § Rn)
Mitsch, Wolfgang	„Actio libera in causa und mittelbare Täterschaft“ in: Festschrift Küper, 2007, S. 347 ff
Münchener Kommentar zum Strafgesetzbuch	Münchener Kommentar Strafgesetzbuch, Band 1 2. Aufl 2011, Band 3/1 2. Aufl 2012, Band 3/2 2003 (zitiert: MK-*Bearbeiter,* § Rn)
Müller-Christmann, Bernd	Der Notwehrexzeß, JuS 1989, 717 ff
Müller-Christmann, Bernd	Überschreiten der Notwehr – BGHSt 39, 133; JuS 1994, 649 ff
Murmann, Uwe	Zum Tatbestand der Beihilfe, JuS 1999, 549 ff
Naucke, Wolfgang	Strafrecht, 10. Aufl 2002 (zitiert: *Naucke,* § Rn)
Nomos-Kommentar	Nomos-Kommentar zum StGB, Gesamtredaktion Neumann und Schild (herausgegeben von *Kindhäuser, Neumann, Paeffgen*), Band 1 3. Aufl 2010, Band 2 3. Aufl 2010) (zitiert: NK-*Bearbeiter,* § Rn)
Otto, Harro	Actio libera in causa, Jura 1986, 426 ff
Otto, Harro	BGHSt 42, 235 und die actio libera in causa, Jura 1999, 217 ff
Otto, Harro	Straflose Teilnahme?, in: Festschrift für Richard Lange, 1976, S 197 ff
Otto, Harro	Grundkurs Strafrecht, Allgemeine Strafrechtslehre, 7. Aufl 2004 (zitiert: *Otto,* AT § Rn)
Otto, Harro	Grundkurs Strafrecht, Die einzelnen Delikte, 7. Aufl 2005 (zitiert: *Otto,* BT § Rn)

Otto/Bosch	Übungen im Strafrecht, 7. Aufl 2010 (zitiert: *Otto/Bosch*, Übungen, S)
Paeffgen, Hans-Ullrich	Actio libera in causa und § 323a, ZStW 97 [1985], 513 ff
Puppe, Ingeborg	Grundzüge der actio libera in causa, JuS 1980, 346 ff
Puppe, Ingeborg	Strafrecht AT im Spiegel der Rechtsprechung, 2. Aufl 2011 (zitiert: *Puppe,* AT § Rn)
Ranft, Otfried	Zur Abgrenzung von unbeendetem und fehlgeschlagenem Versuch bei erneuter Ausführungshandlung, Jura 1987, 527 ff
Rengier, Rudolf	Strafrecht Allgemeiner Teil, 4. Aufl 2012 (zitiert: *Rengier*, AT § Rn)
Rengier, Rudolf	Strafrecht Besonderer Teil I, Vermögensdelikte, 14. Aufl 2012 (zitiert: *Rengier,* BT1 § Rn)
Rengier, Rudolf	Strafrecht Besonderer Teil II, Delikte gegen die Person und die Allgemeinheit, 13. Aufl 2012 (zitiert: *Rengier,* BT2 § Rn)
Renzikowsi, Joachim	Der „verschuldete" Notwehrexzeß, in: Festschrift für Theodor Lenckner, 1998, S 249 ff
Roxin, Claus	Strafrecht Allgemeiner Teil, Band 1, Grundlagen, Aufbau der Verbrechenslehre, 4. Aufl 2006 (zitiert: *Roxin,* AT1 § Rn)
Roxin, Claus	Strafrecht Allgemeiner Teil, Band 2, Besondere Erscheinungsformen der Straftat, 2003 (zitiert: *Roxin,* AT2 § Rn)
Roxin, Claus	Täterschaft und Tatherrschaft, 8. Aufl 2006
Roxin, Claus	Der fehlgeschlagene Versuch, JuS 1981, 1 ff
Roxin, Claus	Bemerkungen zur actio libera in causa, in: Festschrift für Karl Lackner, 1987, S 307 ff
Roxin, Claus	Über den Notwehrexzeß, in: Festschrift für Friedrich Schaffstein, 1975, S 105 ff
Roxin, Claus	Die „sozialethischen Einschränkungen" des Notwehrrechts – Versuch einer Bilanz, ZStW 93 [1981], 68 ff
Rudolphi, Hans-Joachim	Notwehrexzeß nach provoziertem Angriff, JuS 1969, 461 ff
Rudolphi, Hans-Joachim	Zur Tatbestandsbezogenheit des Tatherrschaftsbegriffs bei der Mittäterschaft, in: Festschrift für Paul Bockelmann, 1979, S 369 ff
Salger/Mutzbauer	Die actio libera in causa – eine rechtswidrige Rechtsfigur, NStZ 1993, 561 ff
Satzger, Helmut	Dreimal „in causa" – actio libera in causa, omissio libera in causa und actio illicita in causa, Jura 2006, 513 ff
Satzger/Schmitt/Widmaier (Hrsg)	StGB – Strafgesetzbuch, 2009 (zitiert: S/S/W-StGB-*Bearbeiter*, § Rn)
Sauer, Wilhelm	Allgemeine Strafrechtslehre – eine lehrbuchmäßige Darstellung, 3. Aufl 1955 (zitiert: *Sauer*, AT S)
Schaffstein, Friedrich	Die Risikoerhöhung als objektives Zurechnungsprinzip im Strafrecht, insbes bei der Beihilfe, in: Festschrift für Richard M. Honig, 1970, S 169 ff
Schild, Wolfgang	Der strafrechtsdogmatische Begriff der Bande, GA 1982, 55 ff
Schilling, Georg	Der Verbrechensversuch des Mittäters, 1975
Schmidhäuser, Eberhard	Strafrecht Allgemeiner Teil, 2. Aufl 1984 (zitiert: *Schmidhäuser,* AT Kapitel Rn)
Schmidhäuser, Eberhard	Die Grenze zwischen vorsätzlicher und fahrlässiger Straftat („dolus eventualis" und „bewußte Fahrlässigkeit"), JuS 1980, 241 ff
Schönke/Schröder	Strafgesetzbuch, 28. Aufl 2010, fortgeführt von *Lenckner, Cramer, Stree, Eser, Heine, Perron, Sternberg-Lieben, Eisele, Bosch, Hecker* und *Kinzig* (zitiert: S/S-*Bearbeiter,* § Rn)
Schröder, Horst	Aufbau und Grenzen des Vorsatzbegriffs, in: Festschrift für Wilhelm Sauer, 1949, S 207 ff
Schroth, Ulrich	Strafrecht Besonderer Teil, 5. Aufl 2010 (zitiert: *Schroth,* BT S)
Schroth, Ulrich	Zentrale Interpretationsprobleme des 6. Strafrechtsreformgesetzes, NJW 1998, 2861 ff
Schweinberger, Dirk	Actio libera in causa: Folgeprobleme des herrschenden Tatbestandsmodells, JuS 2006, 507 ff
Schumann, Heribert	Zum Notwehrrecht und seinen Schranken – OLG Hamm, NJW 1977, 590; JuS 1979, 559 ff
Seelmann, Kurt	Mittäterschaft im Strafrecht, JuS 1980, 571 ff
Spendel, Günther	Actio libera in causa und Verkehrsstraftaten, JR 1997, 133 ff

Spendel, Günther — Actio libera in causa und kein Ende, in: Festschrift für Hans Joachim Hirsch, 1999, S 379 ff

SK-StGB — Systematischer Kommentar zum Strafgesetzbuch, Band 1, Allgemeiner Teil, 8. Aufl, von *Rudolphi, Horn, Samson, Günther, Hoyer, Rogall, Schall, Sinn, Stein, Wolter* und *Wolters*, Stand: August 2012 (zitiert: SK-*Bearbeiter,* § Rn)

Stratenwerth/Kuhlen — Strafrecht Allgemeiner Teil, 6. Aufl 2011 (zitiert: *Stratenwerth/Kuhlen*, AT § Rn)

Streng, Franz — „actio libera in causa" und Vollrauschstrafbarkeit – rechtspolitische Perspektiven, JZ 2000, 20

Theile, Hans — Der bewusste Notwehrexzess, JuS 2006, 965 ff

Welzel, Hans — Das deutsche Strafrecht, 11. Aufl 1969 (zitiert: *Welzel,* § Abschn)

Wessels/Beulke — Strafrecht Allgemeiner Teil, 42. Aufl 2012 (zitiert: *Wessels/Beulke*, AT Rn)

Wessels/Hettinger — Strafrecht Besonderer Teil 1, 36. Aufl 2012 (zitiert: *Wessels/Hettinger,* BT1 Rn)

Wessels/Hillenkamp — Strafrecht Besonderer Teil 2, 35. Aufl 2012 (zitiert: *Wessels/Hillenkamp,* BT2 Rn)

Wolff, Matthias — Das Ende der actio libera in causa, NJW 1997, 2032 ff

Zieschang, Frank — Mittäterschaft bei bloßer Mitwirkung im Vorbereitungsstadium, ZStW 107 [1995], 361 ff

Zieschang, Frank — „Der Begriff des Hilfeleistens in 27 StGB" in: Festschrift für Wilfried Küper, 2007, 733 ff

Zopfs, Jan — Der schwere Bandendiebstahl nach § 244a StGB, GA 1995, 320 ff

Ausführliche Lösung von Fall 11

Die Lösung entspricht den Anforderungen einer Anfänger-Übungshausarbeit. Sie kann zugleich auch als Raster für Fortgeschrittenen- und Examenshausarbeiten gelten, die sich lediglich in der Problemfülle sowie Problemtiefe vom vorliegenden Muster unterscheiden. Aus der Gesamtkonzeption des Buches, das zugleich ein Medium zur Stoffwiederholung sein soll, ergeben sich jedoch folgende Besonderheiten: **360**

- *Wie immer sind aus dem „offiziellen Text" alle kursiv geschriebenen Passagen wegzudenken.*
- *Die als Lernhilfe gedachten Kästen, die bei den Klausuren über das hinausgehen, was ein Bearbeiter in der Kürze der ihm zur Verfügung stehenden Zeit zu Papier bringen kann, sind hier als Teil der Hausarbeit einzustufen. Wegzulassen wären im „offiziellen Text" also nur die Umrandung sowie die durch die Grautönung erreichte Hervorhebung.*
- *Die Darstellung eines Streitstandes kann erfolgen, indem bei jeder Meinung sofort die Lösung des konkreten Falles mit angegeben wird (Muster Rn 228 und 378 und beispielsweise bei Brüning, JuS 2007, 257; Drenkhahn, Jura 2011, 65 f; Ebert-Schütze, Fälle [1] S 20; Ensenbach, Jura 2011, 794; Ernst, ZJS 2012, 654, 658; Esser/Scharnberg, JuS 2012, 809; Goeckenjan, JuS 2008, 702; Gierhake, JA 2008, 429; Haas, Ad Legendum 2012, 119, 123 f; Kalkofen/Sievert, Jura 2011, 229; Krack/Schwarzer, JuS 2008, 140, 143; Kühl/Hinderer, Jura 2012, 488, 492; Mitsch, JuS 2004, 324; Rotsch, Klausur [20] S 304; Safferling, JA 2007, 183; Schumann, JuS 2010, 530; Steinberg/Lachenmaier, ZJS 2012, 649, 651 f; Sternberg-Lieben/von Ardenne, Jura 2007, 152; Stuckenberg, 2011, 305, 316) oder aber, indem der Streit zunächst abstrakt dargestellt (natürlich nur soweit die Streitfrage fallrelevant ist!) und dann erst zusammenfassend auf den konkreten Fall bezogen wird (Muster Rn 389; Jeßberger/Book, JuS 2010, 321, 325 f; Hilgendorf, Klausurenkurs I [15] Rn 38, II [5] Rn 78; Rengier/Jesse, JuS 2008, 47; Timpe, JA 2010, 514; Wagner/Drachsler, ZJS 2011, 533). Beide Vorgehensweisen sind üblich. Eine logische Präferenz ist nach Ansicht der meisten Prüfer nicht vorhanden. Der erste Weg hat den Vorteil (und wird deshalb von einigen wenigen Korrektoren sogar als geboten erachtet), dass sofort erkennbar wird, ob die Ansichten im konkreten Fall wirklich zu unterschiedlichen Ergebnissen führen. Nur wenn dies der Fall ist, muss der Streit entschieden werden. Wenn hier gleichwohl bei Problemschwerpunkten zumeist der zweite Weg, also die einleitend zusammenfassende theoretische Darstellung des Streitstandes, an die sich dann erst die Anwendung auf den konkreten Fall anschließt, gewählt wird, so erfolgt das auch aus didaktischen Zwecken zugunsten einer leichteren Repetitionsmöglichkeit. Der Bearbeiter wird im Laufe der Zeit ein Gespür dafür entwickeln, welche Darstellungsweise ihm persönlich am besten liegt.*

Zur besten Art der Präsentation des eigenen Standpunktes s auch Arzt, Strafrechtsklausur S 52; Jahn, JA 2000, 852, 857 u oben Rn 19 und 108.

A. Das Ergreifen des Rucksacks

361 *Es ist auch vertretbar, das Ergreifen des Rucksacks und den Messerstich unter einem Tatkomplex, zB das „Geschehen im Wald", zusammenzufassen. Allerdings wird dann der Aufbau etwas umständlich, da bei der Strafbarkeit des B gem § 212 StGB spätestens bei der Frage der „rechtswidrig schuldhaft herbeigeführten Notwehrlage" inzident der versuchte Diebstahl zu prüfen ist. Diese Inzidentprüfung kann durch die Bildung von zwei Tatkomplexen vermieden werden.*

I. Strafbarkeit des B

1. § 242 I[1]

362 *Da B alle Tatbestandsvoraussetzungen selbst erfüllt hat, sollte hier kein Wort über Mittäterschaft verloren werden (vgl o Fall 3 Rn 152). Auch in der Überschrift entfällt deshalb der Hinweis auf § 25 II.*

a) Objektiver Tatbestand

363 Indem B den auf der Bank liegenden Rucksack ergriffen hat, könnte er sich gem § 242 I strafbar gemacht haben. Fraglich ist, ob B den Rucksack, eine für ihn fremde bewegliche Sache, dem Z weggenommen hat. Wegnahme iSv § 242 ist der Bruch fremden Allein- oder Mitgewahrsams und die Begründung neuen, nicht notwendig, aber regelmäßig eigenen Gewahrsams. Es wäre somit erforderlich, dass B unter Aufhebung des Gewahrsams des Z neuen Gewahrsam an dem Rucksack begründet hat. Gewahrsam ist die von einem natürlichen Herrschaftswillen getragene tatsächliche Sachherrschaft eines Menschen über eine Sache, deren Reichweite von der Verkehrsauffassung bestimmt wird[2]. Z trainierte so nahe bei der Bank, auf der der Rucksack lag, dass er jederzeit seine Sachherrschaft ausüben konnte – wie auch die sofortige Reaktion zeigte. Deshalb hatte Z trotz geringer räumlicher Trennung Gewahrsam an dem Rucksack; allenfalls lag eine Gewahrsamslockerung vor.

Fremder Gewahrsam wird dadurch gebrochen, dass die Sachherrschaft des bisherigen Gewahrsamsinhabers gegen seinen Willen oder zumindest ohne sein Einverständnis aufgehoben wird[3]. Neuer Gewahrsam ist begründet, wenn der Täter die tatsächliche Herrschaft über die Sache derart erlangt hat, dass ihrer Ausübung keine wesentlichen Hindernisse entgegenstehen[4].

Für die Begründung neuen Gewahrsams genügt entgegen der früher vertretenen Kontrektationstheorie ein bloßes Berühren der Sache nicht. Auf der anderen Seite kann es aber auch auf ein Fortschaffen der Sache, wie es die Ablationstheorie verlangt, nicht ankommen. Anerkannt ist vielmehr, dass ein zum Gewahrsamswechsel führendes Ergreifen der Sache erforderlich ist, also eine Apprehension mit potenzieller Ablation[5],

1 §§ ohne Gesetzesangaben sind im Folgenden solche des StGB.
2 *Lackner/Kühl*, § 242 Rn 8a ff; vgl auch *Wessels/Hillenkamp*, BT2 Rn 82 und MK-*Schmitz* § 242 Rn 43.
3 *Wessels/Hillenkamp*, BT2 Rn 115.
4 *Wessels/Hillenkamp*, BT2 Rn 121.
5 So auch S/S-*Eser/Bosch*, § 242 Rn 37.

was zum Beispiel bei kleineren Gegenständen durch die Verbringung der Sache in die körperliche Nahsphäre iS einer sozial anerkannten Gewahrsamsenklave erreicht werden kann[6]. Durch das bloße Ergreifen konnte aber B noch keine eigene, jede Zugriffsmöglichkeit des Z ausschließende tatsächliche Sachherrschaft an dem Rucksack begründen. B hatte also letztendlich den Gewahrsam des Z noch nicht gebrochen. Die Wegnahme war damit noch nicht vollendet.

b) Ergebnis

B hat sich nicht gem § 242 I strafbar gemacht.

Es existiert ein ehernes Gliederungsgesetz: Wer a) sagt, muss auch b) sagen. Davon darf auch dann nicht abgewichen werden, wenn die Prüfung bereits beim ersten Unterpunkt abgeschlossen ist (zB a) Objektiver Tatbestand (–)). Dann verbleibt nur die Möglichkeit, entweder auf die Untergliederung ganz zu verzichten oder – wie hier – mit folgendem Notbehelf zu arbeiten: a) Objektiver Tatbestand, b) Ergebnis. **364**

2. §§ 242 I, II, 22, 23 I

Der Diebstahl war nicht vollendet. Versuchter Diebstahl ist gem §§ 242 II, 23 I Alt 2, 12 II strafbar. **365**

Zum Versuchsaufbau und zur Zulässigkeit solcher Vorbemerkungen vgl Rn 75 ff und Fall 4 Rn 177.

a) Tatentschluss

B wollte den Rucksack des Z in Zueignungsabsicht wegnehmen. Er wusste, dass er dazu nicht berechtigt war.

b) Unmittelbares Ansetzen

Durch Ergreifen des Rucksacks hat B mit der eigentlichen Wegnahmehandlung begonnen und somit nach allen Ansichten, die zur Abgrenzung von Vorbereitungshandlung und Versuch vertreten werden *(vgl Fall 4 Problem Nr 18 Rn 178)*, zur Tatbestandsverwirklichung unmittelbar angesetzt.

c) Rechtswidrigkeit und Schuld

B hat rechtswidrig und schuldhaft gehandelt.

Die Frage, ob die Rechtswidrigkeit auch dann anzusprechen ist, wenn sie unproblematisch bejaht werden kann, ist wie folgt zu beantworten: In Anfängerhausarbeiten sollte man tendenziell eher häufiger einen kurzen Hinweis auf die Rechtswidrigkeit des Tuns einbauen, allerdings sollte man jeweils tatsächlich prüfen, ob „wirklich" keine Rechtfertigungsgründe eingreifen – in Fortgeschrittenenarbeiten sollte hingegen tendenziell **366**

---

6 So auch BGHSt 23, 254; 26, 24; *Gössel*, BT2 § 7 Rn 79; *Hohmann/Sander*, BT1 § 1 Rn 46; *Jäger*, BT § 6 Rn 213; *Kudlich*, PdW BT1 [11] S 8; *Marxen*, BT [24b] S 269; *Maurach/Schroeder/Maiwald*, BT1 § 33 Rn 26; *Krey/Hellmann/Heinrich*, BT2 Rn 13; *Rengier*, BT1 § 2 Rn 25; *Schroth*, BT S 172 f; *Wessels/Hillenkamp*, BT2 Rn 125; für Fälle der vorliegenden Art auch *Arzt/Weber/Heinrich/Hilgendorf*, BT § 13 Rn 42.

der eher ermüdend wirkende stereotype Hinweis auf das Bestehen der Rechtswidrigkeit entfallen (ebenso Arzt, Strafrechtsklausur S 197; s auch Fahl, JA 2011, 838). Als generelle Linie scheint mir folgender Kompromiss sehr sinnvoll: Nur bei der Prüfung des ersten Delikts eines jeden Beteiligten sind die Punkte „Rechtswidrigkeit" und „Schuld" auch dann anzusprechen, wenn es insoweit keine Probleme gibt (s auch o Rn 67).

d) Rücktritt gem § 24 II

367 B ließ den Tragegriff sofort wieder los und verließ auch den Tatort schließlich ohne Rucksack. Er könnte deshalb von dem Versuch strafbefreiend zurückgetreten sein. Aufgrund des Umstandes, dass B die Tat nicht alleine geplant und durchgeführt hat und jedenfalls auch eine Mitbeteiligung des A – als Täter oder Teilnehmer – vorliegt, ist für den strafbefreienden Rücktritt § 24 II einschlägig. *(Da B als Einziger vor Ort handelt, wäre es auch unschädlich, wenn hier auf § 24 I abgestellt würde, vgl auch Fall 4 Rn 184.)*

Nach Auffassung der Rechtsprechung und Teilen der Literatur ist jedoch ein strafbefreiender Rücktritt dann ausgeschlossen, wenn der Versuch fehlgeschlagen ist. Bei einem Delikt, das man nicht vollenden könne, scheide ein „Aufgeben" oder „Verhindern der Vollendung" von vornherein aus[7]. Fehlgeschlagen ist ein Versuch danach dann, wenn die zur Ausführung der Straftat vorgenommenen Handlungen ihr Ziel nicht erreicht haben und der Täter erkannt hat, dass er mit den ihm zur Verfügung stehenden Mitteln den tatbestandlichen Erfolg entweder gar nicht mehr oder zumindest nicht ohne zeitlich relevante Zäsur herbeiführen kann[8]. In dem Moment, als B – von Z entdeckt – den Rucksack wieder losließ und der Rucksack die Böschung hinunterfiel, war für B der Diebstahl des Rucksacks im unmittelbaren Fortgang des geplanten Geschehens unmöglich geworden. Damit läge nach dieser Auffassung ein fehlgeschlagener Versuch vor, womit ein Rücktritt von vornherein ausgeschlossen wäre.

Nach anderer Auffassung ist die Figur des fehlgeschlagenen Versuchs entbehrlich[9]. Sie finde im Gesetz keine Verankerung, die Rücktrittsvoraussetzungen seien vielmehr allein in § 24 geregelt. Vorliegend führt diese Ansicht jedoch zu keinem anderen Ergebnis. B hat zwar iSv § 24 II 1 die Vollendung des Diebstahls durch Nichtweiterhandeln verhindert; dies geschah jedoch, weil zwingende, außerhalb der Person des B liegende Hinderungsgründe entgegenstanden und nicht aufgrund seiner autonomen Entscheidung. Der Rücktritt war somit nicht freiwillig. Nach beiden Auffassungen ist B also nicht strafbefreiend vom Diebstahlsversuch zurückgetreten.

Vgl zum Rücktritt Fall 4 Rn 179, 180.

e) Strafzumessung, § 243 I 2 Nr 3

368 *Zur Zulässigkeit der Erörterung der Regelbeispiele des § 243 vor der Qualifikation des § 244 s Rn 182.*

7 BGHSt 34, 53; 40, 75; *Wessels/Beulke*, AT Rn 628; *Jescheck/Weigend*, AT § 51 II 6; LK-*Lilie/Albrecht*, § 24 Rn 61; S/S-*Eser*, § 24 Rn 6 ff; SK-*Rudolphi*, § 24 Rn 8; *Roxin*, JuS 1981, 1.

8 Vgl auch BGHSt 34, 53; *Wessels/Beulke*, AT Rn 628.

9 *Maurach/Gössel/Zipf*, § 41 Rn 36 ff; *Kühl*, JuS 1981, 193, 195; Matt/Renzikowski-*Heger*, § 24 Rn 12; MK-*Herzberg/Hoffmann-Holland*, § 24 Rn 52.

B könnte das Regelbeispiel des § 243 I 2 Nr 3 (gewerbsmäßiger Diebstahl) verwirklicht haben. Gewerbsmäßig handelt, wer sich aus der wiederholten Tatbegehung eine fortlaufende Einnahmequelle von einigem Umfang und einer gewissen Dauer verschaffen will, wobei eine Weiterveräußerung des erlangten Gegenstandes nicht erforderlich ist[10]. B ist ein Taschendieb, der sich ua mit Diebstählen seinen Lebensunterhalt verdient, mithin gewerbsmäßig iSv § 243 I 2 Nr 3 tätig wird. Bei dem Diebstahlsobjekt handelte es sich auch nicht um eine geringwertige Sache gem § 243 II, da die Grenze der Geringwertigkeit von 50,– Euro überschritten ist. Schließlich ist trotz des nur versuchten Diebstahls das Regelbeispiel voll verwirklicht, so dass sich das Problem des „versuchten Regelbeispiels" hier nicht stellt[11]. Die Regelwirkung greift durch.

B hat sich also gem §§ 242 I, II, 22, 23 I iVm § 243 I 2 Nr 3 schuldig gemacht.

3. §§ 244 I Nr 1a, Nr 2, II, 22, 23 I

B hat schon das Grunddelikt nicht vollendet. Deshalb kann auch die darauf aufbauende **369**
Qualifikation nicht vollendet sein. Der versuchte Diebstahl mit Waffen und der versuchte Bandendiebstahl sind gem §§ 244 II, 23 I Alt 2, 12 II strafbar.

a) Tatentschluss

B wollte den Rucksack in Zueignungsabsicht wegnehmen.

Fraglich ist, ob B zu einem Bandendiebstahl iSv § 244 I Nr 2 entschlossen war. Grundsätzlich ist unter einer Bande ein Zusammenschluss mehrerer Personen zu verstehen, die sich zur fortgesetzten Begehung von Raub und Diebstahl, im Einzelnen noch ungewisser Taten, für eine gewisse Dauer verbunden haben[12]. Hierbei ist streitig, ob für eine Bande mindestens zwei oder drei Personen erforderlich sind. Zutreffend geht inzwischen auch die Rechtsprechung des BGH davon aus, dass es sich bei der Bande um einen Zusammenschluss von mindestens drei Personen handeln muss[13]. Die Gemeinschaft der beiden Taschendiebe A und B stellte also keine Bande iSv § 244 I Nr 2 dar. Es kann deshalb dahinstehen, ob ein Bandendiebstahl auch deshalb ausscheiden müsste, weil „unter Mitwirkung" eines anderen Bandenmitgliedes nur dann gestohlen wird, wenn mindestens zwei Bandenmitglieder bei der Tatausführung als solcher – also zeitlich und örtlich – anwesend sind[14], wohingegen B hier die Tat vor Ort allein ausgeführt hat. § 244 I Nr 2 ist jedenfalls nicht erfüllt.

Hier wurde die Nr 2 vorgezogen, da sie letztendlich nicht zum Zuge kommt, um dann **370**
erst auf den unstreitigen Bereich der Nr 1 zu sprechen zu kommen. Das ist im Einzelfall zulässig – ebenso hätte natürlich Nr 2 auch nach Nr 1 abgehandelt werden können.

---

10 BGHSt 1, 383; BGH MDR 1976, 633 bei *Holtz*; *Wessels/Hillenkamp*, BT2 Rn 239.

11 Vgl BGHSt 33, 370; BayObLG JR 1991, 118; NStZ 1997, 442; *Wessels/Hillenkamp*, BT2 Rn 213.

12 S/S-*Eser/Bosch*, § 244 Rn 23; *Wessels/Hillenkamp*, BT2 Rn 297; *Küper*, BT S 44.

13 Mindestens drei Personen: BGHSt GS 46, 321, 325; 47, 214, 215; Coester-Waltjen-*Geppert*, Zwischenprüfung S 47; *Kindhäuser*, BT2 § 4 Rn 31; MK-*Eser/Bosch*, § 244 Rn 24; *Otto*, BT § 41 Rn 63; *Mitsch*, BT2/1 § 1 Rn 254; *Rengier*, BT1 § 4 Rn 91; *Haft/Hilgendorf*, BT1 S 20; zwei Personen ausreichend: BGHSt 23, 239.

14 Dafür RGSt 66, 236, 242; BGH NJW 2001, 83; dagegen BGHSt GS 46, 321, 325; vgl auch *Engländer*, JR 2001, 78; *Erb*, JR 2002, 339; *Schild*, GA 1982, 55; *Zopfs*, GA 1995, 320, 327; *Wessels/Hillenkamp*, BT2 Rn 302.

Auch nach Bejahung einer Alternative sind die anderen – soweit sie überhaupt in Betracht kommen – weiterhin zu prüfen (Rn 156).

371 B hat „zur Sicherheit", dh bewusst und gewollt, das Messer mitgenommen. Damit könnte § 244 I Nr 1a erfüllt sein. Eine Waffe iSv § 244 I Nr 1a ist jeder Gegenstand, der nach der Art seiner Anfertigung geeignet und schon hiernach oder nach allgemeiner Verkehrsauffassung dazu bestimmt ist, durch seinen üblichen Gebrauch Menschen durch seine mechanische oder chemische Wirkung körperlich zu verletzen[15].

Ein Butterfly-Messer als klassische Stichwaffe entspricht den obigen Anforderungen[16]. Zumindest zählt ein Butterfly-Messer zu den anderen gefährlichen Werkzeugen iSv § 244 Nr 1a Alt 2. Ihm kommt zumindest „Waffenähnlichkeit" zu bzw seine Gefährlichkeit ist objektiv erkennbar – worauf insbesondere die neuere höchstrichterliche Rechtsprechung verstärkt abstellt[17] und der Täter wollte das Messer notfalls auch gebrauchen – was für viele Autoren im Schrifttum, die jedenfalls einen Verwendungsvorbehalt fordern, entscheidend ist[18]. Bei einem Butterfly-Messer ist aber eben die Gefährlichkeit so gesteigert und die generelle Zweckbestimmung der Verletzungsherbeiführung so klar erkennbar, dass man es bereits als eine „Stichwaffe" einstufen kann. B hat also eine Waffe iSv § 244 I Nr 1a bei sich geführt. Vorsatz des B hinsichtlich eines Diebstahls mit Waffen iSv § 244 I Nr 1a lag vor.

372 *Seit der Gesetzesänderung durch das 6. StrRG vom 26.01.1998 ist es nicht mehr erforderlich, dass der Täter von der Waffe im Bedarfsfall Gebrauch machen will (Wessels/Hillenkamp, BT2 Rn 256). Das vom Vorsatz umfasste objektive Beisichführen genügt für das Merkmal Waffe der Nr 1a Alt 1 – im Gegensatz zur Alternative Nr 1b, bei der immer noch die Absicht erforderlich ist, mit dem Werkzeug oder Mittel den Widerstand zu überwinden und auch im Gegensatz zu § 244 I Nr 1a Alt 2, bei der nach hA im Schrifttum ein Verwendungsvorbehalt bestehen muss (Wessels/Hillenkamp, BT2 Rn 262; Krüger, Jura 2002, 766; während sich die Rechtsprechung des BGH inzwischen für eine eher objektive Auslegung ausgesprochen, jedenfalls ein Taschenmesser auch ohne Verwendungsabsicht als anderes gefährliches Werkzeug eingestuft hat, vgl BGHSt 52, 257; Kraatz, JR 2010, 142; Hillenkamp, BT Problem Nr 26, S 127; Beulke, Klausurenkurs III [3] Rn 115. Für Nr 1a Alt 1 kommt es folglich nicht auf den Meinungsstreit bzgl der Verwendungsabsicht an.*

b) Unmittelbares Ansetzen

B hat unter Mitführung des Messers zum Diebstahlsversuch unmittelbar angesetzt (*s Rn 365*).

373 *Im objektiven Tatbestand des Versuchs (unmittelbares Ansetzen) darf wirklich nur die Frage angesprochen werden, ob die Schwelle zwischen strafloser Vorbereitungshandlung und strafbarem Versuch überschritten ist. Einen schweren Fehler begeht, wer – wie das leider viele Studenten bis zum Examen tun – zumindest die bereits verwirklichten*

15 RGSt 74, 282; BGHSt 4, 127; BGH NJW 1965, 2115; *Wessels/Hillenkamp*, BT2 Rn 265.

16 *S/S-Eser/Bosch*, § 244 Rn 3.

17 BGHSt 52, 257, 269; OLG Hamm StV 2001, 352; HK-GS-*Duttge*, § 244 Rn 9.

18 *Wessels/Hillenkamp*, BT2 Rn 272; *Rengier*, BT1 § 4 Rn 32, 34; S/S/W-StGB-*Kudlich*, § 244 Rn 13 (Kombination objektiv/subjektiv).

Tatbestandsmerkmale (hier das Beisichführen einer Waffe) im objektiven Tatbestand abhandelt. Auch wenn der Täter seinen Tatbeitrag geleistet hat, aber der Erfolg – warum auch immer – ausgeblieben ist, werden alle Tatbestandsmerkmale, die beim vollendeten Delikt im objektiven Tatbestand erörtert werden, im Falle des Versuchs im subjektiven Tatbestand (im Rahmen des Tatentschlusses) geprüft, und zwar inklusive der schon verwirklichten objektiven Merkmale.

Wegen der ungeschriebenen Regel, dass alle Merkmale, die beim vollendeten Delikt im objektiven Tatbestand geprüft werden, beim Versuch bereits im Rahmen des Tatentschlusses zu erörtern sind, gehört zB auch die Diskussion über das Vorliegen folgender Merkmale in den subjektiven Tatbestand:

- *Abgrenzung Täterschaft – Teilnahme (Will er Täter sein? ...)*
- *Garantenstellung (Will er als Garant etwas unterlassen? ...)*
- *Mordmerkmale, und zwar die subjektiven (zB niedrige Beweggründe) und die objektiven (zB Heimtücke: Will er heimtückisch töten? ...), sofern man die Mordmerkmale nicht als Schuldmerkmale einstuft.*
- *S auch Rn 84, 88 ff und 183.*

c) Rücktritt gem § 24 II

B ist nicht strafbefreiend gem § 24 II zurückgetreten (*s 2 d) Rn 367*). **374**

B hat sich also gem §§ 244 I Nr 1a, II, 22, 23 I strafbar gemacht.

d) Konkurrenz zu §§ 242 I, II, 22, 23 I

Der Versuch des qualifizierten Diebstahls mit Waffen, §§ 244 I Nr 1a, II, 22, 23 I, verdrängt den versuchten Diebstahl in einem besonders schweren Fall, §§ 242 I, II, 243 I 2 Nr 3, 22, 23 I (Spezialität). **375**

4. Ergebnis für B im TK A

§§ 244 I Nr 1a, II, 22, 23 I.

II. Strafbarkeit des A

1. §§ 242 I, II, 22, 23 I, 25 II

a) Tatentschluss

A könnte dadurch, dass er die Strategie für die Entwendung des Rucksacks entworfen und alle Einzelheiten der Tat organisiert hat, ebenfalls einen versuchten Diebstahl begangen haben. A selbst wollte keine tatbestandliche Ausführungshandlung vornehmen. Es ist zu prüfen, ob dem A die geplante Wegnahme des Rucksacks durch B gem § 25 II als Mittäter zugerechnet werden kann. Zwar liegt dem Vorhaben ein gemeinsamer Tatplan zugrunde. Problematisch ist jedoch, dass A bei der Wegnahme nicht anwesend sein sollte. **376**

Zur Abgrenzung von Täterschaft und Teilnahme vgl auch Fall 3 Problem Nr 13 Rn 159. **377**

Generell zum Aufbau bei Mittäterschaft s Rn 41 ff, 88 ff u 431 sowie Wessels/ Beulke, AT Rn 880.

378 **Problem Nr 45: Mittäterschaft bei Tatbeitrag im Vorbereitungsstadium**

(1) Für die **eingeschränkt subjektive Theorie** der **Rechtsprechung**[19] kommt es entscheidend darauf an, ob der Beteiligte den Willen zur Täterschaft (animus auctoris) hatte, wobei zu dessen Feststellung auch Tatherrschaftskriterien herangezogen werden können. A kam es gerade auf die Erlangung der Beute aus dem Diebstahl an, den er als eigene Tat zusammen mit B begehen wollte. Nach Ansicht der Rechtsprechung ist A also Mittäter iSv § 25 II. Der Rechtsprechung wird allerdings generell entgegengehalten, dass sie zT zu willkürlichen Ergebnissen gelangt.

(2) Stellt man mit der **herrschenden Lehre** zur Abgrenzung von Täterschaft und Teilnahme auf die **Tatherrschaft** ab, also auf das vom Vorsatz umfasste In-den-Händen-Halten des Geschehensablaufs, so ergibt sich die Frage, ob auch ein Ortsabwesender die Tatherrschaft innehaben kann.

(a) Eine **enge Auffassung** innerhalb der Tatherrschaftslehre verlangt für eine Mittäterschaft, dass der Beteiligte das unmittelbare Tatgeschehen am Tatort mitbeherrschen können muss[20]. Wer seinen Tatbeitrag auf das Vorbereitungsstadium beschränke, halte eben gerade nicht den Geschehensablauf in den Händen. Hiernach käme eine mittäterschaftliche Beteiligung des A nicht in Betracht.

Gegen die enge Auffassung innerhalb der Tatherrschaftslehre lässt sich insbes anführen, dass es angesichts der leitenden Rolle und der überragenden Funktion eines Tatorganisators nicht sachgerecht erscheint, ihn nicht als Mittäter, sondern lediglich als Randfigur des Geschehens zu behandeln. Die enge Spielart der Tatherrschaftstheorie vermag deshalb nicht zu überzeugen.

(b) Demgegenüber lässt es eine **weite Auffassung** innerhalb der Tatherrschaftslehre genügen, dass ein Mittäter die funktionelle oder planvoll-lenkende Tatherrschaft innehat. Danach kann auch der ortsabwesende Beteiligte Mittäter sein, sofern er sein Beteiligungsminus durch das Gewicht der mitgestaltenden Deliktsplanung ausgleichen kann[21]. Hierfür wird zutreffend angeführt, dass die Abgrenzung von Täterschaft und Teilnahme ein Zurechnungsproblem ist, das mit der Rollenverteilung bei der Tatausführung allein noch nicht entschieden werden kann. Es darf deshalb nicht auf den Zeitpunkt des Tatbeitrags, sondern es muss auf dessen Wirkung ankommen[22]. Der Tatplan stammte vorliegend von A. Er hat als „Kopf" des Gaunerduos dem B die Strategie der Tatausführung „vorgeschrieben". A wollte somit den tatbestandsmäßigen Geschehensablauf planvoll-lenkend in den Händen halten und wäre nach dieser Ansicht als Mittäter einzustufen.

Damit kommen hier die weite Auffassung innerhalb der Tatherrschaftslehre und die Ansicht der Rechtsprechung zu dem übereinstimmenden Ergebnis, dass dem A die geplante Wegnahme des Rucksacks durch B gem § 25 II zuzurechnen ist. Einer endgültigen Entscheidung zugunsten der einen oder anderen dieser beiden Ansichten bedarf es deshalb nicht.

Zur Vertiefung: Wessels/Beulke, AT Rn 529.

379 A wollte als Mittäter eine fremde bewegliche Sache einem anderen in Zueignungsabsicht wegnehmen.

---

19 BGHSt 16, 12, 14; 28, 346, 348.

20 *Herzberg*, ZStW 99 [1987], 49, 58; HK-GS-*Ingelfinger*, § 25 Rn 46; *Rudolphi*, Bockelmann-FS S 369; *Roxin*, AT2 § 25 Rn 198 ff; *ders*, Täterschaft und Tatherrschaft, S 294 ff; SK-*Hoyer*, § 25 Rn 113; *Zieschang*, ZStW 107 [1995], 361 ff.

21 Vgl nur *Wessels/Beulke*, AT Rn 529; BeckOK-*Kudlich*, § 25 Rn 46; *Seelmann*, JuS 1980, 571; *Stratenwerth/Kuhlen*, AT § 12 Rn 93; *Fischer*, § 25 Rn 13; *Joecks*, St-K § 25 Rn 85; MK-*Joecks*, § 25 Rn 194 ff; *Haft*, AT S 207; *Jescheck/Weigend*, AT § 63 III 1; S/S/W-StGB-*Murmann*, § 25 Rn 42.

22 *Beulke*, JR 1980, 422, 424; s auch *Beulke*, Klausurenkurs II [8] Rn 236.

b) Unmittelbares Ansetzen

Streitig ist, in welchem Zeitpunkt die einzelnen Mittäter zur Tatbestandsverwirklichung ansetzen.

Problem Nr 46: Anfang der Ausführungshandlung iSv § 22 bei Mittäterschaft **380**

(1) Nach der **„Einzellösung"** muss der Versuchsbeginn für jeden Mittäter gesondert geprüft werden: Es kommt darauf an, ob er bereits zu seinem eigenen Tatbeitrag angesetzt hat[23].

Dagegen spricht jedoch, dass die Mittäter im Wege des bewussten und gewollten Zusammenwirkens gemeinsam eine Tat begehen, deren Versuch und Vollendung sich einheitlich vollzieht. Dieser Struktur der Mittäterschaft wird die Einzellösungstheorie nicht gerecht. Wer, wie dies bereits oben (*Rn 330*) erfolgte, prinzipiell einen Mittäterschaftsbeitrag im Vorbereitungsstadium für möglich hält, würde sich durch ein Plädoyer zugunsten dieser Theorie selbst widersprechen.

(2) Nach der **„Gesamtlösung"**[24] kann das unmittelbare Ansetzen eines Mittäters dem anderen Mittäter über § 25 II zugerechnet werden.

Für diese Lösung spricht vor allem, dass die Mittäter eine Tat begehen und sich jeder Täter stets die im Rahmen des gemeinsamen Tatplans liegenden Beiträge der jeweils anderen wie eigenes Tun zurechnen lassen muss. Dann muss es konsequenterweise genügen, dass nur einer von ihnen nach der Vorstellung aller in das Ausführungsstadium eintritt.

Zur Vertiefung: Wessels/Beulke, AT Rn 611.

Nach der überzeugenden „Gesamtlösung" kommt es im Falle der Mittäterschaft nur darauf an, dass einer der Mittäter im Rahmen des gemeinsamen Tatplans zur Verwirklichung des gesetzlichen Tatbestandes unmittelbar ansetzt. B hat mit dem Ergreifen des Rucksackes zum Diebstahl unmittelbar angesetzt (*s I 2 b Rn 365*). Dies muss konsequenterweise auch dem mit dem Diebstahl einverstandenen Mittäter A zugerechnet werden, der damit ebenfalls gem § 25 II die Schwelle zum strafbaren Versuch überschritten hat. **381**

c) Rechtswidrigkeit und Schuld

Rechtswidrigkeit und Schuld liegen vor.

d) Strafzumessung, § 243 I 2 Nr 3

Der § 243 stellt eine Strafzumessungsvorschrift dar. Es muss deshalb für jeden Tatbeteiligten gesondert geprüft werden, ob die Voraussetzungen für die Annahme eines besonders schweren Falles erfüllt sind[25]. Es gilt insoweit § 28 II analog. Auch A handelte zum wiederholten Male und mit Gewinnstreben und deshalb gewerbsmäßig gem § 243 I 2 Nr 3. **382**

A hat sich gem §§ 242 I, II, 22, 23 I, 25 II iVm § 243 I 2 Nr 3 strafbar gemacht.

---

23 *Schilling*, S 104; LK-*Schünemann*, § 25 Rn 203 ff; *Roxin*, AT2 § 29 Rn 297.

24 BGHSt 39, 236, 238; *Kindhäuser*, AT § 40 Rn 15; LK-*Hillenkamp*, § 22 Rn 171 ff; *Heinrich*, AT Rn 740; *Küper*, Versuchsbeginn S 22, 69; *Buser*, S 83; *Marxen*, AT [18d] S 163; *Otto/Bosch*, Übungen, S 342; *Wessels/Beulke*, AT Rn 611; *Gropp*, § 10 Rn 91; S/S/W-StGB-*Kudlich/Schuhr*, § 22 Rn 50; s auch *Beulke*, Klausurenkurs II [8] Rn 238.

25 BGHSt 29, 239, 244; S/S-*Eser/Bosch*, § 243 Rn 47; *Wessels/Hillenkamp*, BT2 Rn 220.

2. §§ 244 I Nr 1a, II, 22, 23 I, 25 II

383 A wusste nicht, dass B ein Messer mit sich führen würde. Auch sollte nach dem Tatplan auf keinen Fall Gewalt angewendet werden. A fehlte somit der Tatentschluss bzgl eines Diebstahls mit Waffen gem § 244 I Nr 1a; es handelte sich hier um einen Mittäterexzess des B.

A hat sich nicht gem §§ 244 I Nr 1a, II, 22, 23 I, 25 II strafbar gemacht.

3. Ergebnis für A im TK A

§§ 242 I, II, 22, 23 I, 25 II iVm § 243 I 2 Nr 3.

III. Strafbarkeit der X

1. §§ 242 I, II, 22, 23 I, 25 II

384 Indem die X dem A und dem B den Hinweis auf die Diebstahlsmöglichkeit bzgl des Rucksacks gab, könnte sie ebenfalls einen Diebstahlsversuch begangen haben. Fraglich ist, ob die X Täterin sein wollte. X sollte bei der Tatausführung nicht anwesend sein und auch sonst keine wesentlichen Tatvorbereitungen treffen. Sie hatte an der Beute kein eigenes Interesse. Deshalb besaß X nach allen Auffassungen nicht den Tatentschluss zur Begehung eines mittäterschaftlichen Diebstahls.

X hat sich also nicht gem §§ 242 I, II, 22, 23 I, 25 II strafbar gemacht.

In derart unproblematischen Fällen, in denen alle Ansichten eine Täterschaft verneinen, hätte auch die gesonderte Prüfung der Mittäterschaft weggelassen und sofort mit der Anstiftung begonnen werden können. Vor allem bei Fortgeschrittenenklausuren ist es aus Zeitgründen oft sinnvoller, sofort mit der Prüfung der Teilnahme zu beginnen (dafür auch Frommeyer/Nowak, JuS-Lernbogen 2001, L 44, 46). Andererseits bevorzuge ich speziell bei Anfängerhausarbeiten den hier gewählten Aufbau (s auch Rn 33).

2. §§ 242 I, II, 22, 23 I, 26

385 *Generell zum Aufbau bei der Teilnahme s Rn 93 u 432 sowie Wessels/Beulke, AT Rn 884.*

a) Objektiver Tatbestand

aa) Vorsätzliche rechtswidrige Haupttat

Der Hinweis der X könnte eine Anstiftung zum versuchten Diebstahl darstellen. Die vorsätzliche rechtswidrige Haupttat ist der von B und A in Mittäterschaft begangene versuchte Diebstahl *(s I 2 Rn 365 ff und II 1 Rn 376 ff)*.

bb) Anstiftungshandlung

X müsste B und A angestiftet, also in ihnen den Tatentschluss hervorgerufen haben. X hat den beiden von dem Jogger berichtet, der regelmäßig seinen Rucksack unbeaufsichtigt auf einer Bank liegen lässt. Ob darin eine Anstiftungshandlung gesehen werden kann, ist umstritten. Lässt man dafür jegliche kausale Verursachung bzw jede Verursachung im Wege des offenen geistigen Kontakts ausreichen, ist ein Bestimmen zu bejahen. Das reine Berichten einer Tatmöglichkeit aus Gefälligkeit stellt aber weder einen „Unrechtspakt" noch ein kollusives Zusammenwirken dar, womit eine Anstiftungshandlung zu verneinen wäre. Solche überzogenen Anforderungen an die Tathandlung sind aber abzulehnen, so dass ein Berichten von einer Tatmöglichkeit grundsätzlich ein Bestimmen darstellen kann *(zum Problem des Bestimmens iSv § 26 s Fall 3 Problem Nr 14 Rn 160).*

Fraglich ist jedoch, ob B und A überhaupt noch angestiftet werden konnten. Sie wollten sowieso ein Eigentumsdelikt begehen, könnten also omnimodo facturi[26] sein. Allerdings waren B und A nur allgemein zur Begehung von Diebstählen bereit; zur konkreten Tat – zum Diebstahl des Rucksacks des Z – waren sie nicht entschlossen. Auf diese Idee hat sie erst die X gebracht; eine Anstiftungshandlung liegt vor.

b) Subjektiver Tatbestand

aa) Vorsatz bzgl Haupttat

X wusste, dass B und A den Rucksack stehlen wollten, Vorsatz bzgl der Haupttat ist gegeben.

bb) Vorsatz bzgl Anstiftungshandlung

X hat bei B und A auch vorsätzlich den Tatentschluss hervorgerufen.

c) Rechtswidrigkeit und Schuld

Rechtswidrigkeit und Schuld sind gegeben.

d) Strafzumessung, § 243 I 2 Nr 3

In Betracht kommt auch für X eine Strafschärfung gem § 243 I 2 Nr 3. Wie dargelegt (*s Rn 382*) handelt es sich bei der Gewerbsmäßigkeit um ein täterbezogenes Merkmal, das analog § 28 II[27] der X nur dann anzulasten wäre, wenn sie dieses Merkmal selbst erfüllt hätte. Die Diebstähle stellen jedoch für X keine Einnahmequelle dar. Deshalb hat X § 243 I 2 Nr 3 nicht erfüllt. **386**

X hat sich somit lediglich gem §§ 242 I, II, 22, 23 I, 26 strafbar gemacht.

26 Zum Begriff vgl RGSt 36, 402, 404; *Bringewat*, Grundbegriffe, Rn 702; *Ebert*, S 211; *Wessels/Beulke*, AT Rn 569; MK-*Joecks*, § 26 Rn 28.

27 Vgl oben II 1 d) und Fn 25.

3. §§ 244 I Nr 1a, II, 22, 23 I, 26

387 Zwar ist als Haupttat ein Diebstahl mit Waffen durch B begangen worden, jedoch wusste X nicht, dass B ein Messer mit sich führen würde, so dass ihr diesbzgl gem § 16 I 1 der Vorsatz fehlte. X hat sich nicht gem §§ 244 I Nr 1a, II, 22, 23 I, 26 strafbar gemacht.

4. Ergebnis für X im TK A

§§ 242 I, II, 22, 23 I, 26.

IV. Strafbarkeit der Y

1. §§ 242 I, II, 22, 23 I, 27

a) Objektiver Tatbestand

aa) Vorsätzliche rechtswidrige Haupttat

388 Indem Y dem A und dem B die genaue Lage der Bank zeigte, könnte sie eine Beihilfe zum versuchten Diebstahl begangen haben. Haupttat ist der von B und A begangene versuchte Diebstahl (*s I 2 Rn 365 ff und II 1 Rn 376 ff*).

bb) Beihilfehandlung

Problematisch ist, ob Y zu dieser Tat Beihilfe iSv § 27 geleistet hat. Ein Hilfeleisten liegt in jedem Tatbeitrag, der die Haupttat ermöglicht oder erleichtert oder die vom Täter begangene Rechtsgutsverletzung verstärkt hat. Y hat A und B die Gegebenheiten des Waldes und insbes die Bank, an der der Diebstahl stattfinden sollte, gezeigt. Allerdings hätten A und B die Bank aufgrund der Beschreibung der X auch allein gefunden. Damit ist fraglich, ob in dem Handeln der Y eine Beihilfehandlung zu sehen ist, die zugerechnet werden kann.

389 **Problem Nr 47: Kausalität der Beihilfe**

Zur Feststellung, wann eine zurechenbare Beihilfehandlung vorliegt, sind in Rechtsprechung und Literatur verschiedene Lösungsansätze entwickelt worden. Vieles ist jedoch noch ungeklärt. Dabei geht es im Kern um die Frage, ob das Hilfeleisten für die Haupttat kausal geworden sein muss oder nicht.

(1) Eine im **Schrifttum** im Vordringen befindliche Ansicht[28] verlangt, dass der Gehilfenbeitrag für den Erfolg der Haupttat kausal werden muss. Innerhalb dieser Ansicht ist wiederum streitig, ob die Kausalität iS einer klassischen conditio sine qua non festgestellt werden muss[29] oder ob eine so genannte „Modifikationskausalität" genügt[30].

Zugunsten dieser Lösung wird angeführt: Der Strafgrund der Teilnahme sei die Förderung der Haupttat. Eine solche Mitwirkung an fremdem Unrecht liege aber nur vor, wenn der Teilnehmer einen kausalen Beitrag zur Tatbestandsverwirklichung geleistet habe. Für das Kausalitätserfordernis spreche auch die einheitliche Grundstruktur von Anstiftung und Beihilfe.

28 *Bloy*, S 282 ff; *Jakobs*, AT S 22, 34; *Lackner/Kühl*, § 27 Rn 2.
29 *Welzel*, § 16 III 3; *Heinrich*, AT Rn 1326; *Dreher*, MDR 1972, 553 ff; SK-*Hoyer*, § 27 Rn 9 f.
30 *Baumann*, JuS 1963, 136; LK-*Schünemann*, § 27 Rn 2 ff; *Roxin*, AT2 § 26 Rn 184; *Bockelmann/Volk*, S 197; HK-GS-*Ingelfinger*, § 27 Rn 3.

Dagegen spricht, dass § 27 schon das Hilfeleisten zur Haupttat unter Strafe stellt und dass der vom Täter verursachte Erfolg dem Gehilfen nicht als „sein Werk" zugerechnet wird. Deshalb hängt die Strafbarkeit der Beihilfe nicht unbedingt von der im Täterschaftsbereich vorausgesetzten Kausalbeziehung ab.

(2) Nach der **Risikoerhöhungslehre**[31] kommt es nicht auf die Kausalität an, vielmehr genügt es, dass der Gehilfenbeitrag das Risiko für den Erfolg erhöht hat.

Zugunsten dieser Ansicht wird ins Feld geführt, dass der Strafgrund der Beihilfe nicht in der Verursachung des Erfolges, sondern in der Steigerung der Erfolgschancen der Haupttat und damit in der Risikoerhöhung für das angegriffene Rechtsgut liege.

Gegen die Risikoerhöhungslehre spricht hingegen, dass man dieses Prinzip dann auch konsequenterweise bei der Mittäterschaft anwenden müsste, mit der Folge, dass überflüssige Mittäter, die mitgemacht, aber das Risiko nicht gesteigert haben, straflos blieben.

(3) Für die **Rechtsprechung**[32] sowie die nach wie vor **herrschende Lehre**[33] ist deshalb eine Kausalität der Beihilfehandlung nicht erforderlich. Es genügt vielmehr, wenn die Beihilfehandlung die Haupttat **erleichtert** oder **gefördert** hat. Lediglich die bloße Förderungsabsicht reicht nicht aus.

Insbes im Falle der psychischen Unterstützung ist es sehr häufig nicht nachweisbar, ob die Tat auch ohne den Gehilfen stattgefunden hätte, so dass die Gegenmeinung kriminalpolitisch bedenkliche Lücken aufweist. Deshalb verdient diese Ansicht den Vorzug. Die vom Wortlaut des § 27 keineswegs zwingend vorgegebene, jedoch von den Vertretern der Kausalitätstheorien häufig geforderte Ablehnung der Rechtsfigur der psychischen Beihilfe überzeugt somit nicht.

Allerdings ist auch noch hervorzuheben, dass die hA zumeist zu den gleichen Ergebnissen wie die Kausalitätstheorien gelangt. So gut wie immer kann man feststellen, dass ohne das Mitmachen des „Gehilfen" die Tat „gerade in dieser Gestalt" nicht stattgefunden hätte. Dh eine „Erleichterung" iSd Rechtsprechung ist bei Lichte betrachtet doch in der Regel identisch mit einem kausalen Tatbeitrag[34].

Zur Vertiefung: Wessels/Beulke, AT Rn 582; Hillenkamp, AT 27. Problem S 195 ff.

Wendet man nun die in Rechtsprechung und Literatur zur Beihilfekausalität vertretenen Auffassungen auf den Fall an, so ergibt sich Folgendes: Zunächst bedarf es der Feststellung, dass im Falle einer nur versuchten Haupttat eine Erfolgskausalität logisch nicht denkbar ist, die Kausalität vielmehr auf die nur versuchte Tat beschränkt werden muss. Y hat A und B die Bank – den beabsichtigten Tatort – gezeigt, deren Lage A und B ursprünglich nicht kannten. Damit hat dieser Gehilfenbeitrag die Durchführung des versuchten Diebstahls nicht nur im weiteren Sinn gefördert und erleichtert, sondern er ist sogar für seine Begehung als solche kausal geworden. Dem kann auch nicht entgegengehalten werden, dass A und B die Bank ohnehin aufgrund der Beschreibung der X gefunden hätten. Denn es ist auf den konkreten Sachverhalt abzustellen, ein hypothetischer Kausalverlauf darf nicht hinzugedacht werden[35]. Ansonsten wäre ein Gehilfe immer dann straflos, wenn notfalls der Täter dessen Beitrag selbst übernommen hätte. Konkret **390**

31 *Zieschang* in: Küper-FS S 733, 746; *Otto*, Lange-FS S 197, 210; *Schaffstein*, Honig-FS S 169 ff; S/S/W-StGB-*Murmann*, § 27 Rn 3.

32 BGHSt 2, 129; 20, 89; NStZ-RR 2007, 37.

33 Vgl *Wessels/Beulke*, AT Rn 582; *Kudlich*, PdW AT [303] S 283; *Fischer*, § 27 Rn 14.

34 Dazu ausführlich: LK-*Schünemann*, § 27 Rn 29 f.

35 BGHSt 2, 20; *Kühl*, AT § 4 Rn 11 ff; S/S-*Heine*, § 27 Rn 10.

aber haben A und B die Bank von Y gezeigt bekommen und eben gerade nicht selbst gefunden. Mithin liegt hier eine kausale und zurechenbare Beihilfehandlung vor. Diese hat auch das Risiko der Begehung des versuchten Diebstahls erhöht. Deshalb ist nach allen Ansichten eine Beihilfe zum versuchten Diebstahl gegeben.

Angesichts des Umstandes, dass letztlich doch alle Theorien im konkreten Fall zu demselben Ergebnis gelangen (was freilich so selbstverständlich nicht ist, mE wäre auch eine andere Einschätzung diskutabel), könnte die Darstellung des Theorienstreits (Rn 389) selbst in einer Hausarbeit durchaus knapper ausfallen. Im Rahmen einer Klausurlösung erscheint mir dies sogar zwingend geboten.

b) Subjektiver Tatbestand

391 Y wusste, dass A und B einen Diebstahl begehen wollten; Vorsatz bzgl des versuchten Diebstahls liegt damit vor. Auch hat die Y vorsätzlich Beihilfe geleistet.

c) Rechtswidrigkeit und Schuld

Rechtswidrigkeit und Schuld liegen vor.

d) Strafzumessung, § 243 I 2 Nr 3

Y handelte selbst nicht gewerbsmäßig. Eine Strafschärfung gem §§ 243 I 2 Nr 3 iVm 28 II analog (*s bereits II 1 d) Rn 382 und III 2 d) Rn 386*) kommt daher nicht in Betracht.

Eine Strafbarkeit gem §§ 242 I, II, 22, 23 I, 27 ist gegeben.

2. §§ 244 I Nr 1a, II, 22, 23 I, 27

392 Auch Y wusste nichts von dem von B mitgeführten Messer. Damit hatte sie keinen auf das Qualifikationsmerkmal Waffe bezogenen Vorsatz, § 16 I 1. Y hat sich nicht gem §§ 244 I Nr 1a, II, 22, 23 I, 27 strafbar gemacht.

Die Beihilfe (ebenso Anstiftung) zu verschiedenen Delikten ist jeweils gesondert zu prüfen (Beispielsfall: Lotz/Reschke, Jura 2012, 485). Nur selten empfiehlt sich bei Grundtatbestand/Qualifikation eine gemeinsame Erörterung (s Rn 97 und 167).

3. Ergebnis für Y im TK A

Y hat sich im TK A gem §§ 242 I, II, 22, 23 I, 27 strafbar gemacht.

B. Der Messerstich

I. Strafbarkeit des B

1. § 212 I

a) Objektiver Tatbestand

Dadurch, dass B dem Z sein Messer in den Hals gestoßen hat, könnte er sich wegen Totschlags strafbar gemacht haben. B hat den Z durch den Messerstich getötet.

b) Subjektiver Tatbestand

Fraglich ist, ob B vorsätzlich gehandelt hat. B strebte weder den Tod des Z an, noch sah er ihn als sichere Folge seines Handelns voraus. Deshalb kommt in Bezug auf den Tod des Z nur Eventualvorsatz in Betracht. Streitig ist, wie die Abgrenzung zur bewussten Fahrlässigkeit erfolgen soll. ZT wird vorrangig auf das Wissenselement abgestellt. So fragen die Möglichkeits-[36] und die Wahrscheinlichkeitstheorie[37] nur danach, ob der Täter den Erfolg für möglich bzw wahrscheinlich hielt. Demgegenüber stellt die Gleichgültigkeitstheorie[38] entscheidend auf die Willensebene ab, nämlich darauf, ob der Täter dem Erfolgseintritt gleichgültig gegenüberstand. Auch die Rechtsprechung und herrschende Lehre beziehen das Willenselement in ihre Betrachtung mit ein, indem sie den dolus eventualis nur dann bejahen, wenn der Täter die Möglichkeit des Erfolgseintritts erkannt und ernst genommen, sich im Folgenden hiermit aber gleichwohl abgefunden hat[39]. Im vorliegenden Fall hat B die Gefahr des Todeseintritts bei Z erkannt und für wahrscheinlich gehalten. Man kann auch sagen, er hat diesen Erfolg ernst genommen. Diesem Erfolg stand er gleichgültig gegenüber bzw er hat sich mit ihm abgefunden. Damit kommen im vorliegenden Fall alle Ansichten zu dem übereinstimmenden Ergebnis, dass B bedingt vorsätzlich gehandelt hat. Eine Streitentscheidung ist deshalb nicht notwendig. B hatte Tötungsvorsatz. **393**

c) Rechtswidrigkeit

Rechtswidrig ist die Tat, wenn keine Rechtfertigungsgründe eingreifen. Im vorliegenden Fall könnte B durch Notwehr gem § 32 gerechtfertigt sein. **394**

aa) Notwehrlage

Zunächst müsste sich B in einer Notwehrlage befunden haben, worunter ein gegenwärtiger rechtswidriger Angriff auf rechtlich geschützte Interessen zu verstehen ist. Als Z auf B losging, war dessen körperliche Integrität aktuell gefährdet, ein gegenwärtiger Angriff lag vor. Problematisch ist jedoch, ob dieser Angriff auch rechtswidrig war, denn dem Z könnten seinerseits Rechtfertigungsgründe zur Seite gestanden haben.

Zunächst war durch den versuchten Diebstahl des B (*s A I 2 Rn 365 ff*) das Eigentum des Z bedroht. Deshalb erscheint ein eigenes Abwehrrecht des Z denkbar.

Entscheidend ist allerdings, dass dieser Angriff des B beendet war, als B den Rucksack des Z losließ und fliehen wollte. Damit war der Angriff nicht mehr gegenwärtig, womit zum Zeitpunkt des Angriffs des Z auf B keine Notwehrlage mehr für Z bestand.

Zu denken ist des Weiteren an eine Rechtfertigung des Z durch das Festnahmerecht gem § 127 I StPO. B hat einen versuchten Diebstahl verübt und war damit auf frischer Tat betroffen. Jedoch deckt das Festnahmerecht gem § 127 I StPO kein reines Verprügeln,

---

36 So *Schröder*, Sauer-FS S 207; *Jakobs*, AT S 273; *Wessels/Beulke*, AT Rn 217.

37 So *H. Mayer*, AT S 250; *Sauer*, AT S 177.

38 So *Engisch*, NJW 1955, 1688 f; S/S-*Sternberg-Lieben*, § 15 Rn 82.

39 So BGHSt 36, 1; 21, 283; *Wessels/Beulke*, AT Rn 214; *Beulke*, Klausurenkurs I [1] Rn 107; *Jäger*, AT § 3 Rn 84; *Joecks*, St-K § 15 Rn 16; MK-*Joecks*, § 16 Rn 42; *Krey/Esser*, AT Rn 396; zusammenfassend *Meurer*, S 89 ff; vgl auch *Eser/Burkhardt*, AT [7].

sondern höchstens Körperverletzungen zum Zwecke des Festhaltens[40]. Das Verhalten des Z ist also nicht gem § 127 I StPO gerechtfertigt.

Damit war der gegenwärtige Angriff des Z auf B auch rechtswidrig. B befand sich in einer Notwehrlage.

bb) Verteidigungshandlung

395 Das Abwehrverhalten des B muss geeignet und erforderlich gewesen sein. Der Stich in den Hals des Z war geeignet, den Angriff des Z sofort und endgültig zu stoppen. Fraglich ist allerdings, ob der Messerstich notwendig war. Grundgedanke der Notwehr ist, dass das Recht dem Unrecht nicht zu weichen braucht (Rechtsbewährungsgedanke)[41]. Es findet demgemäß grundsätzlich keine Interessenabwägung zwischen dem beeinträchtigten und dem zu schützenden Rechtsgut statt. Bei dem Verteidigungsverhalten muss es sich lediglich um das relativ mildeste Mittel handeln, was impliziert, dass im Zweifel auch auf das stärkere Abwehrmittel zurückgegriffen werden darf. Derjenige, der aus Notwehr handelt, hat nicht das Risiko einer ineffektiven Gegenwehr zu tragen[42]. Auch unbeabsichtigte schwere Verletzungsfolgen bleiben bei der Beurteilung der Geeignetheit unberücksichtigt[43]. Im vorliegenden Fall hätte B allerdings den Angriff des Z auch auf andere Weise beenden können. Möglich wäre ein Faustschlag, zumindest aber ein Messerstich in den Arm gewesen. Der Messerstich in den Hals, dessen potentiell tödliche Wirkung B erkannt hatte, war damit ein nicht notwendiges und daher nicht erforderliches Abwehrverhalten.

B ist nicht durch Notwehr gem § 32 gerechtfertigt.

396 *Damit ist im Rahmen des § 32 nicht mehr auf die Frage der Gebotenheit einzugehen. Es sollte hier auch nicht deswegen die Gebotenheit vor der Erforderlichkeit geprüft werden, nur weil sich später (Rn 401) das Problem der schuldhaft herbeigeführten Notwehrlage ergibt.*

Andere Rechtfertigungsgründe sind nicht ersichtlich. B handelte rechtswidrig.

d) Schuld

397 Zu prüfen ist, ob B wegen eines Notwehrexzesses gem § 33 entschuldigt ist.

aa) Notwehrlage

B befand sich in einer tatsächlich gegebenen Notwehrlage, als er sich über das Maß des Erforderlichen hinaus verteidigte. Es handelt sich um einen intensiven Notwehrexzess, der im Gegensatz zum extensiven Notwehrexzess unstreitig unter § 33 zu subsumieren ist[44].

---

40 *Beulke*, StPO Rn 237.
41 Vgl *Wessels/Beulke*, AT Rn 339; *Matt*, S 131; MK-*Erb*, § 32 Rn 12.
42 BGHSt 24, 356; 27, 336; BGH StV 2002, 422; ausführlich *Erb*, NStZ 2004, 369, 372.
43 BayObLG JZ 1988, 725.
44 *Wessels/Beulke*, AT Rn 446.

bb) Asthenischer Affekt

Weiterhin muss B unter einem der in § 33 genannten Erregungszustände, nämlich Verwirrung, Furcht oder Schrecken, gestanden haben. Hierbei handelt es sich um sog asthenische Affekte, die im Gegensatz zu den sthenischen Affekten auf einer Form von „Schwäche" des aus Notwehr Handelnden beruhen. B war durch das überraschende Aggressivverhalten des Z in Panik geraten, womit grundsätzlich ein asthenischer Affekt vorlag. Dies spricht für eine Entschuldigung des Verhaltens des B gem § 33.

cc) Bewusstsein der Notwehrüberschreitung

Fraglich ist jedoch, ob sich diese Beurteilung ändert, wenn man berücksichtigt, dass sich B seines nicht erforderlichen Verteidigungshandelns bewusst war.

Problem Nr 48: Bewusste Notwehrüberschreitung bei § 33 398

(1) Nach einer **Mindermeinung** kommt in den Fällen der bewussten Notwehrüberschreitung eine Entschuldigung mangels Vorliegens eines asthenischen Affektes nicht in Betracht[45].

Zugunsten dieser Ansicht wird angeführt, dass man von einem asthenischen Affekt nur dann sprechen könne, wenn der Erregungszustand des Angegriffen eine solche Intensität erreicht hat, dass seine Wahrnehmungen entweder fehlerhaft oder bruchstückhaft sind und der Täter sich infolgedessen falsche Vorstellungen über die Qualität seines Verteidigungsverhaltens macht.

Dagegen spricht jedoch Folgendes: Man kann nicht sagen, dass eine vorsätzliche Notwehrüberschreitung aus Verwirrung, Furcht oder Schrecken nicht möglich sei. Es kommt sehr wohl vor, dass jemand sich gerade aufgrund seiner inneren Panik und Furcht bewusst zu einer Übermaßreaktion hinreißen lässt, weil er die Beherrschung verliert. Auch enthält der Wortlaut des Gesetzes keine Einschränkung auf den unbewussten Exzess, sondern privilegiert jede Überschreitung der Notwehr. Außerdem wurde bei den Beratungen der Gesetzesneufassung im Sonderausschuss für die Strafrechtsreform eine Alternative, die für die bewusste Notwehrüberschreitung nur eine fakultative Strafmilderung vorsah, zugunsten der heutigen Gesetzesfassung verworfen.

(2) Nach der gegenteiligen, heute in **Rechtsprechung und Schrifttum herrschenden Auffassung** wird auch die bewusste Notwehrüberschreitung von § 33 erfasst[46].

Hierfür werden folgende überzeugende **Argumente** ins Feld geführt: Nach der ratio des § 33 schließt das Bewusstsein der Normüberschreitung nicht aus, dass ein Angegriffener verwirrt ist oder in Panik geraten kann. Infolge des durch die Notwehrsituation und die Gemütserregung bewirkten seelischen Drucks befindet sich der Verteidiger nämlich in einer so außergewöhnlichen Motivationslage, dass er psychisch überfordert ist. Hierdurch ist seine Möglichkeit zu rechtmäßigem Verhalten zwar nicht ausgeschlossen, aber stark beeinträchtigt und seine Schuld damit auf ein strafrechtlich nicht ausreichendes Maß herabgesetzt. Bei der Prüfung der Sanktionsnotwendigkeit und des Unrechtsgehalts ist kein ins Gewicht fallender Unterschied zwischen bewusster und unbewusster Überschreitung zu erkennen.

Zur Vertiefung: Wessels/Beulke, AT Rn 446.

45 S/S-*Perron*, § 33 Rn 6; *Puppe*, AT § 18 Rn 2.

46 RGSt 56, 34; BGHSt 39, 133; *Heinrich*, AT Rn 590; *Geppert*, Jura 2007, 33, 39; HK-GS-*Duttge*, § 33 Rn 5; *Theile*, JuS 2006, 965, 967; *Müller-Christmann*, JuS 1989, 717, 719; *Wessels/Beulke*, AT Rn 446; LK-*Zieschang*, § 33 Rn 49 ff; MK-*Erb*, § 33 Rn 15; NK-*Herzog*, § 33 Rn 24; *Hoyer*, S 109; SK-*Rogall*, § 33 Rn 10; S/S/W-StGB-*Rosenau*, § 33 Rn 7.

399 Nach zutreffender Ansicht scheitert also die Annahme eines asthenischen Affekts iSv § 33 nicht daran, dass A sich der Notwehrüberschreitung bewusst war.

dd) Kausalität des Affekts

Der asthenische Affekt des B war auch kausal im Sinne eines Mitbestimmtseins für die Überschreitung der Notwehrgrenzen.

Damit sind grundsätzlich die Voraussetzungen des § 33 erfüllt.

ee) Einschränkungen

Sehr problematisch ist jedoch, ob eine Anwendung des § 33 in den Fällen ausscheidet, in denen der Täter die Notwehrlage selbst herbeigeführt hat. Damit ist die Problematik angesprochen, die sich normalerweise im Rahmen des § 32 auf der Ebene der Gebotenheit[47] ergibt (*vgl Fall 5 Problem Nr 26 Rn 213*).

400 **Problem Nr 49: Scheidet eine Anwendung von § 33 aus, wenn der Täter die Notwehrlage provoziert hat?**

- **Absichtsprovokation:** Allgemein anerkannt ist, dass eine Anwendung des § 33 dann ausscheidet, wenn der Täter den Angriff gezielt herausfordert, um den Angreifer unter dem Deckmantel der Notwehr verletzen zu können. Dann ist auch das Notwehrrecht iSv § 32 wegen fehlender Gebotenheit ausgeschlossen. Der Verzicht auf den Schuldvorwurf gem § 33 für eine die Grenzen der Erforderlichkeit überschreitende Handlung setzt voraus, dass die innerhalb dieser Grenzen liegende Abwehrhandlung gem § 32 gerechtfertigt wäre[48].
- **Sonstig vorwerfbar herbeigeführte Notwehrlage:** In Rechtsprechung und Schrifttum umstritten ist die Frage, ob auch in dem Fall der sonstig vorwerfbar herbeigeführten Notwehrlage § 33 nicht anwendbar ist, also dann, wenn der Täter die Notwehrlage zwar nicht in Verletzungsabsicht provoziert hat, sich jedoch vorwerfbar – durch rechtswidriges oder pflichtwidriges Vorverhalten – in eine Situation begeben hat, die in engem zeitlichen Zusammenhang mit dem Vorverhalten steht und in der er mit einem Angriff rechnen muss[49].

(1) Ursprünglich hat die **Rechtsprechung** eine Berufung auf § 33 schlichtweg versagt[50].

Argumentiert wurde dahingehend, dass § 33 immer nur ein Verhalten erfassen könne, das ausschließlich mit der unmittelbaren Abwehr des Angriffs zusammenhänge. Dies sei in der Situation der sonst vorwerfbar herbeigeführten Notwehrlage nicht der Fall. Das vorwerfbare Verhalten habe bereits vor Eintritt der Notwehrlage eingesetzt. Überhaupt erscheine die Zubilligung einer so starken Schuldminderung, die – wie beim Eingreifen des § 33 vorgesehen – auf eine Bestrafung sogar ganz verzichtet, bei gleichzeitigem Bejahen eines Verschuldens hinsichtlich der Herbeiführung der Notwehrsituation zumindest auf den ersten Blick in sich widersprüchlich.

(2) Diese Rechtsprechung ist in der **Literatur**[51] heftig kritisiert worden.

Zur **Begründung** wird dargelegt, die Rechtsprechung berücksichtige nicht, dass es in erster Linie um die Entschuldigung der Überschreitung der Erforderlichkeitsgrenzen des § 32 gehe

47 Vgl *Wessels/Beulke*, AT Rn 346.
48 Vgl nur *Roxin*, AT 1 § 22 Rn 93.
49 *Schumann*, JuS 1979, 559, 565; *Roxin*, ZStW 93 [1981], 68, 90; S/S-*Perron*, § 32 Rn 58.
50 BGH NJW 1962, 308; OLG Hamm NJW 1965, 1928
51 Vgl nur *Rudolphi*, JuS 1969, 461 ff.

und nicht um die Entschuldigung der Herbeiführung der Notwehrlage. Letztere sei parallel zu den in § 32 im Rahmen der Gebotenheit entwickelten Grundsätzen zu beurteilen. Danach greife § 33 dann ein, wenn trotz herbeigeführter Notwehrlage dem Angegriffenen noch ein Notwehrrecht geblieben ist, was in Ausnahmefällen bei keiner anderweitigen Auswegmöglichkeit bejaht wird[52]. Damit kommt es nach dieser Auffassung für die Anwendbarkeit des § 33 darauf an, ob die Verteidigung im Rahmen des § 32 geboten, also nicht rechtsmissbräuchlich gewesen wäre. Dem Täter muss der Weg zu § 33 offen stehen, wenn im Rahmen des § 32 noch grundsätzlich ein Notwehrrecht gebilligt wird (Kongruenz zwischen § 32 und § 33). Ferner ist ein genereller Ausschluss des § 33 auch vom Wortlaut nicht gedeckt. Es fehlt an einer einschränkenden Klausel wie bei § 35 I 2. Eine solche Einschränkung in den § 33 hineinzuinterpretieren, liefe auf eine verbotene Analogie zu Lasten des Täters hinaus.

(3) Der **Bundesgerichtshof** hat sich später im Grundsatz dem unter (2) geschilderten Literaturstandpunkt angeschlossen und eine Entschuldigung gem § 33 bejaht, wenn im Rahmen des § 32 – abgesehen von der fehlenden Erforderlichkeit – noch ein Notwehrrecht gebilligt würde[53]. Allerdings enthält die Entscheidung BGHSt 39, 133 ff eine wichtige Einschränkung: § 33 gelte nicht, wenn sich der Angegriffene planmäßig in eine tätliche Auseinandersetzung mit seinem Gegner eingelassen hat, um unter Ausschaltung der für die Konfliktlösung zuständigen und erreichbaren Polizei den ihm angekündigten Angriff mit eigenen Mitteln abzuwehren. Bei dieser Rechtsprechung bleibt jedoch offen, was damit genau gemeint ist. Man kann diese Einschränkung wörtlich als auf eine spezielle Situation zugeschnitten verstehen, nämlich auf das planmäßige Einlassen in eine tätliche Auseinandersetzung. Andererseits ist es auch möglich, sie allgemein in dem Sinne zu interpretieren, dass § 33 immer dann nicht einschlägig sein soll, wenn die Notwehrlage besonders schuldhaft herbeigeführt wurde.

Gegen diese Auffassung lassen sich gewichtige Gründe vorbringen[54]: Zunächst einmal ist eine Unterscheidung von schuldhaft und besonders schuldhaft herbeigeführter Notwehrlage kaum möglich. Vor allem aber existiert die Kategorie einer **besonders schuldhaft** herbeigeführten Notwehrlage im Rahmen des § 32 nicht. Nähme man eine solche Kategorie bei § 33 an, so würde damit die Kongruenz von § 32 und § 33 aufgelöst, die ja gerade auch durch die geänderte Rechtsprechung erreicht werden sollte.

Verteidigt sich also der Angegriffene aufgrund asthenischer Affekte intensiver als erforderlich, so verbleibt es gleichwohl dem Grundsatz nach bei einem Notwehrrecht, sofern nur nach allgemeinen Regeln bei § 32 die Gebotenheit ebenfalls bejaht werden müsste. Folglich steht für diesen Fall auch der Anwendbarkeit des § 33 nichts im Wege.

Zur Vertiefung: Wessels/Beulke, AT Rn 446.

Der Angriff des Z traf B nicht als schuldlosen Unbeteiligten, sondern nur, weil er selbst **401**
zuvor das Eigentum des Z angegriffen hatte. B hat die Notwehrlage jedoch nicht in Verletzungsabsicht provoziert, so dass kein Fall der Absichtsprovokation gegeben ist. B hat vielmehr durch den Diebstahlsversuch an dem Rucksack das aggressive Verhalten des Z und damit die daraus für B resultierende Notwehrsituation rechtswidrig vorwerfbar herbeigeführt.

52 *Roxin*, Schaffstein-FS S 105, 123 f; *Jäger*, AT § 5 Rn 201; *Kühl*, AT § 12 Rn 151 ff; Matt/Renzikowski-*Engländer*, § 33 Rn 14; MK-*Erb*, § 33 Rn 11; *Geppert*, Jura 2007, 33,39; *Müller-Christmann*, JuS 1994, 649, 651; S/S-*Perron*, § 33 Rn 9; *Rengier*, AT § 27 Rn 13; LK-*Zieschang*, § 33 Rn 68; *Baumann/Weber/Mitsch*, § 23 Rn 38.

53 BGHSt 39, 133, 139 f.

54 Ablehnend deshalb ua SK-*Rogall*, § 33 Rn 12.

Nach der älteren Rechtsprechung käme wegen des völligen Ausschlusses des § 33 im Falle der rechtswidrig vorwerfbar herbeigeführten Notwehrlage eine Entschuldigung des B gem § 33 nicht in Betracht. Die neuere Rechtsprechung des BGH käme wohl zu demselben Ergebnis. Das Vorverhalten des B ist besonders schuldhaft gewesen, obwohl andererseits festzustellen ist, dass sich B nicht planmäßig in diese Auseinandersetzung begeben hat. Nach richtiger Ansicht kommt es jedoch darauf an, ob B trotz herbeigeführter Notwehrlage das Notwehrrecht noch geblieben, also ob – ein erforderliches Abwehrverhalten unterstellt – sein Verhalten iSv § 32 geboten gewesen wäre. Hierzu sind in Rechtsprechung und Literatur klare Grundsätze entwickelt worden[55]: Zunächst hat der Angegriffene, wenn möglich, auszuweichen. Ist dies nicht machbar, so hat er sich bis zur Grenze des Zumutbaren auf defensive Verteidigungshandlungen zu beschränken. Erhebliche eigene Verletzungen sind dem Angegriffenen aber nicht zuzumuten. Im äußersten Fall ist trotz herbeigeführter Notwehrlage auch die Tötung des Angreifers erlaubt (*vgl Fall 5 Problem Nr 26 Rn 213*). Laut Sachverhalt konnte B wegen des sich auf ihn stürzenden Z nicht mehr wegrennen. Völlig korrekt hat sich B zunächst defensiv verhalten. Als B jedoch gewürgt wurde und sein Leben in Gefahr geriet, durfte er selbst zum Angriff übergehen, ohne rechtsmissbräuchlich zu handeln. Das Angriffsverhalten als solches ist nicht mehr eine Frage der Gebotenheit, sondern der Erforderlichkeit (die allein nach § 33 entschuldigt werden soll). Damit war das Handeln iSv § 32 geboten, weswegen auch § 33 anwendbar bleibt.

B ist gem § 33 entschuldigt.

B hat sich nicht gem § 212 I strafbar gemacht.

402 *Es kann hier noch anschließend eine Strafbarkeit des B gem § 222 aufgrund der Herbeiführung der Notwehrlage – actio illicita in causa – angesprochen werden. Die Lehre von der actio illicita wird aber ganz überwiegend abgelehnt (vgl nur BGH NJW 1983, 2267; Roxin, AT1 § 15 Rn 62) und bedarf daher in einer Anfängerhausarbeit mE keiner näheren Erörterung (vgl dazu auch Fall 5 Rn 213).*

2. §§ 223 I, 224 I Nr 2, Nr 5

403 Diese Körperverletzungstatbestände sind als Durchgangsdelikte verwirklicht (herrschende Einheitstheorie, *vgl Fall 1 Problem Nr 5 Rn 116*). B ist jedoch hinsichtlich dieser Delikte ebenfalls nach § 33 entschuldigt.

3. Ergebnis für B im TK B

B ist insoweit straflos.

II. Strafbarkeit von A, X und Y

404 Die vorsätzliche rechtswidrige Tötung des Z stellt einen Täterexzess dar, der bei Mittäterschaft außerhalb des gemeinsamen Tatplans liegt und im Übrigen nicht vom Vorsatz der anderen Beteiligten erfasst wird, vgl §§ 25 II, 16 I 1. Eine Strafbarkeit des A gem § 212 I kommt deswegen nicht in Betracht. Dasselbe gilt auch für §§ 223 I, 224 I Nr 2,

55 Vgl statt aller BGHSt 39, 376; 42, 100; *Renzikowski*, Lenckner-FS S 249, 252; *Fischer*, § 32 Rn 36 ff mwN.

Nr 5. Auch für X und Y stellt der Messerstich lediglich eine Exzesstat dar, die den Teilnehmern mangels Vorsatzes nicht zugerechnet wird.

C. In der Kneipe

I. Strafbarkeit des A

1. § 223 I

a) Objektiver Tatbestand

Indem A in der Kneipe auf den X einschlug, könnte er eine Körperverletzung begangen **405**
haben. Durch das Verprügeln hat A die körperliche Integrität der X beeinträchtigt.

b) Subjektiver Tatbestand

Auch ein betrunkener Täter kann einen zielorientierten Willen zur Tatbestandsverwirklichung entwickeln. A handelte vorsätzlich.

c) Rechtswidrigkeit

A hat rechtswidrig gehandelt.

d) Schuld

aa) § 20

A könnte gem § 20 schuldunfähig gewesen sein. Vorliegend hatte A eine Blutalkohol- **406**
konzentration von 3,4‰. Zwar besteht – entgegen der früheren Rechtsprechung – nach der derzeitigen Ansicht des BGH kein Automatismus zwischen einer bestimmten Blutalkoholkonzentration (BAK) und der absoluten Schuldunfähigkeit (früher: 3‰)[56], gleichwohl bleibt die BAK ein wichtiges Indiz für das Bestehen der Schuldlosigkeit[57]. Bei einer BAK von 3,4‰ und „einem erheblich schwankenden" Gang dürfte auch nach der strikteren neueren Rechtsprechung die gebotene Gesamtwürdigung zu einer völligen Schuldunfähigkeit des A gelangen.

Der Verfasser sollte sich hier entscheiden. Alternativgutachten sind zu vermeiden **407**
(s Rn 6, 22, 293). Sinnvoll ist es, den Sachverhalt „problemfreundlich" zu interpretieren. Dass im vorliegenden Fall vom Aufgabensteller das Problem der actio libera in causa angesteuert wird, ist offensichtlich.

bb) Actio libera in causa

A hat sich betrunken, um im Zustand der Schuldunfähigkeit die X zu verprügeln. Es **408**
kommt deshalb trotz Schuldunfähigkeit eine Strafbarkeit aufgrund einer actio libera in causa in Betracht. Fraglich sind jedoch die Rechtsgrundlage und der theoretische Ansatzpunkt für die Begründung der Strafbarkeit des A trotz der klaren Regelung über die Schuldunfähigkeit in § 20.

56 BGH StV 1996, 600; BGH NStZ 1991, 126.
57 BGHSt 43, 66, 75; BGH NStZ 2002, 28; *Fischer*, § 20 Rn 17 ff; *Wessels/Beulke*, AT Rn 412.

409 **Problem Nr 50: Vorsätzliche actio libera in causa (alic)**

Eine **vorsätzliche alic** ist gegeben, wenn der Täter den Zustand der Schuldunfähigkeit vorsätzlich herbeiführt und sein Vorsatz bereits zu diesem Zeitpunkt auch auf die Ausführung derjenigen tatbestandsmäßigen Handlung gerichtet ist, die er später im Zustand der Schuldunfähigkeit tatsächlich verwirklicht (Doppelvorsatz)[58].

Problematisch bei der alic ist, dass der Täter, solange er noch schuldfähig ist, nicht die Merkmale des in Betracht kommenden Tatbestandes verwirklicht, und, wenn er diese dann (später) erfüllt, bereits schuldunfähig ist. Unmittelbare Tatbestandsverwirklichung und Schuldfähigkeit fallen zeitlich nicht zusammen. Dies fordert aber § 20, der verlangt, dass die Schuld „bei Begehung der Tat" vorliegen muss, also im Zeitpunkt der Vornahme der Verletzungshandlung.

(1) Eine **strikte Auffassung**[59] folgert daraus, dass die Bestrafung nach den Grundsätzen der alic nicht zulässig sei. Inzwischen hat auch der für die Straßenverkehrsdelikte zuständige **4. Strafsenat des Bundesgerichtshofes** den Standpunkt vertreten[60], dass bei den vorsätzlich oder fahrlässig im Straßenverkehr begangenen Handlungsdelikten die actio libera in causa abzulehnen sei. Das wird in Teilen des Schrifttums auf alle handlungsgebundenen Delikte ausgedehnt[61], also auf alle Delikte, deren Tatbestände eine bestimmte Handlung voraussetzen.

Zugunsten dieser Ansicht wird vor allem auf den Wortlaut des § 20 verwiesen. Das von der Gegenmeinung vertretene Schuldausnahmemodell verstoße gegen das sich aus den §§ 20 und 8 ergebende Erfordernis, dass der Täter bei der Begehung der Tat schuldfähig sein müsse. Es missachte den Grundsatz „nullum crimen sine lege" (Art 103 II GG) und sei deshalb verfassungswidrig. Dass der Gesetzgeber die alic als richterrechtliche Ausnahme von § 20 akzeptiert habe, sei angesichts des eindeutigen Wortlauts des § 20 keine ausreichende Begründung. Die Meinung des Gesetzgebers komme im Gesetzestext nicht zum Ausdruck. Auch von einer gewohnheitsrechtlich anerkannten Ausnahme könne nicht gesprochen werden. Eine solche könne dann nicht entstehen, wenn sie schon seit jeher umstritten war und somit die notwendige Rechtsüberzeugung nicht erwiesen sei.

Dagegen spricht, dass dann nur eine Strafbarkeit gem § 323a I mit einer Höchststrafe von fünf Jahren in Betracht kommt. In den Fällen der alic steht jedoch der Defektzustand, in dem die tatbestandsmäßige Handlung begangen wird, mit der voll zu verantwortenden actio praecedens in einem dem Täter vorwerfbaren Zusammenhang. Es widerstrebt dem Rechtsgefühl und vor allem dem Sicherheitsbedürfnis, einem solchen Täter den Schuldausschließungsgrund des § 20 zugute kommen zu lassen. Die Grundsätze der alic helfen, ganz erhebliche Strafbarkeitslücken zu vermeiden.

(2) Das **Tatbestandsmodell**[62] akzeptiert die Schuldunfähigkeit des Täters im Zeitpunkt der eigentlichen Tatausführung. Es sei aber eine Vorverlagerung des strafrechtlichen Anknüpfungszeitpunktes erforderlich. Das tatbestandsmäßige Handeln sei in dem Sichbetrinken zu sehen. Zu diesem Zeitpunkt sei der Täter noch schuldfähig iSv § 20. Die Verfechter der Vorverlegungsdoktrin operieren entweder mit einem sehr weiten Begriff der tatbestandsmäßigen

---

58 BGHSt 10, 247, 251; 23, 356, 358; 34, 29, 33; BGH NStZ 2002, 28; *Roxin*, Lackner-FS S 307, 320; *Otto*, Jura 1986, 426, 431; *Puppe*, JuS 1980, 346, 348; *Wessels/Beulke*, AT Rn 415.

59 *Hettinger*, Die alic: Strafbarkeit wegen Begehungstat trotz Schuldunfähigkeit, S 436 ff; *Zieschang*, AT S 85 f; *Schweinberger*, JuS 2006, 507, 511; ebenso ua auch NK-*Paeffgen*, Vor § 323a Rn 5 ff; *Salger/Mutzbauer*, NStZ 1993, 561; *Paeffgen*, ZStW 97 [1981], 513; *Köhler*, S 397.

60 BGHSt 42, 235 m Anm *Hruschka*, JZ 1997, 22; *Otto*, Jura 1999, 217; zust zB auch *Joecks*, St-K § 323a Rn 36.

61 *Ambos*, NJW 1997, 2296; *Wolf*, NJW 1997, 2032.

62 BGHSt 17, 333, 335; 23, 133, 135; *Jakobs*, AT Abschn 17 Rn 64; *Roxin*, AT1 § 20 Rn 58 ff; *Puppe*, JuS 1980, 346, 347 f; *dies*, AT § 30 Rn 9; *Spendel*, Hirsch-FS S 379.

Handlung[63] oder mit einer Parallele zur mittelbaren Täterschaft. Der Täter benutze sich selbst als Werkzeug seiner späteren schuldlosen Tat[64].

Zugunsten dieser Ansicht wird dargelegt, dass der Täter mit der Defektherbeiführung ein unerlaubtes Risiko schaffe, das sich in zurechenbarer Weise verwirkliche, wenn er später in schuldunfähigem Zustand die Tat begehe. Bei Delikten, die keine eigenhändigen Delikte sind, bereite es keine Schwierigkeiten, die Herbeiführung des schuldausschließenden Defekts als tatbestandsmäßiges Verhalten zu qualifizieren.

Dagegen spricht jedoch: Wollte man in dem Sichbetrinken das strafrechtlich relevante Verhalten sehen, so verstieße das gegen § 22, der den frühesten Zeitpunkt kennzeichnet, zu dem eine Straftat beginnt. Darin, dass sich eine Person betrinkt, kann aber niemals ein unmittelbares Ansetzen zu der später im Rausch begangenen Straftat zu sehen sein. Sonst müsste zB derjenige wegen Versuches zu bestrafen sein, der nach dem Alkoholgenuss zu Bett geht und nichts weiter tut. Außerdem verstößt das Tatbestandsmodell im Bereich handlungsgebundener Fahrlässigkeitsdelikte gegen das Bestimmtheitsgebot, denn unter eine bestimmte Handlungsweise kann ein Sichbetrinken nicht subsumiert werden[65].

(3) Überzeugender ist das **Schuldausnahmemodell**[66] – zT auch variiert durch das sog **Ausdehnungsmodell**[67] – das auf einer teleologischen Reduktion des § 20 basiert. Danach ist für das strafrechtlich relevante Verhalten weiterhin an das Verhalten im schuldunfähigen Zustand anzuknüpfen. Die actio libera in causa ist jedoch als gewohnheitsrechtlich anerkannte Ausnahme zu der von § 20 geforderten Simultanität von Tatausführung und Schuld zu sehen.

Zugunsten dieser Lösung kann angeführt werden, dass sich die Vereinbarkeit mit dem Schuldprinzip daraus ergibt, dass dem Täter die Rechtsgutverletzung vorgeworfen wird, weil er gerade im Hinblick auf sie sich schuldhaft seiner Steuerungsfähigkeit beraubt hat. Ihm ist in diesem Fall die Berufung auf § 20 unter dem Aspekt der Rechtsmissbräuchlichkeit zu versagen. Hinzu kommt vor allem, dass der Gesetzgeber durch die Fassung des § 20 nichts an der allgemein anerkannten Rechtsfigur der alic hat ändern wollen. Die verfassungsrechtlichen Bedenken gegen das Schuldausnahmemodell sind zwar durchaus von Gewicht, scheinen aber eher überwindbar als die Bedenken, die gegen das Tatbestandsmodell vorgebracht werden. Gerade im Allgemeinen Teil des Strafrechts ist eine großzügige Handhabung des Art 103 II GG unvermeidbar. So ist zB beim unechten Unterlassungsdelikt bis heute die Herausarbeitung der verschiedenen Garantenpflichten in Rechtsprechung und Schrifttum vorbehalten. Im Fall der alic wird man bei einer über viele Jahrzehnte mit überwiegender Zustimmung im Schrifttum praktizierten Rechtsprechung letztendlich doch von einer hinreichenden Bestimmtheit der Strafbarkeit sprechen können.

Infolgedessen ist also § 20 so zu verstehen, dass der Täter unter den dort genannten Voraussetzungen „ohne Schuld" handelt, sofern ihm die Tat nicht nach den Regeln der actio libera in causa vorzuwerfen ist[68].

Zur Vertiefung: Wessels/Beulke, AT Rn 415; Hillenkamp, AT 13. Problem S 93; Jäger, AT § 5 Rn 177 ff [mit Aufbauhinweisen]; HK-GS-Verrel, § 20 Rn 23; MK-Freund, Vor §§ 13 ff, Rn 274 ff; S/S/W-StGB-Schöch, § 20 Rn 95 ff.

---

63 LK-*Spendel*, § 323a Rn 33, *Frister*, S 209 ff.

64 *Roxin*, Lackner-FS S 307, 314; *Satzger*, Jura 2006, 513, 515; *Puppe*, JuS 1980, 346, 347 f; dagegen: *Mitsch*, Küper-FS S 347 ff.

65 Vgl ua *Hettinger*, Die alic: Strafbarkeit wegen Begehungstat trotz Schuldunfähigkeit, S 436 ff; *Schweinberger*, JuS 2006, 507, 510; *Salger/Mutzbauer*, NStZ 1993, 561.

66 *Jescheck/Weigend*, AT § 40 VI 1; *Kühl*, AT § 11 Rn 9 ff; *Otto*, AT § 13 Rn 24; *ders*, Jura 1986, 426, 429; *Streng*, JZ 2000, 22; *Wessels/Beulke*, AT Rn 415.

67 MK-*Streng*, § 20 Rn 128.

68 So jetzt wohl auch wieder die jüngere Rechtsprechung BGH JR 1997, 391; vgl auch *Hirsch*, JR 1997, 391.

410 Auf der Grundlage des allein überzeugenden sog Schuldausnahmemodells ist zu fragen, ob die Voraussetzungen der vorsätzlichen alic bei A gegeben sind. Das Betrinken ist eine Handlung, die nicht hinweggedacht werden kann, ohne dass die Körperverletzung der X in ihrer konkreten Form entfiele. Ohne die Berauschung wäre es nicht zur Tat gekommen. A hat seine Schuldunfähigkeit vorsätzlich herbeigeführt. In noch schuldfähigem Zustand hat A auch den erforderlichen Vorsatz zur Tatbestandsverwirklichung gefasst. Er hatte den für die actio libera in causa (alic) nötigen Doppelvorsatz.

Folgt man dem überzeugenden Schuldausnahmemodell, ist also bei der Prüfung des § 223 im Rahmen der Schuld zunächst zu prüfen, ob der Täter bei Begehung der Tat noch schuldfähig war. Verneint man dies, kommt man zur alic und diskutiert dort deren grundsätzliche Zulässigkeit. Sodann wird geprüft, ob im konkreten Fall alle Voraussetzungen der alic, nämlich bei der vorsätzlichen alic das vorsätzliche Sichbetrinken und die vorsätzliche Rauschtat, vorliegen. Hält man hingegen das Tatbestandsmodell für vorzugswürdig, endet die Prüfung des § 223 mit der Verneinung der Schuldfähigkeit. Dann ist als weitere möglicherweise strafbare Handlung unter einem neuen Gliederungspunkt das Sichbetrinken als Tathandlung des § 223 iVm den Grundsätzen der alic auf der Basis des Tatbestandsmodells zu prüfen. Der Anknüpfungspunkt für die Strafbarkeit und damit auch für die Prüfung ist dann also bereits die actio praecedens. Im objektiven Tatbestand sind das Sichbetrinken und die Rauschtat zu prüfen, im subjektiven Tatbestand wiederum der Doppelvorsatz. Entscheidet man sich mit ebenfalls guten Argumenten für die strikte Auffassung, die die alic gänzlich ablehnt, scheitert die Strafbarkeit des Täters gem § 223 an seiner fehlenden Schuldfähigkeit (ausführlich zum Aufbau Kindhäuser, LPK § 20 Rn 36; zu § 323a s Rn 418).

cc) Irrtum gem § 17

411 A glaubte nicht strafbar zu sein, wenn er infolge des Alkoholgenusses „unzurechnungsfähig" wäre. Er wusste nichts von der Strafbarkeit einer actio libera in causa. Hierbei handelt es sich um einen Irrtum eigener Art. Deshalb ist die Behandlung dieser Fallkonstellation problematisch. Auf den ersten Blick scheint die oben unter *(bb) Rn 409* ausgesprochene Stellungnahme zugunsten des Schuldausnahmemodells dafür zu sprechen, dass sich A in einem Irrtum über den Umfang eines Schuldausschließungsgrundes befunden hat. Ein solcher Irrtum ist generell unbeachtlich[69]. Andererseits handelt es sich der Sache nach bei der Rechtsfigur der alic nicht nur um eine Negation des § 20, vielmehr wird hiermit die Strafbarkeit erst begründet. Deshalb ähnelt die alic eher einem normativen Tatbestandsmerkmal. Wer infolge unrichtiger Auslegung zu Fehlvorstellungen über den Geltungsbereich einer Verbotsnorm gelangt und aus diesem Grund sein Verhalten als rechtlich zulässig ansieht, befindet sich im Verbotsirrtum iSv § 17[70]. Diese Grundsätze können auch hier zumindest entsprechend herangezogen werden.

412 Auf dieser Grundlage kommt es für die Strafbarkeit des A auf die Vermeidbarkeit des Irrtums an; dazu werden Kriterien wie Gewissensanspannung und Erkundigungspflicht herangezogen. Wenn sich A schon Gedanken über ein mögliches Entfallen seiner Straf-

69 *Wessels/Beulke*, AT Rn 490.

70 Vgl *Wessels/Beulke*, AT Rn 461; *Ebert*, S 125; *Naucke*, § 7 Rn 193; *Schmidhäuser*, AT Kap 7 Rn 71 ff.

barkeit wegen Schuldunfähigkeit gemacht hat, dann hätte er sich auch darüber informieren können, dass es strafbar ist, ein Delikt in einem Defektzustand zu begehen, sofern dieser Zustand bewusst zu diesem Zweck herbeigeführt worden ist. Damit war sein Irrtum vermeidbar.

A hat schuldhaft gehandelt.

e) Strafzumessung, §§ 17 S 2, 49 I

Die Strafe kann gem §§ 17 S 2, 49 I gemildert werden.

f) Strafantrag, § 230 I

Gem § 230 I ist für die Verfolgung der Körperverletzung ein Strafantrag erforderlich, es sei denn, dass die Strafverfolgungsbehörde wegen des besonderen öffentlichen Interesses an der Strafverfolgung ein Einschreiten von Amts wegen für geboten hält. **413**

Wegen der Möglichkeit, den Antrag nachzuholen (beachte: Frist gem § 77b I) oder auch ohne diesen ein Verfahren einzuleiten, sind in Übungsarbeiten alle Antragsdelikte selbst dann voll durchzuprüfen, wenn sich aus dem Sachverhalt nicht ergibt, dass der Strafantrag schon gestellt ist. **414**

A hat sich also gem § 223 I iVm alic schuldig gemacht.

2. § 224 I Nr 4

a) Objektiver Tatbestand

A könnte durch das Verprügeln der X eine gefährliche Körperverletzung in Form der gemeinschaftlichen Körperverletzung verübt haben. Dies setzt zunächst voraus, dass mindestens zwei Personen am Tatort anwesend sind, was hier mit B der Fall war. Bis zur Gesetzesänderung war dabei streitig, ob das Zusammenwirken eines Täters und eines Teilnehmers genügt[71] oder ob ein mittäterschaftliches Handeln erforderlich ist[72]. Dieser Streit hat sich nach ganz hA durch die Neuformulierung durch das 6. StrRG aus dem Jahre 1998 erledigt[73]. Aus § 28 II ergibt sich, dass unter „Beteiligten" Täter und Teilnehmer zu verstehen sind, so dass auch eine Teilnahme für die Strafschärfung ausreicht[74]. Eine gemeinschaftlich verübte Körperverletzung iSd § 224 I Nr 4 ist also gegeben, wenn bei der Körperverletzung mindestens zwei Personen unmittelbar am Tatort als Angreifer einverständlich zusammenwirken, sei es in Form der Mittäterschaft, sei es in Form von Täterschaft und Teilnahme. **415**

Hier käme eine Beteiligung des B in Form der Mittäterschaft in Betracht. Ursprünglich wollte sich B nicht an der „Abreibung" beteiligen, also nicht Mittäter sein. Für ein mittäterschaftliches Handeln ist jedoch eine vorherige Verabredung nicht notwendig, es genügt vielmehr ein bewusstes Zusammenwirken im Tatzeitpunkt. Im Zeitpunkt der

71 So zB *Otto*, BT § 16 Rn 10; LK-*Lilie*, § 224 Rn 34.

72 So BGH GA 1986, 229; BGHSt 23, 122.

73 *Krey/Hellmann/Heinrich*, BT1 Rn 265; Matt/Renzikowski-*Engländer*, § 224 Rn 13.

74 BGH NStZ 2003, 86; *Wessels/Hettinger*, BT1 Rn 281; *Fischer*, § 224 Rn 11; *Gössel/Dölling*, BT1 § 13 Rn 45; *Kindhäuser*, LPK § 224 Rn 17; *Kudlich*, PdW BT2 [52] S 64 f; *Küper*, BT S 59; *Küpper*, BT 1 § 2 Rn 13; *Hohmann/Sander*, BT 1 § 2 Rn 31; Ebert-*Ebert*, Fälle [3] S 51; *Rengier*, BT2 § 14 Rn 47.

Körperverletzung lag konkludent ein gemeinschaftliches Handeln vor, welches die Mittäterschaft begründet. Dies war trotz der Trunkenheit noch möglich. Damit liegt Mittäterschaft vor, so dass es letzthin nicht darauf ankommt, ob für § 224 I Nr 4 auch eine Mitwirkung in Form der Beihilfe ausreicht. A und B handelten am Tatort einverständlich zusammen. Der objektive Tatbestand des § 224 I Nr 4 ist damit erfüllt.

b) Subjektiver Tatbestand

416 A handelte auch bzgl der gemeinschaftlichen Körperverletzung vorsätzlich. Trotz seiner Trunkenheit konnte er noch einen „natürlichen Vorsatz" bilden.

Zur Begründung, weshalb hier die Prüfung der Rechtswidrigkeit unterbleibt, s Rn 366.

c) Schuld

417 Die bei A im Zeitpunkt des Einwirkens auf X gegebene Schuldunfähigkeit gem § 20 *(s 1 d) aa) Rn 406)* wird aber auch bzgl § 224 I Nr 4 mittels der alic „überspielt". A hat es von vornherein für möglich gehalten, dass ihm B uU Hilfe leisten könnte. Es liegt also der für die vorsätzliche actio libera in causa erforderliche Doppelvorsatz[75] sowohl hinsichtlich des Sichbetrinkens als auch hinsichtlich der gemeinschaftlichen Körperverletzung gem § 224 I Nr 4 vor.

§ 224 I Nr 4 ist somit erfüllt.

d) Konkurrenz zu § 223 I

Die qualifizierte Körperverletzung gem § 224 I Nr 4 geht der einfachen Körperverletzung im Wege der Gesetzeskonkurrenz (Spezialität) vor.

3. § 323a I

a) Tatbestandsmäßigkeit

A hat sich vorsätzlich in einen Rausch versetzt.

b) Objektive Bedingung der Strafbarkeit

418 Objektive Bedingung der Strafbarkeit ist die Begehung einer Rauschtat, die nur wegen Schuldunfähigkeit nicht bestraft werden kann. Kann die Rauschtat nach den Grundsätzen der actio libera in causa bestraft werden, scheidet § 323a I aus[76]. Vorliegend ist die Rauschtat, nämlich die gemeinschaftliche Körperverletzung gem § 224 I Nr 4 iVm den Grundsätzen der actio libera in causa, strafbar.

Eine Strafbarkeit des A gem § 323a I entfällt deshalb.

4. Ergebnis für A im TK C

419 A hat sich also gem § 224 I Nr 4 strafbar gemacht.

---

75 *Wessels/Beulke*, AT Rn 417.

76 *Lackner/Kühl*, § 323a Rn 19; für bloße Subsidiarität des § 323a Matt/Renzikowski-*Safferling*, § 323a Rn 21; S/S-*Sternberg-Lieben/Hecker*, § 323a Rn 31; *Geppert*, Jura 2009, 40, 48.

II. Strafbarkeit des B

1. §§ 223 I, 224 I Nr 4, 25 II

a) Tatbestandsmäßigkeit

Auch B könnte sich durch Verprügeln der Z wegen Körperverletzung strafbar gemacht **420**
haben. B hat eine gemeinschaftliche Körperverletzung iSv §§ 223 I, 224 I Nr 4, 25 II begangen. Im Zeitpunkt des Verprügelns handelte er diesbezüglich mit natürlichem Vorsatz.

b) Rechtswidrigkeit

B hat rechtswidrig gehandelt.

c) Schuld

aa) § 20

Wie bei A (*s I 1 d) aa) Rn 406*) ergibt hier die Gesamtwürdigung, dass B mit einer Blutalkoholkonzentration von 3,5‰ und einem schwankenden Gang im Zeitpunkt der Tatbegehung gem § 20 schuldunfähig war.

bb) Actio libera in causa

Auch hier käme eine Strafbarkeit aufgrund einer vorsätzlichen actio libera in causa in Betracht. B betrank sich vorsätzlich. Fraglich ist allerdings sein Vorsatz bzgl der späteren Straftat. Um eine vorsätzliche actio libera in causa zu bejahen, genügt jedoch nicht die oben bereits getroffene Feststellung, es liege bzgl der Körperverletzung ein natürlicher Vorsatz vor. Vielmehr ist eine vorsätzliche actio libera in causa nur gegeben, wenn sich der Täter mit dem Doppelvorsatz bzgl Berauschung und Tatbegehung in den Defektzustand hineinbegibt und dann später die Tat vorsätzlich begeht[77]. B vertraute auf das Ausbleiben des Erfolges, obwohl er ihn durchaus für möglich hielt. Nach der herrschenden Meinung ist damit bewusste Fahrlässigkeit und nicht Eventualvorsatz gegeben (*s B I 1 b) Rn 393*). B besaß also keinen Vorsatz bzgl der späteren Straftat.

Eine Strafbarkeit nach §§ 223 I, 224 I Nr 4 iVm den Grundsätzen der vorsätzlichen actio libera in causa scheidet aus.

2. § 229

a) Fahrlässigkeit

Mangels vorsätzlichen Verhaltens hinsichtlich der im Rausch begangenen Tat kommt **421**
eine fahrlässige Körperverletzung in Betracht. Das Verprügeln der X stellt objektiv und subjektiv eine schwere Sorgfaltspflichtverletzung dar. Allerdings handelte B auch insoweit eigentlich aufgrund seiner Volltrunkenheit schuldlos, es sei denn, man wendet erneut die Grundsätze – hier der fahrlässigen – actio libera in causa an.

---

77 *Wessels/Beulke*, AT Rn 420.

Problem Nr 51: Fahrlässige actio libera in causa

Die **fahrlässige actio libera in causa** erfasst die Fälle, in denen der Täter den maßgeblichen Defekt vorsätzlich oder fahrlässig herbeiführt und dabei in fahrlässiger Weise nicht bemerkt bzw nicht damit rechnet, dass er im Zustand der Schuldunfähigkeit eine bestimmte Straftat verwirklichen werde und er dann im Zustand der Schuldunfähigkeit diese vorsätzliche oder fahrlässige Straftat begeht[78].

Im Fall eines fahrlässig begangenen Erfolgsdelikts, das nicht handlungsgebunden ist, also auch zB bei §§ 222 und 229, ist ein Rückgriff auf die actio libera in causa jedoch gar nicht notwendig. Hier kann nach allgemeinen Grundsätzen an das Sichbetrinken als strafrechtlich relevantes Verhalten angeknüpft werden[79]. Dies ist wegen der verfassungsrechtlichen Bedenken gegen die alic sogar vorzugswürdig.

Zur Vertiefung: Wessels/Beulke, AT Rn 420.

422 Im vorliegenden Fall war das Sichbetrinken kausal für die Körperverletzung der X. B wusste, dass er in betrunkenem Zustand zu Gewalttätigkeiten neigt. Er überschritt deshalb mit dem extensiven Zechgelage die Grenzen des erlaubten Risikos und handelte damit objektiv sorgfaltswidrig. Dabei war objektiv voraussehbar, dass er im volltrunkenen Zustand anderen Personen Körperverletzungen zufügen könnte. Auch subjektiv war ihm diese Sorgfaltswidrigkeit vorzuwerfen. Im Zeitpunkt des Sichbetrinkens war B noch schuldfähig. B dachte erst nach der Tatbegehung, dass sein Verhalten nicht bestraft werden könne. Ein nachträglicher Irrtum ist jedoch stets irrelevant.

b) Strafantrag, § 230 I

423 Die fahrlässige Körperverletzung ist gem § 230 I ein relatives Antragsdelikt.

B hat sich gem § 229 strafbar gemacht.

3. § 323a I

a) Tatbestandsmäßigkeit

B hat sich vorsätzlich in einen Rausch versetzt.

b) Objektive Bedingung der Strafbarkeit

B hat im Rausch eine gefährliche Körperverletzung gem § 224 I Nr 4 begangen. Zwar kann B wegen § 229 bestraft werden, nicht aber wegen § 224 I Nr 4. Er war gem § 20 schuldunfähig. Insoweit greifen auch die Grundsätze der actio libera in causa nicht ein. Eine Rauschtat iSv § 323a I liegt also vor.

c) Rechtswidrigkeit und Schuld

B hat auch rechtswidrig und schuldhaft gehandelt.

§ 323a I ist also erfüllt.

---

78 BGHSt 17, 333, 335; *Wessels/Beulke*, AT Rn 420; *Spendel*, JR 1997, 133, 135.

79 BGHSt 42, 235; *Otto*, Jura 1986, 426, 433; *Leupold*, S 199; *Paeffgen*, ZStW 97 [1985], 513, 534, 539; *Puppe*, JuS 1980, 346, 350; *Hettinger*, GA 1989, 1, 13.

d) Strafantrag

Gem § 230 I bedarf nur die einfache, nicht aber die gefährliche Körperverletzung (§ 224 I) eines Strafantrags. Deshalb ist nach § 323a III ein Strafantrag nicht erforderlich.

4. Konkurrenz § 229 – § 323a I

Bejaht wurde eine fahrlässige Körperverletzung gem § 229 und ein Vollrausch gem § 323a I. Beide Delikte wurden durch ein und dieselbe Handlung verwirklicht. § 323a I ist jedoch als ein nur subsidiär eingreifendes Delikt einzustufen[80], sofern überhaupt seine objektive Bedingung der Strafbarkeit, dass der Täter wegen der Rauschtat nicht bestraft werden kann, erfüllt ist. ZT wird auch von einem Auffangtatbestand gesprochen[81]. Jedenfalls besteht im Prinzip Einigkeit, dass sich bei einer Bestrafung wegen des im Rausch begangenen Delikts iVm den Grundsätzen der actio libera in causa eine zusätzliche Strafbarkeit gem § 323a I erübrigt. Hier greift § 229 ein. Deshalb könnte § 323a I im Wege der Gesetzeskonkurrenz entfallen. 424

Jedoch darf nicht übersehen werden, dass B im Rausch eine gefährliche Körperverletzung gemäß § 224 I Nr 4 begangen hat, die nur wegen der Schuldunfähigkeit des B nicht direkt strafbar war und damit eine Rauschtat darstellen kann. Würde man B nun ausschließlich nach § 229 bestrafen, so käme nur eine maximale Strafe von drei Jahren in Betracht. Geht man hingegen davon aus, dass die gefährliche Körperverletzung eine Rauschtat darstellt, so betrüge der Strafrahmen gem § 323a I, II iVm § 224 I Nr 4 bis zu fünf Jahre. Dies zeigt, dass derjenige Täter, der zusätzlich wegen einer fahrlässigen Körperverletzung strafbar ist, nicht besser gestellt werden darf als der, dem eine fahrlässige Körperverletzung nicht vorgeworfen werden kann[82]. Die Strafbarkeit wegen der Rauschtat muss also aufrechterhalten bleiben. Somit stehen § 229 einerseits und § 323a I andererseits zueinander in Idealkonkurrenz.

5. Ergebnis für B im TK C

B hat sich also im TK C gem § 229 – § 52 – § 323a I strafbar gemacht.

D. Konkurrenzen der Straftaten der verschiedenen Tatkomplexe zueinander

A und B haben sich beide sowohl im Tatkomplex A als auch im Tatkomplex B strafbar gemacht. Beide Handlungen sind völlig selbstständig, so dass von Realkonkurrenz auszugehen ist, § 53 I. 425

X und Y haben sich lediglich im Tatkomplex A strafbar gemacht.

80 Matt/Renzikowski-*Safferling*, § 323a Rn 21; S/S-*Sternberg-Lieben/Hecker*, § 323a Rn 31; *Geppert*, Jura 2009, 40, 48; generell zur Subsidiarität: MK-*v. Heintschel-Heinegg*, Vor §§ 52 ff, Rn 42 ff.

81 BGH NJW 1992, 1520.

82 BGHSt 2, 14, 18; LK-*Spendel*, § 323a Rn 338; S/S-*Sternberg-Lieben/Hecker*, § 323a Rn 32; *Lackner/Kühl*, § 323a Rn 19.

E. Gesamtergebnis

426 Somit ergibt sich insgesamt folgende Strafbarkeit:
A: §§ 242 I, II, 22, 23 I, 25 II iVm § 243 I 2 Nr 3
– § 53 I –
§ 224 I Nr 4
B: §§ 244 I Nr 1a, II, 22, 23 I
– § 53 I –
§ 229 – § 52 – § 323a I
X: §§ 242 I, II, 22, 23 I, 26
Y: §§ 242 I, II, 22, 23 I, 27

Definitionen zum Auswendiglernen

Gewerbsmäßig	iSv **§ 243 I 2 Nr 3** handelt, wer sich aus der wiederholten Tatbegehung eine fortlaufende Einnahmequelle von einigem Umfang und einer gewissen Dauer verschaffen will (*Wessels/Hillenkamp, BT2 Rn 239*).
Waffe	iSv **§ 244 I Nr 1 a** ist jeder Gegenstand, der nach der Art seiner Anfertigung geeignet und schon hiernach oder nach allgemeiner Verkehrsauffassung dazu bestimmt ist, durch seinen üblichen Gebrauch Menschen durch seine mechanische oder chemische Wirkung körperlich zu verletzen (*Wessels/Hillenkamp, BT2 Rn 265*).
Bande	iSv **§ 244 I Nr 2** ist ein Zusammenschluss von mindestens drei Personen, die sich zur fortgesetzten Begehung von Raub und Diebstahl, im Einzelnen noch ungewisser Taten, für eine gewisse Dauer verbunden haben (*Wessels/Hillenkamp, BT2 Rn 297*).
Eine mit einem anderen Beteiligten gemeinschaftlich verübte Körperverletzung	iSd **§ 224 I Nr 4** ist gegeben, wenn bei der Körperverletzung mindestens zwei Personen unmittelbar am Tatort als Angreifer einverständlich zusammenwirken, sei es in Form der Mittäterschaft, sei es in Form von Täterschaft und Teilnahme (*Wessels/Hettinger, BT1 Rn 281*).

Weitere Muster von Anfängerhausarbeiten ua bei

Amelung/Boch	JuS 2000, 261 (Hausarbeitenanalyse-Strafrecht: Ein Ehestreit mit dem Hockeyschläger)
Ausberg/Burkiczak	JuS 2007, 829 (Audiatur et altera pars?)
Berkel	JA Übungsblätter 2006, 276 (Streit unter Brüdern)
Beulke/Mayer	JuS 1987, 125 (Die Mutprobe)
Brammsen/Kaiser	Jura 1992, 35 (Heiße Nacht in der Chemiefabrik)
Buttel/Rotsch	JuS 1995, 1096 (Der Fremde im Zug)
Dohmen	Jura 2006, 143 (Carnevalsparty mit Folgen)
Dornseifer	JuS 1982, 761 (Der in Not geratene Giftmischer)
Ellbogen	Jura 1998, 483 (Der Brand im Asylbewerberheim)
Ellbogen	JuS 2002, 151 (Spielschulden)
Fabricius	JuS 1991, 393 (Heilung oder Kindesmißhandlung)

Fahse/Hansen	Übungen für Anfänger im Zivil- und Strafrecht, S 57 ff (eine Musterhausarbeit)
Frank	Jura 2006, 783 (Saw)
Freund/Telöken	ZJS 2012, 796 (Von Höllen-Engeln und Banditen)
Gropp	Jura 1988, 542 (Der verflixte Einkaufswagen)
Hardtung	JuS 1990, 302 (Das Duell)
Hardtung	JuS 1996, 1088 (Gift in der Wurst)
Harzer	Jura 1995, 208 (Der Olympiasee-Fall)
Haverkamp/Kaspar	JuS 2006, 895 (Versuchte Tötung des schlafenden „Haustyrannen")
Heinrich/Reinbacher	JA Übungsblätter 2007, 264 (Venezianisches Finale)
Hermle	JuS 1987, 976 (Die eigenwillige Patientin)
Herrmann/Heyer	JA 2012, 190 (Früher Tod)
Hilgendorf	Fallsammlung zum Strafrecht, S 49 (eine Musterhausarbeit, allerdings ohne Gliederung und Literaturverzeichnis)
Hohmann/Matt	Jura 1990, 544 (Verantwortlichkeit für und nach Verkehrsunfall mit Todesfolge)
Kauerhof	Jura 2005, 790 (Der misslungene nächtliche Streifzug)
Kett-Straub/Linke	JA 2010, 25 (Boxende Brüder)
Kreß/Baenisch	JA 2006, 707 (Ein Hund zwischen den Fronten)
Kunz	Jura 1995, 483 (Ein nächtlicher Skinheadüberfall)
Kunz	JuS 1996, 39 (Eine Schlägerei mit üblen Folgen)
Lagodny	Jura 1992, 659 (Das Fahrrad war sein Schicksal)
Lindheim/Uhl	JA-Übungsblätter 2009, 783
Meurer/Kahle/Dietmeier	Übungskriminalität für Einsteiger (acht Musterhausarbeiten)
Momsen/Sydow	JuS 2001, 1194 (Überraschungen im Parkhaus)
Noltensmeier/Henn	JA 2007, 772 (Dumm gelaufen)
Oelmüller/Peters	Die erste Strafrechtshausarbeit, 5. Aufl 2007
Petrovic/Hillenkamp	StudZR 2006, 521 (Überschrittene Grenzen)
Putzke	Juristische Arbeiten erfolgreich schreiben, S 84
Radtke	JuS 1993, 577 (Notwehrprovokation im Vollrausch)
Riemenschneider	JuS 1997, 627 (Ein Beifahrer steigt aus)
Riemenschneider/Paetzold	Jura 1996, 316 (Ein Vater in Wut)
Rönnau	JuS-Lernbogen 2000, L 28 (Der volltrunkene Macho)
Safferling	JA 2007, 183 (Hörig, aber mutlos)
Saliger	JuS 1995, 1004 (Mordanschläge mit Hindernissen)
Scheffler	Jura 1993, 212 (Ein Beil als Bumerang)
Scholz/Wohler	Klausuren und Hausarbeiten im Strafrecht, S 108 ff (eine Musterhausarbeit)
Schramm	JuS 1994, 405 (Die Reise nach Bangkok)
Schrödl	JA 2003, 656 (Das provozierte Opfer – als Fortgeschrittenenhausarbeit eingestuft)
Schuster	Jura 2008, 228 (Das Anwesen im Hunsrück)
Schwind/Franke/Winter	Übungen im Strafrecht für Anfänger (drei Musterhausarbeiten)
Seibert	JA 2008, 31 (Gewisse Ungewissheiten)
Seier	JuS 1986, 217 (Die unnötige Rettungsfahrt)
Steinberg/Lachenmaier	ZJS 2012, 649 (Segeltour mit Folgen)
Sternberg-Lieben/v. Ardenne	Jura 2007, 149 (Mittäter als Opfer)
Stoffers	JuS 1993, 837 (Fehlschlag mit Folgen)
Stoffers	Jura 1993, 376 (Ein Tag im Leben des Bademeisters A)
Tiedemann	Die Anfängerübung im Strafrecht, S 202 ff (eine Musterhausarbeit)
Wagemann	Jura 2006, 867 (Der heimliche Gehilfe)
Walter/Schneider	JA-Übungsblätter 2008, 262 (Aus dem Leben eines Steuerberaters)

Weitere einschlägige Musterfälle

Zum Problem der Mittäterschaft bei Tatbeitrag im Vorbereitungsstadium:

Ambos, Jura 2004, 494; *Beulke*, Klausurenkurs II [8] Rn 236; *Buttel/Rotsch*, JuS 1995, 1096; *Christmann*, in: *Coester-Waltjen* ua (Hrsg), Zwischenprüfung, S 38; Ebert-*Schütze*, Fälle [16] S 247; *Geppert*, Jura 2002, 278 (Fragenklausur); *Gropp/Küpper/Mitsch*, Fallsammlung [1] S 11; *Kindhäuser/Korthals/Nußbaum*, JA-Übungsblätter 1991, 107; *Kudlich*, JA 2008, 703; *Morgenstern*, Jura 2008, 625; *Petermann*, JuS 2009, 1119; *Poller/Härtl*, JuS 2004, 1079; *Rotsch*, Klausur [20] S 304; *Rudolphi*, Fälle AT [9] S 103; *Safferling*, JuS 2005, 139; *ders*, Jura 2008, 382; *Saliger*, JuS 1995, 1004; *Singelnstein*, JA 2011, 756; *Schwabe*, AT [10] S 132; *Schwind/Franke/Winter*, Übungen S 157; *Tiedemann*, Anfängerübung [11] S 243; *Weißer/Kreß*, JA-Übungsblätter 2003, 859.

Zum Problem des Anfangs der Ausführungshandlung iSv § 22 bei Mittäterschaft:

Beulke, Klausurenkurs II [8] Rn 238; Ebert-*Ebert*, Fälle [3] S 59; Ebert-*Seher*, Fälle [14] S 218; *Görtz*, Jura 1991, 478; *Gropengießer/Kohler*, Jura 2003, 277; *Krell*, Jura 2012, 150; *Kudlich*, JuS 2002, 27; *ders*, JA 2008, 703; *Küper/Dratvova*, StudZR 2005, 133; *Laue/Dehne-Niemann*, Jura 2010, 78; *Otto/Ströber*, Jura 1989, 426; *Petermann*, JuS 2009, 1119; *Riemenschneider*, JuS 1997, 627; *Safferling*, JuS 2005, 140; *Seher*, JuS 2007, 132.

Zum Problem der Kausalität der Beihilfe:

Bloy, JuS-Lernbogen 1994, L 69; *Kett-Straub/Linke*, JA 2010, 25; *Kudlich*, Fälle AT [12] S 183; *Laubenthal*, JuS 2004, 46; *Rudolphi*, Fälle AT [8] S 91; *Schmidt*, JA–Übungsblätter 1992, 84; *Schwind/Franke/Winter*, JA –Übungsblätter 1992, 84; *Schwabe*, AT [14] S 177; *Schwind/Franke/Winter*, Übungen S 167; *Zöller*, Jura 2007, 305.

Zum Problem der bewussten Notwehrüberschreitung bei § 33:

Jäger, AT § 5 Rn 200; *Rudolphi*, Fälle AT [2] S 21.

Zum Problem der vorsätzlichen actio libera in causa:

Ebert-*Bruckauf*, Fälle [7] S 111; *Ellbogen*, Jura 1998, 483; *Frister-Deiters*, Klausur [1] S 20; *Geppert*, Jura 2009, 40; *Gropp/Küpper/Mitsch*, Fallsammlung [3] S 66; *Heger*, JA 2008, 859; *Hilgendorf*, Klausurenkurs II, [9] S 114; *Kaspar*, Jura 2007, 69; *Kindhäuser/Schumann/Lubig* [8], S 194; *Krell*, ZJS 2010, 640; *Kudlich*, Fälle AT [13] S 185; *ders*, JA 2008, 703; *Meurer/Kahle/Dietmeier*, [6] S 107; *Rönnau*, JuS- Lernbogen 2000, L 28; *Rudolphi*, Fälle AT [4] S 46; *Safferling*, JA-Übungsblätter 2007, 183 ff; *Schwabe*, AT [6] S 80; *Schwind/Franke/Winter*, Übungen S 179; *Timpe*, JA 2010, 514.

Zum Problem der fahrlässigen actio libera in causa:

Ebert-*Bruckauf*, Fälle [7] S 115; *Eser/Burkhardt*, AT [17] S 205; *Geppert*, Jura 2009, 40; *Jäger*, AT § 5 Rn 182; *Kudlich*, Fälle AT [13] S 185; *Rudolphi*, Fälle AT [2] S 23 und [4] S 48; *Swoboda*, Jura 2007, 224.

4. Kapitel

Zur Wiederholung und Vertiefung

I. Behandelte Problemschwerpunkte – geordnet nach der Gesetzessystematik 427

Zu §	Problem Nr	Problematik **Hauptprobleme sind grau unterlegt**	Vorgeschlagene Lösung	Ausführliche Erörterung in Fall Nr Rn
Vor § 1	3	Objektive Zurechnung, wenn der Täter glaubt, den Erfolg schon durch einen ersten Akt erreicht zu haben, während erst der zweite Teilakt den Erfolg bewirkt	Objektive Zurechnung ist gegeben.	Fall 1 Rn 111
Vor § 1	6	Erfolgsherbeiführung durch ganz atypischen Kausalverlauf	Objektiver Tatbestand entfällt, da keine objektive Zurechnung stattfindet.	Fall 2 Rn 124
Vor § 1	7	Kausalität iSv § 35 I 2	Notstandsausschluss nur bei nicht sozialadäquatem Vorverhalten.	Fall 2 Rn 131
§ 13	30	Garantenstellung aus vorangegangenem rechtmäßigem Tun	Zumindest bei Verletzung eines anderen Verkehrsteilnehmers trotz fehlerfreier, sorgfaltsgerechter Fahrweise entsteht **keine** Garantenpflicht.	Fall 6 Rn 244
§ 16	2	Abgrenzung dolus eventualis/ bewusste Fahrlässigkeit	**Dolus eventualis:** Der Täter nimmt die Möglichkeit der Rechtsverletzung ernst (Wissenselement) und findet sich mit ihr ab (Willenselement). **Bewusste Fahrlässigkeit:** Der Täter hofft auf das Ausbleiben des Erfolgs.	Fall 1 Rn 107
§ 16	4	dolus generalis? (im Vollendungszeitpunkt fehlt Vorsatz, da Täter von früherer Vollendung ausgeht)	Kein dolus generalis, aber: Bei unwesentlicher Abweichung vom vorgestellten Kausalverlauf wird Vollendung zugerechnet.	Fall 1 Rn 112
§ 16	12	error in obiecto vel persona (für Täter)	Vollendungsvorsatz wird bejaht.	Fall 3 Rn 153
§ 16	17	aberratio ictus	Versuch in Tateinheit mit vollendetem fahrlässigem Delikt.	Fall 3 Rn 169

Zu §	Problem Nr	Problematik **Hauptprobleme sind grau unterlegt**	Vorgeschlagene Lösung	Ausführliche Erörterung in Fall Nr Rn
§ 16	31	Erlaubnistatbestandsirrtum	Vorsatzschuld entfällt – es kann uU wegen fahrlässiger Tatbegehung bestraft werden.	Fall 7 Rn 256
§§ 16, 17	33	Doppelirrtum	Es greifen die Regeln des Erlaubnisgrenzirrtums ein.	Fall 7 Rn 270
§§ 16, 26	15	error in obiecto vel persona (beim Täter) – Auswirkungen auf den Anstifter	Irrtum ist auch für Anstifter unbeachtlich (Anstiftervorsatz wird bejaht).	Fall 3 Rn 162
§ 17	32	Verbotsirrtum	Geregelt in § 17: • direkter Verbotsirrtum (Erlaubnisnormirrtum) • indirekter Verbotsirrtum (Erlaubnisgrenzirrtum)	Fall 7 Rn 264
Vor § 20	50	Vorsätzliche actio libera in causa, alic	Schuldausnahmemodell	Fall 11 Rn 409
Vor § 20	51	Fahrlässige actio libera in causa	Zumeist entbehrlich.	Fall 11 Rn 421
§§ 22, 23	18	Abgrenzung Vorbereitungshandlung/Versuch	Entscheidende Kriterien für Versuch: • unmittelbar letzter Teilakt vor der eigentlichen Tatbestandsverwirklichung • Rechtsgutsgefährdung	Fall 4 Rn 178
§§ 22, 25	23	Anfang der Ausführungshandlung bei mittelbarer Täterschaft	Versuch beginnt, wenn der Täter das von ihm in Gang gesetzte Geschehen aus der Hand gegeben hat.	Fall 4 Rn 194
§§ 22, 25	46	Anfang der Ausführungshandlung iSv § 22 bei Mittäterschaft	Gesamtlösung.	Fall 11 Rn 380
§ 22	39	Versuchsbeginn beim Unterlassungsdelikt	Bei unmittelbarer Gefährdung des geschützten Rechtsguts durch Verstreichenlassen der ersten Rettungsmöglichkeit; im Übrigen, wenn Gefahr in akutes Stadium tritt und Garant untätig bleibt oder Möglichkeit des rettenden Eingriffs aus der Hand gibt.	Fall 9 Rn 315
§ 24	19	Freiwilligkeit beim Rücktritt, § 24	Freiwilligkeit: Autonome Motive/Unfreiwilligkeit: Heteronome Motive	Fall 4 Rn 180

Zu §	Problem Nr	Problematik Hauptprobleme sind grau unterlegt	Vorgeschlagene Lösung	Ausführliche Erörterung in Fall Nr Rn
§ 24	20	Rücktritt gem § 24 II bei mehreren Beteiligten	§ 24 II, Teilnehmer muss Vollendung verhindern.	Fall 4 Rn 184
§ 24	21	Freiwilligkeit iSv § 24 bei Angst vor Strafe	Freiwilligkeit ist gegeben.	Fall 4 Rn 186
§ 24	24	Rücktritt im Vorbereitungsstadium	Mitwirkungshandlung darf sich nicht mehr ausgewirkt haben (§ 24 II analog).	Fall 4 Rn 197
§ 24	40	Strafbarkeit des Täters bei Irrtum über die Wirksamkeit des bereits Getanen (Rücktritt trotz Erfolgseintritts?)	Vollendungsstrafbarkeit – Rücktritt ist ausgeschlossen.	Fall 9 Rn 319
§ 24	41	Rücktritt bei mehraktigem Geschehen	Gesamtbetrachtungslehre, Lehre vom Rücktrittshorizont.	Fall 9 Rn 323
§ 24	42	Ist ein Rücktritt noch möglich, wenn der Täter sein außertatbestandliches Ziel bereits erreicht hat?	Ja.	Fall 10 Rn 333
§ 24	43	Muss der Täter die Tat endgültig aufgeben wollen?	Das Abstandnehmen von der konkreten Tat ist ausreichend.	Fall 10 Rn 336
§ 24	44	Muss der Täter das Optimum tun, um die Vollendung zu vermeiden?	Nein.	Fall 10 Rn 344
§ 25	13	Abgrenzung Täterschaft/Teilnahme	Entscheidend ist Tatherrschaft.	Fall 3 Rn 159
§ 25	22	Fallgruppen der mittelbaren Täterschaft	Defizite auf der Ebene • des Tatbestandes • der Rechtswidrigkeit • der Schuld, ferner Sonderfälle: • organisatorischer Machtapparat	Fall 4 Rn 192
§ 25	45	Mittäterschaft bei Tatbeitrag im Vorbereitungsstadium	Mittäterschaft auch auf der Grundlage der Tatherrschaftstheorie möglich.	Fall 11 Rn 378
§§ 25, 26	35	Vermeintliche mittelbare Täterschaft: unmittelbar Handelnder ist bösgläubig, Hintermann hält ihn für gutgläubig	Anstiftung zum vollendeten Delikt (fehlender Anstiftervorsatz wird nach Plus-Minus-Verhältnis unterstellt).	Fall 8 Rn 284, 288

Zu §	Problem Nr	Problematik **Hauptprobleme sind grau unterlegt**	Vorgeschlagene Lösung	Ausführliche Erörterung in Fall Nr Rn
§ 26	14	Wie ist der Begriff des „Bestimmens" iSv § 26 auszulegen?	Hervorrufen des Tatentschlusses durch eine Willensbeeinflussung im Wege des offenen geistigen Kontakts.	Fall 3 Rn 161
§ 26	36	Fehlgeschlagene Anstiftung: Vermeintlicher Täter ist gutgläubig, so dass objektiv mittelbare Täterschaft vorliegt	Versuchte Anstiftung zum vorgestellten Delikt.	Fall 8 Rn 297
§ 27	47	Kausalität der Beihilfe	Kausalbeziehung ist nicht erforderlich.	Fall 11 Rn 389
§ 28	16	Verhältnis Mord – Totschlag § 28 I oder § 28 II oder § 29	§ 29 ist anwendbar.	Fall 3 Rn 165
§ 32	26	Notwehreinschränkung bei verschuldeter Notwehrlage	Gebotenheit iSv § 32 I kann entfallen, Schutzwehr geht vor Trutzwehr.	Fall 5 Rn 213
§ 32	28	Einfluss von Art 2 II a EMRK auf § 32	Art 2 II a EMRK bindet nur staatliche Organe.	Fall 6 Rn 232
§ 32	29	Notwehreinschränkung beim Schutz geringwertiger Sachgüter	Zumindest schwere Körperverletzungen sowie Tötungen sind nicht geboten iSv § 32 I.	Fall 6 Rn 234
§ 32	37	Fehlen des subjektiven Rechtfertigungselements	Strafbarkeit wegen Versuchs.	Fall 9 Rn 307
§ 33	27	Extensiver Notwehrexzess, § 33 (Überschreitung der Notwehr nach Abschluss des Angriffs)	§ 33 greift ein.	Fall 5 Rn 222
§ 33	48	Bewusste Notwehrüberschreitung bei § 33	§ 33 ist nicht ausgeschlossen.	Fall 11 Rn 398
§ 33	49	Scheidet eine Anwendung von § 33 aus, wenn der Täter die Notwehrlage provoziert hat?	§ 33 ist nicht ausgeschlossen (anders im Falle der Absichtsprovokation).	Fall 11 Rn 400
§ 34	9	Welche Interessen sind im Rahmen des rechtfertigenden Notstandes (zB § 34) auf der Opferseite in die Abwägung einzubeziehen?	Es ist stets auf das Interesse abzustellen, dessen Schutz der gerade geprüfte Tatbestand bezweckt.	Fall 2 Rn 134
§ 35	8	Verschuldete Herbeiführung der Gefahrenlage iSv § 35 I 2 bei Gefährdung Angehöriger bzw nahe stehender Personen?	Da der Motivationsdruck durch eigenes Verschulden eher noch verstärkt wird, scheitert Notstand nicht an § 35 I 2.	Fall 2 Rn 132

Zu §	Problem Nr	Problematik **Hauptprobleme sind grau unterlegt**	Vorgeschlagene Lösung	Ausführliche Erörterung in Fall Nr Rn
Vor § 52	25	Fortgesetzte Handlung	Wird nicht mehr anerkannt.	Fall 4 Rn 199
§ 211	34	Verlangt Heimtücke einen verwerflichen Vertrauensbruch?	Nein, es genügt die Ausnutzung der Arg- und Wehrlosigkeit in feindlicher Willensrichtung.	Fall 8 Rn 278
§ 212	5	Verhältnis Totschlag/ Körperverletzung	Körperverletzung ist nur Durchgangsstadium.	Fall 1 Rn 116
§ 224	38	Können unbewegliche Gegenstände gefährliche Werkzeuge iSv § 224 I Nr 2 sein?	Ja.	Fall 9 Rn 311
§ 303	1	§ 303 I: Tiere als Sachen im Sinne des Strafrechts	IE unstreitig zu bejahen.	Fall 1 Rn 104
§ 303	10	Sachbeschädigung durch bloße Brauchbarkeitsminderung	Nachhaltige Beeinträchtigung der bestimmungsgemäßen Brauchbarkeit genügt.	Fall 2 Rn 144
§ 304	11	§ 304 I: zum öffentlichen Nutzen dienen	Erforderlich ist „Unmittelbarkeit". Dass ein Dritter den Gebrauch des Gegenstandes durch das Publikum ermöglichen muss, steht nicht entgegen.	Fall 2 Rn 147

II. Definitionen – geordnet nach der Gesetzessystematik

428 Ausführliche Definitionensammlung ua bei:

Fahl/Winkler, Definitionen Strafrecht
Joecks, Strafgesetzbuch – Studienkommentar
Küper, Strafrecht Besonderer Teil, Definitionen mit Erläuterungen

§	Begriff	Definition	Leitfall oben
Vor § 1	**Kausal**	iSd Strafrechts ist jede Bedingung für einen Erfolg, die nicht hinweggedacht werden kann, ohne dass der Erfolg in seiner konkreten Gestalt entfiele (conditio sine qua non = sog Äquivalenztheorie, vgl *Wessels/Beulke, AT Rn 156*).	Fall 2 Rn 122
Vor § 1	**Objektiv zurechenbar**	iSd Strafrechts ist ein Erfolg dann, wenn der Handelnde eine rechtlich relevante Gefahr geschaffen hat, die sich im tatbestandsmäßigen Erfolg realisiert (sog Grundformel, vgl *Wessels/Beulke, AT Rn 179*).	Fall 2 Rn 123
§ 16	**Vorsatz**	iSv § 16 ist Wissen und Wollen der Tatbestandsverwirklichung (*Wessels/Beulke, AT Rn 203*).	Fall 1 Rn 106
§ 16	**Error in obiecto vel persona**	(Irrtum über das Handlungsobjekt) ist eine Fehlvorstellung, die sich auf die Identität oder sonstige Eigenschaften des Tatobjekts oder der betreffenden Person bezieht (*Wessels/Beulke, AT Rn 247*).	Fall 3 Rn 152
§ 16	**Aberratio ictus**	(Fehlgehen der Tat) ist ein Sachverhalt, bei dem der Täter seinen Angriff auf ein bestimmtes, von ihm individualisiertes Tatobjekt lenkt, dieser Angriff jedoch fehl geht und ein anderes Objekt trifft, das der Täter nicht anvisiert hatte und gar nicht verletzen wollte (*Wessels/Beulke, AT Rn 250*).	Fall 3 Rn 169
§ 16	**Erlaubnistatbestandsirrtum**	liegt vor, wenn sich der Täter über die sachlichen Voraussetzungen eines anerkannten Rechtfertigungsgrundes irrt, dh irrig Umstände für gegeben hält, die im Falle ihres wirklichen Gegebenseins die Tat rechtfertigen würden (*Wessels/Beulke, AT Rn 467*).	Fall 7 Rn 255
§ 17	**Verbotsirrtum**	iSv § 17 liegt vor, wenn dem Täter bei Begehung der Tat die Einsicht fehlt, Unrecht zu tun (*Wessels/Beulke, AT Rn 456 ff, zur Differenzierung zwischen direktem und indirektem Verbotsirrtum s Rn 264*).	Fall 7 Rn 264
§ 24	**Fehlgeschlagen**	ist der Versuch einer Straftat in erster Linie dann, wenn die zu ihrer Ausführung vorgenommenen Handlungen ihr Ziel nicht erreicht haben und der Täter erkannt hat, dass er mit den ihm zur Verfügung stehenden Mitteln den tatbestandlichen Erfolg entweder gar nicht mehr oder zumindest nicht ohne zeitlich relevante Zäsur herbeiführen kann (*Wessels/Beulke, AT Rn 628*).	Fall 4 Rn 175

§	Begriff	Definition	Leitfall oben
§ 24	**Unbeendet**	iSv § 24 I 1 Alt 1 ist der Versuch, wenn der Täter noch nicht alles getan zu haben glaubt, was nach seiner Vorstellung von der Tat zu ihrer Vollendung notwendig ist (*Wessels/Beulke, AT Rn 631*).	Fall 4 Rn 179
§ 24	**Beendet**	iSv § 24 I 1 Alt 2 ist der Versuch, wenn der Täter alles getan zu haben glaubt, was nach seiner Vorstellung von der Tat zur Herbeiführung des tatbestandlichen Erfolges notwendig oder möglicherweise ausreichend ist (*Wessels/Beulke, AT Rn 631*).	Fall 10 Rn 335
§ 24	**Aufgeben**	iSv § 24 ist das auf einem entsprechenden Gegenentschluss basierende Abstand nehmen von der Umsetzung des Entschlusses, den gesetzlichen Tatbestand zu verwirklichen (*Wessels/Beulke, AT, Rn 641*).	Fall 10 Rn 335
§ 24	**Freiwillig**	ist ein Rücktritt vom Versuch iSd § 24, wenn er nicht durch zwingende Hinderungsgründe veranlasst wird, sondern der eigenen autonomen Entscheidung des Täters entspringt (*Wessels/Beulke AT, Rn 651*).	Fall 10 Rn 338
§ 25	**Mittäterschaft**	ist die gemeinschaftliche Begehung einer Straftat durch bewusstes und gewolltes Zusammenwirken (*Wessels/Beulke, AT Rn 524*). Erforderlich ist also ein gemeinsamer Tatplan und eine gemeinsame Tatausführung.	Fall 3 Rn 158
§ 25	**Tatherrschaft**	bedeutet das vom Vorsatz umfasste In-den-Händen-Halten des tatbestandsmäßigen Geschehensablaufs (*Wessels/Beulke, AT Rn 512*).	Fall 3 Rn 159
§ 25	**Mittelbarer Täter**	iSv § 25 I Alt 2 ist, wer die Straftat durch einen anderen begeht (*vgl Gesetzestext*).	Fall 4 Rn 192
§ 26	**Anstifter**	gem § 26 ist, wer vorsätzlich einen anderen zu dessen vorsätzlich begangener rechtswidriger Tat bestimmt hat (*vgl Gesetzestext*).	Fall 3 Rn 161
§ 26	**Bestimmen**	iSd § 26 bedeutet Hervorrufen des Tatentschlusses durch eine Willensbeeinflussung im Wege des offenen geistigen Kontakts (*Wessels/Beulke, AT Rn 568*).	Fall 3 Rn 160
§ 26	**Omnimodo facturus**	ist ein zur konkreten Tat schon fest Entschlossener, der nicht mehr angestiftet werden kann (*Wessels/Beulke, AT Rn 569*).	Fall 4 Rn 175
§ 27	**Gehilfe**	ist gem § 27, wer vorsätzlich einem anderen zu dessen vorsätzlich begangener rechtswidriger Tat Hilfe leistet (*vgl Gesetzestext*).	Fall 4 Rn 189
§ 27	**Hilfeleisten**	iSv § 27 liegt in jedem Tatbeitrag, der die Haupttat ermöglicht oder erleichtert oder die vom Täter begangene Rechtsgutsverletzung verstärkt hat (*Wessels/Beulke, AT Rn 582*).	Fall 4 Rn 189

§	Begriff	Definition	Leitfall oben
§ 32	**Angriff**	iSv § 32 ist jede durch menschliches Verhalten drohende Verletzung rechtlich geschützter Güter oder Interessen (*Wessels/Beulke, AT Rn 325*).	Fall 5 Rn 207
§ 32	**Gegenwärtig**	iSv § 32 ist der Angriff, der unmittelbar bevorsteht, begonnen hat oder noch fortdauert (*Wessels/Beulke, AT Rn 328*).	Fall 5 Rn 207
§ 32	**Rechtswidrig**	iSv § 32 ist jeder Angriff, der den Bewertungsnormen des Rechts objektiv zuwiderläuft und nicht durch einen Erlaubnissatz gedeckt ist (*Wessels/Beulke, AT Rn 331*).	Fall 5 Rn 207
§ 32	**Erforderlich**	iSv § 32 ist die Verteidigungshandlung, die zur Angriffsabwehr geeignet ist, dh die grundsätzlich dazu in der Lage ist, den Angriff entweder ganz zu beenden oder ihm wenigstens ein Hindernis in den Weg zu stellen, und die das mildeste zur Verfügung stehende Gegenmittel darstellt (*Wessels/Beulke, AT Rn 335*).	Fall 5 Rn 207
§ 34	**Notstandslage**	iSv § 34 ist eine gegenwärtige Gefahr für Leben, Leib, Freiheit, Ehre, Eigentum oder ein anderes Rechtsgut, die nicht anders abgewendet werden kann als durch Einwirkung auf ebenfalls rechtlich anerkannte Interessen (*Wessels/Beulke, AT Rn 299*).	Fall 2 Rn 128
§ 34	**Gegenwärtige Gefahr**	iSv § 34 ist ein Zustand, dessen Weiterentwicklung den Eintritt oder die Intensivierung eines Schadens ernstlich befürchten lässt, sofern nicht alsbald Abwehrmaßnahmen ergriffen werden (*Wessels/Beulke, AT Rn 304*).	Fall 2 Rn 128
§ 34	**Erforderlich**	iSv § 34 ist, was zur Abwehr der Gefahr geeignet ist und unter Berücksichtigung aller ex ante erkennbaren Umstände aus der Sicht eines sachkundigen objektiven Betrachters als der sicherste Weg zur Erhaltung des gefährdeten Gutes erscheint und zugleich das mildeste Mittel darstellt (*Wessels/Beulke, AT Rn 308*).	Fall 2 Rn 128
§ 123	**Befriedetes Besitztum**	iSv § 123 I ist ein Grundstück, das durch zusammenhängende, nicht unbedingt lückenlose Schutzwehren in äußerlich erkennbarer Weise gegen das willkürliche Betreten durch andere gesichert ist (*Wessels/Hettinger, BT1 Rn 582*).	Fall 4 Rn 182
§ 123	**Eindringen**	iSv § 123 I ist das Betreten gegen den ausdrücklich erklärten oder mutmaßlichen Willen des Berechtigten (*Wessels/Hettinger, BT1 Rn 584 f*).	Fall 4 Rn 182
§ 142	**Unfall**	iSv § 142 I ist jedes plötzliche, mit dem Straßenverkehr und seinen Gefahren ursächlich zusammenhängende Ereignis, das einen nicht völlig belanglosen Personen- oder Sachschaden zur Folge hat (*Wessels/Hettinger, BT1 Rn 1004*).	Fall 6 Rn 247

§	Begriff	Definition	Leitfall oben
§ 185	**Beleidigung**	iSd § 185 ist die Kundgabe von Missachtung oder Nichtachtung (*Wessels/Hettinger, BT1 Rn 508*).	Fall 7 Rn 266
§ 211	**Heimtücke**	iSv § 211 ist die Ausnutzung der Arg- und Wehrlosigkeit in feindseliger Willensrichtung (*Wessels/Hettinger, BT1 Rn 107*).	Fall 1 Rn 114
§ 211	**Arglos**	iSv § 211 ist, wer sich im Zeitpunkt der Tat keines tätlichen Angriffs auf seine körperliche Unversehrtheit oder sein Leben versieht (*Wessels/Hettinger, BT1 Rn 110*).	Fall 8 Rn 280
§ 211	**Wehrlos**	iSv § 211 ist, wer infolge seiner Arglosigkeit zur Verteidigung außerstande oder in seiner Verteidigung stark eingeschränkt ist (*Wessels/Hettinger, BT1 Rn 112*).	Fall 8 Rn 280
§ 211	**Habgier**	iSv § 211 ist ein ungezügeltes und rücksichtsloses Streben nach Gewinn um jeden Preis, gleichgültig, ob es dabei um einen Vermögenszuwachs oder um die Vermeidung von Aufwendungen als unmittelbare Folge der Tötungshandlung geht (*Wessels/Hettinger, BT1 Rn 94b*).	Fall 8 Rn 280
§ 211	**Niedrige Beweggründe**	iSv § 211 sind alle Tatantriebe, die nach allgemeiner rechtlich-sittlicher Wertung auf tiefster Stufe stehen, durch hemmungslose Eigensucht bestimmt und deshalb besonders verachtenswert sind (*Wessels/Hettinger, BT1 Rn 95*).	Fall 1 Rn 114
§ 223	**Körperliche Misshandlung**	iSv § 223 I ist jede substanzverletzende Einwirkung auf den Körper des Opfers sowie jede üble, unangemessene Behandlung, durch die das körperliche Wohlbefinden oder die körperliche Unversehrtheit mehr als nur unerheblich beeinträchtigt wird (*Wessels/Hettinger, BT1 Rn 255*).	Fall 2 Rn 133
§ 223	**Gesundheitsschädigung**	iSv § 223 I ist das Hervorrufen, Steigern oder Aufrechterhalten eines vom Normalzustand der körperlichen Funktionen des Opfers nachteilig abweichenden krankhaften Zustandes körperlicher oder seelischer Art (*vgl Wessels/Hettinger, BT1 Rn 257*).	Fall 2 Rn 133
§ 224	**Andere gesundheitsschädliche Stoffe**	iSv § 224 I Nr 1 Alt 2 sind solche Substanzen, die die Gesundheit zu schädigen geeignet sind und die mechanisch oder thermisch wirken [im Gegensatz zu den Giften iS der 1. Alt, die chemisch oder chemisch-physikalisch wirken], sowie krankheitserregende Mikroorganismen (*Wessels/Hettinger, BT1 Rn 263, 264*).	Fall 5 Rn 215
§ 224	**Gift**	iSv § 224 I Nr 1 Alt 1 ist ein organischer oder anorganischer Stoff, der unter bestimmten Bedingungen (etwa Einatmen, Aufnahme über die Haut) durch chemische oder chemisch-physikalische Wirkung geeignet ist, zumindest eine erhebliche Gesundheitsschädigung zu bewirken (*Wessels/Hettinger, BT1 Rn 263, 267*).	Fall 9 Rn 321

§	Begriff	Definition	Leitfall oben
§ 224	**Beigebracht**	ist das Gift iSv § 224 I Nr 1, wenn der Täter das Gift derart mit dem Körper des Opfers in Verbindung gebracht hat, dass es seine gesundheitsschädigende Wirkung entfalten kann (*Wessels/Hettinger, BT1 Rn 265*).	Fall 9 Rn 321
§ 224	**Waffe**	iSv § 224 I Nr 2 ist ein gebrauchsfertiges Werkzeug, das nach Art seiner Anfertigung nicht nur geeignet, sondern auch allgemein dazu bestimmt ist, Menschen durch seine mechanische oder chemische Wirkung körperlich zu verletzen, sog Waffe im technischen Sinn (*Wessels/Hettinger, BT1 Rn 273*).	Fall 8 Rn 281
§ 224	**Gefährliches Werkzeug**	iSv § 224 I Nr 2 ist jeder Gegenstand, der nach seiner Beschaffenheit und der Art seiner Verwendung als Angriffs- oder Verteidigungsmittel im konkreten Fall geeignet ist, erhebliche Verletzungen zuzufügen (*vgl Wessels/Hettinger, BT1 Rn 275*).	Fall 2 Rn 136
§ 224	**Überfall**	iSv § 224 I Nr 3 ist jeder plötzliche, unerwartete Angriff auf einen Ahnungslosen (*Wessels/Hettinger, BT1 Rn 27*).	Fall 8 Rn 281
§ 224	**Hinterlistig**	iSv § 224 I Nr 3 ist dieser Überfall, wenn der Täter seine wahre Absicht planmäßig berechnend verdeckt, um gerade dadurch dem Angegriffenen die Abwehr zu erschweren (*Wessels/Hettinger, BT1 Rn 279*).	Fall 8 Rn 281
§ 224	**Eine mit einem anderen Beteiligten gemeinschaftlich verübte Körperverletzung**	iSv § 224 I Nr 4 ist gegeben, wenn bei der Körperverletzung mindestens zwei Personen unmittelbar am Tatort als Angreifer einverständlich zusammenwirken, sei es in Form der Mittäterschaft, sei es in Form von Täterschaft und Teilnahme (*Wessels/Hettinger, BT1 Rn 281*).	Fall 11 Rn 415
§ 224	**Eine das Leben gefährdende Behandlung**	iSv § 224 I Nr 5 liegt vor, wenn die Verletzungshandlung nach den konkreten Umständen geeignet ist, das Leben des Opfers in Gefahr zu bringen *(Wessels/Hettinger, BT1 Rn 282)*.	Fall 9 Rn 304
§ 242 § 303	**Sachen**	iSv §§ 242 ff, 303 I sind alle körperlichen Gegenstände ohne Rücksicht auf ihren wirtschaftlichen Wert (*Wessels/Hillenkamp, BT2 Rn 74*).	Fall 1 Rn 103
§ 242 § 303	**Fremd**	iSv §§ 242 ff, 303 ist eine Sache, wenn sie im (Allein-, Mit- oder Gesamthands-) Eigentum eines anderen steht (*Wessels/Hillenkamp, BT2 Rn 79*).	Fall 1 Rn 105
§ 242	**Wegnahme**	iSv §§ 242 ff ist der Bruch fremden Allein- oder Mitgewahrsams und die Begründung neuen, nicht notwendig, aber regelmäßig eigenen Gewahrsams (*Wessels/Hillenkamp BT2 Rn 71*).	Fall 1 Rn 109

§	Begriff	Definition	Leitfall oben
§ 242	**Gewahrsam**	ist die tatsächliche Sachherrschaft eines Menschen über eine Sache, die von einem natürlichen Herrschaftswillen getragen und deren Reichweite von der Verkehrsauffassung bestimmt wird (*vgl Wessels/Hillenkamp, BT2 Rn 82 f* mit der Forderung nach verstärkter Einbeziehung sozialnormativer Komponenten).	Fall 1 Rn 109
§ 243 § 244	**Einbrechen**	iSv § 243 I Nr 1 ist das gewaltsame, nicht notwendig substanzverletzende Öffnen einer dem Zutritt entgegenstehenden Umschließung (*Wessels/Hillenkamp, BT2 Rn 225*).	Fall 4 Rn 182
§ 243 § 244	**Einsteigen**	iSv § 243 I Nr 1 ist jedes Hineingelangen in das Gebäude oder den umschlossenen Raum durch eine zum ordnungsgemäßen Eintritt nicht bestimmte Öffnung unter Überwindung von Hindernissen und Schwierigkeiten, die sich aus der Eigenart des Gebäudes oder der Umfriedung des umschlossenen Raumes ergeben (*Wessels/Hillenkamp, BT2 Rn 226*).	Fall 4 Rn 182
§ 243 § 244	**Gewerbsmäßig**	iSv § 243 I 2 Nr 3 handelt, wer sich aus der wiederholten Tatbegehung eine fortlaufende Einnahmequelle von einigem Umfang und einer gewissen Dauer verschaffen will (*Wessels/Hillenkamp, BT2 Rn 239*).	Fall 11 Rn 368
§ 243 § 244	**Waffe**	iSv § 244 I Nr 1a ist jeder Gegenstand, der nach der Art seiner Anfertigung geeignet und schon hiernach oder nach allgemeiner Verkehrsauffassung dazu bestimmt ist, durch seinen üblichen Gebrauch Menschen durch seine mechanische oder chemische Wirkung körperlich zu verletzen (*Wessels/Hillenkamp, BT2 Rn 265*).	Fall 11 Rn 371
§ 243 § 244	**Bande**	iSv § 244 I Nr 2 ist ein Zusammenschluss von mindestens drei Personen, die sich zur fortgesetzten Begehung von Raub und Diebstahl, im einzelnen noch ungewisser Taten, für eine gewisse Dauer verbunden haben (*Wessels/Hillenkamp, BT2 Rn 297 ff*).	Fall 11 Rn 369
§ 303	**Beschädigung**	iSv § 303 I liegt vor, wenn der Täter auf die Sache als solche in einer Weise körperlich eingewirkt hat, dass ihre Unversehrtheit oder bestimmungsgemäße Brauchbarkeit mehr als nur unerheblich beeinträchtigt und im Vergleich zu ihrer bisherigen Beschaffenheit nachteilig verändert worden ist (*Wessels/Hillenkamp, BT2 Rn 34*).	Fall 1 Rn 105
§ 303	**Zerstört**	iSv § 303 I ist eine Sache, wenn sie aufgrund der erfolgten Einwirkung in ihrer Existenz vernichtet oder so wesentlich beschädigt ist, dass sie ihre bestimmungsgemäße Brauchbarkeit völlig verloren hat (*Wessels/Hillenkamp, BT2 Rn 36*).	Fall 1 Rn 105

§	Begriff	Definition	Leitfall oben
§ 303	**Verändern des Erscheinungsbildes**	iSv 303 II liegt vor, wenn der Täter durch sein Verhalten die sinnlich wahrnehmbare Oberfläche der Sache in einen vom ursprünglichen abweichenden Zustand versetzt (*Satzger, Jura 2006, 428, 434*).	Fall 1 Rn 108
§ 304	**Gegenstände, die zum öffentlichen Nutzen dienen**	iSv § 304 I sind solche, die im Rahmen ihrer Zweckbestimmung der Allgemeinheit unmittelbar zugutekommen, sei es in Form des Gebrauches oder in anderer Weise (*Wessels/Hillenkamp, BT2 Rn 53*).	Fall 2 Rn 146
§ 323c	**Unglücksfall**	iSv § 323c ist jedes plötzlich eintretende Ereignis, das die unmittelbare Gefahr eines erheblichen Schadens für andere Menschen oder fremde Sachen von bedeutendem Wert hervorruft (*Wessels/Hettinger, BT1 Rn 1044*).	Fall 6 Rn 247

III. Aufbau der Falllösung

Die folgenden Schemata entsprechen inhaltlich denen im Lehrbuch *Wessels/Beulke*, 429
Strafrecht AT, 42. Auflage, Rn 871 ff. Sie spiegeln die dort und auch im vorliegenden Buch vertretene Auffassung eines optimalen Aufbaus wider, die selbstverständlich in dem einen oder anderen Detail nicht unangefochten bleiben wird, die aber der Ansicht der weit überwiegenden Mehrheit aller Prüfer entsprechen dürfte. Die Aufbaumuster sind gegenüber dem Lehrbuch zusätzlich vereinfacht worden, damit sie der Student für den Ernstfall der Klausur leichter auswendig lernen kann. Diese Lösungsraster muss aber wirklich jeder jederzeit präsent haben.

Vollendetes Begehungsdelikt	**Versuchtes Delikt**
	Vorprüfung
	• Keine Tatvollendung • Strafbarkeit des Versuchs
a) Tatbestandsmäßigkeit	
aa) Objektiver Tatbestand • Erfolgseintitt (*entfällt bei Tätigkeitsdelikten*) • Besondere Tätermerkmale *(zB Amtsträger)* • Tathandlung • Kausalität • Objektive Zurechnung bb) Subjektiver Tatbestand • Vorsatz bzgl aller Merkmale des objektiven Tatbestandes • Sonstige subjektive TB-Merkmale	aa) Subjektiver Tatbestand (Tatentschluss) • Vorsatz bzgl aller Merkmale, die sonst im objektiven TB geprüft werden, zB – *Tötungshandlung* – *Tatherrschaft* – *Garantenstellung* • sonstige subjektive TB-Merkmale, zB – *Zueignungsabsicht* bb) Objektiver Tatbestand (unmittelbares Ansetzen) Abgrenzung zur Vorbereitungshandlung
cc) Tatbestandsannex: Objektive Bedingungen der Strafbarkeit *(zB Rauschtat bei § 323a)*	
b) Rechtswidrigkeit	
• Einwilligung/mutmaßliche Einwilligung • Notwehr/-hilfe, § 32 • Erlaubte Selbsthilfe, §§ 229, 562b I, 859, 1029 BGB • Zivilrechtlicher Notstand, §§ 228, 904 BGB • Allgemeiner rechtfertigender Notstand, § 34, § 16 OWiG • Wahrnehmung berechtigter Interessen, § 193 • Züchtigungsrecht/Erziehungsrecht • Festnahmerecht, § 127 I StPO • Amtsbefugnisse, Dienstrecht, besondere Rechtspflichten von Amtsträgern • Politisches Widerstandsrecht, Art. 20 IV GG	} dto

Fortsetzung

Vollendetes Begehungsdelikt	Versuchtes Delikt
c) Schuld	
• Schuldfähigkeit • Vorsatzschuld *(kein Erlaubnistatbestandsirrtum)* • Unrechtsbewusstsein *(kein unvermeidbarer Verbotsirrtum)* • Entschuldigungsgründe – Entschuldigender Notstand, § 35 – Notwehrexzess, § 33 • Spezielle Schuldmerkmale *(zB Böswilligkeit in § 225 I)*	dto
d) Persönliche Strafausschließungs- oder Strafaufhebungsgründe	
insbes • § 257 III • § 258 V, VI	insbes • Rücktritt gem § 24 I, II
e) Strafzumessung	
• Vermeidbarer Verbotsirrtum • Regelbeispiele	dto
f) Strafverfolgungsvoraussetzungen (insbes Strafantrag) oder -hindernisse	
insbes • § 194 (Beleidigung) • § 230 (Körperverletzung) • § 248a (geringer Wert bei Diebstahl, etc) • § 303c (Sachbeschädigung)	dto

Unechtes Unterlassungsdelikt | **Fahrlässiges Begehungsdelikt** 430

Vorprüfung

- Tun oder Unterlassen

a) Tatbestandsmäßigkeit

Unechtes Unterlassungsdelikt:

aa) Objektiver Tatbestand
- Eintritt des tatbestandlichen Erfolgs
- Nichtvornahme der gebotenen Handlung trotz physisch-realer Abwehrmöglichkeit
- Kausalität
- Garantenstellung, insbes aus
  - rechtlicher Verpflichtung
  - enger Lebens- und Gefahrgemeinschaft
  - freiwilliger Übernahme von Schutz- und Beistandspflichten
  - Ingerenz
- Entsprechungsklausel, § 13
- Objektive Zurechnung (inklusive Garantenstellung begründender Umstände)

bb) Subjektiver Tatbestand
- Vorsatz bzgl aller Merkmale des objektiven TB
- Sonstige subjektive TB-Merkmale (*zB Zueignungsabsicht*)

cc) Tatbestandsannex: Objektive Bedingungen der Strafbarkeit (*zB Rauschtat bei § 323a*)

Fahrlässiges Begehungsdelikt:

aa) Erfolgseintritt

bb) Kausalität

cc) Objektive Sorgfaltspflichtverletzung bei objektiver Vorhersehbarkeit des Erfolgs

dd) Objektive Zurechnung, insbes
- Pflichtwidrigkeitszusammenhang (Vermeidbarkeit?)
- Schutzzweckzusammenhang
- Eigenverantwortlichkeitsprinzip

ee) Tatbestandsannex: Objektive Bedingungen der Strafbarkeit (*zB Rauschtat bei § 323a*)

b) Rechtswidrigkeit

- Allgemeine Rechtfertigungsgründe wie beim vorsätzlichen Begehungsdelikt
- **Zusätzlich**: rechtfertigende Pflichtenkollision

c) Schuld

Unechtes Unterlassungsdelikt:

- Schuldfähigkeit
- Vorsatzschuld (*kein Erlaubnistatbestandsirrtum*)
- Unrechtsbewusstsein *(kein unvermeidbarer Gebotsirrtum [Verbotsirrtum], insbes bzgl Bestehen und Umfang der Garantenpflicht)*
- Entschuldigungsgründe
  - Entschuldigender Notstand, § 35
  - Notwehrexzess, § 33
  - **Zusätzlich:** Unzumutbarkeit normgemäßen Verhaltens
- Spezielle Schuldmerkmale *(zB Böswilligkeit in § 225 I)*

Fahrlässiges Begehungsdelikt:

- Schuldfähigkeit
- Subjektive Sorgfaltspflichtverletzung bei
  - individueller Vorhersehbarkeit und
  - individueller Vermeidbarkeit des Erfolgs
- Möglichkeit der Unrechtseinsicht *(potenzielles Unrechtsbewusstsein)*
- Entschuldigungsgründe
  - Entschuldigender Notstand, § 35
  - Notwehrexzess, § 33
  - **Zusätzlich**: Unzumutbarkeit normgemäßen Verhaltens
- Spezielle Schuldmerkmale *(zB Rücksichtslosigkeit, § 315c I Nr 2 iVm III Nr 2)*

Fortsetzung

Unechtes Unterlassungsdelikt	Fahrlässiges Begehungsdelikt
d) Persönliche Strafausschließungs- oder Strafaufhebungsgründe	
insbes • § 257 III • § 258 V, VI	• zB § 163 II
e) Strafzumessung	
• Vermeidbarer Verbotsirrtum • Regelbeispiele	• Vermeidbarer Verbotsirrtum
f) Strafverfolgungsvoraussetzungen (insbes Strafantrag) oder -hindernisse	
• § 194 (Beleidigung) • § 248a (geringer Wert bei Diebstahl, etc.) • § 303c (Sachbeschädigung) • § 230 (Körperverletzung)	• § 230 (Körperverletzung)

431 **Mittäterschaft** | **Mittelbare Täterschaft**

a) Tatbestandsmäßigkeit

Mittäterschaft	Mittelbare Täterschaft
aa) Objektiver Tatbestand • Besondere Tätermerkmale *(zB § 331 I: Amtsträger)* • Keine eigenhändige Verwirklichung aller Tatbestandsmerkmale • Zurechnung gem § 25 II (funktionelle Tatherrschaft) – gemeinsamer Tatplan – gemeinsame Tatausführung *(hier: Abgrenzung zur Teilnahme: Tatherrschaftstheorie in Abgrenzung zur subjektiven Theorie)*	aa) Objektiver Tatbestand • Besondere Tätermerkmale *(zB § 331 I: Amtsträger)* • Keine eigenhändige Verwirklichung aller Tatbestandsmerkmale • Zurechnung gem § 25 I Alt 2 (Wissens- oder Willensherrschaft) Werkzeugeigenschaft wegen eines Defektes des Tatmittlers: – im objektiven Tatbestand – im subjektiven Tatbestand – in der Rechtswidrigkeit – in der Schuld – Sonderfall: Organisationsherrschaft
bb) Subjektiver Tatbestand • Vorsatz bzgl der Merkmale des objektiven TB *(inklusive Tatherrschaft)* • Sonstige subjektive TB-Merkmale *(zB Zueignungsabsicht)*	bb) Subjektiver Tatbestand • Vorsatz bzgl aller Merkmale des objektiven TB *(inklusive Tatherrschaft)* • Sonstige subjektive TB-Merkmale *(zB Zueignungsabsicht)*

cc) Tatbestandsannex: Objektive Bedingungen der Strafbarkeit (*zB Tod bei § 227*)

b) Tatbestandsverschiebung nach § 28 II

c) Rechtswidrigkeit

Mittäterschaft	Mittelbare Täterschaft
• Einwilligung/mutmaßliche Einwilligung • Notwehr/-hilfe, § 32 • Erlaubte Selbsthilfe, §§ 229, 562b I, 859, 1029 BGB • Zivilrechtlicher Notstand, §§ 228, 904 BGB • Allgemeiner rechtfertigender Notstand, § 34, § 16 OWiG • Rechtfertigende Pflichtenkollision • Wahrnehmung berechtigter Interessen, § 193 • Züchtigungsrecht/Erziehungsrecht • Festnahmerecht, § 127 I StPO • Amtsbefugnisse, Dienstrecht, besondere Rechtspflichten von Amtsträgern • Politisches Widerstandsrecht, Art. 20 IV GG	dto

Fortsetzung

Mittäterschaft	Mittelbare Täterschaft
d) Schuld	
• Schuldfähigkeit • Vorsatzschuld *(kein Erlaubnistatbestandsirrtum)* • Unrechtsbewusstsein *(kein unvermeidbarer Verbotsirrtum)* • Entschuldigungsgründe – Entschuldigender Notstand, § 35 – Notwehrexzess, § 33 • Spezielle Schuldmerkmale *(zB Böswilligkeit in § 225 I)*	dto
e) Persönliche Strafausschließungs- oder Strafaufhebungsgründe	
insbes • § 257 III • § 258 V, VI	dto
f) Strafzumessung	
• vermeidbarer Verbotsirrtum • Regelbeispiele	dto
g) Strafverfolgungsvoraussetzungen (insbes Strafantrag) oder -hindernisse	
insbes • § 194 (Beleidigung) • § 230 (Körperverletzung) • § 248a (geringer Wert bei Diebstahl etc) • § 303c (Sachbeschädigung)	dto

432

Anstiftung	**Beihilfe**
a) Tatbestandsmäßigkeit	
aa) Objektiver Tatbestand • Teilnahmefähige Haupttat – Objektiv tatbestandsmäßig – Vorsätzlich – Rechtswidrig • Anstiftungs- bzw Beihilfehandlung **(hier Abgrenzung zur Täterschaft)** – Anstiftung: Hervorrufen des Tatentschlusses – Beihilfe: Förderung der Haupttat bb) Subjektiver Tatbestand (= doppelter Anstifter- oder Gehilfenvorsatz) • Vorsatz bzgl der Haupttat • Vorsatz bzgl der Anstiftungs- bzw Beihilfehandlung cc) Tatbestandsannex: Objektive Bedingungen der Strafbarkeit	dto
b) Tatbestandsverschiebung nach § 28 II	
c) Rechtswidrigkeit	
• Einwilligung/mutmaßliche Einwilligung • Notwehr/-hilfe, § 32 • Erlaubte Selbsthilfe, §§ 229, 562b I, 859, 1029 BGB • Zivilrechtlicher Notstand, §§ 228, 904 BGB • Allgemeiner rechtfertigender Notstand, § 34, § 16 OWiG • Rechtfertigende Pflichtenkollision • Wahrnehmung berechtigter Interessen, § 193 • Züchtigungsrecht/Erziehungsrecht • Festnahmerecht, § 127 I StPO • Amtsbefugnisse, Dienstrecht, besondere Rechtspflichten von Amtsträgern • politisches Widerstandsrecht, Art. 20 IV GG	dto

Fortsetzung

Anstiftung	Beihilfe
d) Schuld	
• Schuldfähigkeit • Vorsatzschuld (*kein Erlaubnistatbestandsirrtum*) • Unrechtsbewusstsein (*kein unvermeidbarer Verbotsirrtum*) • Entschuldigungsgründe – Entschuldigender Notstand, § 35 – Notwehrexzess, § 33 • Spezielle Schuldmerkmale (*zB Böswilligkeit in § 225 I*)	dto
e) Persönliche Strafausschließungs- oder Strafaufhebungsgründe	
insbes • § 257 III • § 258 V, VI • § 24 II	dto
f) Strafzumessung	
• Vermeidbarer Verbotsirrtum • Regelbeispiele • zusätzlich: § 28 I – Fehlen eines besonderen persönlichen Merkmals beim Teilnehmer	dto
g) Strafverfolgungsvoraussetzungen (insbes Strafantrag) oder -hindernisse	
insbes • § 194 (Beleidigung) • § 230 (Körperverletzung) • § 248a (geringer Wert bei Diebstahl, etc) • § 303c (Sachbeschädigung)	dto

Versuchte Anstiftung (§ 30 I)	**Anstiftung zum Versuch**	433
Der Aufbau des Versuchs einer Anstiftung entspricht dem **Versuchsaufbau**, Rn 429 (*dazu bereits Rn 299*)	Der Aufbau der Anstiftung zum Versuch entspricht der **Teilnahmeprüfung**, Rn 432 (*dazu bereits Rn 196*)	
Vorprüfung		
• Nichtvorliegen einer erfolgreichen Anstiftung • Verbrechenscharakter der Haupttat (nach Vorstellung des Anstifters, str.)		
a) Tatbestandsmäßigkeit		
aa) Subjektiver Tatbestand (Tatentschluss) • Vorsatz bzgl einer vollendeten, vorsätzlichen, rechtswidrigen Haupttat mit Verbrechenscharakter • Vorsatz bzgl der Anstiftungshandlung bb) Objektiver Tatbestand Unmittelbares Ansetzen iSd § 22 (Einwirkung auf den Anzustiftenden)	aa) Objektiver Tatbestand • Teilnahmefähige (versuchte) Haupttat, dazu gehört insbes (idR bereits vorher beim Täter geprüft): – Keine Tatvollendung – Strafbarkeit des Versuchs – Tatentschluss bzgl einer vollendeten, vorsätzlichen, rechtswidrigen Haupttat – Unmittelbares Ansetzen durch den Täter – Rechtswidrigkeit der versuchten Haupttat • Anstiftungshandlung bb) Subjektiver Tatbestand (= doppelter Anstiftervorsatz) • Vorsatz bzgl einer vollendeten, vorsätzlichen, rechtswidrigen Haupttat • Vorsatz bzgl der Anstiftungshandlung cc) Tatbestandsannex: Objektive Bedingungen der Strafbarkeit	
b) Tatbestandsverschiebung nach § 28 II		
c) Rechtswidrigkeit		
• Einwilligung/mutmaßliche Einwilligung • Notwehr/-hilfe, § 32 • Erlaubte Selbsthilfe, §§ 229, 562b I, 859, 1029 BGB • Zivilrechtlicher Notstand, §§ 228, 904 BGB • Allgemeiner rechtfertigender Notstand, § 34, § 16 OWiG • Rechtfertigende Pflichtenkollision • Wahrnehmung berechtigter Interessen, § 193	dto	

Fortsetzung

Versuchte Anstiftung (§ 30 I)	Anstiftung zum Versuch
• Züchtigungsrecht/Erziehungsrecht • Festnahmerecht, § 127 StPO • Amtsbefugnisse, Dienstrecht, besondere Rechtspflichten von Amtsträgern • Politisches Widerstandsrecht, Art 20 IV GG	dto
d) Schuld	
• Schuldfähigkeit • Vorsatzschuld (*kein Erlaubnistatbestandsirrtum*) • Unrechtsbewusstsein (*kein unvermeidbarer Verbotsirrtum*) • Entschuldigungsgründe – Entschuldigender Notstand, § 35 – Notwehrexzess, § 33 • Spezielle Schuldmerkmale (*zB Böswilligkeit in § 225 I*)	dto
e) Persönliche Strafausschließung- oder Strafaufhebungsgründe	
insbes • § 31 I Nr 1	insbes • § 24 II • § 258 V, VI
f) Strafzumessung	
• Vermeidbarer Verbotsirrtum • Regelbeispiele • Zusätzlich: § 28 I – Fehlen eines besonderen persönlichen Merkmals beim Teilnehmer	dto
g) Strafverfolgungsvoraussetzungen (insbes Strafantrag oder -hindernisse)	
	insbes • § 230 (Körperverletzung) • § 248a (geringer Wert bei Diebstahl, etc) • § 303c (Sachbeschädigung)

IV. Überblick über die wichtigsten Falllösungsbücher und Anleitungsaufsätze 434

Arzt	Die Strafrechtsklausur, 7. Aufl 2006
Barton/Jost (Hrsg)	Anwaltsorientierung im rechtswissenschaftlichen Studium, 2002
Baumann/Arzt/Weber	Strafrechtsfälle und Lösungen, 6. Aufl 1986
Beck	Jura 2012, 262
Beulke	Klausurenkurs im Strafrecht II, Ein Fall- und Repetitionsbuch für Fortgeschrittene, 2. Aufl 2010
Beulke	Klausurenkurs im Strafrecht III, Ein Fall- und Repetitionsbuch für Examenskandidaten, 4. Aufl 2013
Bringewat	Methodik der juristischen Fallbearbeitung, 2. Aufl 2012
Buchholz	Ad Legendum 2012, 54
Chowdhury/Meier/Schröder	Standardfälle Strafrecht für Fortgeschrittene, 2. Aufl 2010
Christensen/Pötters	JA 2010, 566
Coester-Waltjen ua (Hrsg)	Examensklausurenkurs, 1. Aufl 2000, 2. Aufl 2004, 4. Aufl 2011
Coester-Waltjen ua (Hrsg)	Zwischenprüfung, 2004
Dencker	30 Klausuren aus dem Strafrecht, 3. Aufl 1994
Dietrich	Jura 1998, 142
Ebert (Hrsg)	Strafrecht Allgemeiner Teil, 16 Fälle mit Lösungen, 2. Aufl 2008
Fahse/Hansen	Übungen für Anfänger im Zivil- und Strafrecht, 9. Aufl 2000
Freund	JuS 1997, 235, 331
Frister	Die strafrechtliche Klausur, 1998
Gabor	Standardfälle Strafrecht für Anfänger, Band 2, 2.Aufl 2009
Geilen	Jura 1979, 536
Geppert	Jura 2002, 278
Gössel	Strafrecht mit Anleitung zur Fallbearbeitung und zur Subsumtion, 8. Aufl 2001
Gropp/Küpper/Mitsch	Fallsammlung zum Strafrecht, Juristische Examensklausuren, 2. Aufl 2012
Haft	Strafrecht Fallrepetitorium zum Allgemeinen und Besonderen Teil, 5. Aufl 2004
Hardtung	JuS 1996, 610, 706, 807
v. Heintschel-Heinegg	Prüfungstraining Strafrecht, Bd 1 und 2, 1992
Herzberg	JuS 1990, 728, 810
Herzberg	JuS 1996, 377
Hilgendorf	Fälle zum Strafrecht für Anfänger, Klausurenkurs I, 2. Aufl 2013
Hilgendorf	Fälle zum Strafrecht für Fortgeschrittene, Klausurenkurs II, 2010
Hilgendorf	Fälle zum Strafrecht für Examenskandidaten, Klausurenkurs III, 2010
Jahn	JA 2000, 852 und JA 2002, 481
Jescheck	Fälle und Lösungen, 3. Aufl 1996
Jung/Müller-Dietz	Anleitung zur Bearbeitung von Strafrechtsfällen, 1983
Kampf	JuS 2012, 309
Kargl	Strafrecht, 1987
Kern/Langer	Anleitung zur Bearbeitung von Strafrechtsfällen, 8. Aufl 1985

Kienapfel	Strafrechtsfälle, 9. Aufl 1989
Kindhäuser/Schumann/Lubig	Klausurtraining im Strafrecht, 2. Aufl 2012
Klaas/Scheinfeld	Jura 2010, 542
Kleinbauer/Schröder/Voigt	Standardfälle Strafrecht für Anfänger, Band 1, 2. Aufl 2009
Kudlich	Fälle mit Lösungen im Strafrecht, Allgemeiner Teil, 2011
Meurer/Kahle/Dietmeier	Übungskriminalität für Einsteiger, 2000
Möllers	JuS-Lernbogen 2001, L 65 und 81
Murmann	JA 2012, 728
Niederle	20 Standardfälle. Strafrecht. Zur gezielten Vorbereitung auf die Übung für Anfänger, 2. Aufl 2009
Otto	Grundkurs Strafrecht, Allgemeine Strafrechtslehre, 7. Aufl 2004
Otto/Bosch	Übungen im Strafrecht, 7. Aufl 2010
Petersen	Jura 2002, 105
Prütting/Stern/Wiedemann	Die Examensklausur, 2. Aufl 2008
Puppe	JA 1989, 345
Putzke	Juristische Arbeiten erfolgreich schreiben, 4. Aufl 2012
Rauda/Zenthöfer	Strafrecht Allgemeiner Teil: Klausurentraining mit Lösungen im Gutachtenstil, 25 Fälle, Band 5, 2007
Rauda/Zenthöfer	Strafrecht Besonderer Teil: Klausurentraining mit Lösungen im Gutachtenstil, 25 Fälle, Band 6, 2007
Reimer	StudZR 2012, 270
Rotsch/Nolte/Peifer/Weitemeyer	Die Klausur im Ersten Staatsexamen, 2003
Roxin/Schünemann/Haffke	Strafrechtliche Klausurenlehre, 4. Aufl 1982
Rudolphi	Fälle zum Strafrecht AT, 5. Aufl 2000
Samson	Strafrecht I, 7. Aufl 1988
Scheffler	Jura 1994, 549
Schimmel	Juristische Klausuren und Hausarbeiten richtig formulieren, 10. Aufl 2012
Schlehofer	JuS 1992, 572, 659
Schlüter/Niehaus/Schröder (Hrsg)	Examensklausurenkurs im Zivil-, Straf- und Öffentlichen Recht, 2009
Schmidt/Priebe	Fälle zum Strafrecht I: Allgemeiner Teil, Technik der Fallbearbeitung, 4. Aufl 2012
Schmidt/Priebe	Fälle zum Strafrecht II: Besonderer Teil mit prozessualen Zusatzfragen, 5. Aufl 2012
Scholz/Wohlers	Klausuren und Hausarbeiten im Strafrecht, 3. Aufl 2003
Schroeder	JuS 1984, 699
Schwabe	Lernen mit Fällen, Strafrecht Allgemeiner Teil, 3. Aufl 2011
Schwabe	Lernen mit Fällen, Strafrecht BT1 Nichtvermögensdelikte, 5. Aufl 2011
Schwabe	Lernen mit Fällen, Strafrecht BT 2, Vermögensdelikte, 6. Aufl 2011
Schwind/Franke/Winter	Übungen im Strafrecht für Anfänger, 5. Aufl 2000
Seher	Jura 2001, 814
Seier	Die Anfängerklausur im Strafrecht, 2010
Seier	JuS 2012, 327
Seier/Jörgens	JA-Übungsblätter 1980, 49, 103 und 154
Sonnen/Mitto/Nugel	Strafrecht, Besonderer Teil – Fälle, 2006
Steinberg	Angewandte juristische Methodenlehre für Anfänger, 2006
Stiebig	Jura 2007, 908
Strauß	Strafrecht, Fälle und Lösungen, 3. Aufl 1998

Schwind/Franke/Winter	Übungen im Strafrecht für Anfänger, 5. Aufl 2000
Tiedemann	Die Anfängerübung im Strafrecht, 4. Aufl 1999
Valerius	Einführung in den Gutachtenstil, 3. Aufl 2009
Wagner	Fälle zum Strafrecht BT, 4. Aufl 1998
Walter	Kleine Stilkunde für Juristen, 2. Aufl 2009
Wieduwilt	JuS 2010, 288
Wörner	ZJS 2012, 630
Wolters	Fälle mit Lösungen für Fortgeschrittene im Strafrecht, 2. Aufl 2005

Besonders gute Argumentations- und Formulierungshilfen zu einzelnen Problemen erhält man ferner bei:

Hillenkamp	32 Probleme aus dem Strafrecht AT, 14. Aufl 2012
Hillenkamp	40 Probleme aus dem Strafrecht BT, 11. Aufl 2009
Jäger	Examens-Repetitorium Strafrecht AT, 6. Aufl 2013
Jäger	Examens-Repetitorium, Strafrecht BT, 5. Aufl 2013
Joecks	Studienkommentar StGB, 10. Aufl 2012
Kindhäuser	Strafrecht Allgemeiner Teil, 5. Aufl 2011
Kindhäuser	Lehr- und Praxiskommentar, 5. Aufl 2013
Krey/Esser	Strafrecht, Allgemeiner Teil, 5. Aufl 2012
Krey/Hellmann/Heinrich	Strafrecht Besonderer Teil, Band 1, 15. Aufl 2012
Krey/Hellmann/Heinrich	Strafrecht Besonderer Teil, Band 2, 16. Aufl 2012
Kudlich	PdW, Strafrecht Allgemeiner Teil, 3. Aufl 2009
Kudlich	PdW, Strafrecht Besonderer Teil I, 2. Aufl 2007
Kudlich	PdW, Strafrecht Besonderer Teil II, 2. Aufl 2009
Küper	Strafrecht Besonderer Teil, Definitionen mit Erläuterungen, 8. Aufl 2012
Marxen	Kompaktkurs Strafrecht AT, 2003 und BT, 2004

435 V. Anfängerklausuren und Hausarbeiten in Zeitschriften (Auswahl)

Zeit-schrift	Jahr-gang	Seite	Autor	Thema
JuS	1982	449 ff	*Arzt*	Rechtfertigender und entschuldigender Notstand, Verhältnis mittelbare Täterschaft – Anstiftung
Jura	1982	658 ff	*Borchert Hellmann*	Freiwilligkeit des Rücktritts, Rücktritt bei mehraktigem Geschehen, Schuldfähigkeit im Umfeld eines ernsthaften Suizidversuchs, Heimtücke
JuS	1982	761 ff	*Dornseifer*	Verhältnis von Körperverletzungs- und Tötungsvorsatz, Versuch (insbes Versuchsbeginn), Rücktritt, Rechtfertigender Notstand, Erlaubnistatbestandsirrtum
Jura	1982	549 ff	*Schmitt*	Aberratio ictus, Kettenanstiftung
Jura	1983	544 ff	*Weber*	Mordmerkmale (insbes gemeingefährliche Mittel), Rücktritt, aberratio ictus, Verhältnis § 212 – § 211
Jura	1983	328 ff	*Wiegelmann*	Fehlgeschlagener Versuch, Auswirkungen eines error in persona des Täters auf den Anstifter
Jura	1984	212 ff	*Rengier*	Mittelbare Täterschaft, Erlaubnistatbestandsirrtum
Jura	1984	548 ff	*Schmitt*	Grundfragen des Deliktsaufbaus
JuS	1986	986 ff	*Bloy*	Probleme des Rücktritts (Aufgabe nur der konkreten Tatausführung, Freiwilligkeit bei bloß eingebildeter Risikosteigerung, Abgrenzung fehlgeschlagener/unbeendeter Versuch)
Jura	1986	495 ff	*Brandts*	Rechtsfigur des Täters hinter dem Täter, Bestimmen iSd Anstiftung, Mitwirkung an fremder Selbsttötung
Jura	1986	37 ff	*Otto Brammsen*	Versuch des Unterlassungsdelikts (insbes Garantenstellung, Versuchsbeginn bei Unterlassen)
Jura	1986	659 ff	*Otto*	Probleme der Rechtfertigung
Jura	1986	275 ff	*Schmitt*	Erlaubnistatbestandsirrtum, Fehlen des subjektiven Rechtfertigungselements
Jura	1986	326 ff	*Sieg*	Abgrenzung dolus eventualis – bewusste Fahrlässigkeit, Interessenabwägung iRd § 34, Einwilligung eines Minderjährigen, Einwilligung in Tötungshandlung
JuS	1986	902 ff	*Werle*	Einschränkung des Notwehrrechts wegen Notwehrprovokation, Sachbeschädigung durch Luftablassen, error in obiecto
JuS	1987	125 ff	*Beulke Mayer*	Eigenverantwortliche Selbstgefährdung, Einwilligung in die Fremdgefährdung, Unterlassen
JuS	1987	976 ff	*Hermle*	Einwilligung beim Heileingriff, vermeidbarer Verbotsirrtum, Anstiftung

Zeitschrift	Jahrgang	Seite	Autor	Thema
JuS	1987	896 ff	*Langer*	Rechtfertigung nach § 228 S 1 BGB, Versuch, Rücktritt, Kettenanstifung
Jura	1987	373 ff	*Otto Ströber*	Abgrenzung dolus eventualis – bewusste Fahrlässigkeit, Mordmerkmale, Rücktritt vom Versuch
JuS	1988	L 21 ff	*Carstensen Lippold*	Objektive Zurechnung
JuS	1988	L 67 ff	*Dannecker*	Aberratio ictus bei Täter und Anstifter, Mordmerkmale und ihre Zurechnung nach § 28, Bestimmtheit des Anstiftervorsatzes
Jura	1988	542 ff	*Gropp*	Erfolgseintritt trotz Rücktrittsbemühen, Zueignungsdelikte
JuS	1989	L 28 ff	*Bindzus*	Handlung im strafrechtlichen Sinne, Rechtfertigungsgründe, Zulässigkeit von Selbstschussanlagen, Erlaubnistatbestandsirrtum
JuS	1989	215 ff	*Dannecker*	Abgrenzung dolus eventualis/bewusste Fahrlässigkeit, Nötigungsnotstand, Nötigung mit einem Unterlassen, vermeintliche Anstiftung
Jura	1989	145 ff	*Kienapfel*	Mitwirkung an fremder Selbstgefährdung, Prüfung des Unterlassungsdelikts (insbes der Garantenstellung)
Jura	1989	426 ff	*Otto Ströber*	Versuch (insbes Versuchsbeginn bei Mittäterschaft, Rücktritt gem § 24 II 1), Heimtücke
JuS	1989	L 60 ff	*Ransiek*	Kausalität beim Unterlassungsdelikt, Garantenstellung (insbes aus Ingerenz)
JuS	1989	L 11 ff	*Seier*	Beteiligung an fremder Selbstgefährdung, Fahrlässigkeitsaufbau, Einheitstäterbegriff des § 222 aF
JuS	1989	L 85 ff	*Seier*	Error in persona, Fehlen des subjektiven Rechtfertigungselements
JuS	1990	L 12 ff	*Bloy*	Notwehr gegen untauglichen Versuch, Putativnotwehr
JuS	1990	L 36 ff	*Freund*	Error in persona, Auswirkungen einer mittelbaren Verletzung eigener Rechtsgüter auf die Teilnahmestrafbarkeit, Beteiligung an einer Schlägerei nach § 227 aF
JuS	1990	302 ff	*Hardtung*	Notwehreinschränkungen wegen verschuldeter Notwehrlage, Notstand, antizipierter Rücktritt
JuS	1990	L 61 ff	*Hellmann*	Fahrlässiges Handeln und nachfolgendes vorsätzliches Unterlassen, objektive Zurechnung, Verdeckungsmord
Jura	1990	544 ff	*Hohmann Matt*	Objektive Zurechnung, Garantenstellung aus Ingerenz, Verkehrsdelikte

Zeitschrift	Jahrgang	Seite	Autor	Thema
JuS	1991	L 44 ff	*Bloy*	Anforderungen an den Vorsatz (insbes Konkretisierung des Vorsatzes), objektive Zurechnung, Unmittelbarkeit iSv § 226 I aF
JuS	1991	393 ff	*Fabricius*	Probleme der Heilbehandlung (insbes Einwilligung), Rechtfertigung, Verbotsirrtum
Jura	1991	478 ff	*Görtz*	Rücktritt (in verschiedenen Konstellationen), Heimtücke
JA-Übungsblätter	1991	107 ff	*Kindhäuser Korthals Nußbaum*	Abgrenzung Täterschaft – Teilnahme, Versuchsbeginn iRd Anstiftung, Freiwilligkeit des Rücktritts, objektive Zurechnung
Jura	1991	373 ff	*Mitsch*	Aberratio ictus, Rücktritt vom Versuch (insbes Vergleich von § 24 I, II), Rücktritt bei mehraktigem Geschehen
Jura	1992	35 ff	*Brammsen Kaiser*	Rechtsfigur der fahrlässigen Mittäterschaft, objektive Zurechnung bei freiwilliger Selbstgefährdung, Nötigung durch Sitzblockade, Garantenstellung
Jura	1992	659 ff	*Lagodny*	Widerrechtlichkeit iSv § 123 I, Rechtfertigungsgründe
JA-Übungsblätter	1992	84 ff	*Schmidt*	Verhältnis Körperverletzungsvorsatz – Tötungsvorsatz, Erfolgseintritt trotz Rücktrittsbemühung, Anforderungen an den Gehilfenbeitrag
JuS	1993	304 ff	*Busch*	Rücktritt bei mehraktigem Geschehen, Anforderung an die Rücktrittsleistung iSv § 24 I, Heimtücke
Jura	1993	321 ff	*Hohmann*	Versuchsbeginn, Freiwilligkeit des Rücktritts, Verdeckungsmord, Abgrenzung dolus eventualis – bewusste Fahrlässigkeit
JuS	1993	131 ff	*Hohmann Matt*	Vermögensdelikte, Notwehr und ihre Einschränkung aufgrund der sog Notwehrprovokation
JuS	1993	L 11 ff	*Meurer Kahle*	Notwehr, Garantenstellung bei rechtmäßigem vorangegangenem gefährlichem Tun
JuS	1993	L 60 ff	*Meurer Kahle*	Rechtfertigung durch § 127 StPO bei Irrtum über Täterschaft, Erlaubnistatbestandsirrtum
JuS	1993	577 ff	*Radtke*	Kollision mehrerer Fallgruppen der sog sozialethischen Notwehreinschränkung
Jura	1993	212 ff	*Scheffler*	Probleme der Mittäterschaft (insbes Vorsatz bei Verletzung eines Mittäters), Auswirkungen eines error in persona des Täters auf den Anstifter
Jura	1993	376 ff	*Stoffers*	Doppelirrtum, Abgrenzung Tun – Unterlassen, Notwendigkeit eines Vorsatzes auf Aktualisierung der Garantenstellung, Versuchsbeginn beim Unterlassen
JuS	1993	L 75 ff	*Seier*	Täuschungsbedingte Selbstverletzung, mittelbare Täterschaft

Zeitschrift	**Jahrgang**	**Seite**	**Autor**	**Thema**
JuS	1993	837 ff	*Stoffers*	Auswirkungen eines error in persona des Täters auf den Anstifter, Unterlassungsdelikte (insbes Abgrenzung Tun – Unterlassen bei Abbruch eigener Rettungsbemühungen)
JuS	1994	L 69 ff	*Bloy*	Voraussetzungen der Anstiftung (Hervorrufen des Tatentschlusses und Konkretisierung der Haupttat im Anstiftervorsatz), Kausalität der Beihilfe
JA-Übungsblätter	1994	470 ff	*Keunecke* *Witt*	Rechtfertigungsgründe, Absichtsprovokation, Körperverletzungsdelikte
JuS	1994	405 ff	*Schramm*	Abgrenzung dolus eventualis – bewußte Fahrlässigkeit (im Sonderfall einer Ansteckung mit Aids)
JA-Übungsblätter	1994	217 ff	*Schulz*	Straßenverkehrsdelikte, Straftaten im Amt, Anstiftung
Jura	1994	37 ff	*Sowada*	Auswirkungen eines error in persona des Täters auf den Anstifter, Akzessorietät der Mordmerkmale (§ 28)
JA-Übungsblätter	1994	35 ff	*Stoffers*	Unterlassungsdelikte (insbes Tun oder Unterlassen bei Eingriff in Rettungshandlungen Dritter), Rechtfertigungsgründe
Jura	1994	207 ff	*Zacharias*	Rechtfertigungsgründe (insbes Dauergefahr, Einschränkung des Notwehrrechts)
JuS	1995	1096 ff	*Buttel* *Rotsch*	Objektive Zurechnung, sog dolus generalis, Täterschaft und Teilnahme, Mordmerkmale
Jura	1995	654 ff	*Fahl*	Selbsttötung, Abgrenzung dolus eventualis – bewusste Fahrlässigkeit, Heimtücke
Jura	1995	155 ff	*Gropengießer* *Mutschler*	Zumutbarkeit der Hinnahme iSd § 35 I 2 – ist hinsichtlich einer Selbstverursachung auf den Notstandshelfenden oder den Gefährdeten abzustellen?
Jura	1995	208 ff	*Harzer*	Unterlassung (insbes Garantenstellung von Feuerwehrleuten bzw privaten Sicherheitsleuten)
Jura	1995	483 ff	*Kunz*	Unterlassung (insbes Garantenstellung aus Ingerenz), Versuch (insbes Versuch des erfolgsqualifizierten Delikts), Heimtücke
Jura	1995	546 ff	*Petersen*	Pflichtwidrigkeits- bzw Schutzzweckzusammenhang, Erfolgsqualifikationen, Körperverletzungsdelikte nach alter Fassung
JuS	1995	1004 ff	*Saliger*	Aberratio ictus, Abgrenzung Mittäterschaft – Anstiftung, Versuchsbeginn bei mittelbarer Täterschaft, Erlaubnistatbestandsirrtum, Mordmerkmale
JuS	1995	614 ff	*Tausch*	Versuch, Teilnahme (insbes sog Hochstiften)

Zeitschrift	Jahrgang	Seite	Autor	Thema
JuS	1996	229 ff	*Britz Brück*	Irrtumsfragen, Notwehr
JA-Übungsblätter	1996	40 ff	*Fahl*	Vermögensdelikte, Abgrenzung Betrug – Diebstahl, psychische Beihilfe
JA-Übungsblätter	1996	648 ff	*Haller Steffens*	Rechtfertigungsgründe (insbes Intimsphäre als in der Öffentlichkeit zu schützende Rechtsposition iSd § 32)
JuS	1996	1088 ff	*Hardtung*	Zulässigkeit des „Springens" im strafrechtlichen Gutachten, Kollision von Handlungs- und Unterlassungspflicht, Rechtfertigungsgründe, Erlaubnistatbestandsirrtum
JuS	1996	39 ff	*Kunz*	Actio libera in causa, Vollrausch, objektive Bedingungen der Strafbarkeit, Notwehr, Körperverletzungsdelikte
Jura	1996	316 ff	*Riemenschneider Paetzold*	Sukzessive Mittäterschaft, Notwehr (insbes Einschränkung wegen Notwehrprovokation), aberratio ictus
Jura	1996	476 ff	*Saal*	Garantenstellungen (insbes des Wohnungsinhabers hinsichtlich dort begangener Straftaten), Täterschaft – Teilnahme im Bereich des Unterlassens
JuS	1996	424 ff	*Wilhelm*	Probleme der §§ 303 ff (insbes Strafbarkeit von Verunstaltungen), Rechtfertigungsgründe, „dem öffentlichen Nutzen dienen" iSd § 304
JuS	1997	L 69 ff	*Kudlich*	Versuchsbeginn bei mittelbarer Täterschaft, Rücktritt, § 23 III
JuS	1997	627 ff	*Riemenschneider*	Strafbarkeit wegen untauglichen Versuchs bei nur vermeintlicher Mittäterschaft, Zurechnung bei Dazwischentreten Dritter, Mordmerkmale, Straßenverkehrsdelikte
Jura	1998	483 ff	*Ellbogen*	Objektive Zurechnung, alic, Brandstiftungsdelikte, Mordmerkmale
JA-Übungsblätter	1998	563 ff	*Saal*	Mittelbare Täterschaft bei Ausnutzen eines unbeachtlichen error in persona, Irrtum, Erfolgseintritt trotz Rücktrittsbemühung, Teilnahme
JuS	1999	L 85 ff	*Kudlich*	Irrtumsprobleme beim Notwehrrecht
JuS	1999	L 13 ff	*Meurer Dietmeier*	Mittäterschaft, Dreiecksbetrug, Hausfriedensbruch bei generell erteilter Zutrittserlaubnis
JuS	2000	261 ff	*Amelung Boch*	Bestimmen iSd Anfechtung, Notwehr (insbes Gebotenheit bei Ehegatten), sog Hochstiften
Jura	2000	592 ff	*Dessecker*	Abgrenzung dolus eventualis – bewusste Fahrlässigkeit, fehlgeschlagener Versuch, Rücktritt vom Versuch, Konkurrenz Körperverletzung – Totschlag, Abgrenzung Vorbereitung – Versuch

Zeitschrift	**Jahrgang**	**Seite**	**Autor**	**Thema**
Jura	2000	313 ff	*Haft* *Eisele*	Rechtfertigung, Anwendung von § 33 bei vorwerfbarer Herbeiführung der Notwehrlage
Jura	2000	368 ff	*Karitzky*	Aberratio ictus, Mittäterschaft
JuS	2000	L 13 ff	*Kudlich*	Nötigungsnotstand, Abgrenzung untauglicher Versuch – Wahndelikt beim unechten Unterlassungsdelikt
Jura	2000	427 ff	*Rosenau* *Klöhn*	Versuch – Vollendung, unmittelbares Ansetzen zum Totschlagsversuch, Rücktritt vom Versuch
JuS	2000	L 85 ff	*Seier*	§ 28, fehlgeschlagene mittelbare Täterschaft
JuS	2000	986 ff	*Stoffers* *Murray*	Glaubens- und Gewissensfreiheit als Rechtfertigungs- oder Entschuldigungsgrund, zwangsweise Blutentnahme, versuchtes unechtes Unterlassungsdelikt, Abgrenzung von Täterschaft und Teilnahme beim Unterlassungsdelikt
JuS	2001	L 44 ff	*Frommeyer* *Nowak*	Rücktritt im Vorbereitungsstadium
Jura	2001	129 ff	*von Heintschel-Heinegg* *Kudlich*	Körperverletzung mit Todesfolge, Versuch und Rücktritt beim unechten Unterlassungsdelikt
Jura	2001	711 ff	*Hirschmann*	Rücktritt vom Versuch, Vertrauensbruch bei Heimtücke
JuS	2001	L 53 ff	*Kudlich*	Rücktritt vom Versuch, insbes Freiwilligkeit
JuS	2001	L 36 ff	*Meurer* *Dietmeier*	Notwehrprovokation, Verbotsirrtum, untauglicher Versuch
JuS	2001	1194 ff	*Momsen* *Sydow*	Rücktritt, Abgrenzung Täterschaft und Teilnahme, Doppelirrtum
JuS	2002	465 ff	*Britz*	Notwehr, Doppelirrtum, fehlender Verteidigungswille
JuS	2002	151 ff	*Ellbogen*	Versuch, Versuch der Beteiligung (§ 30), Rücktritt vom Versuch der Beteiligung, unechtes Unterlassungsdelikt, Mittäterschaft, gefährliche Körperverletzung, Aussetzung
JuS	2002	53 ff	*Knauer*	Versuchsbeginn, Abgrenzung von Vorsatz und Fahrlässigkeit, Beteiligungsformen, Verbotsirrtum
JuS	2002	27 ff	*Kudlich*	Versuchsbeginn, Rücktritt bei Beteiligung Mehrerer
JuS	2002	786 ff	*Vogel* *Fad*	Abgrenzung der Beteiligungsformen, Mittäterexzess, Garantenstellung
Jura	2003	277 ff	*Gropengießer* *Kohler*	Error in obiecto vel persona, Rücktritt vom Versuch, Versuch bei der Mittäterschaft, Mord
JuS	2003	57 ff	*Krahl*	Versuch, Rücktritt, Mord, Teilnahme am Mord, § 28

Zeitschrift	**Jahrgang**	**Seite**	**Autor**	**Thema**
JuS	2003	32 ff	*Kudlich*	Notwehr, Gebotenheit, schuldhafte Provokation, Abgrenzung Vorbereitung/Versuch
Jura	2003	135 ff	*Langer*	Versuch, Vorbereitungshandlung, Rücktritt bei mehraktigem Tatgeschehen
JuS	2004	885 ff	*Fahl*	Abgrenzung Diebstahl-Betrug
JuS	2004	982 ff	*Hohn*	Diebstahl und Raub
JuS	2004	791 ff	*Kudlich Pragal*	Teilnahme, error in objecto vel persona
JuS	2004	494 ff	*Norouzi*	Absichtsprovokation, Nothilfeprovokation
JuS	2004	1075 ff	*Poller Härtl*	Diebstahl
JA-Übungsblätter	2005	789 ff	*Dreher*	Mordmerkmale, Notwehr, insbes sozialethische Einschränkungen des Notwehrrechts, Versuch und Rücktritt vom Versuch
Jura	2005	273 ff	*Fahl*	Sachbeschädigung, bestimmungsgemäße Brauchbarkeit von Tieren, Tiere als Sachen, strafrechtlicher Sachbegriff, error in obiecto, Fahrlässigkeitsaufbau, Abgrenzung aberratio ictus/error in persona, Behandlung der aberratio ictus
Jura	2005	790 ff	*Kauerhof*	Gewahrsamswechsel beim Diebstahl, Abgrenzung: Mittäterschaft von der Beihilfe, Grenzen des Schusswaffengebrauchs iRv § 32, Erlaubnistatbe-standsirrtum, objektive Zurechnung, atypischer Kausalverlauf, error in persona und aberratio ictus
StudZR	2005	133 ff	*Küper Dratvova*	Versuch, Rücktritt, Abgrenzung Täterschaft - Teilnahme, unmittelbares Ansetzen bei Mittäterschaft
JuS	2005	135 ff	*Safferling*	Mittäterschaft, error in obiecto vel persona, Abgrenzung Vorbereitungshandlung/Versuch bei Mittäterschaft, fehlgeschlagener Versuch, Rücktritt bei mehreren Beteiligten, Freiwilligkeit des Rücktritts, Diebstahl
JA-Übungsblätter	2005	615 ff	*Schapiro*	Irrtum des mittelbaren Täters über die tatherrschaftsbegründende Situation, Rücktritt vom erfolgsqualifizierten Versuch, Mordmerkmale, schwerer Raub mit Todesfolge
JA-Übungsblätter	2006	276	*Berkl*	Atypischer Kausalverlauf, Zueignungsabsicht iSv § 242, gefährliches Werkzeug iSv § 244 I Nr 1a, Abgrenzung: Erpressung und Raub; Abgrenzung Täterschaft/Teilnahme
JuS	2006	603 ff	*Bock*	Versuch und Rücktritt, insbes fehlgeschlagener Versuch, Denkzettel-Fälle, Anforderungen an ein Verhindern iSd § 24 I 1 Var 2 StGB

Zeitschrift	**Jahrgang**	**Seite**	**Autor**	**Thema**
Jura	2006	143 ff	*Dohmen*	Mordmerkmal der Heimtücke, Abgrenzung error in persona/aberratio ictus, insbes für den Anstifter (Rose-Rosahl-Problematik), gefährliche Körperverletzung mittels lebensgefährdender Behandlung, Erlaubnistatbestandsirrtum
JuS	2006	712 ff	*Dürre* *Wegerich*	Aberratio ictus, Tiere als Sachen, Erlaubnistatbestandsirrtum
Jura	2006	783 ff	*Frank*	Mittelbare Täterschaft, Rechtfertigungs- und Entschuldigungsgründe
JuS	2006	895 ff	*Haverkamp* *Kaspar*	Mordmerkmal der Heimtücke, Rechtfertigungs- und Entschuldigungsproblematik bei einem Haustyrannenfall, Versuchsbeginn beim Unterlassungsdelikt, Anforderungen an die Rücktrittsbemühungen bei einem unechten Unterlassensdelikt
JA-Übungsblätter	2006	707 ff	*Kreß* *Baenisch*	Tiere als Sachen, Vermögensdelikte
StudZR	2006	521 ff	*Petrovic* *Hillenkamp*	Auslegung der Heimtücke, Verhältnis § 212 – § 211, omnimodo facturus, Bestimmen iSv § 26, Abgrenzung Täterschaft – Teilnahme, subjektives Rechtfertigungselement
JuS	2006	1083 ff	*Theiß* *Winkler*	Kausalität, Abgrenzung dolus eventualis und bewusste Fahrlässigkeit, Abgrenzung aberratio ictus/ error in persona
Jura	2006	867 ff	*Wagemann*	Mittäterschaft, sukzessive Tatbestandsverwirklichung, Rücktritt vom Versuch nach mehrfachem Ansetzen, Mordmerkmale und ihre Zurechung, Indizien für Eventualvorsatz, Möglichkeit einer „heimlichen" Anstiftung, Mittäterschaft nach Aufgabe des gemeinsamen Tatentschlusses
JA-Übungsblätter	2007	418 ff	*Bosch*	Mordmerkmale, Akzessorietätslockerung, Täterschaft und Teilnahme bei Unterlassen
JA-Übungsblätter	2007	264 ff	*Heinrich* *Reinbacher*	Selbsttötung, objektive Zurechnung, mittelbare Täterschaft, Rechtfertigungsgründe
JuS	2007	923 ff	*Jahn* *Ebner*	Abgrenzung dolus eventualis/bewusste Fahrlässigkeit, Kausalität, objektive Zurechnung, atypischer Kausalverlauf, Verhältnis von Totschlag und Körperverletzung
Jura	2007	69 ff	*Kaspar*	Schuldfähigkeit, actio libera in causa bei vorsätzlichem und fahrlässigem Handeln, error in persona, entschuldigender Notstand

Zeitschrift	**Jahrgang**	**Seite**	**Autor**	**Thema**
JA-Übungsblätter	2007	707 ff	*Kreß* *Baenisch*	Tiere als Sachen iSd Strafrechts, Gewahrsamsbegriff des § 242, Sachbeschädigung iSv § 303 II, Schadenskompensation iRv § 263, Zueignung des Sachwerts, Einordnung des § 241a StGB, Versuch des Regelbeispieles
JA-Übungsblätter	2007	349 ff	*Kudlich* *Schuhr*	Einverständnis, Rücktritt, unmittelbares Ansetzen zum Unterlassungsdelikt
JA-Übungsblätter	2007	183 ff	*Safferling*	Error in persona, actio libera in causa, Mordmerkmal der Heimtücke, unmittelbares Ansetzen iSv § 22 StGB, error in persona vel in obiecto und Anstiftung (Rose-Rosahl-Problematik), Verhältnis von Mord und Totschlag
JuS	2007	132 ff	*Seher*	Anfang der Ausführungshandlung iSv § 22 bei Mittäterschaft, Abgrenzung von Täterschaft und Beteiligung, Mittäterexzess
Jura	2007	149 ff	*Sternberg-Lieben* *von Ardenne*	Abgrenzung error in persona/aberratio ictus, insbes bei Mittäterschaft/mittelbarer Täterschaft, Abgrenzung Vorbereitung/Versuch (Giftfalle), Versuchsbeginn bei Mittäterschaft/mittelbarer Täterschaft, Mordmerkmale
JuS	2007	1105 ff	*Valerius*	Grundrechte als Rechtfertigungsgründe
Jura	2008	147 ff	*Pape*	Gefährliche Körperverletzung, Mordmerkmale, Gefährlicher Eingriff in den Straßenverkehr, Rücktritt
JuS	2008	42 ff	*Rengier* *Jesse*	Bedingter Vorsatz, Körperverletzung, wichtiges Glied iSd § 226 StGB, Notwehr, extensiver Notwehrexzess, Notstand gem § 904 BGB
JA	2008	31 ff	*Seibert*	Mittäterschaft, Diebstahl, Raub, Hausfriedensbruch, Widerstand gegen die Vollstreckungsbeamte
JA-Übungsblätter	2008	504 ff	*Bergmann*	Diebstahl, Betrug, Betrug durch Unterlassen
JA-Übungsblätter	2008	787 ff	*Esser* *Krickl*	Notwehrprovokation, Rücktritt, Nachstellung Anstiftung zum erfolgsqualifizierten Delikt (§ 18)
StudZR Sonderheft	2008	64 ff	*Hillenkamp* *Petrovic*	Abgrenzung Täterschaft/Teilnahme, Tatbestandsverschiebung, fehlendes subjektives Rechtfertigungselement, erfolgsqualifizierter Versuch
JuS	2008	140 ff	*Krack* *Schwarzer*	Unmittelbares Ansetzen bei mittelbarer Täterschaft, Anstiftung zum Versuch und versuchte Anstiftung, Anstiftervorsatz

Zeitschrift	Jahrgang	Seite	Autor	Thema
StudZR Sonderheft	2008	57 ff	*Küper Dratkova*	Diebstahl, untauglicher Versuch, Rücktritt
JuS	2008	514 ff	*Rengier Brand*	Versuch, Präventivnotwehr, Erlaubnistatbestandsirrtum
Jura	2008	228 ff	*Schuster*	Error in persona und Anstiftung, Rücktritt, extensiver Notwehrexzess, unmittelbares Ansetzen bei mittelbarer Täterschaft
Ad Legendum	2008	242 ff	*Stein*	Versuchter Totschlag, schwere Körperverletzung, erfolgsqualifizierte Delikte, mittelbare Täterschaft
JA-Übungsblätter	2008	262 ff	*Walter Schneider*	Versuch und Rücktritt, Gehilfenvorsatz, Unterlassen, Mord
StudZR	2009	149 ff	*Bakowitz Bülte*	Missbilligtes Risiko im Sportbetrieb, Abgrenzung von Eventualvorsatz und bewusster Fahrlässigkeit, gefährliche Körperverletzung, Rücktritt, Mittäterschaft, Notwehr
Jura	2009	866 ff	*Esser Röhling*	Abgrenzung error in persona/aberratio ictus, gefährliche Körperverletzung, Mordmerkmal Heimtücke, Tatbestandsverschiebung (§ 28 II)
JuS	2009	625 ff	*Hinderer*	Diebstahl, Diebesfalle (agent provocateur), Fehlen des Tataufgabewillens, analoge Anwendung der Tätigen Reue? Anstiftung zum Versuch
Jura	2009	623 ff	*Krumdiek*	Anstiftung, Beteiligung an einem Vorsatz-Fahrlässigkeitsdelikt, Rücktritt, Sachbeschädigung, Straßenverkehrsdelikte, Teilnahme, Unfallflucht
JuS	2009	919 ff	*Kühl Hinderer*	Abgrenzung Eventualvorsatz/ bewusste Fahrlässigkeit, Notwehr, Garantenstellung aus Ingerenz, Täterschaft und Beihilfe durch Unterlassen
JA-Übungsblätter	2009	783 ff	*Lindheim Uhl*	Unterlassungsdelikte, Garantenstellung und Suizid, Versuchsbeginn, § 323c
Jura	2009	390 ff	*Magnus*	Fahrlässigkeitsdelikte, alternative Kausalität, Pflichtwidrigkeitszusammenhang, Straßenverkehrsdelikte
JuS	2009	135 ff	*Weißer*	Versuchte Beteiligung, Mordmerkmale iRd §§ 28, 29
ZJS	2010	98 ff	*Brüning*	Urkundendelikte, Betrug, Diebstahl, räuberischer Diebstahl
Jura	2010	780 ff	*Eiden Köpfe*	Notwehr, erfolgsqualifizierter Versuch, Garanten-Unterlassungsdelikt, Pflichtenkollision

Zeit-schrift	Jahr-gang	Seite	Autor	Thema
JA-Übungsblätter	2010	185 ff	*Englmann*	Error in persona, Akzessoritätslockerung (§ 28), Mordmerkmale, Anstiftervorsatz, Versuch, Rücktritt
Jura	2010	312 ff	*Gierhake*	Diebstahl, Regelbeispiele, Diebstahlsqualifikationen, Betrug
Ad Legendum	2010	275 ff	*Heghmanns Kusnik*	Versuchsstrafbarkeit, unmittelbares Ansetzen, Rücktritt, objektive Zurechnung
JuS	2010	321 ff	*Jeßberger Book*	Nachstellung, versuchte Anstiftung, Anstiftung
JA-Übungsblätter	2010	25 ff	*Kett-Straub Linke*	Ernsthaftes Bemühen beim Rücktritt, Körperverletzung, Ende der Garantenpflicht unter Eheleuten, Einschränkung des Notwehrrechts, Beihilfe durch neutrale Handlung
ZJS	2010	640 ff	*Krell*	Rücktritt vom Versuch, vermeintliche mittelbare Täterschaft, actio libera in causa
Jura	2010	468 ff	*Kretschmer*	Wegnahme, Zueignungsabsicht, Vermögensbegriff
JuS	2010	697 ff	*Kühl Hinderer*	Verbrechensverabredung, objektive Zurechnung, Verhältnis Mord – Totschlag, Akzessorietätslockerung
JuS	2010	982 ff	*Lotz*	Mordmerkmale, Anstiftung, Rücktritt vom Versuch, Erlaubnistatbestandsirrtum
ZJS	2010	646 ff	*Mundt*	Diebstahl, Regelbeispiel, räuberischer Diebstahl, Körperverletzung
ZJS	2010	396 ff	*Niehaus*	Rücktritt vom Versuch trotz außertatbestandlicher Zielerreichung, Verhältnis Mord – Totschlag, Unterlassen
ZJS	2010	518 ff	*Steinberg*	Totschlag, Mord, Akzessorietätslockerung, versuchte Anstiftung, Körperverletzung
ZJS	2011	260 ff	*Bergmann*	Versuch, Notwehr, Notstand
JuS	2011	229 ff	*Brunhöber*	Unterlassen, Mordmerkmale, Akzessorietätslockerung, Garantenstellung aus Ingerenz
ZJS	2011	157 ff	*Dittrich Pintaske*	Raub, räuberische Erpressung, Körperverletzung, Unterschlagung
ZJS	2011	382 ff	*Ernst*	Error in persona, Erfordernis eines subjektiven Rechtfertigungselements, vermeintliche mittelbare Täterschaft, Abgrenzung Täterschaft/Teilnahme
Jura	2011	391 ff	*Hertel*	Tiere als Sache, Unterlassung, untauglicher Versuch, Wahndelikt, spezifischer Gefahrzusammenhang, Fahrlässigkeit, Raub mit „Scheinwaffen", Rücktritt
JA	2011	907 ff	*Hinderer Brutscher*	Selbst- oder Fremdgefährdung, Einwilligung in fahrlässige Tötung

Zeit-schrift	**Jahr-gang**	**Seite**	**Autor**	**Thema**
Jura	2011	229 ff	*Kalkofen Sievert*	Zweiaktiger Geschehensverlauf und error in persona, Versuch, Fahrlässigkeit, Notwehr
JuS	2011	804 ff	*Konhäuser Lindemann*	Betrug, Versuch
ZJS	2011	268 ff	*Kreuzner Zetzmann*	Mordmerkmale, Rücktritt
ZJS	2011	376 ff	*G. Merkel*	Error in persona, aberratio ictus, Erlaubnistatbestandsirrtum
Jura	2011	305 ff	*Müller Raschke*	Laserpointer und Vuvuzela als gefährliches Werkzeug, verminderte Schuldfähigkeit, Beleidigung, gemeinschädliche Sachbeschädigung, Körperverletzung im Sport, Sozialadäquanz
StudZR	2011	303 ff	*Sölter Laue*	Körperverletzung, gefahrspezifischer Zusammenhang iSd § 227, Schlägerei
Ad Legendum	2011	45 ff	*Stein Schneider*	Rücktrittsprobleme, Garantenpflicht unter Eheleuten, mittelbare Täterschaft, Versuch des Unterlassungsdelikts, Körperverletzung
ZJS	2011	81 ff	*Steinberg Blumenthal*	Beleidigung, Akzessorietätslockerung
Ad Legendum	2011	130 ff	*Theile*	Einverständnis, Diebstahl, Regelbeispiel, Betrug
ZJS	2012	654 ff	*Ernst*	Notwehr, Absichtsprovokation, Abgrenzung Täterschaft/Teilnahme beim Unterlassungsdelikt
JA	2012	590 ff	*Esser Beckert*	Körperverletzungsdelikte, erfolgsqualifiziertes Delikt (Teilnahme), rechtfertigende Einwilligung, objektive Zurechnung bei ärztlichem Fehlverhalten, psychische Beihilfe,
JuS	2012	809 ff	*Esser Scharnberg*	Strafrechtliche Bewertung des „Mülltauchens" – Diebstahl und Sachbeschädigung
Ad Legendum	2012	201 ff	*Fabricius Zurwonne*	Vorsatztheorien, objektive Zurechnung, Urkundendelikte, Totschlag
Ad Legendum	2012	119 ff	*Haas*	Mord durch Unterlassen, Rücktritt vom versuchten Unterlassungsdelikt, Strafmilderungsgründe, Versuchsbeginn beim Unterlassungsdelikt, Anstiftung
Jura	2012	654 ff	*Krell*	Unmittelbares Ansetzen bei Mittäterschaft, Mordmerkmale, Rücktritt
JA	2012	755 ff	*Kudlich Litau*	Unterlassen, Notwehrexzess, Erlaubnistatbestandsirrtum
Jura	2012	488 ff	*Kühl Hinderer*	Putativnotstand, Erlaubnistatbestandsirrtum, mittelbare Täterschaft, Beihilfe, subjektives Rechtfertigungselement

Zeitschrift	**Jahrgang**	**Seite**	**Autor**	**Thema**
JuS	2012	999 ff	*Rengier Braun*	Eigenverantwortliches Dazwischentreten eines Dritten, Versuch, Erlaubnistatbestandsirrtum, Mordmerkmale, gefährliche Körperverletzung
JuS	2012	327 ff	*Seier Hermann*	Gefährliche Körperverletzung, Notwehr, subjektives Rechtfertigungselement,
JA	2012	107 ff	*Sievert Kalkofen*	Tötungs- und Körperverletzungsdelikte, error in persona des Angestifteten, Mordmerkmale, Verhältnis Mord/Totschlag, Abgrenzung Täterschaft/ Teilnahme
ZJS	2012	649 ff	*Steinberg Lachenmeier*	Eigenverantwortliches Dazwischentreten eines Dritten, Notstand, Verbotsirrtum
ZJS	2012	807 ff	*Steinberg Müller*	Diebstahl, Versuch, Rücktritt, Sachbeschädigung
Ad Legendum	2012	42 ff	*Weißer Ruppenthal*	Diebstahl, räuberischer Diebstahl
JA	2013	18 ff	*Esser Langbauer*	Tötungs- und Körperverletzungsdelikte, error in persona, Notwehr, Erlaubnistatbestandsirrtum, Schusswaffengebrauch im Rahmen der (Putativ-) Notwehr
ZJS	2013	87 ff	*Esser Rochner*	Diebstahl, Raub
Ad Legendum	2013	48 ff	*Zenger*	Gefährliche Körperverletzung, Erlaubnistatbestandsirrtum, versuchter Mord, Rücktritt, Anstiftung

Stichwortverzeichnis

Verwiesen ist jeweils auf die Randnummer.